VERANO DEL 14

Una crónica diplomática

Emilio Campmany

Verano del 14
Emilio Campmany

De esta edición:
© 2014, Emilio Campmany Bermejo
© 2014, Esteságoras, S. L.
      estesagoras@gmail.com

ISBN versión kindle: 978-84-616-9877-6
ISBN papel: 978-84-697-0319-9

Ilustración de portada: Theo Zasche

A Cristina

Índice

Domingo, 28 de junio

Buchlov

Aquel domingo, el conde Leopold von Berchtold, como siempre que sus obligaciones se lo permitían, pasaba el fin de semana en Bohemia, en su finca de Buchlov. El conde era un aristócrata a la vieja usanza. Sus antepasados conservaron para él una enorme cantidad de tierras que le proporcionaban rentas suficientes para vivir con el desahogo propio de su clase. No sólo, sino que Berchtold era, en muchos sentidos, la quintaesencia del aristócrata austro-húngaro. Hablaba alemán, checo, eslovaco, húngaro y, por supuesto, francés, pero no terminaba de considerarse originario de ninguna de las trece nacionalidades que había en el imperio. Cuando un periodista le preguntó qué se sentía, contestó que vienés. Su meteórica carrera política lo situó al frente del ministerio de Asuntos Exteriores en 1912, a la increíblemente temprana edad de 48 años.

Berchtold nunca aspiró a igualar la habilidad e inteligencia de su predecesor, el conde Aehrenthal, pero, como a todos aquellos que creen que no es el talento sino la alcurnia el origen de todos los derechos, no le importaba. Su máxima aspiración no era pues brillar con ingenio y agudeza, sino atenerse a lo que le habían imbuido desde niño. Esto es, a comportarse del modo que cabía esperar de un noble. Para él pues, tan importante era tratar a una dama con la debida cortesía como despachar con un embajador extranjero en el tono adecuado a los intereses de su soberano.

Ser ministro de Asuntos Exteriores de cualquiera de las seis grandes potencias europeas en 1914 era un cargo de extraordinaria importancia. No obstante, en el caso de Austria-Hungría, todavía lo era más. La derrota a manos de la poderosa Prusia obligó a reconvertir el imperio austro-húngaro en Doble Monarquía. El emperador Francisco José fue, desde 1867, un rey con dos reinos, Austria y Hungría. Y por serlo, tenía dos primeros ministros, el austríaco y el húngaro. Pero, como la política exterior no podía ser más que una, la que fijara el emperador, sólo era necesaria una persona para dirigirla. Así, el ministro de Asuntos Exteriores de Austria-Hungría era, en muchos sentidos, el cargo político más importante del doble reino.

Sin embargo, había limitaciones. En 1914 nada podía hacerse sin el consentimiento de los húngaros. Cualquier política exterior que quisiera perseguir Berchtold necesitaba el apoyo del poderoso conde Tisza, un noble magiar de aguda inteligencia, que presidía el Gobierno de Hungría. No era el conde un separatista. Estaba convencido de que a su país le interesaba formar parte de la Doble Monarquía, pero siempre y cuando la política común fuera la que a Budapest convenía. Hungría constituía pues esa parte del imperio a la que constantemente había que adular y mimar para que quisiera seguir formando parte de él, siquiera con renuencia. Así, Francisco José nunca tomaba una decisión importante sin haber escuchado antes la opinión de su primer ministro húngaro.

La situación habría sido intolerable para cualquier político francés, heredero a la vez del absolutismo borbónico y del jacobinismo revolucionario. Pero a Berchtold, de origen bohemio, le parecía muy natural que, entre sus funciones, estuviera la muy fatigosa de conformar un consenso alrededor de cualquier política exterior que la Doble Monarquía quisiera emprender para que pudiera llamarse austro-húngara y no sólo austriaca. Su lealtad no estaba consagrada a un Estado. Berchtold era leal al emperador y no creía que tuviera que serlo a nada ni a nadie más.

Aquella tarde de domingo del 28 de junio, el conde Berchtold no estaba especialmente preocupado por el futuro de la Doble Monarquía. Su relación con el emperador era buena y su política moderada parecía producir el mejor de los resultados posibles, la Doble Monarquía sobrevivía y era reconocida en el Concierto de Europa como una de sus seis grandes potencias. Mientras leía, el conde disfrutaba de la silenciosa compañía de la condesa Nandine, que se entretenía con una primorosa labor. La tranquilidad de la sobremesa se vio interrumpida por la entrada inopinada, convertida casi en irrupción, de un lacayo que, tras una leve inclinación, se acercó al ministro y le entregó un telegrama que acababa de llegar.

Berchtold, sin dejar traslucir ninguna emoción, leyó el texto con la seriedad de quien consulta el detalle de adeudos y haberes de una cuenta corriente. Cuando terminó de hacerlo, dobló cuidadosamente el telegrama, se levantó de su butaca, guardó el papel en el bolsillo exterior izquierdo del batín que vestía y se colocó delante de su esposa adoptando el gesto formal de quien tiene algo importante que comunicar. La condesa, sin levantar los ojos de la costura, preguntó:

–¿Malas noticias?

El conde se ajustó el cuello de celulosa para permitirse hablar con más comodidad y, repartiendo sus ojos entre su mujer y el retrato de una antepasada suya que le miraba con severidad por encima de la otomana donde cosía su esposa, le dijo:

–Querida: esta mañana han asesinado en Sarajevo a Su Alteza el archiduque Francisco Fernando y a la condesa Sofía.

Nandine, convulsa, soltó la tela que sostenían sus manos y se apretó el rostro con ellas para sujetar el espanto que se asomó a él. Tan sólo acertó a decir:

–¡Dios mío!

Mientras exclamaba, sus pensamientos viajaron abruptamente desde la pobre Sofía, su amiga de la infancia a la que tantos sinsabores había producido un matrimonio que en Viena era considerado inapropiadamente desigual, hasta sus tres hijos, que concitaban toda su piedad.

Los pensamientos del conde, en cambio, volaron enseguida a Belgrado y poco después a San Petersburgo. Abrió el batín y extrajo su reloj de bolsillo sujeto al chaleco por medio de una leontina de oro. Lo observó y anunció:

–Partiré en el próximo tren a Viena.

Karlstadt

Conrad von Hötzendorf, Jefe del Estado Mayor del ejército austro-húngaro, no era probablemente un hombre que sobresaliera por su inteligencia, pero sus pocas ideas eran muy claras y las defendía con vehemencia. Una vehemencia que ya había provocado que fuera cesado en una ocasión. Sin embargo, el archiduque Francisco Fernando consiguió que el emperador lo devolviera al cargo. Hötzendorf y el archiduque compartían el diagnóstico de la enfermedad que aquejaba a la Doble Monarquía, una infección provocada por dos virus. El primero, la joven Serbia, era agresivo y violento. El otro, la también joven Italia, permanecía escondido y emboscado. El nacionalismo que las dos recientes naciones fomentaban entre los súbditos austro-húngaros de origen italiano y serbio era muy peligroso porque, no sólo aspiraba a separar los territorios que habitaban unos y otros, sino porque atentaba a la misma razón de ser del imperio. Pretender que toda nación merece un Estado y que ningún Estado puede serlo de más de una nación era tanto como negar el derecho de la Doble Monarquía a existir.

Pero, aunque Conrad y Francisco Fernando coincidieran en el diagnóstico, diferían en cuanto al tratamiento. Conrad creía que Italia y especialmente Serbia sólo entenderían los argumentos de las armas. Sendas derrotas militares colocarían a los dos nuevos gallitos en el sitio que les correspondía dentro del corral europeo. Francisco Fernando, en cambio, creía que la única forma de mantener unido el imperio era la de otorgar a los súbditos de distintas nacionalidades los mismos derechos políticos que disfrutaban hoy sólo alemanes y húngaros. Pensaba Francisco Fernando especialmente en los eslavos, muy numerosos, que, sin embargo, se veían obligados a ser administrados por húngaros o austriacos. Si Francisco José era rey de Austria y de Hungría, ¿por qué no podía serlo también de los eslavos del sur? Los húngaros harían lo imposible para evitar que otros pueblos compartieran con ellos los privilegios que les atribuyó el *Ausgleich* de 1867, pero Francisco Fernando estaba decidido a acabar con esta injusticia: si no podía hacerlo centralizando, lo haría centrifugando. No deja de constituir una dolorosa ironía que sus asesinos fueran eslavos serbo-bosnios, esto es, parte de la etnia a la que más deseaba favorecer el futuro emperador que ya nunca lo sería.

Conrad no entendía estas sutilezas. Desde luego, aborrecía a los húngaros, especialmente desde que se empeñaron en que las órdenes en el ejército se dieran en el idioma de donde fuera originario cada regimiento, con lo que pusieron fin a la secular exclusividad del alemán. Pero creía que ésta y otras tendencias disgregadoras podían ser detenidas si se le daba al ejército la oportunidad de ofrecer a la Monarquía una brillante victoria en el campo de batalla frente a los nacionalismos serbio e italiano. Con Italia, podía haber dudas, pero Serbia estaba pidiendo a gritos un correctivo. Al principio, cuando ganó su independencia formal del imperio otomano tras el Congreso de Berlín de 1878, la joven Serbia fue una gran amiga de Austria-Hungría. En 1882 fue reconocida como reino y a su frente, Viena logró colocar a un Obrenovich, Milan I, que siempre fue leal a los Habsburgo. Sin embargo, en 1908, un cruento golpe de Estado dio la corona a la dinastía rival. Pedro I Karageorgevich convirtió inmediatamente al diminuto reino en la pesadilla de la Doble Monarquía. El irredentismo serbio clamó desde entonces por la anexión de todos los territorios de la Doble Monarquía habitados por eslavos. Tal hostilidad se concretó en constantes campañas de propaganda financiadas por Belgrado que prendieron especialmente en Bosnia-Herzegovina, territorio que Austria-Hungría administraba desde el Congreso de Berlín, tras haber perdido los turcos su control, y que se anexionó definitivamente en 1908.

Hötzendorf a menudo propuso aprovechar la inestabilidad en los Balcanes para poner a Serbia en su sitio. Nunca le hicieron caso por temor a que una guerra provocara una revuelta interna o, lo que es peor, la intervención de Rusia con la excusa de proteger a sus hermanos eslavos. Conrad era consciente de los peligros, pero creía que, cuando la dignidad obliga a hacer algo, ha de hacerse, sean cuáles sean los riesgos.

Viudo, con cuatro hijos, en 1914 llevaba siete años asediando a la bellísima, y mucho más joven, Gina von Reininghaus, que estaba casada con un noble estirio y era ya madre de seis hijos. Su amor era tal, que le escribía todos los días. Sus letras de aquel 28 de junio, desde Karlstadt, fueron:

Adorada amiga:

Ayer tarde dejé Sarajevo con mis ayudantes Metzger y Kundmann. Esta tarde, a las dos, en Zagreb, llegaron hasta mí, gracias a un comandante, los rumores que corrían acerca del terrible acontecimiento. Más tarde, en Karlstadt, desde donde te escribo, recibí el telegrama oficial en el que se me dio cuenta de los detalles del horrible atentado.

En el primer ataque, Boos y Merizzi, que iban en el séquito de Su Alteza, resultaron heridos leves a consecuencia de una bomba, mientras que, en un segundo, el heredero y la archiduquesa fueron asesinados por los disparos de una pistola Browning. A los quince minutos, ambos habían fallecido. Los terroristas han sido arrestados; uno es un cajista de imprenta y el otro, un estudiante.

El atentado tiene un obvio tinte nacionalista serbio y es consecuencia de la agitación política que ha revolucionado las áreas de nuestro territorio pobladas por eslavos del sur. Aparte el aspecto puramente humano, es aquí donde se sitúa el profundo significado político de este repugnante crimen. Si en 1909 hubiéramos adoptado una posición más firme, nada de esto habría ocurrido (así se castigan la indecisión y la negligencia).

He preguntado inmediatamente a Su Majestad si debía continuar mi viaje o si, por el contrario, debía volver a Viena; he recibido un telegrama ordenándoseme esto último. De forma que partiré esta noche y estaré en la ciudad mañana a las nueve de la mañana.

No hay forma de prever cuáles serán las consecuencias del atentado. Es pronto para saber si se trata de una acción aislada o si forma parte de un plan de mayores dimensiones.

Desgraciadamente, tengo la impresión de que nada bueno puede esperarse de este acontecimiento para el futuro de la Monarquía, incluido el más inmediato. Serbia y Rumanía quieren poner los clavos a nuestro ataúd. Rusia les apoyará con ahínco. Será una lucha sin esperanza. Sin embargo, habrá que llevarla a cabo, ya que una vieja monarquía y su glorioso ejército no deben perecer sin gloria.

Entreveo un futuro desesperado y me enfrento a un triste último recodo de mi vida. Te quiero, amada mía. Dios sabe cuánto ansío verme de nuevo junto a ti.

Conrad[1]

---

[1] Williamson & Van Wyk, *July 1914. Soldiers, Statesmen, and the Coming of the Great War*, p. 56.

Lunes, 29 de junio

Viena

El conde Berchtold pasó aquella tarde en su despacho preparando el Consejo de Ministros previsto para las ocho. Su principal preocupación era que en él no se acordara nada. No quería el Gobierno precipitarse antes de haber él hablado con el emperador y sobre todo con Tisza. Dándole vueltas estaba a ello, cuando su secretario le anunció que el jefe del Estado Mayor, el conde Conrad von Hötzendorf, insistía en ser recibido antes de que el Consejo comenzara. Berchtold no pudo evitar un mohín de desagrado y sopesó la posibilidad de negarse a hablar con él. Resolvió que no podía hacerlo porque el archiduque asesinado era el jefe supremo de las fuerzas armadas y, por tanto, Conrad, su subordinado inmediato. Dijo en consecuencia que le hicieran pasar. No obstante su baja estatura, el conde hizo que sus botas militares resonaran en el mármol como si estuviera entrando un oficial prusiano de uno noventa. El rechoncho general se dirigió hacia el ministro con decisión, se cuadró frente a su mesa y le tendió la mano:

—Son éstas unas terribles circunstancias.

El conde Berchtold no estaba dispuesto a dejarse arrastrar por el dramatismo. Mientras se levantaba y estrechaba la mano del militar, quiso quitarle hierro al asunto:

—Lamentablemente, es más frecuente de lo deseable que nos tengamos que enfrentar a circunstancias difíciles.

—Nunca tan difíciles como éstas.

—Sí, bueno —concedió Berchtold mientras volvía a tomar asiento en su butaca y con el brazo tendido invitaba a Conrad a tomarlo igualmente frente a su escritorio—, éstas son algo más difíciles.

–¿Qué piensa hacer? –urgió el general.

–Todavía no lo sé. Tengo que discutir la cuestión con el emperador y con el resto de los miembros del Gobierno. Me han comunicado hace un momento que el káiser Guillermo tiene la intención de asistir al funeral. Será una ocasión propicia para discutir con él la situación.

Conrad no entendía que hubiera que aguardar a ver qué opinaban los alemanes. El pleito era entre Serbia y Austria-Hungría. Así que dijo lo que había ido a decir:

–No tiene sentido esperar. Cualquier respuesta tardía será ineficaz por no ser inmediata. Es obvio que Serbia está detrás del atentado. No podemos hacer como hace dos años, amagar y no dar.

Conrad se refería al final de la Primera Guerra Balcánica cuando, en 1912, Austria-Hungría estuvo a punto de intervenir para proteger la independencia albanesa de la codicia serbia. Albania significaba para Serbia, y por lo tanto también para Rusia, una salida al Adriático, un éxito que Viena no estaba dispuesta a consentir. Al final, el asunto se resolvió diplomáticamente. Serbia se hizo con Kosovo, mítica región irredenta del nacionalismo serbio, aunque en 1912 casi enteramente poblada por albaneses, y Austria-Hungría logró que Albania se constituyera en reino independiente, de manera que Belgrado siguió sin tener una salida al mar. Viena logró un éxito diplomático, pero perdió la ocasión de derrotar a Serbia en el campo de batalla porque Berlín no respaldó una acción militar. A cambio, Rusia contuvo las aspiraciones de Belgrado, que se quedó sin puerto en el Adriático y tuvo que conformarse con Kosovo. Sin embargo, quienes como Conrad creían que la supervivencia de la Doble Monarquía pasaba por la desaparición de Serbia, lamentaron no haber aprovechado aquella oportunidad para barrer del mapa al pequeño y molesto reino balcánico o, al menos, haber puesto a su frente a un monarca amigo. Hötzendorf continuó su belicoso alegato:

–Es posible que para la Monarquía no sea el mejor momento, pero un atentado así no puede quedar sin respuesta, y la única posible es la movilización del ejército contra Serbia. Cuando se cruza una serpiente venenosa en el camino, uno no se queda mirando a esperar que le muerda. Debemos reaccionar. De no hacerlo, seremos el hazmerreír de Europa.

Conrad tomó aire y adoptó el gesto más severo que pudo. Luego, continuó:

—Ha llegado el momento de corregir los errores cometidos por el conde Aehrenthal. Su predecesor, dicho sea con todos los respetos, no supo llevar su propia política hasta sus últimas consecuencias en un momento en que las circunstancias de la Monarquía eran mucho más favorables. Ahora, en peores condiciones, tendremos que hacer de todas formas lo que no quisimos hacer entonces y tendremos que llevarlo a cabo con mayores riesgos. Pero habrá que decidirse.

Al decir las últimas palabras, el general expulsó el aire contenido en sus pulmones como si hubiera sido su último aliento.

El conde Berchtold llevaba un rato negando con la cabeza. Rebatió:

—La movilización contra Serbia no es posible. La Monarquía está convulsa y nadie entendería un gesto de estas dimensiones como respuesta a un asesinato que todavía no sabemos quién ha cometido.

Conrad se puso rojo e interrumpió:

—Da igual quién haya sido físicamente, estudiantes, cajistas de imprenta o uno que pasaba por allí. Son sicarios serbios los que han asesinado al archiduque. Lo sabe todo Viena. No podemos quedarnos de brazos cruzados.

—Eso no es cierto. No sabemos quiénes son los últimos responsables. Pueden haber sido anarquistas que han actuado por su cuenta y puede que no. Y, aunque nosotros tuviéramos la certeza de que ha sido el Gobierno serbio quien ha dado la orden, que no la tenemos, nada podríamos hacer mientras la opinión pública no estuviera preparada.

Berchtold notó enseguida que el argumento era recibido por Conrad con un gesto de desprecio que de ninguna manera quiso ocultar:

—¡Me importa un bledo la opinión pública! Cuando digo que toda Viena sabe que es Serbia la que ha apretado el gatillo de esa Browning me refiero a la Viena que importa, no a los repartidores de leche.

Berchtold empezó a irritarse y, con un tono de voz algo elevado, le espetó:

—¿No se da cuenta de que si vamos a la guerra contra Serbia, podría estallar una revolución?

Toda la aristocracia vienesa temía a la revolución como la única amenaza que de verdad podía acabar con la Doble Monarquía. A pesar de los muchos años transcurridos, en la memoria de los más viejos estaban todavía vivos los recuerdos de las atrocidades de las que fueron testigos Budapest y Viena en 1848. Por lo tanto, el argumento de la revolución podía ser el más convincente para que Conrad se mostrara más cauto. Sin embargo, el ministro no tuvo éxito:

–¿Una revolución? ¿Dónde? –preguntó Conrad.

–En Bohemia.

Berchtold contestó a bulto. Bohemia no estaba especialmente convulsa durante aquellos días. La escogió porque era en Bohemia donde tenía sus tierras, lo que le hacía ser instintivamente más temeroso de que las revueltas pudieran estallar allí.

Conrad hizo con la mano el gesto de espantar una mosca imaginaria:

–No permita que nadie le convenza de una cosa así –dijo fingiendo creer que el ministro había sido víctima de una intoxicación.

Berchtold, algo incómodo por verse indirectamente acusado de decir tonterías y sin ganas de seguir defendiendo sus inconsistentes argumentos cuando lo único que quería era tiempo, cambió de tema y le contó a Conrad lo que pensaba hacer:

–Estaba barajando la posibilidad de exigirle a Serbia que cesara a su ministro de la Policía y que disolviera todas esas sociedades nacionalistas que infectan nuestras provincias del Sur de propaganda paneslava.

Conrad demostró con un gesto lo poco que creía en la eficacia de lo que el ministro estaba proponiendo. De forma que se opuso:

–Esas cosas son completamente inútiles. Los serbios cesarán sin problemas a su jefe de la Policía y se quedarán tan frescos. Lo único que entienden esos gañanes es la fuerza. Además, podemos contar con que, dentro del imperio, donde hay serbios, hay también musulmanes y croatas que los odian y que se pondrán de nuestra parte. Si lo que le preocupa a Su Excelencia es la reacción de Rusia, bastará que pongamos el acento en que se trata, no de una reacción contra Serbia, sino de la respuesta a un acto antimonárquico, que es un argumento al que en San Petersburgo son extraordinariamente sensibles. Lo mismo podemos explicarle al rey Carlos de Rumanía. Planteada la movilización como una reacción a un ataque contra el régimen, no contra la nación, ni Rusia ni Rumanía moverán un dedo.

Rumanía era un potencial enemigo de la Doble Monarquía porque bajo la corona húngara se hallaba Transilvania, región étnicamente rumana. Bucarest no era tan belicosa como Belgrado, pero obviamente no podía razonablemente esperarse que renunciara a la reivindicación territorial de Transilvania si surgía la oportunidad de hacerla. El problema estribaba en que Austria-Hungría, completamente aislada internacionalmente, tan sólo tenía el respaldo de Berlín. Y en Berlín, que estaban dispuestos a apoyar a Viena en sus conflictos con Serbia, no opinaban lo mismo en cuanto a Rumanía, con la que mantenían fluidas relaciones. Un importante memorándum elaborado en el ministerio de Asuntos Exteriores austro-húngaro por Franz Matscheko el 24 de junio, es decir, cuatro días antes de que el archiduque Francisco Fernando fuera asesinado en Sarajevo, insistía en la necesidad de estrechar lazos con Bulgaria, que había sido humillada por Bucarest en la Segunda Guerra Balcánica del año anterior. El objetivo era estar en mejor posición para hacer frente a cualquier reivindicación rumana. Este acercamiento, sin embargo, era difícil porque Bulgaria estaba ensayando una aproximación a Rumanía y sus relaciones con Berlín no eran demasiado buenas.

Todos estos problemas, que habrían tenido una dimensión ciclópea en cualquier caso, se complicaron extraordinariamente con el asesinato de Francisco Fernando. En realidad, Rumanía representaba un problema más intratable que el de Serbia, no tanto porque Bucarest tuviera una política más agresiva, sino porque quien tenía que hacer las concesiones que los rumanos exigían (básicamente que los rumanos transilvanos tuvieran mayor representación en el parlamento húngaro) tenían que ser otorgadas por Budapest y no por Viena. Ésta era una de las innumerables y lacerantes consecuencias del *Ausgleich* de 1867 que transformó al imperio en doble monarquía. Allí Hungría aceptó tener una política exterior común a cambio de que estuviera dirigida a defender sus intereses, no siempre coincidentes con los del emperador. Eso es precisamente lo que sucedía con Rumanía que, mientras a Viena convenía el acercamiento, Budapest prefería una política de firmeza.

Pero, Berchtold no tenía ganas de discutir todas estas sutilezas con el agreste Conrad von Hötzendorf. Así que decidió quitarse de encima al apremiante militar dándole genéricamente la razón:

—Bueno, lo que está claro es que ha llegado el momento de resolver la cuestión serbia de una vez por todas.

Pero no quiso dejar a Conrad con la impresión de que se había salido con la suya y se propuso ser inequívoco en su idea de que, de momento, no se ordenaría la movilización del ejército:

–En cualquier caso, es una cuestión delicada en la que nada puede emprenderse mientras no la haya discutido con Su Majestad y sepamos cuál es el resultado de la investigación policial.

Ante el argumento de la necesidad de consultar previamente con el emperador, Conrad, devoto monárquico, nada podía decir. Protocolariamente, se despidió, taconeó y a grandes zancadas, se retiró. Sin embargo, en la puerta, antes de desaparecer detrás de ella, se dirigió por última vez al ministro y le dijo:

–Recuerde, tan sólo hay una solución: guerra, guerra, guerra.

Volvió a taconear y, sin esperar respuesta, se fue.[2]

---

[2] Imanuel Geiss, *July 1914*, p. 63, doc. 1 y Williamson & Van Wick, p. 57.

Martes, 30 de junio

Viena

El Consejo de Ministros del día anterior no decidió nada, pero Leopold von Berchtold sabía que tarde o temprano algo habría que hacer. Para decidir qué sería ese algo, había que tener en cuenta la opinión del emperador y del conde Tisza. No obstante, antes de entrevistarse con ambos, era esencial saber si entre sus opciones estaba la militar. A ésa sólo podrían recurrir si contaban con el respaldo de los alemanes. Berchtold tenía que conocer su posición antes de discutir nada. Por tanto, citó en su despacho de la Ballhausplatz, al embajador de Berlín para contrastar con él cuál sería la actitud del Gobierno alemán en el caso de que estallara la guerra entre Austria-Hungría y Serbia.

Heinrich Leonhard von Tschirschky und Bögendorff, un diplomático de vieja escuela, que había estado destinado toda su vida en el servicio exterior hasta culminar su carrera ocupando la secretaría de Estado durante unos meses. Tras su cese, fue enviado al que era considerado el destino estrella para cualquier diplomático alemán, la embajada en Viena, donde a sus 56 años desempeñaba su oficio con prudencia y mesura.

Tras saludar con formalidad al ministro, expresar con un relativamente largo discurso sus condolencias por el fallecimiento del archiduque y haberse sentado en la misma butaca en el que el día anterior lo había hecho Conrad von Hötzendorf, el embajador se dispuso a escuchar lo que Berchtold quería comunicarle:

–Querido embajador, muchas gracias por sus condolencias, que sé que son sinceras, no sólo por lo que atañe a su Gobierno, sino también en cuanto a su persona, pues me consta el aprecio que sentía por el archiduque. Le he pedido que venga a verme porque, como usted puede fácilmente comprender, la situación provocada por el asesinato es extremadamente delicada. A mi Gobierno no le cabe la más mínima duda de que el atentado es fruto de una conspiración urdida en Belgrado. Lo prueba el hecho de que escogieran a jóvenes estudiantes para cometerlo y evitar que los asesinos tengan que enfrentarse a la pena que merecen, la capital.

El conde Leopold decía la verdad cuando se refería a que la legislación austriaca impedía ajusticiar a los criminales menores de 21 años por graves que fueran sus delitos, pero en lo demás, mentía. Los austriacos no tenía en esos momentos datos contrastados acerca de la responsabilidad del Gobierno serbio. Ni el que los autores fueran extremadamente jóvenes demostraba nada. Sin embargo, quería aparentar ante el embajador alemán una actitud de inequívoca firmeza para ver si Berlín estaba dispuesta en su caso a respaldarla.

—Serbia —continuó el ministro— es nuestra peor pesadilla. Desde el golpe de Estado de 1909 no han parado de subvertir la Monarquía soliviantando a los súbditos serbios de Su Majestad. Este asesinato ha colmado nuestra paciencia. Tal afrenta no puede quedar sin respuesta.

—¿Tienen ustedes pensada ya una reacción concreta? —preguntó el embajador con timidez.

—Mi idea, aunque todavía no hay nada decidido, es presentar una serie de demandas muy rigurosas que garanticen que los culpables del crimen pertenecientes al Gobierno en Belgrado sean castigados y nada igual ni parecido vuelva a ocurrir. En el caso de que tales demandas no fueran atendidas o lo sean de un modo que nosotros consideráramos insatisfactorio, tomaríamos medidas enérgicas.

El diplomático no preguntó cuáles serían esas medidas pues entendió perfectamente que Berchtold se estaba refiriendo a las de naturaleza militar. Tschirschky, consciente de que esa guerra podía arrastrar a su país a un conflicto de enorme envergadura con Rusia, un enemigo nada desdeñable, consideró que su obligación era apaciguar el belicoso estado de ánimo de Berchtold:

—Comprendo la irritación que a usted y a su Gobierno les producen las constantes provocaciones serbias y que el criminal asesinato del archiduque exige alguna clase de respuesta que ha de ser necesariamente firme. Pero es mi obligación prevenirle contra cualquier decisión apresurada que se tome sin medir las terribles consecuencias que podría tener. Por otra parte, me es muy difícil dar una opinión concreta sobre lo que se proponen hacer cuando todavía no está decidido con exactitud qué va a ser.

—Ya —interrumpió Berchtold con gesto contrariado—, pero usted comprenderá que es pronto para una decisión concreta. Lo que yo quiero saber, antes de tomarla, es si puedo contar con el respaldo de nuestro fiel aliado o si, por el contrario, he de prescindir de él.

—Alemania respaldará siempre las justas reivindicaciones que ante Serbia tenga a bien hacer Su Majestad —contestó Tschirschky adoptando el tono más severo que pudo encontrar en los registros de su voz—. Pero Austria-Hungría no puede actuar, ni en éste ni en ningún otro asunto, como si fuera la única potencia en el mundo. Y es su deber sopesar las consecuencias que sus actos puedan tener para sus aliados y para otros países. Pienso especialmente en Italia y en Rumanía.

Tschirschky estaba expresando las preocupaciones que cualquier diplomático cauto habría manifestado. Alemania deseaba tener buenas relaciones con Rumanía e Italia, el tercer integrante de la Triple Alianza. Un conflicto austro-serbio en el que Berlín tuviera que ponerse del lado austriaco complicaría las relaciones con Bucarest y enojaría a Roma. No tenía mucho sentido para Berlín respaldar una acción militar donde no estaba en juego ningún interés vital propio a sabiendas de que irritaría a dos naciones con las que le convenía llevarse bien.

La cauta reacción del embajador alemán confirmó a Berchtold que había que ir con pies de plomo para evitar que el asesinato acabara obligando a la Doble Monarquía a luchar sola contra Rusia una guerra que de ninguna manera podía ganar y que sería el fin de Austria-Hungría como gran potencia.[3]

✶✶✶

Después de su reunión con el embajador alemán, Berchtold fue al Hofburg, el Palacio residencial del emperador, al que Francisco José había vuelto apresuradamente desde su residencia de Bad Ischl al conocer la muerte de su sobrino. Francisco José tenía 83 años y estaba a punto de cumplir los 84. El asesinato de su sobrino había producido en él una doble sensación. Por un lado, estaba profundamente enfadado

---

[3] Geiss, p. 64, doc. 2.

con los serbios y su instinto le decía, como a Conrad von Hötzendorf, que había llegado el momento de ajustar cuentas Belgrado. Por otro, la muerte del sobrino con el que tan distanciado estaba y que había llegado a ser el heredero del trono por una combinación de casualidades y desgracias, le producía un alivio imposible de evitar.

El suicidio de Rodolfo, el único hijo varón y heredero de Francisco José en Mayerling, en 1889, convirtió en heredero al hermano de Francisco José, el archiduque Carlos Luis, quien, sin embargo, renunció a sus derechos a los pocos días en favor de su hijo Francisco Fernando. Era éste un tipo huraño y serio con el que simpatizaban pocos en la corte y tampoco gozaba del aprecio de su tío, el emperador. Su popularidad cayó por los suelos cuando, siendo ya el heredero del trono, decidió casarse con la mujer de la que se había enamorado, Sofía Chotek, una noble checa venida a menos. En la rigurosa corte vienesa, este matrimonio supuso una afrenta para la mayoría, pero muy especialmente para Francisco José, quien primero intentó evitar la celebración del matrimonio y luego trató sin éxito de obligar al sobrino a renunciar a sus derechos sucesorios para evitar que acabara siendo emperatriz una mujer sin alcurnia suficiente para serlo. Las relaciones entre emperador y heredero se agriaron inevitablemente, y Francisco Fernando apenas pisaba los salones cortesanos por los muchos desplantes que en ellos había sufrido su esposa. Ahora que la pareja estaba muerta, era inevitable que los sentimientos del anciano emperador fueran encontrados.

Leopold von Berchtold fue recibido con una calidez impropia de las rigurosas formas que se imponían en la corte vienesa. El emperador le ofreció la mano a su ministro de Exteriores y le pidió que se sentara junto a él, en una butaca idéntica a la suya:

—Por favor, señor ministro, siéntese aquí, a mi lado. Qué días tan terribles nos ha tocado vivir. Qué razón hay en eso de que la vejez es el purgatorio que Dios reserva a quienes regala una larga vida. Vista la muerte de mi hijo y de mi mujer no creí nunca que tuviera también que asistir a la de mi heredero. ¿Tenemos noticias de Sarajevo acerca de si han descubierto ya el complot urdido en Belgrado?

—Las noticias son todavía confusas, Majestad —contestó Berchtold sin atreverse a dejar descansar la espalda, sentado todavía a media anqueta, con un pie escondido debajo de la butaca y jugueteando con el reloj del bolsillo del chaleco, pero sin extraerlo–. Creo que casi todos los terroristas han sido detenidos, pero todavía no he recibido información del resultado de los interrogatorios.

–Lástima –dijo el emperador con un gesto de contrariedad–. No es la mejor forma de consuelo para un cristiano, pero es indudable el alivio que proporciona imponer al criminal su justo castigo. Y es obvio que esta afrenta serbia colma el vaso del soberano más paciente. Estará usted de acuerdo conmigo en que la reacción no puede ser de otra naturaleza que la más enérgica.

–Desde luego, Majestad. Mi idea es exigir a Serbia las condiciones más humillantes que imaginarse pueda y, si no las aceptaran, imponerlas por la fuerza, aunque son todavía muchos los detalles a los que hay que atender.

–Por supuesto, querido conde. La energía y la resolución no tienen por qué ser sinónimos de precipitación.

–Desde mi punto de vista, Majestad, no hay cuestión acerca de la necesidad de responder enérgicamente al atentado. Pero, antes de poder reaccionar, es necesario contar con el apoyo del primer ministro húngaro.

–¿Ha hablado ya con el conde Tisza?

–No. Todavía no lo hecho. No quería hacerlo sin haber contrastado mi punto de vista con el suyo.

–Por supuesto. Continúe –ordenó el emperador.

–Bueno, aunque el conde Tisza estuviera de acuerdo con nosotros, no debe olvidarse que humillar a Serbia podría provocar que el zar saliera en su defensa. Y, si lo hiciera, habría el riesgo de una guerra contra Rusia que, muy a nuestro pesar, no podemos ganar.

–¿Tenemos noticias de Berlín?

–Hoy mismo me he entrevistado con su embajador.

–¿Y cómo lo ha encontrado?

–Lamento decir que sus palabras han sido muy decepcionantes. Por otra parte, no ha dicho nada que no hayamos oído en anteriores crisis con Serbia.

El emperador se enfurruñó y agarró con fuerza los brazos de su butaca como si fuera a levantarse y dijo:

–Pero, en esta ocasión, las cosas son muy diferentes. Han asesinado al heredero al trono. ¿Qué harían ellos si les hubiera ocurrido algo remotamente parecido? No pueden pretender que envainemos la espada por enésima vez ante estos bandidos.

—No sé, Majestad. No es que el embajador se haya negado a respaldar lo que decidamos hacer, pero sus peticiones de que seamos cautos y de que midamos las consecuencias me ha parecido que iban en la línea de siempre, la de abandonarnos en el momento en que se impongan decisiones de orden militar.

—¿Sabe si Tschirschky había consultado con Berlín antes de hablar con usted?

—No lo sé, pero no creo que haya tenido tiempo. En cualquier caso, dado que el emperador Guillermo asistirá sin duda a las honras fúnebres por el alma del archiduque, podría Su Majestad, si lo considera oportuno, plantearle si el Gobierno alemán nos respaldaría en el caso de que, para lavar la afrenta, nos viéramos obligados a entrar en guerra con Serbia o en su caso con Rusia.

—No le quepa duda, querido ministro, que se lo preguntaré del modo más claro que me sea posible. Ocurre, sin embargo, que todavía tengo que pensar cuál es el modo más correcto de organizar el funeral y si es apropiado que asistan a él los monarcas europeos. Ya veremos. En cualquier caso, lo de Serbia es del todo intolerable. Su Majestad Imperial, Guillermo II, lo comprenderá perfectamente.

—Bien, entonces, si le parece trataré de comunicarme con el conde Tisza y convencerle de la necesidad de adoptar una postura enérgica, pero, mientras no tengamos seguridad de hasta dónde están dispuestos los alemanes a respaldarnos, no tomaremos ninguna decisión de la que podamos arrepentirnos.

—Me parece muy bien.

El emperador hizo ademán de levantarse para dar a entender que la reunión había terminado. Berchtold comprendió a la perfección el gesto y con rápidos reflejos se levantó antes de que hubiera terminado de hacerlo el emperador. Hizo una inclinación y abandonó el gabinete y luego el Hofburg con destino a la cercana Ballhausplatz.[4]

---

[4] Williamson, *Austry-Hungary and the Origins of the First World War*, p. 192.

Miércoles, 1º de julio

Viena

El conde Alexander Hoyos era el diplomático escogido por el conde Berchtold para que hiciera la función de jefe de su gabinete. En el ministerio era conocido su ánimo belicoso y sus posiciones eran próximas a las del conde Conrad von Hötzendorf. La mañana del 1º de julio fue temprano a trabajar al ministerio porque había recibido el encargo de su jefe de revisar el memorándum Matscheko con el fin de que su conclusión no fuera otra que la necesidad imperiosa de declarar la guerra a Serbia.

Tomando notas del informe estaba, cuando su secretario le avisó de que tenía una visita. Se trataba de su buen amigo Victor Naumann, un reputado periodista alemán que tenía buenos contactos en el ministerio de Asuntos Exteriores de su país. Hoyos, a pesar de lo ocupado que estaba, se avino a atenderle porque Naumann siempre disponía de buena información y saber por él qué se opinaba en el Auswärtiges Amt era esencial en esos momentos. No obstante, siendo como era Naumann en cierto sentido un informador que los austriacos tenían para saber qué ocurría en Berlín, Hoyos tenía la sospecha de si no sería más bien al revés, un informador que los alemanes tenían en Viena. O quizá fuera las dos cosas a la vez, pensó Hoyos levantándose a recibir al periodista:

—Querido amigo Victor. ¿Cómo está? ¡Qué agradable visita!

Se estrecharon las manos cogiéndose recíprocamente el hombro en signo de afecto.

—Estimado conde —dijo Naumann a la vez que borraba de su rostro la sonrisa con la que se había introducido en el despacho—, estoy abrumado ante la noticia de lo ocurrido en Sarajevo este domingo. Es un terrible golpe para la Monarquía. Me consta que en Berlín hay un grave sentimiento de pesar y de comunión con ustedes, nuestros amigos y aliados. Ya sabe que allí nunca han sido muy populares los serbios. Supongo que en el resto de capitales europeas el humor será el mismo.

–Muchas gracias, Victor –dijo mientras le invitaba a sentarse–. Sé que sus palabras salen del corazón. Ha sido un golpe terrible para la Monarquía. Es obvio que hay que hacer algo y tenga por seguro que algo haremos. Sabemos que los ojos de las monarquías europeas están sobre nosotros y esperan que actuemos como corresponde. No les defraudaremos.

–Leí el editorial del *Neue Freie Presse* y creo que el periódico tiene toda la razón. Los soberanos de toda Europa saben que lo ocurrido en Sarajevo podría sucederles a ellos mañana si el crimen no es castigado como se merece.

Naumann hizo una breve pausa. Luego, continuó:

–Lo merecería en cualquier caso, pero mucho más ahora que Rusia, por ejemplo, ha incrementado notablemente su arsenal y ha programado un ejercicio de movilización general para el próximo otoño. Está claro que se están preparando para atacarnos. Soy consciente de que mi Gobierno, en anteriores ocasiones, les ha presionado para que aceptaran una solución diplomática donde procedía una acción militar. Y puedo comprender, en consecuencia, que en esta ocasión duden de si va a hacer lo mismo. Sin embargo, el ambiente en Berlín es ahora diferente. Hasta este momento nos ha asustado la posibilidad de que ustedes pongan merecidamente a los serbios en su sitio porque esa lógica reacción podía empujar a los rusos a una guerra que a ninguno de nosotros convenía. Ahora, que está claro que el zar se prepara para agredirnos, darle una voz de ¡firmes! a sus brutos protegidos puede ser no sólo la respuesta moralmente adecuada. También puede ser un pretexto para emprender contra el zar una guerra preventiva antes de que esté tan bien armado que ya no sea posible vencerle.

–Es una lástima –se lamentó el conde Hoyos– que se hayan dado ustedes cuenta tan tarde de la necesidad de bloquear el acceso de Rusia a los Balcanes y de lo peligroso que es para nuestros intereses el modo en que el zar estimula los sentimientos nacionalistas eslavos.

Naumann no rebatió la recriminación, pero tampoco se excusó. Lo que hizo fue continuar su análisis de la situación:

—En la Wilhelmstrasse, siempre ha provocado cierto miedo la guerra contra Rusia, no tanto por su alianza con Francia, que se da por hecha, sino por lo que pudiera hacer Inglaterra. Sin embargo, las relaciones con Londres han mejorado notablemente. Hemos llegado a un acuerdo con ellos en relación a África y a las colonias portuguesas de allí. Además, la flota británica ha visitado Kiel y hemos suscrito un documento que, más allá de su contenido, demuestra que las relaciones han mejorado notablemente. Si estalla la guerra en Europa, los ingleses se mantendrán neutrales. Eso nos garantiza la victoria sobre Rusia. Las noticias acerca de lo mucho que ha avanzado el ejército ruso en armamento son muy fiables. El ministro está impresionado con la información que nos ha remitido nuestro cónsul allí destinado.

Hoyos supuso que se refería al cónsul alemán en San Petersburgo y dedujo que Berlín tenía desplegada allí una amplia red de espías. Valoró la información que el doctor Naumann le ofrecía porque Austria-Hungría había perdido toda la panoplia de informadores que tenía en Rusia, más de un centenar de agentes, en los años inmediatamente anteriores gracias a que los rusos habían conseguido hacerse con los servicios de Alfred Redl, el coronel al mando del servicio de contraespionaje austriaco, que era homosexual y tenía gustos extraordinariamente caros. El coronel, desenmascarado hacía un año, había sido más o menos inducido a suicidarse sin interrogarle. De forma que en Viena no estaban en condiciones de saber si lo que había inducido a Redl a convertirse en agente ruso había sido el chantaje al que le sometieron por su homosexualidad o las exorbitantes sumas de dinero que le pagaron. Y lo que es peor, no tenían ni idea de cuánta información había logrado pasar al enemigo el malhadado coronel. Es más, el hecho de que el asunto fuera resuelto por Conrad von Hötzendorf con un oportuno suicidio, como correspondía al código de honor militar, sin interrogar al espía, le costó al jefe del Estado Mayor una soberana bronca de Francisco Fernando. El honor del Ejército quedó a salvo a costa de quedar a oscuras acerca de si, por ejemplo, los rusos se habían apoderado de los planes de movilización austriacos.

En aquel momento, al acordarse de Redl, Hoyos no pensó en los planes de movilización, sino en cómo ahora dependían en todo de la información que Berlín quisiera compartir con ellos. El conde, por eso, se lo agradeció a Naumann:

—Muchas gracias, doctor Naumann. Esta información que me suministra nos es de una enorme utilidad. Quiere decirse que el estado de cosas al que nos ha llevado el horroroso crimen perpetrado en Sarajevo no sería del todo contrario a nuestros intereses si finalmente declaramos la guerra a Serbia.

—Ésta es exactamente la razón por la que he venido a verle, para hacerle la misma sugerencia que usted acaba de hacerme a mí. Ocurrido el asesinato, por lamentable que éste pueda ser, es cuestión de vida o muerte para la Monarquía no permitir que el crimen quede impune y aniquilar a Serbia. Para Alemania, es esencial que la respuesta de ustedes sea de este tenor, tanto si Rusia decide ir a la guerra como si no. Para nosotros ya no es importante cómo reaccione Rumanía. Ha dejado de ser nuestro aliado. Por lo demás, creemos que, si estalla el conflicto, se mantendrá neutral. Estamos sopesando la posibilidad de integrar a Turquía y Bulgaria en la Triple Alianza. Naturalmente, a los búlgaros habría que pagarles un subsidio para estimular su voluntad. Grecia no nos preocupa porque hay medios para obligarla a mantenerse neutral.

Naumann hizo un momentáneo silencio que Hoyos no se atrevió a interrumpir. Era obvio que el periodista le estaba contando cómo veían las cosas en el Auswärtiges Amt y deseaba que el doctor contara cuanto quisiera. Al poco, el alemán recuperó su discurso:

—Francia hará todo lo posible para impedir que Rusia vaya a la guerra por cosa tan nimia como defender a unos zarrapastrosos como los serbios. Pero, si no fuera capaz de impedirlo y Francia se viera arrastrada por Rusia, la Triple Alianza es hoy lo suficientemente fuerte como para hacerle frente a las dos.

Entonces, el periodista no quiso dejar de hacer alguna apelación a consideraciones más idealistas:

—El káiser Guillermo, a quien Dios proteja, está horrorizado por el asesinato de Sarajevo y, si se lo piden, les dará esta vez toda clase de garantías incluso en el caso de que fuera necesario ir a la guerra porque es consciente de los peligros que el criminal acto implica para el principio monárquico. La opinión pública jamás hubiera apoyado una guerra por Jakova —dijo refiriéndose a la ciudad kosovar donde montenegrinos y serbios se enfrentaron agriamente durante la Segunda Guerra Balcánica—, pero ahora se mantendrá firme junto a su aliado y considerará la guerra como un acto de liberación.

El periodista estaba justificando las anteriores "traiciones" alemanas, especialmente la perpetrada al final de aquel conflicto.

Tras esta educada petición de excusas por anteriores decepciones, el periodista se puso a valorar la posición de Viena:

—Austria-Hungría dejará de ser una monarquía y una gran potencia si no aprovecha esta ocasión. Estoy además en condiciones de afirmar que, dado que la cuestión serbia exige una rápida solución y que es de gran importancia para nosotros, Alemania les guardará las espaldas mientras emprenden lo que tengan que hacer.

—¿Está usted seguro de eso?

—Por supuesto. Comprendo que, dada la gravedad de las circunstancias, no basten mis garantías y tenga usted la necesidad de recibirlas de alguien con autoridad. Si lo cree necesario, puedo trasladar el asunto y darle a conocer la respuesta.

Naumann no mencionó su nombre, pero Hoyos sabía que se estaba refiriendo al director general de Política del ministerio de Asuntos Exteriores alemán, Wilhelm von Stumm, de quien el periodista era muy amigo.

—Está bien. Tendré que consultarlo. Estaremos en comunicación.

Luego, tras un par de frases amables, se levantaron y se despidieron. Cuando Hoyos se quedó solo, no pudo evitar apretar el puño y sonreír con el gesto de satisfacción de quien cree que se está saliendo con la suya. Naturalmente, corrió al despacho del ministro von Berchtold a contarle lo que acababa de oír y a expresarle su convencimiento de que esa era la postura del Gobierno alemán que, con toda seguridad, hablaba por boca de Naumann. Que lo creyera Hoyos no quiere decir que fuera necesariamente verdad.[5]

★★★

El conde Istvan Tisza era un personaje clave de la política de la Doble Monarquía. Era leal al emperador, pero sólo porque estaba convencido de que era del interés de Hungría formar parte del imperio y extraer de la situación el mayor beneficio posible. Eso significaba enfrentarse

---

[5] Geiss, p. 65, doc. 3.

regularmente al Gobierno de Viena y muy especialmente al ministro único de Asuntos Exteriores cuando éste pretendiera imponer una política contraria a los intereses de su país. Y, sin embargo, ser junto a Austria una gran potencia, permitía a Hungría ser mucho más de lo que habría sido si hubiera sido independiente, limitada a los territorios estrictamente húngaros. En cambio, ahora dominaba la Transilvania, parte de Rutenia, Croacia y Eslovenia. Una revolución nacionalista habría obligado a Budapest a renunciar a todas esas provincias.

El calvinista conde Tisza no era por tanto un independentista, pero eso no obsta a que su preocupación como gobernante fuera exclusivamente el bienestar de Hungría, no el de la Doble Monarquía. Era en consecuencia contrario a toda expansión porque, llevaba a cabo hacia donde únicamente era de verdad posible, el Sureste, aumentaría el número de súbditos eslavos del emperador. Eso haría más probable el proyecto de Francisco Fernando, completamente contrario a los intereses húngaros, de convertir la Doble Monarquía en Triple, con un reino yugoslavo, de eslavos del Sur. Esta solución tenía muy preocupado a Tisza porque privaría a Hungría de sus provincias eslavas, Croacia y Eslovenia, dejándola sólo con Rutenia y la franja transilvana.

Cuando el conde se enteró del asesinato de Sarajevo, inmediatamente aventó el peligro. Una guerra contra Serbia podría significar la anexión de nuevos territorios de población eslava. Así que, apenas supo la noticia, tomó el primer tren para Viena con objeto de controlar los guerreros impulsos que seguro dominarían a sus socios austriacos y probablemente también al emperador.

Cuando llegó a Viena el día anterior, martes 30 de junio, fue recibido inmediatamente por el emperador. La reunión fue protocolaria y tuvo lugar después de haber recibido Francisco José a Berchtold. El emperador se limitó a escuchar las condolencias de Tisza y sus llamadas a la prudencia y, a la vista de ellas, no quiso desvelar su postura y prefirió esperar a ver, si como habían quedado, Berchtold convencía a Tisza de que había llegado el momento de ser firmes con Serbia.

Cuando salió de Shönbrunn, el húngaro lo hizo convencido de que el emperador estaba de acuerdo con él en que, de momento, nada realmente vigoroso debía hacerse. Luego, ese mismo día, aquel convencimiento se desvaneció cuando se reunió con Berchtold en la

Ballhausplatz y el ministro le contó su idea de plantarle cara a Serbia y someterla a los intereses de Austria-Hungría.

Tisza se volvió a Budapest muy preocupado de ver que el ministro estaba tan firmemente decidido a iniciar una escalada tan perjudicial para Hungría. Al llegar a su capital, siendo ya 1º de julio, redactó un memorándum para el emperador, en el que trató de convencerle de lo conveniente que era adoptar una postura más prudente:

Señor:

No sabe cuánto me gustaría no tener que molestar a S. M. en estos días, pero es mi deber exponer humildemente mi opinión con la mayor brevedad que me sea posible.

Después de mi audiencia tuve ocasión de hablar con el conde Berchtold y de que me expusiera su intención de hacer de la atrocidad cometida en Sarajevo la ocasión de ajustar cuentas con Serbia.

En ningún momento le he ocultado al señor ministro que considero esa política un error fatal ni mi oposición a compartir la responsabilidad de su comisión.

Ante todo, debemos tener en cuenta que carecemos de base suficiente para culpar a Serbia de lo ocurrido y no podemos iniciar una guerra con ella sin haberle dado la oportunidad de ofrecer una explicación satisfactoria. Si lo hiciéramos, podríamos encontrarnos en una posición extremadamente débil y aparecer ante el mundo como un alterador de la paz teniendo que librar una guerra en la más desfavorable de las situaciones.

En segundo lugar, considero que el momento presente no puede ser peor, ahora que prácticamente hemos perdido a Rumanía sin haber logrado ninguna ganancia que nos compensara, mientras Bulgaria, el único país con el que podemos contar, está exhausto.

Tal y como están hoy en día los Balcanes, mi última preocupación sería la de tener que encontrar un pretexto para un casus belli. Una vez que el momento adecuado para atacar se presente, siempre será posible encontrar un pretexto para la guerra. Pero, antes de hacerlo, es necesario que creemos una constelación diplomática de circunstancias menos desfavorables que las de ahora.

Desde luego, hay que hablar con Alemania para que vea el modo de atraer a Rumanía a la Triple Alianza. Y, si esto no fuera posible, que tratara de hacer lo propio con Bulgaria.

Estos son los principales factores que hacen que una vigorosa campaña en el sentido apuntado sea una necesidad urgente y la próxima visita del emperador Guillermo podría ser una oportunidad para convencerle de que apoye nuestra política en los Balcanes.

Budapest, 1 de julio de 1914 [6]

Tisza no hizo otra cosa que insistir en la necesidad de seguir las directrices marcadas por el memorándum Matscheko como si el asesinato de Francisco Fernando no hubiera cambiado nada. Francisco José, cuando lo leyó, supo que nada se podría hacer hasta convencer al húngaro.

---

[6] Albertini, *The Origins of the War of 1914*, vol. II, p. 128.

Jueves, 2 de julio

Berlín

El káiser Guillermo II tenía 55 años y estaba en consecuencia en la cúspide de su madurez. Su conflictiva personalidad podía ser natural o fruto de una reprimida homosexualidad o quizá de la desgracia de tener atrofiado el brazo izquierdo por haber sido alumbrado con la ayuda de forceps. Esta minusvalía condicionó toda su infancia y juventud. Parecía un obstáculo insalvable que quien estaba destinado a ser el jefe supremo del mejor ejército del mundo apenas fuera capaz de mantenerse erguido encima de un caballo o tuviera que disparar sosteniendo la escopeta con un solo brazo.

Guillermo estaba sinceramente enojado por el asesinato de Francisco Fernando. Aparte que fueran muy amigos, el atentado constituía una grave agresión al principio monárquico. Los asesinos anarquistas se habían llevado por delante a varios gobernantes y miembros de familias reales y el asesinato de Francisco Fernando probaba que la sangría continuaría.

Por otra parte, era de todo punto indignante que, como parecía, el asesinato hubiera sido planeado por el Gobierno serbio. "Bueno –pensó Guillermo mientras levantaba la mirada de los papeles que estaba leyendo en el recargado despacho del Palacio imperial–, lo repugnante no es que haya sido urdido por los serbios. De esos bandoleros nada bueno puede esperarse. Lo deplorable es que un soberano temeroso de Dios y fiel creyente en el principio monárquico respalde a esos zarrapastrosos que no merecen otra cosa que la horca." A Guillermo le parecía especialmente sorprendente que fuera precisamente su primo, el zar Nicolás II, quien protegiera a los serbios cuando había sido él quien había tenido que padecer en 1905 la última revolución importante contra una monarquía.

Sí, aquella mañana Guillermo II estaba realmente enojado. El asesinato de Francisco Fernando le había puesto de mal humor. Se entendía perfectamente con el archiduque y era obvio que a Francisco José le quedaban pocos años de reinado. Si el archiduque hubiera llegado a ceñir la corona en Viena, Alemania podría haber hecho grandes cosas, muy especialmente en lo que se refería a la creciente agresividad rusa, creía Guillermo. Recordó entonces el káiser los informes reservados de hacía unos meses y que le pusieron al día de lo que pasaba en el seno del régimen zarista. El asunto le tenía preocupado. Paulatinamente se iba convenciendo de que el rearme ruso hacía que, cuanto más tardara en estallar esa guerra, más difícil sería ganarla. Sin abandonar sus pensamientos, el emperador miró al frente, hacia un hipotético interlocutor, le sonrió, le guiñó un ojo y le dijo, susurrando:

–Quizá esta muerte sea algo más que un atroz asesinato. Quizá sea una oportunidad.

Haciendo un esfuerzo de disciplina se obligó a volver a los papeles y cogió el telegrama que había enviado desde Viena su embajador, Heinrich von Tschirschky. Estaba fechado en Viena el 30 de junio y decía así:

El conde Berchtold me dijo hoy que todo apunta a que las trazas de la conspiración en la que el archiduque fue sacrificado conducen a Belgrado. El asunto estuvo tan bien planeado que fueron seleccionados intencionadamente ocho hombres jóvenes para perpetrar el crimen a fin de que sólo pudieran ser objeto de un castigo menor. El ministro habló agriamente de las conspiraciones serbias. Con frecuencia he oído por aquí expresar, entre personas de la máxima seriedad, el deseo de dar a Serbia una definitiva, final y fundamental lección.

El káiser hizo con la cabeza un gesto instintivo de asentimiento y anotó con letra apresurada: "Ahora o nunca." El telegrama seguía:

A los serbios habría que presentarles un cierto número de exigencias y, en el caso de que no consintieran atenderlas, deberían tomarse medidas enérgicas. Yo, por mi parte, he aprovechado todas las oportunidades que se han presentado para aconsejar, tranquilamente, pero con firmeza y seriedad, no dar pasos apresurados.

Guillermo garabateó: "¿Quién le ha autorizado a actuar así?" Lo que leyó a continuación le enojó todavía más:

Ante todo, tienen que estar seguros de lo que quieren hacer porque hasta ahora sólo he oído opiniones sin concretar. Luego, las posibilidades de cada curso de acción tienen que ser cuidadosamente sopesadas y hay que tener presente que Austria-Hungría no está sola en el mundo, que es su deber pensar no sólo en sus aliados, sino tomar en consideración toda la situación europea y especialmente tener en cuenta la actitud de Italia y de Rumanía en todas las cuestiones que afecten a Serbia.

El soberano alemán puso un gesto de disgusto, pensó un momento y luego escribió: "¡Esto es muy estúpido! No es asunto suyo. Sólo corresponde a Austria planear qué hacer en este caso. Más tarde, si las cosas salen mal, podremos decir que Alemania se opuso. Cómo ha estado Tschirschky para decir esta tontería. A los serbios, hay que darles lo que se merecen."[7]

Los documentos oficiales eran luego devueltos al canciller o a los ministerios y las notas manuscritas se suponía debían ser consideradas como órdenes. Casi siempre, como ocurrió en este caso, era imposible extraer de ellas un plan de acción política. A lo más, cabía deducir que Alemania, a diferencia de lo que había hecho en otras ocasiones, no contendría a los austriacos de castigar a los serbios en la forma que mejor les pareciese.

Viena

Heinrich von Tschirschky, embajador del Reich en Viena, tenía que entrevistarse aquel día con Francisco José. No obstante, antes de tener ese encuentro, con el que el embajador quería comprobar cuán decidida estaba Su Majestad a mostrase enérgico con Serbia, tuvo otro con el ministro de Asuntos Exteriores, el conde Leopold von Berchtold, a petición de éste.

—Adelante, querido Tschirschky, haga el favor de acomodarse.

---

[7] Geiss, p. 64, doc. 2.

El ministro estrechó la mano al diplomático y se sentó junto a él. Tras los saludos, el embajador inició la conversación diciendo lo que creía que Berchtold quería escuchar:

—En mi opinión, Austria sólo alcanzará su objetivo si toma rigurosas medidas contra Serbia.

Tschirschky, que ya había recibido instrucciones desde Berlín, estaba ansioso de exponer la verdadera actitud de su Gobierno, tan diferente de la que había transmitido en su primera conversación. Berchtold, por su parte, quería un compromiso claro y no estaba dispuesto a conformarse con una genérica manifestación de solidaridad:

—Sé bien que Alemania ha declarado en muy diversas ocasiones que, en los Balcanes, apoyaría nuestra política tanto como fuera necesario. A mi modesto entender, esta promesa se ha hecho repetidamente, pero pocas veces ha tenido consecuencias prácticas en el sentido de recibir un genuino apoyo de Berlín a nuestra política en esa región. De manera, que no estoy seguro de hasta qué punto puedo en esta ocasión contar de verdad con la ayuda que su Gobierno suele prometer.

El embajador se dio cuenta inmediatamente de que se le estaba haciendo una pregunta directa que muy difícilmente podría responder con una evasiva. A Berchtold no le iba a bastar esta vez una declaración genérica que luego pudiera quedar en nada. Sin embargo, el problema de Tschirschky era que las instrucciones recibidas desde Berlín no eran suficientemente claras. Sí, se quería respaldar a Viena, pero se deseaba que no fuera ese respaldo el que provocara una guerra, sino que se quería que todo fuera a iniciativa de la Doble Monarquía y que la responsabilidad por provocar el conflicto que resultara recayera en ésta y no en Alemania.

Berchtold no conocía las intenciones últimas de los alemanes. Pero, si las hubiera conocido, las habría criticado abiertamente porque estaba convencido de que era precisamente la tibieza en el apoyo lo que podría hacer que la guerra finalmente se generalizara. En cambio, si Alemania se mostraba pública e inequívocamente detrás de la Monarquía en este asunto, el conflicto podría más fácilmente localizarse y mantenerse confinado a Serbia y Austria.

Mientras todo esto pasaba por la mente de los dos interlocutores, Tschirschky, tras meditar la respuesta y con el fin de no ir más allá de sus instrucciones, dijo:

–En este asunto tan sólo puedo ser más preciso a título personal.

–Bien –contestó el ministro algo impaciente–. Dígame lo que sea a título estrictamente personal.

–La actitud algo ambigua de Berlín creo que se entenderá mejor si se considera que el Gobierno de Su Excelencia no ha concretado hasta ahora un plan de acción, sino tan sólo un conjunto de ideas genéricas. Berlín podrá intervenir plenamente a su favor a partir del momento en que ustedes le presenten un plan que ejecutar.

Berchtold emitió un leve suspiro. La idea le pareció absurda. El plan que pudiera elaborar su gabinete dependía crucialmente de si podían contar con el apoyo alemán o no. Es más, las reticencias manifestadas por Tisza no podrían superarse sin antes demostrarle que contaban con Alemania. En cambio, con el apoyo incondicional de Berlín, Berchtold se sentía capaz de superar cualquier escollo interno y alcanzar un gran éxito internacional para los dos países.

Notando que la explicación no satisfacía al ministro, Tschirschky añadió:

–Ya he tenido ocasión de explicarle lo mismo al príncipe Hohenlohe.

Se estaba refiriendo al príncipe Gottfried von Hohenlohe-Schillingfürst, un oficial del ejército austro-húngaro que había desempeñado alguna misión diplomática y que estaba llamado a ser embajador en Berlín cuando el anciano conde Szögyény tuviera que abandonar su misión en la capital alemana por razón de edad.

–Me abordó y me dijo –continuó Tschirschky– que era necesario arreglar cuentas con Serbia. Le contesté que sería muy útil hacerlo, pero que antes había que saber y determinar hasta dónde se estaba dispuesto a llegar. No sólo, sino que también había que decidir qué destino se le iba a imponer. Con anterioridad a todo eso, había además que crear una situación diplomática que fuera lo más favorable posible en la que muy especialmente estuviera asegurado el respaldo de Italia y de Rumanía. Iniciar una guerra contra Serbia sin haberse garantizado antes que Austria-Hungría no sería atacada por la espalda por cualquiera de esos dos países le dije que se me figuraba una locura.

Berchtold sonrió de ver cómo Tschirschky recurría al truco diplomático de contar lo que supuestamente se ha dicho a otra persona para decirle al interlocutor lo que se piensa sin que eso signifique adoptar una postura oficial. Berchtold contestó:

–La cuestión de hasta dónde se quiere llegar y qué habría que hacer con Serbia la resolveremos nosotros cuando llegue el momento según sean entonces las circunstancias.

Berchtold no tenía ganas de contarle al embajador sus planes por si el káiser los consideraba excesivamente ambiciosos. Ahora, pensó el ministro, lo de contar con Italia y con Rumanía era una estupidez:

–Por otra parte –dijo Berchtold condescendiente–, la cuestión no puede plantearse en Roma ni en Bucarest porque ambos Gobiernos pedirían inmediatamente compensaciones que Austria-Hungría, según mi punto de vista, no podría en ningún modo atender.

Berchtold no tuvo que explicar más porque Tschirschky sabía muy bien que ambos países aspiraban a anexionarse los territorios pertenecientes a la Doble Monarquía que estaban habitados por italianos y rumanos. Y, por otra parte, al diplomático alemán no hubo forma de sacarle del guión que llevaba aprendido: Si Viena deseaba el respaldo de Berlín en cualquier acción que quisiera emprender contra Serbia, lo tendría, pero sólo tras presentar un plan con un curso de acción concreto y determinado.[8]

✶✶✶

Para bien o para mal, en la corte de Viena la muerte de Francisco Fernando había producido un relativo alivio, empezando por el mismo emperador. Éste encargó la organización del funeral al príncipe Montenuovo, quien tenía intención de preparar un oficio fúnebre por la memoria exclusivamente del archiduque. Previamente tenía intención de desembarazarse del cuerpo de la duquesa enviando el cadáver directamente a Artstetten, el castillo de Francisco Fernando donde éste había hecho construir una capilla para el descanso eterno de su esposa y él. Lo dispuso así cuando supo que no le estaría permitido descansar junto a ella donde habitualmente eran enterrados todos los archiduques, en la cripta de la iglesia de los Capuchinos en Viena.

---

[8] Albertini, vol. II, p. 132.

Sin embargo, los planes de Montenuovo se frustraron. El príncipe había tenido la precaución de no avisar a nadie de la llegada de los féretros a Viena para evitar la presencia de ningún testigo mientras separaba el destino de los cadáveres. Pero, sucedió que a las dos de la tarde, cuando llegó el tren que traía los restos de la desgraciada pareja, se presentó en la estación para recibirlos el archiduque Carlos, quien ahora era heredero de Francisco José. Lo hizo además acompañado del entero cuerpo de oficiales de la guarnición de Viena. Ante testigos tan numerosos y de tanta alcurnia, Montenuovo no se atrevió a ejecutar su plan. De forma que el archiduque Carlos y el resto de oficiales que le acompañaban dieron escolta a los féretros hasta la capilla Hofburg, donde los dos fueron colocados, a distinta altura. Se cometió entonces una última afrenta a la pobre duquesa Sofía Chotek presentándola en un ataúd más pequeño y modesto que el reservado al archiduque, quien, con toda seguridad, de haber podido hacerlo, habría protestado enérgicamente ante Su Majestad Real e Imperial.[9]

---

[9] Albertini, vol. II. 117.

Viernes, 3 de julio

Viena

El funeral por el archiduque y su esposa se celebró a primera hora de la tarde. Ni el emperador ni ninguno de los archiduques enviaron coronas. Tan sólo había las del cuerpo diplomático y una de los hijos de la pareja a los que, sin embargo, no se les permitió asistir al oficio. Lo presidió el cardenal-arzobispo. Tan sólo estuvieron el emperador y la corte. A todas las monarquías europeas se les avisó de que no se deseaba que fueran enviados representantes, mucho menos que asistieran reyes o emperadores. El mismísimo káiser Guillermo II, gran amigo del difunto, fue disuadido con la vaga amenaza de un atentado.

Terminado el acto religioso, la capilla se cerró. Los féretros salieron para la estación. Parte de la aristocracia vienesa, encabezada por el hermano de la duquesa, acompañaron al cortejo en procesión improvisada entre protestas por no haber sido invitados al funeral. A las once de la noche, el tren salió de la estación de Viena y llegó a Pöchlarn a la una de la madrugada en medio de una terrible tormenta. Los dos ataúdes fueron conducidos aprisa y corriendo hasta la capilla de Artstetten donde fueron enterrados sin excesivas ceremonias.[10]

---

[10] Albertini, vol. II, p. 117.

Sábado, 4 de julio

Viena

El ministro de Asuntos Exteriores austriaco, Leopold von Berchtold pasó la tarde del viernes y la mañana del sábado trabajando en la Ballhausplatz. Los alemanes habían pedido un plan, un curso claro de acción, de forma que, como nada podía hacerse sin contar con ellos, había que trazar ese plan y someterlo luego a su consideración. El problema estribaba en que no era fácil saber qué querían los alemanes. Berchtold ya le había sugerido a Tschirschky la idea de plantear a Serbia un ultimátum que resultara en todo caso inaceptable para el pequeño reino balcánico y luego, ante el inevitable incumplimiento, actuar militarmente. La idea, en el caso de haber sido transmitida por Tschirschky a Berlín, como era lo más probable, no había producido ningún efecto en la capital alemana. Tampoco parecía apropiado exponer a Guillermo II el proyecto de colocar en Belgrado un Gobierno afín a la Doble Monarquía por si el emperador entendía que tal medida podía suponer una ruptura del equilibrio de poder en los Balcanes o provocar la intervención armada de Rusia. Al final, resolvió que en realidad lo que los alemanes querían no era un plan, sino comprobar que Francisco José estaba esta vez absolutamente resuelto a darle a Serbia su merecido. En consecuencia, se decidió enviar a Berlín dos documentos con los que convencer al káiser. El primero de ellos sería el memorándum del 24 de junio retocado de forma que acabara concluyendo que la única solución era atacar militarmente a Serbia. Al efecto, se añadió al final:

El presente memorándum acababa de ser redactado cuando ocurrieron los terribles acontecimientos de Sarajevo. Las completas consecuencias del repugnante asesinato todavía no pueden del todo valorarse. Pero ha servido para proporcionar la indubitada prueba, si es que tal cosa fuera necesaria, del infranqueable antagonismo entre la Monarquía y Serbia y la amenaza que constituye el movimiento paneslavo, que no se detiene ante nada.

Austria-Hungría no ha mostrado falta de buena voluntad y disposición para tener con Serbia unas relaciones aceptables con vistas a crear un entendimiento duradero con el reino balcánico. Pero, recientemente se ha hecho evidente que estos esfuerzos han sido vanos y que la Monarquía, en el futuro, tendrá que contar con la empecinada, irreconciliable y agresiva enemistad de Serbia.

En estas condiciones, a la Monarquía se le impone la necesidad de cortar con mano enérgica la red con la que su enemigo quiere envolver su cabeza.[11]

De esta forma, se trataba de justificar lo que luego, en el otro documento, la carta de Francisco José al emperador Guillermo II, se señalaba de forma más explícita. Terminaba diciendo la misiva:

Pero esta voluntad sólo será posible si Serbia, que actualmente constituye el pivote de la política paneslava, es eliminada como factor de poder político en los Balcanes. Tú también, tras los terribles acontecimientos de Bosnia estás convencido de que no es posible superar las diferencias que nos separan de Serbia y que el mantenimiento de una política de paz por parte de todos los soberanos de Europa estará en peligro mientras permanezca sin castigar ese foco de agitación criminal que es Belgrado.[12]

La carta era pues vaga, tanto en lo que se refiere a los objetivos como en lo relativo a los medios para alcanzarlos. Se quería acabar con Serbia como factor de poder político en los Balcanes, pero eso podía suponerse conseguido con la conclusión de la alianza con Bulgaria que proponía el memorándum o invadiendo Serbia y anexionando su territorio a Austria-Hungría. Entre estos dos extremos, cabían multitud de soluciones intermedias. Sin embargo, la ambigüedad de los documentos no era tanto debida a que se quisiera ocultar a los alemanes la verdadera intención (que no era otra que la de acabar con Serbia por medio de

---

[11] Albertini, vol. II, p. 134.

[12] Albertini, vol. II, p. 134.

la guerra) como a que esa política no podía ser llevada adelante sin el respaldo de Alemania. De forma que lo que Austria-Hungría estaba haciendo era mostrarse dispuesta a emprender cualquier acción que los alemanes quisieran respaldar.

Berlín

El diplomático que Viena tenía acreditado en Berlín como embajador era el anciano conde László Szögyény Merich, que llevaba destacado en la capital alemana desde 1892 y que a sus 72 años sabía que ése sería su último destino. Aquella tarde, la embajada recibió un telegrama del ministro de Asuntos Exteriores en el que se avisaba que de Viena estaba a punto de partir con destino a Berlín el conde Hoyos, hombre de confianza del ministro, con la misión de llevar dos documentos para Su Majestad Imperial, el káiser.

Nada más recibir el telegrama, el viejo diplomático habló con tantos funcionarios como fue necesario para poder entregarle personalmente al káiser los documentos que traía Hoyos. Entre otros, habló con el subsecretario del ministerio de Asuntos Exteriores alemán, Arthur Zimmermann. Fue con él con quien habló porque el titular del departamento, Gottlieb von Jagow, estaba de luna de miel. El subsecretario lo arregló para que el embajador almorzara con el emperador al día siguiente y pudiera entregarle los papeles. Cuando Zimmermann telefoneó a la embajada austriaca, Szögyény se mostró feliz de que el emperador se aviniera a recibirle tan pronto. Sin embargo, el subsecretario añadió:

–Viena haría bien, querido embajador, en contener su reacción al deplorable asesinato y no imponer a Serbia condiciones que pudieran ser consideradas humillantes.

El embajador recibió la advertencia con disgusto. Parecía que su misión, lograr que Alemania respaldara la política de firmeza que Austria-Hungría quería emprender contra Serbia, estaba fracasando incluso antes de empezar.[13]

✦✦✦

---

[13] Albertini, vol. II, p. 137.

Mientras Arthur Zimmermann hablaba con Szögyény, su secretario entró en el despacho y dejó sobre el escritorio una serie de documentos. Tras colgar, el funcionario se dispuso a examinarlos. Entre ellos se encontraba la minuta enviada por Tschirschky desde Viena con las notas manuscritas del káiser. Leyó lo que su soberano había anotado y enseguida se dio cuenta de que la actitud de Guillermo II no se correspondía en absoluto con lo que acababa de decirle al embajador austriaco. Por un momento, estuvo tentado de llamarle y desdecirse, pero pensó que eso desconcertaría al embajador y, por otra parte, el Gobierno alemán todavía no había adoptado una postura oficial al respecto, con lo que no estaba descartado que el káiser, como tantas otras veces había ocurrido, cambiara de opinión.

A la minuta de Tschirschky con las notas del káiser se adjuntaba una comunicación fechada el día 3 en la que se decía escuetamente que, desde el gabinete del emperador, se había telegrafiado a la embajada alemana en Viena y reprendido al embajador por haberse excedido en sus funciones.[14]

---

[14] Albertini, vol. II, pág. 140.

Domingo, 5 de julio

Berlín

El embajador Szögyény había pedido que le llamaran a las cinco de la mañana para ir a recoger a la estación al conde Hoyos. Una vez allí, el diplomático de origen húngaro se dirigió al andén por cuya vía haría su entrada, según la pizarra, el tren procedente de Viena. Del primer vagón de primera clase se bajó el conde nada más pararse el tren, vestido con chaqueta corta, según el gusto moderno, y el inevitable bombín. El embajador no pudo evitar preguntarse con disgusto al verlo cómo eran tan jóvenes los altos funcionarios que ahora dirigían la Ballhausplatz. Y era cierto que Hoyos apenas había superado los cuarenta y ya era el hombre que viajaba de Viena a Berlín en delicadísima misión.

Cuando estuvieron acomodados en el coche de la embajada, el recién llegado preguntó:

–¿Ha podido arreglar el encuentro con el káiser?

–Desde luego. Aquí en Berlín, el embajador de Su Apostólica Majestad es siempre tratado con deferencia.

Szögyény llevaba destinado como embajador en Berlín desde hacía más de veinte años y sabía de lo que hablaba.

–¿Cuándo lo verá? –preguntó Hoyos.

–Su Majestad Imperial me ha hecho el honor de invitarme a almorzar hoy mismo en su residencia de verano en Potsdam.

–¿Asistiré yo? –preguntó el enviado de Berchtold con un punto de ansiedad.

Al embajador le extrañó la pregunta. Berchtold no le había dicho nada de que al encuentro tuviera que asistir Hoyos. Por otra parte, Szögyény estaba convencido de que al joven conde le faltaba categoría para poder ser recibido por el káiser y habría sido una descortesía pretenderlo. Contestó:

—La verdad es que no está previsto. Su Excelencia no me dijo que al encuentro tuviera que asistir usted.

—No tiene importancia –dijo despreocupado Hoyos–. Aprovecharé el tiempo para palpar cómo están los ánimos en la Wilhelmstrasse. ¿Sabe si hay alguna posibilidad de que me pueda entrevistar con el secretario de Estado?

—Su Excelencia –dijo Szögyény subrayando las palabras porque le pareció que Hoyos hablaba con excesiva familiaridad de personas de categoría superior a la de él– está de vacaciones, de luna de miel, según tengo entendido. Acaba de casarse.

—¿Acaba de casarse? Pero ¿cuántos años tiene?

—No sé con exactitud. Poco más de cuarenta. Se ha quedado al cargo del ministerio el subsecretario, el señor Zimmermann.

—Ah, muy bien. Veré entonces a Zimmermann. Lo conozco y hacemos buenas migas.

—Me parece muy bien. No sobrará.

—¿Por qué dice eso?

—Ayer, cuando hablé con él por teléfono para arreglar el encuentro con Su Majestad Imperial, me dejó muy preocupado.

—¿Qué es lo que le dijo?

—No sé si sabría reproducir sus palabras textualmente, pero algo así como que haríamos bien en contenernos y no imponer a Serbia condiciones que pudieran ser calificadas de humillantes.

—¿Está usted seguro de que dijo eso?

—Segurísimo.

—Eso no se corresponde con la actitud que me han dicho que mantiene el ministerio.

—Ignoro cuales son sus fuentes. La verdad es que la postura de Zimmermann parece coherente con la que Su Excelencia, el conde Berchtold, me dijo que le expresó Tschirschky.

Hoyos dudó si contarle o no a Szögyény la conversación que tuvo con Victor Naumann. Al final, pensó que era mejor no mencionarla. Naumann era un contacto personal y el embajador estaba sólo para las relaciones oficiales.

Cuando los dos hombres llegaron a la embajada, Hoyos ordenó al secretario de Szögyény que, cuando hubieran pasado las nueve de la mañana, le pusiera en contacto con el subsecretario de Estado alemán.

✶✶✶

Cuando Szögyény llegó al Palacio Nuevo, fue conducido a una pequeña sala en la que tuvo que esperar unos minutos. Luego, pasó al reducido comedor donde la mesa estaba ya preparada. Le fue ofrecida una copa de champán servida de la botella que estaba en su correspondiente cubitera de plata. Acababa de empezar a beberla a pequeños sorbos cuando entró la pareja imperial. El káiser se dirigió afectuoso al embajador:

–¡Excelencia, qué placer encontrarle de nuevo!

–Majestad Imperial… –dijo el viejo diplomático haciendo una inclinación con la cabeza, que luego dirigió igualmente hacia la emperatriz.

El camarero, sin que nadie le diera ninguna orden, sirvió una copa de champán a los emperadores.

–Creo –dijo Guillermo II– que todavía no hemos tenido ocasión de transmitirle personalmente nuestras condolencias por el execrable asesinato de Su Alteza, el archiduque Francisco Fernando.

–Se lo agradezco muchísimo, Majestad, en nombre de mi Gobierno y en el mío propio.

–Su Alteza era mi amigo –se detuvo un instante–. Un buen amigo, más allá de lo excelentes que han sido en los últimos años las relaciones de nuestros dos imperios, superadas y olvidadas las rencillas del pasado.

–Lo sé muy bien, Majestad. Me consta que Su Majestad y Su Alteza compartían una genuina amistad.

Lo que no comentó el embajador, ya que hubiera sido muy inapropiado, fue lo mucho que irritaba en la corte vienesa que la de Berlín honrara a Sofía Chotek como si fuera archiduquesa de Austria-Hungría cuando en Viena ese tratamiento estaba expresamente prohibido por el emperador.

–¿Cómo se encuentra Su Majestad Real e Imperial?– preguntó el káiser al embajador.

–Relativamente bien, Majestad. Pasa el verano en su residencia de Bad Ischl, donde se encuentra más cómodo que en Viena. No obstante, no termina de reponerse de un leve catarro que cogió este invierno.

—Envíele un afectuoso saludo de mi parte y transmítale mis más sinceros deseos de una pronta recuperación.

Un lacayo llamó a la puerta, pidió permiso para entrar y preguntó si podía servirse la comida. El emperador, con un simple gesto le indicó que esperara y, sin dejar de dirigirse al embajador, le preguntó:

—Y bien, ¿dónde está esa carta que me trae?

—La llevo en la cartera —dijo el anciano diplomático mientras se dirigía a un rincón de la habitación, donde había dejado su portafolios.

A la emperatriz, por su parte, le pareció que había llegado el momento de acomodarse a la mesa. De forma, que así lo hizo, ayudada por el káiser.

—En realidad —dijo el embajador mientras extraía unos papeles de su cartera de cuero algo gastado que llevaba el escudo imperial grabado en oro—, se trata de dos documentos. Uno es una carta personal de Su Majestad Real e Imperial y el otro, un memorándum en el que…

El emperador no le dejó continuar. Le arrebató los papeles, se sentó a la mesa y, sosteniéndolos con una mano, los leyó con una atención más aparente que real. Al llegar a la última hoja, sin dejar de leer, tocó una campanita que había sobre la mesa. Entró el lacayo de antes y el káiser, sin apartar la mirada de la hoja que sostenía, le ordenó que sirviera el almuerzo. Finalizada la lectura y dejando las hojas sobre una butaca, con un gesto, invitó al embajador, que no se había atrevido a hacerlo, a sentarse a la mesa también. Nadie habló. El káiser se entretuvo descolocando y colocando de nuevo los cubiertos, como habría hecho un jugador de ajedrez con las piezas, centrándolas en los escaques para ayudarse a pensar la jugada. Mientras, el silencio se fue espesando. Estaba claro que el emperador estaba meditando una respuesta. Sirvieron el primer plato y, en el momento en que Guillermo cogió el cubierto para empezar a comer, dijo con gesto y tono severos:

—Desde el primer momento tuve claro que ustedes han de responder a Serbia de alguna manera y no pueden dejar de reaccionar ante un atentado de esta clase.

Se detuvo Guillermo a pensar las siguientes palabras.

—Sin embargo —continuó—, enfrentado ahora a la responsabilidad de tener que respaldar las duras acciones que sin duda tendrán que emprender, me veo en la obligación de tener que considerar las serias complicaciones que para Europa podrían acarrear tales acciones.

El embajador hizo un leve gesto de asentimiento queriendo indicar que comprendía lo delicado de la decisión que el káiser debía tomar. Luego, el emperador continuó:

—Comprenderá por tanto que no pueda darle una respuesta definitiva antes de haber escuchado el consejo que pueda darme el canciller imperial.

El almuerzo continuó y la conversación derivó hacia banalidades. La emperatriz quiso tener noticias de la situación en la que quedaban los hijos de Francisco Fernando y Sofía y preguntó si había algo que ella pudiera hacer por las criaturas. Tras los postres, la emperatriz pidió permiso para retirarse y el káiser ofreció un cigarrillo al embajador para acompañar el café. Szögyény rechazó el ofrecimiento y, apenas el emperador hizo un gesto para pedir permiso para poder fumar él, el embajador abrió la mano indicando, como no podía ser de otra manera, que podía fumar cuanto quisiera en lo que a él concernía. El lacayo sirvió dos copas de coñac y el káiser, tras dar un generoso sorbo al licor, se recostó levemente en su silla en un gesto que el embajador no pudo evitar calificar en su interior como inapropiado, aunque excusable dada la intimidad de la situación. No obstante, estuvo seguro de que Francisco José jamás se habría permitido ponerse cómodo de aquella forma en presencia de un embajador extranjero.

Szögyény, por dar inicio a una conversación que ya, ausente la emperatriz, no podría ser del todo trivial, dijo:

—Hay que ver, Majestad, cuán seria y difícil es la situación.

Fuera por el alcohol ingerido, el efecto tonificante del tabaco o el buen humor de la sobremesa, Guillermo se mostró en ese momento algo menos cauto de lo que lo había sido al principio.

—Tiene toda la razón, querido conde —dijo el káiser—. La situación es muy seria, pero eso no quiere decir que sea complicada. Nuestro fiel aliado ha sido brutalmente agredido y nuestro deber es asistirle. Está usted autorizado a transmitir a Su Majestad Real e Imperial que en esto, como en cualquier otra cosa, puede contar con el pleno apoyo de Alemania.

Volvió a sorber de su copa de coñac. Luego, continuó:

—Desde luego, antes de decidir nada, tengo que oír la opinión del canciller imperial, pero no albergue ninguna duda de que Herr Bethmann Hollweg estará de acuerdo conmigo en esto.

El embajador aguzó el oído y puso sus cinco sentidos en las palabras del káiser para luego poder ser fiel en su transmisión a Viena. Guillermo II prosiguió:

—Lo estará especialmente en cuanto a la acción que necesariamente han de emprender contra Serbia. En cualquier caso —siguió hablando el káiser con gesto serio y tono solemne—, mi opinión es que cualquier acción debe llevarse a cabo sin retraso. No hay duda de que la actitud de Rusia será hostil y no hemos de olvidar que se ha estado preparando durante años para esto. Pero, si una guerra entre Rusia y Austria-Hungría deviniera inevitable, deben estar seguros de que Alemania, su fiel aliado, estará de su lado.

El káiser encendió un nuevo cigarrillo, pero esta vez no ofreció uno al embajador ni solicitó un nuevo permiso para encenderlo.

—Actualmente, Rusia —prosiguió reflexionando en voz alta el emperador— no está de ninguna forma preparada para una guerra y se lo pensará dos veces antes de recurrir a las armas. Aunque seguro que animará a otras potencias a oponerse a la Triple Alianza y prenderle fuego a los Balcanes.

Szögyény le miraba con el ceño fruncido y muy atento. Le desconcertó que el emperador menospreciara la posibilidad de que el zar estuviera dispuesto a defender a Serbia incluso con las armas.

—Me hago cargo —continuó el káiser casi sin mirar a su interlocutor para no darle ocasión de interrumpirle— de que Su Apostólica Majestad, en su bien conocido amor por la paz, sea reacio a invadir Serbia. Pero, si nos convencemos de la necesidad, de la absoluta indispensabilidad de una acción militar, lamentaría mucho que no recurriéramos a ella, ahora que todo está a nuestro favor.

Hizo unos aros con el humo del cigarrillo y miró de reojo al embajador para tratar de descubrir algún signo de admiración en el rostro del viejo diplomático. No lo halló y siguió su discurso, alzando algo el volumen de su voz con idea de hacer una especie de punto y aparte:

—En cuanto a Rumanía, podéis decirle a Su Majestad que yo me ocuparé del rey Carlos y de sus asesores. Puede estar seguro de que todos observarán una actitud correcta en caso de conflicto. En cambio —volvió a bajar el tono y empezó a darle a su perorata un aire mezcla de astucia y complicidad hablando casi sin separar los labios—, no me hace ninguna gracia concluir una alianza con Bulgaria. Nunca me he fiado ni esto –con el índice de la mano derecha se señaló la uña del pulgar y miró al embajador para asegurarse de que éste le observaba y no había equívoco posible en lo que quería decir– del rey Fernando y tampoco me fío más de sus consejeros, tanto de los que ha tenido como de los que tiene ahora.

Con el dedo corazón, sin dejar de sostener el cigarrillo, golpeó la mesa para subrayar la firmeza de su opinión sobre Bulgaria y su soberano. Parte de la ceniza del cigarrillo se desprendió y cayó sobre el mantel de hilo, entre la indiferencia de los dos comensales.

–Con todo –el káiser empleó ahora un tono totalmente conciliador, torciendo levemente la cabeza y dibujando un arco de medio punto con sus labios– no tengo ninguna objeción a que la Monarquía firme un tratado con Bulgaria, pero –frunció el entrecejo y apuntó con el índice a Szögyény en un gesto que podría haberse interpretado como ofensivo de no mediar la amistad que reinaba entre Alemania y Austria-Hungría– en ese tratado no puede pactarse nada que pueda perjudicar a Rumanía y, por supuesto –se recostó un poco en la silla, cruzó una pierna sobre la otra y movió el brazo en el aire, con la colilla ya muy breve, pero encendida–, tal y como el memorándum dice, su contenido debe ser puesto en conocimiento de Rumanía.

–Entonces, Majestad –preguntó el embajador tras haber permanecido en silencio unos segundos para asegurarse de que el monarca había terminado de hablar–, ¿puedo transmitir a mi Gobierno que Alemania apoyará cualquier acción que decidamos emprender contra Serbia, incluso en el caso de que Rusia decidiera intervenir?

–Desde luego –contestó tajante el káiser.

–Y Su Majestad ¿no se opone a que Austria-Hungría busque una alianza con Bulgaria, siempre que no esté dirigida contra Rumanía y mantengamos informado al rey Carlos?

–Eso es.

–Muy bien. Así lo comunicaré.

–No obstante –quiso aclarar el káiser–, tengo que hablar con mi canciller, aunque estoy seguro de que en su consejo no será muy diferente a lo que os he dicho.

–Estoy seguro –dijo Szögyény adulador.

–Le he hecho llamar. Está en Hohenfinow. Despacharé con él esta tarde.

Szögyény se dio cuenta de que era importante hablar con Bethmann Hollweg no fuera a resultar alguna clase de matiz o modificación en lo que acababa de oír de labios del emperador. Una radical alteración de esa opinión estaba por completo fuera de cuestión pues era impensable que el canciller pudiera imponer una diametralmente opuesta a la de Guillermo.

–De todas formas –dijo el káiser levantándose para dar a entender que la entrevista había terminado–, conde, no tenga usted cuidado. Rusia no hará nada. Mi primo es débil de carácter, pero no es tonto y no osará enfrentarse a Alemania.

–Desde luego, Majestad.

–¿Os place la navegación?

–Francamente, Majestad, no sabría qué decir, yo…

–Es una actividad muy edificante. Mañana salgo para Kiel, para mi habitual crucero veraniego por Escandinavia. Deberíais embarcaros de vez en cuando.

–Tendré muy en cuenta su consejo –mintió Szögyény.

Se despidieron con solemnidad y el embajador fue acompañado hasta su carruaje.[15]

✶✶✶

Helmut von Moltke era, como jefe del Estado Mayor, el máximo responsable del aparato militar alemán. Aquel 5 de julio estaba de vacaciones, tomando las aguas en Karlsbad. Quien se quedó al cargo fue Erich von Falkenhayn, ministro de la Guerra de Prusia y, por tanto y en la práctica, de todo el Reich.

El general Falkenhayn estaba en su domicilio cuando, acabado el almuerzo, recibió a un enlace militar con el aviso urgente de que había sido convocado a una reunión con el káiser en el Neues Palais de Potsdam. Ordenó que prepararan su coche, se puso el uniforme y partió para la cercana ciudad, residencia de verano del emperador.

---

[15] Geiss, p. 76, doc. 6.

Cuando llegó, fue conducido a una sala donde ya esperaba el general Lyncker, jefe de la Casa Militar del monarca. A las cinco en punto de la tarde, entró el emperador acompañado de su ayuda de cámara, el general Plessen. Además, se incorporaron el canciller imperial, Bethmann Hollweg y el subsecretario de Estado, Arthur Zimmermann, que sustituía a Gottlieb von Jagow, titular de la cartera, que estaba de viaje.

Una vez que estuvieron todos reunidos, se sentaron alrededor de una pequeña mesa de juntas. El emperador tomó la palabra y dijo:

–Bien, caballeros, al parecer nuestros primos –lo dijo con tono despectivo– se han decidido finalmente a no tolerar más intrigas por parte de Serbia. Da la impresión de que están dispuestos a tomar las más severas medidas, incluida la de invadir el país. No sólo, sino que parecen resueltos a hacerle frente a Rusia en el caso de que ésta pretenda impedírselo. Así al menos se deduce del memorándum elaborado por su ministerio de Exteriores y de la carta autógrafa que ha tenido a bien enviarme Su Majestad, el emperador Francisco José. Si les parece, les leeré en voz alta lo que dicen estos documentos.

El emperador leyó aprisa y corriendo los dos papeles. Tanto, que a los demás les costó seguir el hilo de la argumentación, en especial el memorándum, un documento complejo.

Falkenhayn no sacó la impresión de que, según lo que iba escuchando, en Viena estuvieran por ir a una guerra por el asesinato de Francisco Fernando. Sí le pareció que los dos papeles dibujaban un cuadro muy pesimista de la situación en la que se hallaba la Doble Monarquía a causa de la agitación paneslava. También entendió que los austriacos querían una alianza militar con Bulgaria y que estaban pidiendo permiso a los alemanes para concluirla.

Cuando el emperador leía esta parte, se interrumpió a sí mismo diciendo:

–¡Cómo si ellos no pudieran hacer todo lo que crean que conviene a su propio interés!

Cuando el káiser terminó de leer, preguntó:

–Bien, caballeros ¿qué les parece?

Theobald Bethmann Hollweg, el canciller imperial, que era quien ostentaba el cargo más importante de todos los asistentes y por eso estaba sentado a la derecha del káiser, tomó la palabra:

–No termino de estar seguro de que los austriacos estén decididos a llegar hasta el final en este asunto, aunque evidentemente, su tono es en esta ocasión mucho más firme que en veces anteriores. Veremos si esta vez van en serio.

–Bueno, ya saben todos cómo están las cosas. En cualquier caso –apostilló el emperador–, la situación no parece que pueda precipitarse en los próximos días, aunque lo deseable sería que Viena actuara con rapidez. Cuanto antes, mejor, ya que así será más difícil que Rusia reaccione. Pero, lo normal es que los austriacos tarden todavía unos días en decidir un curso de acción.

El emperador tomó aire y con gesto de satisfacción dijo:

–De forma que yo, si Su Excelencia, el canciller imperial no tiene inconveniente, mañana partiré, como tenía previsto, para mi habitual crucero escandinavo.

–Por supuesto, Majestad –dijo Bethmann–. No hay ninguna razón para que Su Majestad permanezca en Berlín. Estoy seguro de que disponemos de semanas para tomar una decisión.

El canciller se ajustó el cuello. Luego, prosiguió:

–Por otra parte, el tratado que los austriacos se proponen concluir con Bulgaria llevará tiempo de negociaciones.

A la vista del aire relativamente superficial que tomaba la reunión, el general Falkenhayn interrumpió con el fin de asegurarse de que de todo aquello no se desprendía ninguna orden que dar al ejército:

–Entonces, Majestad, ¿hemos de emprender algún preparativo militar?

–En absoluto. ¿No es así, Bethmann? Cualquier orden de esa naturaleza sería de todo punto prematura.

–En efecto –confirmó el canciller–. Todavía no sabemos qué harán los austriacos e, incluso en el caso de que se decidan a invadir Serbia, es más que dudoso que los rusos se atrevan a salir en ayuda de esos bribones sabiendo que respaldamos cualquier cosa que haga Viena.

–Bien, señores. Entonces, no hay más que hablar –dijo el emperador levantándose.

Inmediatamente, los demás hicieron lo mismo. Los generales Lyncker y Falkenhayn salieron los primeros. El káiser le indicó con un gesto de la cabeza al general Plessen, su ayuda de cámara, que se marchara también. Antes de que abandonara la sala no obstante se dirigió a él:

—Cierre la puerta, general. Y diga, por favor que traigan agua de seltz.

Evidentemente, el emperador quería hablar a solas con Bethmann Hollweg y con Arthur Zimmermann sin que estuvieran presentes los militares.[16]

✶✶✶

Una vez solos, el káiser adoptó un tono y gesto severos:

—No deberíamos hacernos ilusiones acerca de la dificilísima posición en la que la propaganda panserbia ha situado a la Monarquía danubiana. Sin embargo, no es asunto nuestro recomendar a un aliado qué hacer ante el hecho del asesinato de su heredero al trono. Austria-Hungría tendrá que tomar sus propias decisiones.

Miró entonces fijamente a los ojos a Bethmann como si éste estuviera a punto de cometer una falta:

—Es nuestra obligación —le ordenó el káiser— abstenernos de hacer ninguna sugerencia o consejo concreto para evitar que el conflicto austro-serbio degenere en una conflagración internacional.

Bethmann Hollweg mostró su acuerdo con la mirada como jurando que, por él, no habría presión de ningún tipo. Guillermo continuó:

—El emperador Francisco José tiene que saber que, incluso en una hora tan crítica como la actual, nosotros no abandonaremos a Austria-Hungría.

Aumentó entonces el volumen de su voz:

—¡Están en juego nuestros propios intereses! Es vital para nosotros que Austria-Hungría se preserve intacta.

Luego, los tres examinaron con detención los papeles traídos por Hoyos desde Viena y, tras hacerlo, se levantó la reunión.

—¿Se encargará Su Excelencia de transmitirle a Szögyény cuál ha sido mi decisión final tras consultarle? —preguntó el káiser a su canciller imperial.

---

[16] Geiss como, p. 76, doc. 6 y Albertini, vol. II, p. 142.

–Por supuesto, Majestad –contestó Bethmann–. Lo citaré en la Cancillería.

–Lo dejo en sus manos. Recuerde que mañana salgo para mi crucero.

–Desde luego. Descuide, Majestad.[17]

---

[17] Albertini, vol. II, pág. 140.

Lunes, 6 de julio

Berlín

Partido el káiser para su crucero escandinavo anual, el canciller alemán, Theobald Bethmann Hollweg, recibió en la cancillería del Reich al conde Szögyény, embajador de Su Real e Imperial Majestad Apostólica Francisco José en la corte de Berlín, y al enviado especial del ministro de Asuntos Exteriores austriaco, el conde Hoyos.

Bethmann acogió a sus invitados en su despacho. Se hizo acompañar de Arthur Zimmermann, subsecretario de Estado, en funciones de ministro, con el fin de tener un testigo de lo que se hablara. Los cuatro hombres se saludaron con cierto afecto y luego se sentaron alrededor de una mesa. Naturalmente, quien habló en primer lugar fue Bethmann:

–Su Majestad Imperial me ha dado instrucciones a fin de que les exprese a ambos su agradecimiento por la carta autógrafa de Su Majestad Apostólica y les ruega que le transmitan su deseo de contestarle personalmente en unos días, en cuanto le sea posible.[18]

Szögyény, que se consideraba el único interlocutor de Bethmann, dejando para Hoyos el papel de mero testigo, asintió con la cabeza agradeciendo las palabras y la promesa de Hollweg. El canciller continuó:

–Mi soberano me ha autorizado a dar a Su Excelencia cumplida cuenta de cuál es la posición concreta del Gobierno alemán respecto de la carta y el memorándum que el conde Hoyos –le miró amablemente– trajo ayer.

Bethmann respiró como si tuviera que coger fuerzas para lo que a continuación tenía que decir:

---

[18] Esta carta de contestación fue enviada el 8 de julio. Geiss, pág. 95.

–El Gobierno alemán es consciente de todos los peligros que acechan a Austria-Hungría, así como a la Triple Alianza, a consecuencia del plan ruso de levantar una liga balcánica.

Era cierto que San Petersburgo abrigaba ese proyecto, pero estaba todavía en pañales.

–Comprende igualmente –continuó el canciller– que ustedes estén ansiosos por atraer a Bulgaria a la Triple Alianza. Pero, y esto es muy importante, y debo por lo tanto insistir en ello, tal cosa debe hacerse de manera que no suponga una violación de las obligaciones que tenemos contraídas con Rumanía. En este sentido, puedo decirle que nuestro embajador en Sofía ha sido autorizado para negociar con el Gobierno búlgaro a partir del momento en que su colega austro-húngaro le llame y comenzar conjuntamente los tratos.

–Me alegra mucho oír eso, Excelencia –dijo con satisfacción Szögyény.

A fin de evitar la impresión de que Alemania daba por bueno lo que Austria-Hungría quisiera negociar con Bulgaria, el canciller añadió:

–Al mismo tiempo, tengo intención de dar instrucciones a nuestro embajador en Bucarest para que hable de este asunto con toda franqueza con el rey de Rumanía, tenerle al corriente de las negociaciones y llamarle la atención sobre la necesidad de que ponga fin a las agitaciones contra los húngaros.

En ese momento, el canciller empezó a tamborilear con los dedos de su mano derecha sobre la mesa, lo que indicaba que se disponía a afrontar cuestiones más espinosas. Dijo:

–Me gustaría que le transmitieran a Su Majestad Apostólica que admito haber sido yo quien hasta ahora ha estado aconsejando a Su Majestad Imperial seguir siendo amigos de Serbia. Pero, a la vista de los últimos acontecimientos, reconozco que esto, aunque deseable, es ya imposible. Rumanía debería también revisar su política.

–Con mucho gusto, le transmitiré el mensaje.

–Con respecto a sus relaciones con Serbia, el Gobierno alemán es de la opinión de que son ustedes quienes deben juzgar qué es lo que hay que hacer. Ahora bien, sea lo que sea que resuelvan, pueden estar seguros de que siempre encontrarán a Alemania de su lado, como un amigo fiel y leal de la Monarquía. Como le digo, Excelencia, nosotros no deseamos influir en su decisión, pero sí queremos que Su Majestad considere cuán importante es que la acción sea inmediata. Desde un punto de vista internacional, considero que éste que vivimos es un momento especialmente favorable.

Bethmann sorbió un poco de agua.

–Estoy de acuerdo con ustedes –continuó el canciller– en que no es necesario informar a Italia ni a Rumanía de la acción que vayan a emprender contra Serbia.

Hoyos hizo un gesto de satisfacción. Lo de Italia era de esperar porque los alemanes tenían de los italianos casi la misma opinión que los austriacos, es decir, que eran aliados poco fiables y traicioneros. Pero, que Berlín aceptara mantener al margen a Rumanía, a la que tenía por leal amiga, constituía sin duda una importante concesión.

–En cambio –dijo el canciller en tono más severo– Rumanía debería ser informada desde este momento de la intención de Su Majestad Apostólica de incorporar a Bulgaria a la Triple Alianza.

"¡Qué extraño! –pensó Szögyény–. El día anterior, el káiser dijo que no quería saber nada de Bulgaria ni de su rey, pero que no tenía inconveniente en que Austria-Hungría suscribiera un tratado con ella siempre que se tuviera a los rumanos suficientemente informados. Ahora, Bethmann dice con toda naturalidad que hay que incorporar a Bulgaria a la Triple Alianza, algo a lo que el káiser se ha opuesto hace menos de veinticuatro horas."

–Creemos –interrumpió Zimmermann, después de haber pedido permiso a Bethmann con la mirada– que lo mejor es atraer por ahora sólo a Bulgaria y luego ver el modo de incluir a Turquía y eventualmente a Grecia.

El canciller apostilló:

–Han de tener en cuenta los grandes intereses que Alemania tiene en Turquía, lo que hace para nosotros que el ingreso de la Puerta en la Triple sea de lo más deseable.

Continuaron hablando del modo en que tendrían informada a Rumanía de las negociaciones con Bulgaria. El canciller insistió en que había que mantener al corriente a los italianos de cualquier acción a emprender en Albania de acuerdo a lo que se había pactado con ellos en la última renovación de la Alianza y que exigía que Roma fuera compensada de cualquier alteración del *statu quo* en los Balcanes.

Terminado el encuentro, Hoyos y Szögyény salieron de la cancillería y se dirigieron a la embajada a redactar el telegrama que enviarían a Berchtold convencidos de que su misión había sido un éxito. Austria-Hungría tenía el respaldo de Alemania para emprender cualquier acción que tuviera por conveniente contra Serbia, incluidas las de orden militar.[19]

---

[19] Geiss, pág. 79, doc. 8.

Martes, 7 de julio

Viena

La noche anterior, el conde Hoyos salió de Berlín en coche-cama. Cuando llegó a Viena, a primera hora de la mañana, se dirigió directamente a la Ballhausplatz. Berchtold llegó más tarde y lo primero que hizo fue preguntar por su jefe de gabinete. Al poco, se encontraron los dos reunidos en el despacho del ministro, que preguntó qué tal había ido la misión. Hoyos le contó lo ocurrido y le transmitió su impresión de que esta vez Alemania estaba dispuesta a llegar hasta el final.

En cualquier caso, el apoyo alemán había sido finalmente obtenido, siquiera gracias a la impulsividad del káiser y a pesar de la posible oposición de parte del Gobierno. La cuestión sin embargo era que la indispensable ayuda de Berlín no era el único escollo que superar. Hacía falta además salvar las reticencias del primer ministro húngaro, el conde Tisza. Éste había exigido que, antes de decidirse nada acerca de qué hacer con Serbia, tenía que convocarse un Consejo de Ministros conjunto, es decir, de los dos reinos. El conde no quería que la decisión final se adoptara de un modo informal y que le fuera presentada más tarde como un hecho consumado. Cumpliendo sus deseos, el Consejo fue convocado para ese martes, día 7.

Sin embargo, Berchtold, antes de que comenzara, quiso que Tisza no pudiera durante el mismo dudar de la realidad del respaldo de Berlín. Siendo ilegal que un extranjero asistiera al Consejo, convocó una reunión informal a la que asistió, además de los dos primeros ministros, el embajador Tschirschky para que Tisza oyera de sus labios que el Gobierno de Berlín respaldaba cualquier medida enérgica que la Doble Monarquía quisiera adoptar.

De hecho, el embajador alemán había recibido esa misma mañana un telegrama de Bethmann Hollweg donde podía leerse:

Finalmente, en lo que concierne a Serbia, Su Majestad el káiser Guillermo no puede adoptar ninguna posición respecto a cuestiones que afectan a este país y a Austria-Hungría ya que están fuera de su autoridad. Sin embargo, el emperador Francisco José puede estar seguro de que Su Majestad, el káiser, se mantendrá lealmente del lado de Austria-Hungría tal y como lo exigen las obligaciones de su alianza y de su antigua amistad.[20]

Hoyos también asistió en su calidad de testigo directo de lo ocurrido en Berlín durante su misión. El conde Tisza fue el último en presentarse en el despacho de Berchtold. El ministro le saludó con efusividad obsequiosa y luego el magiar estrechó la mano de los demás presentes.

–Bien, caballeros –dijo Berchtold–, muchas gracias por asistir a esta reunión. Su objeto es que los dos primeros ministros tengan cumplida información de cuál es la exacta postura de Alemania en el asunto serbio. El conde Hoyos, enviado a Berlín la tarde del sábado con la específica misión de lograr para la Doble Monarquía el respaldo de su aliado en este conflicto que tenemos con Serbia, nos informará con detalle de la actitud alemana. Pero, para que no haya duda de que lo que nos cuente Hoyos se corresponde fielmente con la realidad, he invitado a que nos acompañe a Su Excelencia, Heinrich von Tschirschky, a quien todos ustedes conocen sobradamente.

Todos hicieron un gesto con la cabeza para saludar nuevamente al germano.

–Por favor, conde Hoyos, exponga los detalles de su misión.

El diplomático leyó la carta de Francisco José y el memorándum. Luego, leyó una minuta que él mismo había redactado resumiendo su conversación con el subsecretario de Estado, Arthur Zimmermann. También leyó los telegramas del conde Szögyény dando cuenta de su conversación con el káiser y con Su Excelencia, el canciller imperial.

Tschirschky aguzó el oído. Pensó que ése era el momento más importante de la reunión para él.

---

[20] Albertini, vol. II, p. 146 y Geiss, p. 74.

Cuando Hoyos terminó de leer el telegrama de Szögyény, Berchtold le preguntó a Tschirschky:

—Bien, Excelencia, ¿se corresponden estas conclusiones con lo que su Gobierno quiere transmitirnos?

Tschirschky tuvo la desagradable sensación de que lo leído por Hoyos iba algo más allá de lo que Bethmann le había contado. Sin embargo, ya había sido reprendido por mostrarse excesivamente cauto y no quiso dar lugar a serlo de nuevo, de modo que dijo:

—Las minutas del conde Szögyény se corresponden en lo sustancial con lo que Su Excelencia, el canciller imperial, me ha contado que hablaron.

—Excelente —dijo Berchtold satisfecho a la vez que se levantaba para dar por terminada la reunión—. Entonces, está claro que nuestra aliada Alemania respalda cualquier acción que deseemos emprender contra Serbia en represalia al ultraje del atentado sufrido por el archiduque. Ahora nos corresponde a nosotros, en Consejo de Ministros, decidir qué hacer. Excelencia…

El ministro tendió la mano al embajador, que ya se había levantado, y se despidió de él diciendo:

—Por favor, transmítale en nombre de los dos primeros ministros y el mío propio a Su Majestad y a Su Excelencia, el señor Bethmann Hollweg, nuestra más sincera gratitud por su apoyo, tan claramente de acuerdo con nuestra compacta alianza y con los dictados de una genuina amistad.

El embajador se despidió, y el resto se dirigió hacia la sala de consejos. Berchtold sonreía satisfecho. No sólo había logrado que Alemania respaldara inequívocamente cualquier cosa que decidieran hacer, sino que la presencia de Tschirschky en la reunión había demostrado a Tisza la realidad de ese respaldo. Al mismo tiempo se había hecho saber a los alemanes por medio de su embajador que los austriacos interpretaban ese respaldo como incondicional. Si Berlín no quisiera en realidad ir tan lejos, tendría ocasión de deshacer el equívoco una vez que su embajador les contara lo que había oído. No obstante, a Berchtold le pareció improbable una marcha atrás. Ahora lo urgente era convencer a Tisza.[21]

---

[21] Geiss, pág. 87, doc. 10.

Hohenfinow

Durante la mañana de ese martes, Theobald Bethmann Hollweg, decidió que no tenía razón de ser continuar en Berlín y que lo mejor sería reanudar sus vacaciones en su pueblo natal, Hohenfinow, en Brandemburgo, muy cerca de la capital. Por eso, volvió al palacio que poseía en el pequeño pueblo. Lo hizo acompañado de su principal asesor, casi amigo, a pesar de ser mucho más joven, Kurt Riezler. Éste le hacía las funciones de jefe de gabinete.

Durante el viaje, el canciller se mantuvo taciturno y melancólico. Riezler pensó que su jefe todavía no había logrado superar la muerte de su esposa. El joven político bávaro estaba sorprendido de ver a un prusiano de pura cepa dejarse abrumar por la muerte de la mujer amada.

Después de la cena, se sentaron los dos en la terraza, donde les sirvieron el café y el coñac. El canciller continuó callado durante unos minutos, pero finalmente se decidió a hablar:

—No hay más remedio que actuar como lo estamos haciendo. Hay que tomarse en serio las negociaciones que están llevando a cabo ingleses y rusos para cerrar un acuerdo naval. Nuestro embajador en Londres…

Riezler interrumpió al canciller para refrescarle la memoria:

—El príncipe von Lichnowsky

—Eso, Lichnowsky. Pues bien, Lichnowsky es un ingenuo, un pardillo.

—¿En qué sentido lo dice, Excelencia?

—Se deja tomar el pelo por los ingleses.

Se detuvo un instante. Luego, continuó:

—El poderío militar ruso es cada vez mayor. Y Austria es paulatinamente más débil. No sólo, sino que está muy paralizada. La marea procedente del Norte y del Sudeste es cada día que pasa más poderosa.

Bethmann movió la cabeza de un lado a otro:

—En cualquier caso, para la causa alemana, no hay más remedio que nuestros aliados vayan a la guerra. La Entente sabe que estamos paralizados por completo.

—La situación no es tan mala —trató de corregir el jefe de gabinete en un tono animoso—. Aunque es posible que mi optimismo se funde en la ignorancia.

—Son momentos difíciles, querido Kurt. El asesinato de Francisco Fernando…

El canciller se interrumpió bruscamente. Torció el gesto y siguió:

—Ha tenido que ser obra del Gobierno serbio. Francisco José le ha pedido al káiser que lo considere un *casus foederis*. Es lo habitual. Con Austria en acción en los Balcanes el dilema siempre es el mismo. Hablamos con ellos y dicen que les incitamos. Acordamos una línea de acción y se quejan de que les dejamos en la estacada para terminar arrojándose en brazos de las potencias occidentales. A este paso, perderemos a nuestro último y mediocre aliado.

Riezler no se atrevió a interrumpirle. La descripción del círculo vicioso en el que se movían las relaciones austro-alemanas ensombreció su optimista visión.

—Esta vez —continuó Bethmann— es peor que en 1912 porque ahora Austria está a la defensiva contra la conspiración ruso-serbia.

El canciller se refería a diciembre de 1912, al final de la Primera Guerra Balcánica.

—Una campaña contra los serbios —prosiguió sombrío Bethmann— puede conducir a la guerra mundial.

Riezler se dio cuenta de la seriedad de las palabras de su jefe. No estaba especulando. No estaba, como hacen muchos políticos frente a sus subordinados, cargando las tintas para ser artificiosamente dramático. Realmente creía que se acercaba el Apocalipsis.

—Todo entrará en crisis —vaticinó mirando las estrellas—. Y todo lo que sea capaz de sobrevivir se habrá hecho tremendamente viejo.

El canciller suspiró y Riezler pensó que el futuro no podía ser tan lóbrego a la vez que temió que el viejo político tuviera razón.

—Heydebrand —dijo Bethmann refiriéndose al líder del partido conservador alemán en la asamblea prusiana— dice que una guerra reforzará el orden patriarcal y la mentalidad de la sociedad. ¡Qué tontería! Ese insensato no sabe lo que dice. Todos están ciegos. Es como si una espesa niebla envolviera a todo el mundo. Es igual en toda Europa. El futuro, querido Riezler —dijo volviéndose a su asistente— pertenece a Rusia. Ese país no para de crecer y cada vez se hace más grande. Y pesa más y nos oprime.

Riezler asintió con la cabeza. En esto estaba completamente de acuerdo. Rusia era una amenaza cada vez mayor. Quizá por eso, se dijo, había que hacerle ahora la guerra, antes de que fuera demasiado tarde.

–Por otra parte –Bethmann volvió nuevamente su mirada a las estrellas–, Alemania no es consciente. A la gente sólo le interesa lo superficial. Las personalidades son cada vez más insignificantes, intrascendentes. Nunca hay oportunidad de escuchar nada que sea importante o simplemente franco, sin segundas intenciones. No hay inteligencia, ni profesionalidad.

El canciller se dio cuenta de que añoraba el pasado como el viejo que todavía no era y en el que le había convertido la muerte de su mujer. Trató de reparar parte del pesimismo que transmitía:

–Desde luego, vivimos una época de progreso, un progreso de magnitud colectiva.

Una sombra veló nuevamente sus ojos:

–Sin embargo, la nueva belleza que ha de traernos este nuevo mundo tan diferente todavía no ha nacido.

Riezler ya no le entendía ni se sentía con fuerzas para seguirle. Alemania tendría que enfrentarse a su destino dirigida por el hombre que tenía frente a él, la pura imagen de la derrota.[22]

Viena

El Consejo de Ministros conjunto se reunió a continuación de la charla informal tenida en el despacho del ministro de Exteriores. Presidía el Consejo el conde Berchtold, que fue quien primero intervino:

–El presente Consejo de Ministros ha sido convocado con el fin de decidir qué medidas se han de adoptar frente a las nefastas consecuencias que en Bosnia y Herzegovina han tenido los crímenes de Sarajevo. Sin embargo, antes de decidir nada, deberíamos ver si ha llegado o no el momento de acabar de una vez por todas con las intrigas serbias. Un golpe tan decisivo como éste no puede ser dado sin una previa preparación diplomática y, por esta razón, ha sido informado y consultado el Gobierno alemán. Los tratos con Alemania han conducido al más satisfactorio de los resultados ya que, tanto el káiser Guillermo como el canciller imperial, Herr Bethmann Hollweg, han prometido solemnemente el apoyo y la ayuda de Alemania en la eventualidad de que surja alguna complicación militar.

---

[22] Williamson & Van Wick, p. 101.

El conde se detuvo un momento a mirar a los asistentes. Krobatin, ministro de la Guerra, asentía con la cabeza, mientras que Tisza miraba cabizbajo sus papeles. El ministro de Exteriores prosiguió:

—Naturalmente, no sólo debemos tener en cuenta a Alemania. También hay que pensar en Italia y Rumanía. Mi opinión, no obstante, coincide con la del gabinete en Berlín, en el sentido de que sería mejor actuar primero y esperar a ver si surgen eventuales reclamaciones de alguna compensación. No estoy en absoluto convencido de que una expedición contra Serbia tuviera que llevarnos necesariamente a una guerra con Rusia. La actual política de San Petersburgo es de largo alcance y está dirigida a conseguir una liga de Estados balcánicos, incluida Rumanía, que en su debido momento sería un instrumento a emplear contra la Monarquía. Creo que debemos ser conscientes de que, con esta política, nuestra situación se va haciendo más precaria con el paso del tiempo. Sobre todo porque, si no actuamos, nuestros propios eslavos y rumanos lo interpretarán como un signo de debilidad. Y entonces estarían mucho más inclinados a prestar oído atento a los cantos de sirena del otro lado de la frontera.

El conde Tisza pidió la palabra. Berchtold se la dio:

—Gracias, Excelencia. Estoy de acuerdo con que durante los últimos días la situación ha cambiado. Por un lado, la investigación judicial nos ha aportado más datos acerca de la implicación de Serbia. Tampoco la actitud de la prensa de ese país ha ayudado a mejorar las cosas. En consecuencia, tengo que admitir que quizá la única solución posible sea una acción militar.

Hasta aquí, el tono del primer ministro húngaro fue amable y conciliador. Hizo una pausa y, con un gesto más severo, continuó:

—Lo que nunca consentiré es un ataque sorpresa sobre Serbia sin haber previamente intentado una acción diplomática. Si actuáramos así, estaríamos haciendo un triste papel ante los ojos de Europa. Además, nos granjearíamos la enemistad de todos los Estados balcánicos, con excepción de Bulgaria que, por otra parte, es hoy tan débil que no puede servirnos de ninguna ayuda efectiva. Por supuesto, es necesario que hagamos a Serbia las demandas que creamos convenientes. Y, en caso de ser rechazadas, les enviaríamos un ultimátum.

Era la manera habitual de justificar una agresión militar. Pero, el conde no estaba pensando en un pretexto para una ulterior acción bélica. Al contrario, dijo:

—Nuestras exigencias serán tan duras como sea necesario, pero no pueden serlo tanto como para que no se puedan satisfacer. Si Serbia acepta, tendremos un espléndido éxito diplomático y nuestro prestigio en los Balcanes se verá incrementado inmensamente. Si las rechaza, seré el primer partidario de recurrir a la fuerza.

Cortó el aire con la mano extendida, como si fuera una espada, para demostrar la firmeza con la que apoyaría esa respuesta armada. Luego, matizó:

—Ahora bien, podríamos, por medio de la guerra, reducir el tamaño de Serbia, pero no deberíamos aniquilarla por completo. Rusia combatiría hasta la muerte antes de permitirnos hacer eso. Como primer ministro húngaro, nunca consentiré que la Monarquía se anexione ningún territorio serbio.

Aunque no hubiera intención de anexionar todo el territorio serbio, sí era probable que Berchtold tuviera en mente aprovechar la ocasión para hacerse con el Sanjak de Novi Pazar. Se trataba de un pasillo que comunicaba Bosnia-Herzegovina con el Sur de los Balcanes. Había sido administrado por la Monarquía junto con las dos provincias balcánicas desde el Congreso de Berlín de 1878. El Gobierno austriaco había pensado construir un ferrocarril que lo atravesara. El proyecto disgustó a Rusia. Cuando en 1908 Aehrenthal anexionó las dos provincias, decidió restituir el control sobre el pasillo a Turquía y abandonar definitivamente el proyecto ferroviario. Luego, a consecuencia de la Primera Guerra Balcánica de 1912, Serbia ocupó buena parte del Sanjak de Novi Pazar y lo anexionó a su reino. Una guerra contra Serbia, si finalmente estallaba, daría ocasión de recuperar el estratégico territorio.

El conde Tisza prosiguió su discurso:

—No corresponde a Alemania decidir si debemos o no ir a la guerra. Personalmente, creo que iniciarla no es indispensable. Tenemos que tener en cuenta las muchas revueltas que contra nosotros hay en Rumanía precisamente ahora. Dado el grado de excitación de la población allí, deberíamos estar preparados para la eventualidad de un ataque rumano y mantener en Transilvania una fuerza capaz de intimidar a Bucarest.

Era lógico que a Tisza le preocupara Transilvania, que era parte de Hungría, pero estaba habitada por rumanos. Y que temiera que una guerra con Serbia, con el ejército austro-húngaro entretenido en el Suroeste, fuera aprovechada por Rumanía para lanzar una ofensiva allí.

—Ahora que felizmente —siguió Tisza— Alemania ha aceptado la posibilidad de que Bulgaria se una a la Triple Alianza, se vislumbra una prometedora perspectiva para una exitosa acción diplomática en los Balcanes. Cuando Bulgaria y Turquía estén de nuestro lado, podremos desequilibrar a Rumanía y Serbia y quizá incluso inducir a Bucarest a que retorne a la Triple Alianza.

Tisza pasó por alto que Serbia era mucho más peligrosa para Austria de lo que Rumanía lo era para Hungría y que, por tanto, lo que podía ser disuasorio para Bucarest, pudiera no serlo para Belgrado.

—Con respecto a los países europeos —siguió Tisza—, hay que considerar que el ejército francés es cada vez menos poderoso comparado con el alemán debido a la constante reducción de la tasa de natalidad en Francia. Esto permitirá a Alemania disponer de más tropas contra Rusia. Todas estas circunstancias —dijo el magiar en un tono que indicaba que se disponía a terminar— deben ser tomadas en consideración cuando vamos a adoptar un acuerdo que conlleva una alta responsabilidad. Insisto en que la crisis de Bosnia, donde lo ocurrido se debe en buena medida a la reforma de la administración —se refería a la anexión formal de Bosnia y Herzegovina de 1908—, no basta para convencerme por sí sola de la necesidad de la guerra. Al contrario, creo que un sobresaliente éxito diplomático, que causara una profunda humillación a Serbia, mejoraría decididamente nuestra situación y nos daría la oportunidad de iniciar una ventajosa política en los Balcanes.

Berchtold había estado escuchando impertérrito. Gran parte de todos esos argumentos de Tisza los había oído con anterioridad. En última instancia, estaba convencido de que, en esta ocasión, el éxito diplomático, en el caso de que fuera posible, sería del todo insuficiente. Por eso, cuando acabó Tisza su discurso, apostilló:

—Por el momento, los triunfos diplomáticos sólo han servido para aumentar las tensiones en las relaciones con Serbia. Ninguno de ellos, ni la creación del Estado albanés, ni que Belgrado tuviera que rendirse a las exigencias del ultimátum del otoño pasado, han logrado cambiar nuestras adversas circunstancias.

69

En eso, tenía razón. Berchtold se refería a la Segunda Guerra Balcánica, cuando Serbia, invadió Albania. Con el respaldo alemán, los austriacos lanzaron el 17 de octubre de 1913 un ultimátum a Belgrado: si en ocho días las fuerzas serbias no abandonaban Albania, Austria-Hungría intervendría militarmente. Los rusos no acudieron en socorro de sus protegidos y Serbia, dolida y enfurecida, se retiró. Aparentemente, el episodio constituyó un éxito sin paliativos, pero al final, lo único que logró Viena fue, además de humillar al reino balcánico, retornar al viejo statu quo. Y eso sólo en cuanto a Albania, puesto que del conjunto de las dos Guerras Balcánicas, Serbia salió muy engrandecida. Prácticamente duplicó su territorio y encima se anexionó parte del estratégico Sanjak de Novi Pazar.

–La propaganda para una Gran Serbia –continuó Berchtold–, sistemáticamente forjada en Belgrado y cuyos corruptores efectos se sienten desde Zagreb a Zadar, exige una solución radical que sólo puede lograrse ejerciendo la razón de la fuerza.

Un murmullo de aprobación se extendió por toda la sala de consejos, pero Tisza no se mostró convencido. Berchtold continuó desmontando la argumentación del político magiar:

–En cuanto al peligro de una actitud hostil por parte de Rumanía, que ha mencionado Su Excelencia, el primer ministro húngaro, soy de la opinión de que hay menos que temer en la actual situación que en el futuro. La asociación entre Rumanía y Serbia, que hoy no existe, podría mañana nacer y desarrollarse. Es verdad –reconoció Berchtold– que el rey Carlos de Rumanía ha expresado dudas acerca de si, bajo las actuales circunstancias, podría él cumplir su deber como aliado y prestar la ayuda necesaria cuando le fuera reclamada.

Rumanía había dejado de ser un aliado de Austria-Hungría y eso le dejaba las manos libres para reclamar la Transilvania húngara cuando quisiera.

–Sin embargo –siguió Berchtold–, eso no implica necesariamente que daría su aprobación a una operación militar contra la Monarquía. Además, hay que recordar que Rumanía se mantiene aterrorizada por Bulgaria y que no puede en consecuencia actuar libremente.

En eso, volvía a tener razón el ministro. Bulgaria había sido la gran perdedora de la Segunda Guerra Balcánica y había tenido que ceder a

Rumanía, por medio de un tratado que encima se firmó en Bucarest, una amplia franja de terreno en la costa del Mar Negro. Era de esperar que estuviera deseando resarcirse. El ministro de Exteriores continuó su labor de zapa:

—Por lo que se refiere a la puntualización del primer ministro húngaro respecto de la proporción de fuerzas, la reducción del crecimiento de población en Francia está siendo compensado por el creciente número de habitantes en Rusia.

Berchtold cerró la mano derecha en un puño e hizo el gesto de ir a golpear la mesa como diciendo "he dicho", convencido de que había logrado desmontar la argumentación de Tisza.

Luego, tomó la palabra, casi por cumplir con una fatigosa obligación, el primer ministro austriaco, el conde Stürgkh:

—No debemos olvidar que este Consejo de Ministros ha sido convocado con el propósito de discutir las medidas que hay que tomar en Bosnia-Herzegovina para contrarrestar el movimiento paneslavo. Pero podrían no ser necesarias si decidimos resolver las dificultades en Bosnia recurriendo a la fuerza contra Serbia.

Berchtold le miró con gesto aburrido por encima de las bolsas de sus ojos. El primer ministro austriaco prosiguió:

—Dos razones hacen que esta cuestión sea hoy apremiante. En primer lugar, el gobernador de Bosnia-Herzegovina está convencido de que no puede aplicarse ninguna medida con éxito en el interior de las dos provincias a menos que golpeemos a Serbia primero. Su opinión se basa en sus propias percepciones y en su profundo conocimiento del país.

Era natural que Stürgkh, como primer ministro, sin control sobre las cuestiones internacionales, tratara de convertir un problema de política exterior en uno de política interior. Pero, lo que irritó a Berchtold fue que el primer ministro empleara como argumento de autoridad las opiniones del general Potiorek. Éste había sido el responsable de la seguridad del archiduque Francisco Fernando durante su visita a Sarajevo y no había sido capaz de prevenir e impedir el atentado. No sólo, sino que su ineptitud había proporcionado a los terroristas, jóvenes imberbes, sin apenas preparación militar, dos ocasiones para asesinar al heredero. Fallaron en la primera por torpes. Luego, la falta de seguridad ofreció al tuberculoso Gavrilo Princip una segunda oportunidad que ya no desaprovechó. ¿Podía alguien confiar en la opinión que un hombre así tuviera sobre la actividad subversiva en las provincias que tenía a su cargo? Lo lógico habría sido destituir a Potiorek por incapaz. No se hizo porque, inmediatamente después del atentado, corrieron rumores por toda Viena de que la escasez de medidas de protección no fue a causa de la falta de previsión sino de la connivencia del gobernador. El disgusto que en los círculos próximos al emperador provocaba que Francisco Fernando fuera el heredero al trono y, sobre todo, que Sofía Chotek fuera la futura emperatriz, hizo creíble el bulo. El cese de Potiorek podría haber alimentado las murmuraciones sobre su responsabilidad en el asesinato. Ahora, una cosa era concluir que era mejor para todos que Potiorek continuara en su puesto y otra muy distinta basar en las apreciaciones de un incompetente una decisión tan trascendental como la que tenía que adoptar aquel Consejo de Ministros.

Con todo, Berchtold no se sintió con fuerzas para quitarle la palabra al primer ministro austriaco y dejó que siguiera hablando:

–Durante estos últimos días, toda la situación ha cambiado. Ahora es posible apreciar el papel que la psicología juega en ella y cómo se encamina decididamente a un fin a punta de espada. No puedo estar de acuerdo con el primer ministro húngaro –dijo mirándole fijamente– cuando dice que somos nosotros y no el Gobierno alemán quien tiene que decidir si la guerra es necesaria o no.

Tisza levantó la mirada, se cruzó con la de Stürgkh y se la sostuvo hasta que el austriaco apartó sus ojos.

–Debería Su Excelencia reconocer al menos –prosiguió el primer ministro– que nuestra decisión ha de tener presente que dónde buscamos apoyo y respaldo a nuestra política es en la Triple Alianza. Es allí donde se nos ha prometido lealtad sin reservas y donde nos aconsejan actuar sin retraso.

Tisza estuvo a punto de levantar la mano para ver si Berchtold le dejaba interrumpir. Que los alemanes apoyaran cualquier acción que decidieran los austriacos no conllevaba necesariamente tener que ir a la guerra. Era verdad que, sin ese respaldo, no podía iniciarse un conflicto. Pero, contar con él no tenía por qué obligar a desencadenarlo. Como fuera que Tisza al final decidió no interrumpir, Stürgkh continuó:

–El conde Tisza –ya no le miraba– debería considerar esta circunstancia y recordar que una política débil y vacilante podría hacer que los alemanes acabaran viéndonos como indignos de su apoyo en el futuro.

"O sea –pensó Tisza–, que para que nos respalden en una guerra mañana, debemos iniciar hoy una, aunque no la queramos, sólo porque los alemanes la apoyan." Stürgkh continuó:

–Junto con el interés que tenemos en restaurar el orden en Bosnia, todo esto tiene la más elevada importancia y debería ser cuidadosamente considerado.

Lo que Stürgkh no dijo, y Tisza sabía por haber leído los documentos que Hoyos llevó a Berlín, era, no que Alemania apoyó la guerra y por eso Austria-Hungría tenía que iniciarla, sino que fue Viena la que pidió permiso para librarla y Berlín la que se limitó a concederlo. Obviamente, en estas condiciones, no hacer luego nada demostraría inconsistencia. Tisza lamentó, cuando se le dijo que los documentos ya estaban en Berlín, no haber comunicado al Gobierno alemán que esos papeles no reflejaban la opinión del Gobierno húngaro y por lo tanto tampoco la del conjunto de la Doble Monarquía. Era verdad que uno de ellos era una carta personal de Francisco José acerca de la cual Tisza no tenía nada que decir. Pero, el caso es que Tisza no hizo nada porque creyó que la contestación alemana sería, como en crisis anteriores, tibia si no de abierto rechazo. Lo enérgica que al final fue constituyó para él una sorpresa. Y sabía que, con esa respuesta tan contundente como inesperada, sería muy difícil lograr que Austria- Hungría se contuviera. Lo más que podía hacer en esas circunstancias era tratar de ganar tiempo y salvar lo que pudiera.

Pero, Stürgkh no había terminado:

–No es más que una cuestión de detalle decidir cómo ha de comenzar todo. Si el Gobierno húngaro piensa que un ataque sorpresa, *sans crier gare*, no es posible, seguro que encontraremos otra forma de hacerlo. Pero, lo que creo que es absolutamente necesario –ahora el tono fue de firmeza– es actuar sin retraso y preparar nuestra economía para un prolongado período de suspense. No obstante, todo esto no es más que mero detalle si se considera la cuestión de principio, que es si es o no absolutamente necesario tener una guerra. En esto, la Monarquía ha de decidir si su existencia y prestigio pueden permitirse perder las provincias de eslavos del Sur que posee por no hacer nada para impedirlo.

Se oyó un suspiro y Stürgkh se dio cuenta de que debía ir terminando:

–Por tanto, debemos decidir hoy en principio qué acción es la que ha de emprenderse. Comparto con Su Excelencia, el ministro de Exteriores, la convicción de que un nuevo éxito diplomático no mejorará la situación. Si, por razones internacionales resulta necesario recurrir a una acción de esa naturaleza, que se adopte, pero que lo sea con la firme resolución de que sólo puede conducir a una guerra.

A Stürgkh se le vio muy satisfecho con su conclusión. Pidió entonces la palabra el ministro conjunto de la Guerra, el general Krobatin:

–Estoy de acuerdo en que un éxito diplomático carece ahora mismo de utilidad. Un logro de esta clase sería interpretado como debilidad. Desde un punto de vista militar, debe resaltarse que lo mejor sería ir a la guerra inmediatamente, mejor que esperar a un momento posterior, porque el equilibrio de poder, con el transcurso del tiempo, cambiará en nuestra contra.

"¿Ah, sí? ¿Y cómo lo sabes? –preguntó para sus adentros Tisza–. También podría hacerlo a nuestro favor." El ministro continuó:

–En cuanto a la modalidad del inicio de la guerra, quiero llamarles la atención sobre el hecho de que dos importantes conflictos ocurridos recientemente, el que enfrentó a Rusia y a Japón y el que se ha producido en los Balcanes, comenzaron sin que hubiera una previa declaración de guerra. Creo que debemos al principio llevar adelante sólo una movilización parcial contra Serbia y posponer la general hasta el momento en que se haga evidente que Rusia intervendrá.

Tisza tuvo la impresión de que todo estaba ya decidido.

–Hemos perdido ya –siguió el ministro de la Guerra– dos oportunidades de resolver la cuestión serbia.

"Porque Alemania no nos respaldó, no porque nosotros no quisiéramos una guerra contra los serbios" reflexionó Tisza mirando al ministro con el ceño fruncido.

–Si lo hacemos nuevamente y permitimos que esta provocación pase sin ser contestada, se considerará una prueba de debilidad en todas las provincias sureslavas. En definitiva, será un estímulo a rebelarse contra nosotros.

Tisza negó con la cabeza. "Están dando por hecha una guerra y es un error" murmuró sin que nadie pudiera oírle. Krobatin continuó:

—Desde un punto de vista militar, lo deseable es que la movilización se haga inmediatamente y tan en secreto como sea posible y, cuando se haya completado, dirigir un ultimátum a Serbia. Este curso de acción supone también ventajas con respecto a las fuerzas rusas porque precisamente ahora sus regimientos en la frontera están diezmados por los permisos dados a los soldados para que vuelvan a sus pueblos a trabajar en la cosecha.

Tisza, consciente de que la solución militar había sido ya prácticamente adoptada, decidió pedir la palabra para limitar sus efectos:

—Aquí se está dando por hecho que Serbia tiene que ser atacada, pero nada se ha dicho todavía de cuáles deberían ser los objetivos de esta guerra que nos proponemos iniciar. Quiero insistir en que este conflicto no puede tener por objeto aniquilar a Serbia, sino, a lo sumo, reducir su tamaño porque, de otra forma, estaríamos obligando a Rusia a intervenir.

Empezaron todos a hablar a la vez, pero hubo un general acuerdo acerca de lo sólido del argumento. Berchtold zanjó el guirigay:

—Bien. Parece que estamos todos de acuerdo en que, para evitar la intervención del zar en nombre del paneslavismo, Serbia no puede ser eliminada. ¿Alguno de los presentes sigue todavía creyendo que Serbia debe ser barrida del mapa?

Nadie contestó. El conde Hoyos, partidario de acabar de una vez por todas con Serbia pensó: "Rusia intervendrá o dejará de hacerlo sin tener en cuenta lo que vayamos a hacer con el birrioso reino balcánico. Lo crucial para ellos será el respaldo que tenemos de Alemania. No se atreverán a enfrentarse a ella tanto si aniquilamos a Serbia como si nos limitamos a reducir su tamaño. Pero, si por cualquier razón se sienten capaces de vencer a Alemania, actuarán hagamos lo que hagamos. Es estúpido limitar nuestros objetivos para evitar una intervención que no depende de lo modestos que sean."

No obstante, Hoyos se abstuvo de hacer públicos sus pensamientos puesto que él no tenía ni voz ni voto en el Consejo. Estaba allí sólo para levantar acta de la reunión.

Una vez que se comprobó que nadie se oponía a respetar la existencia de Serbia, pidió la palabra de nuevo el primer ministro austriaco, el conde Stürgkh:

–No veo motivo para acabar con Serbia. Lo que hay que hacer es derrocar a la dinastía de los Karageorgevich y entregar la corona a un príncipe europeo. El reino, convenientemente reducido, podría quedar en una situación de dependencia de la Monarquía, al menos desde el punto de vista militar.

Tisza quiso hacer un último esfuerzo por evitar la guerra:

–Sigo convencido de que podríamos dar con una acertada política balcánica si lográramos incorporar a Bulgaria a la Triple Alianza. Y no hay que olvidar la terrible calamidad que por otra parte supondría para todos una guerra europea.

Bajó el tono y aceleró la dicción para poner unos ejemplos:

–Rusia podría en el futuro verse absorbida por complicaciones asiáticas; Bulgaria, cuando recupere su poderío, podría querer tomarse la revancha contra Serbia. Son cosas que, de producirse, mejorarían extraordinariamente nuestra posición. No está dicho que éste tenga que ser el mejor momento para ajustar cuentas con Belgrado.

Berchtold se sintió nuevamente empujado a contestar los argumentos de Tisza en cuanto ponían en cuestión lo esencial:

–Ciertamente, estimado conde, todos podemos imaginar para el futuro muchas circunstancias que nos colocarían en una mejor posición que la presente. Pero, me temo que no hay tiempo para sentarse a esperar a ver si tales condiciones finalmente se dan. Lo que hay que tener en cuenta –dijo alzando la voz– es que nuestros enemigos se están preparando para un decisivo conflicto contra la Monarquía y que Rumanía está cada vez más inclinada del lado ruso y francés. No podemos asumir que nuestra política de acercamiento a Bulgaria dará tan buenos frutos como para compensar todo eso.

Cuando Berchtold terminó su exposición, volvieron las conversaciones cruzadas sobre la conveniencia de la guerra con Serbia. En lo que sí creyeron estar todos de acuerdo era en que había que actuar con rapidez. Y se opusieron enérgicamente a Tisza cuando éste insistió en que un éxito diplomático podía ser suficiente. Derrotado nuevamente en el punto crucial de la cuestión, intentó de nuevo ganar tiempo:

–Bueno, si ha de atacarse a Serbia, que se haga. Pero lo que de ningún modo debe hacerse es agredirla del modo que ha propuesto Su Excelencia, el señor ministro de la Guerra, movilizando en secreto para luego atacar, sea cual sea la respuesta a nuestras exigencias. Lo razonable es plantear primero un ultimátum y movilizar luego, sólo una vez que lo que reclamemos haya sido rechazado.

Tisza sabía muy bien que una movilización, con llamadas públicas a filas dirigidas a los reservistas, suspensión de permisos de oficiales y reclutas, incautación de alimentos y animales, intervención militar de las líneas ferroviarias, así como gigantescos traslados de tropas, no podía llevarse a cabo en secreto. Sabía también que, en el momento en que Austria-Hungría movilizara su ejército, la guerra sería inevitable, pues Serbia estaría obligada a hacer lo propio para poder defenderse. Un ultimátum lanzado después de la orden de movilización no sería más que un ridículo formalismo incapaz de esconder la agresión que la movilización misma implicaba.

Berchtold, que quería que Tisza saliera del Consejo con alguna victoria en el bolsillo y que también sabía que la movilización no podía llevarse a efecto en secreto, se puso del lado del magiar en este punto:

—Creo que Su Excelencia, el primer ministro húngaro, tiene razón en esto. No podemos movilizar sin haber lanzado antes un ultimátum. Toda Europa nos acusaría de haber sido los agresores. Hay que primero entregar nuestras exigencias y luego, cuando no sean atendidas, movilizar. ¿Alguien tiene algo que oponer a este planteamiento? ¿Señor ministro de la Guerra?

Krobatin se vio vencido y negó con la cabeza. Berchtold prosiguió:

—Otra cosa será cuáles tengan que ser las condiciones que deba incluir el ulti-mátum. A mi juicio, deberían ser tan exigentes que su rechazo estuviera garantizado y pudiéramos inmediatamente después movilizar y atacar.

Tisza protestó:

—Deseo firmemente llegar a un acuerdo con todos ustedes. Y, por lo tanto, estoy dispuesto a aceptar que las condiciones que se impongan a Serbia sean todo lo duras y exigentes que se quiera, pero no hasta el punto de hacerlas del todo inaceptables a los ojos de cualquiera. De otra forma, careceríamos de base legal para hacer la guerra. El texto ha de elaborarse con el máximo cuidado y ruego encarecidamente —miró fijamente a Berchtold— que se me permita leerlo antes de ser enviado. En cualquier caso, en él ha de quedar claro cuáles serán las consecuencias de su incumplimiento.

Berchtold extrajo de un bolsillo de su chaleco su reloj, lo observó y propuso a los demás:

–Si les parece, caballeros, suspenderemos la sesión para almorzar y luego continuaremos.

Un murmullo de general aprobación se extendió por toda la sala.

***

Durante la comida, el ministro de Exteriores de la Doble Monarquía, el conde Leopold von Berchtold, se concertó con el ministro de la Guerra para que el general Krobatin interviniera en primer lugar en la sesión de la tarde. A ambos, también les pareció prudente convocar al Jefe del Estado Mayor del Ejército, Franz Conrad von Hötzendorf, y al subjefe del Estado Mayor de la Armada, el contralmirante von Kailer, que eran quienes conocían los detalles sobre cómo llevar a cabo una movilización y si había entre los primeros pasos de la misma algunos que pudieran darse en secreto.

Cuando todos, incluidos los dos militares convocados a última hora, estuvieron de nuevo reunidos en la sala de consejos, tal y como habían planeado, Berchtold dio la palabra a Krobatin:

–A la vista de lo acordado esta mañana –dijo el general– y aprovechando la presencia en el Consejo del Jefe del Estado Mayor, sería conveniente que éste nos contestara a algunas preguntas. A saber, primero, si es posible técnicamente movilizar al principio sólo contra Serbia sin hacerlo contra Rusia. Segundo, si es posible retener en Transilvania un cuerpo de tropas lo suficientemente numeroso como para disuadir a Rumanía de emprender ningún ataque cruzando nuestras fronteras. Y tercero, en qué punto comenzaría la guerra con Rusia.

Conrad von Hötzendorf se atusó el poblado bigote y, tras pedir permiso a Berchtold con un gesto de la cabeza y habérselo éste otorgado por el mismo medio, tomó la palabra:

–Las cuestiones planteadas por Su Excelencia, el señor ministro de la Guerra, son de extraordinaria importancia. Y también muy sensibles. En consecuencia, si Su Excelencia el conde Berchtold no tiene inconveniente, le rogaría al conde Hoyos que no tomara notas de mis respuestas y que éstas no aparecieran en la minuta oficial del Consejo a fin de evitar toda posibilidad de que caigan en manos del enemigo.

Una vez asegurado de que no habría testimonio escrito de lo que dijera, Conrad comenzó a contestar las preguntas:

—Ante la eventualidad de que sea sólo necesario movilizar contra Serbia y esté garantizada la neutralidad rusa, el ejército está preparado. Es pues perfectamente posible movilizar sólo contra Belgrado sin que San Petersburgo tenga que sentirse amenazado por ello.

En efecto, los planes del Estado Mayor austriaco permitían esa movilización parcial. Básicamente, el ejército había sido preparado por Conrad para hacer frente a una hipotética guerra que, de estallar, con toda seguridad, sería una de tres, o contra Serbia, o contra Rusia, o contra las dos. Por eso, el ejército fue dividido en tres grupos. El primero, de diez divisiones, estaba organizado para ser desplegado en el Sur, en Bosnia-Herzegovina, preparado para atacar a Serbia hacia el Este. El segundo, el más numeroso, con treinta divisiones, estaba listo para ser desplegado en el Norte, en Galicia, frente a la frontera con Rusia. Y finalmente, el tercero, de doce divisiones, podía ser desplegado en el centro para luego dirigirlo bien al Sur, contra Serbia, bien al Norte, contra Rusia, según las circunstancias exigieran.

Estos planes presentaban un grave problema que Conrad no había podido resolver. Si la guerra empezaba por ser sólo contra Serbia y se ordenaba al grupo del centro dirigirse contra ella y unas semanas más tarde intervenía Rusia en defensa del reino agredido, ya no podría ordenársele al grupo del centro que se volviera contra Rusia a tiempo de ayudar a las treinta divisiones de Galicia a hacer frente a la agresión zarista. Y esas treinta divisiones eran claramente insuficientes para defender la línea de los Cárpatos del asalto ruso. Para tal eventualidad, Conrad contaba con que Alemania atacaría a los rusos desde la Prusia Oriental con su VIII Ejército. No obstante, en el plan Schlieffen, el VIII Ejército tan sólo tenía la misión de mantenerse a la defensiva mientras el grueso del ejército alemán se ocupaba de derrotar a Francia. No sólo, sino que los alemanes contaban con que sus aliados austro-húngaros atacarían a los rusos desde Galicia a fin de entretenerles e impedir que invadieran Alemania por Silesia, por ejemplo. Pero, para llevar a cabo esta ofensiva que los alemanes esperaban, a Conrad no le bastaban las treinta divisiones del grupo del Norte. Necesitaba además las doce del centro. Por eso, añadió a su respuesta:

–Aunque es cierto que podemos movilizar sólo contra Serbia llamando sólo a los grupos del Sur y del centro, es crucial para el ejército saber dentro del quinto día de iniciada la movilización si Rusia intervendrá o no, pues si San Petersburgo decide intervenir después de ese quinto día ya no habrá tiempo de enviar al Norte al grupo del centro, trabado en la ofensiva contra Serbia.

Los asistentes le dirigieron miradas de preocupación. No estaba claro si Rusia intervendría o no al ver agredida a su protegida. Pero, en cualquier caso, de intervenir, era probable que lo hiciera con tanto retraso que cogería al ejército a contrapié.

–En cuanto a si podemos acantonar suficientes tropas en Transilvania para disuadir a los rumanos, me cabe decir que unas pocas bastarán porque Rumanía no se atreverá a atacarnos por miedo a Bulgaria, deseosa de recuperar Besarabia. Para garantizar la neutralidad de Rumanía nos bastará mantener buenas relaciones con Sofía.

Tisza le dedicó, sin que Conrad se percatara, una mirada de profundo odio. Otros asintieron convencidos.

–Y respecto a la tercera pregunta, referida a cuál es el más probable escenario de nuestro enfrentamiento con los rusos si la guerra llega a estallar, parece claro que combatiremos en la línea formada por los Cárpatos, entre los ríos Dniester y San.

Se abrió entonces entre los presentes una viva discusión acerca de cuál era el curso más probable que seguirían los acontecimientos, pero siempre dando por hecho que habría guerra. El conde Tisza hizo un esfuerzo por elevar su voz entre los debates cruzados:

–Por favor, caballeros. Les ruego que mediten bien la decisión que van a tomar. Esta guerra no es en absoluto necesaria y es tremendamente peligrosa para la Monarquía. Reflexionen…

Berchtold no quería reflexionar ni dejar que lo hicieran sus compañeros de gabinete, así que les propuso discutir cuáles tenían que ser las exigencias que plantearían a Serbia.

No hubo forma de ordenar el debate sobre esta cuestión. Cada uno de los consejeros quiso aportar su granito de arena y hasta Conrad, que no lo era, se permitió dar su opinión:

–Naturalmente, habrá que exigir que sean expulsados del ejército serbio los oficiales implicados en la propaganda panserbia.

Tisza, que lo oyó, pensó. "¿Y quién va a decir quiénes son esos oficiales? Nosotros no tenemos pruebas y ellos no lo van a confesar." Luego, en voz alta y con la peor de las intenciones, sacó un tema que resultaba embarazoso para Berchtold:

—Yo creo que lo que no puede pasar sin una respuesta es la acusación de que no hicimos caso a la advertencia que nos hicieron.

—Que nos hicieron ¿quiénes? —preguntó uno.

—¡Ellos! —respondió Tisza—. Van diciendo por ahí que su embajador en Viena nos avisó del peligro que corría el archiduque si viajaba a Bosnia y que no sólo no suspendimos el viaje sino que las medidas de seguridad que adoptamos fueron sospechosamente livianas.

—¡Eso no es verdad! —negó otro.

Berchtold, que recordaba vagamente haber recibido la advertencia y no haberle dado importancia, agachó por un momento la cabeza. El consejero que había aseverado que aquello era una patraña, al ver el gesto avergonzado de Berchtold, vaciló, pero luego se sobrepuso:

—¡Y aunque fuera verdad! ¡Eso no habría sido una advertencia, sino una amenaza! En definitiva, una prueba más de la implicación del Gobierno serbio en el asesinato.

Es probable que en Viena, de haberse sabido que hubo una advertencia, fuera tildada del mismo modo. Pero Berchtold sabía que, si en las cancillerías europeas llegaba a saberse que Belgrado había avisado a Viena de la posibilidad de que el archiduque sufriera un atentado durante su visita a Bosnia, la Doble Monarquía quedaría desautorizada para emprender cualquier acción contra Serbia.

—¿Y qué podemos exigirles al respecto? —preguntó indignado el consejero a Tisza.

—Pues que el Gobierno serbio pida disculpas por las declaraciones de su embajador en San Petersburgo.

—¡Pero si nadie conoce esas declaraciones!

—No las conoce Su Excelencia. Spalaikovich dijo a un periódico ruso que era público y notorio que el embajador de Belgrado en Viena nos avisó. Dejar sin respuesta una acusación tan grave equivale a reconocer que es verdad.

—Bueno —dijo un tercero—, también habrá que exigir que se investiguen las circunstancias que permitieron a los terroristas hacerse con las bombas.

–Tampoco estaría mal –añadió uno– obligarles a dictar leyes de prensa y que abran un proceso contra Piemont, ese periodicucho serbio que no podía tener una cabecera más ofensiva para la Monarquía.

El Piemonte italiano era el núcleo del pequeño reino que encabezó el movimiento de unificación italiana arrebatando a los austriacos la región lombardo-veneta.

–Puestos a que hagan leyes nuevas –se atrevió a proponer el primero–, también tendrían que revisar su legislación de asociaciones.

–A lo mejor –apostilló el anterior– no son necesarias complejas leyes administrativas y basta prohibir que en los clubes de oficiales y en lugares públicos puedan leerse periódicos hostiles a Austria-Hungría.

La fantasía de los consejeros fue desbordándose. Berchtold pensó entonces que sería mejor dejar la cuestión para más adelante, cuando él mismo hubiera reflexionado sobre el asunto y tuviera una propuesta concreta que hacer al Consejo. De forma que acabó con el debate diciendo:

–Bien, dejemos de momento esa cuestión hasta que tengamos un documento sobre el que debatir. Pasemos ahora a discutir qué medidas han de adoptarse para hacer frente a la precaria situación que vive Bosnia-Herzegovina. Creo que, a partir de este momento ya no es necesaria la presencia del jefe del Estado Mayor del Ejército ni la del subjefe de la Armada.

Los dos militares abandonaron la sala y se empezó a discutir las medidas concretas a adoptar en las dos provincias recién anexionadas. El general Krobatin, como ministro de la Guerra, fue quien llevó la voz cantante desgranando medidas más o menos enérgicas. La mayoría de ellas fueron rechazadas.

Al final del Consejo, Berchtold tomó la palabra:

–Está claro que, a pesar de que todavía hay importantes diferencias de opinión entre los miembros del Consejo y Su Excelencia, el primer ministro húngaro, conde Tisza, hemos sido capaces de alcanzar un acuerdo. Desde el momento que las propuestas del primer ministro conducían igualmente, si bien por otro camino, al enfrentamiento armado con Serbia, queda claro que la inevitabilidad de ese enfrentamiento es comprendida y admitida por todos.

Tisza le miró extrañado. Él no quería la guerra y mucho menos sentía la necesidad de ella. Sí comprendía que algo había que hacer y aceptaba que ese algo fuera un ultimátum. Lo que no admitía de ningún modo es que las condiciones impuestas a Serbia fueran tales que sólo pudieran ser rechazadas para asegurar el resultado que todos deseaban, la guerra. Berchtold prosiguió:

–Mañana, día 8, viajaré a Ischl a visitar a Su Imperial, Real y Apostólica Majestad para informarle de lo acordado.

Tisza pidió la palabra.

–¿Sí, señor primer ministro? –preguntó Berchtold suspirando de exasperación.

–Con todos mis respetos, Excelencia –pidió Tisza exagerando la obsequiosidad del tono–, le ruego que durante la audiencia le entregue a Su Majestad un memorándum en el que recogeré cuál es mi punto de vista sobre la situación.

–Por supuesto, Excelencia –contestó Berchtold con igualmente exagerada amabilidad–. Estaré encantado de entregárselo.

Luego, el ministro se dirigió a todos:

–El Consejo puede levantarse. No obstante, quédense unos minutos hasta que esté redactada la nota de prensa para que le den su visto bueno.

Se pusieron de acuerdo acerca de las banalidades que contendría la nota y Berchtold levantó definitivamente la sesión.[23]

---

[23] Geiss, p. 80, doc. 9. N. Stone, *Moltke and Conrad: Relations between the Austro-Hungarian and German General Staffs*, 1909-1914, en Paul Kennedy (edit.) *The War Plans of the Great Powers, 1880-1914*, Londres, 1979, p. 233. Albertini, vol. II, pp. 100 y 171. Richard C. Hall, *The Balkan Wars. 1912-1913. Prelude to the First World War*, Londres, 2000, p. 73

Miércoles, 8 de julio

Viena

Leopold von Berchtold, ministro de Asuntos Exteriores de Austria-Hungría, decidió aquella mañana convocar al embajador alemán antes de partir hacia Ischl a dar cuenta al emperador del trascendental Consejo que había tenido lugar el día anterior. Tschirschky fue introducido por el secretario del ministro y los dos, tras saludarse con mucha corrección, se sentaron en un sofá de piel que había en un rincón de la estancia. El embajador no se atrevió a preguntar por el Consejo del día anterior, un asunto estrictamente austriaco, pero Berchtold entró enseguida en materia:

—El Consejo de ayer se desenvolvió conforme a lo previsto.

El diplomático no sabía muy bien qué quería decir eso y si debía o no alegrarse. Al final, decidió hacerlo:

—Celebro que así fuera.

—No lo celebre —contestó seco Berchtold— porque hay poco que celebrar.

Tschirschky se contrarió:

—No sabe cómo lamento oír eso.

—No es para tanto. Quise decir que no hubo sorpresas.

Tschirschky no dijo nada y quedó expectante. Berchtold prosiguió:

—Durante el Consejo se pusieron de manifiesto dos posturas respecto a qué hacer con Serbia.

No tenía sentido ocultar la oposición de Tisza a la guerra, pues Berchtold sabía muy bien que Tschirschky y el primer ministro húngaro se conocían bien y contrastaban opiniones el uno con el otro con frecuencia:

—La primera —continuó Berchtold— es la que yo he defendido, y que consiste en emprender una acción militar que haga frente a la política general serbia y al estado de cosas generado por las intrigas contra la Monarquía que culminaron con el reciente asesinato. La segunda, representada por el conde Tisza, sostiene que lo aconsejable es primero plantear a Serbia unas exigencias y recurrir al ejército sólo en el caso improbable de que Belgrado insensatamente las rechazara. Al parecer, el conde desea utilizar al emperador como árbitro y se propone redactar un memorándum, si es que no lo ha hecho ya, recogiendo sus ideas contrarias a las mías y, hasta donde a mí se me alcanza, también contrarias al parecer de Su Majestad.

—¿Ha tenido ya ocasión de leer siquiera un borrador del memorándum?

—No. Espero recibirlo esta tarde para poder llevárselo enseguida a Su Majestad cuando lo vea en Ischl. No obstante, aconsejaré al emperador, si se sintiera vencido por los argumentos del primer ministro húngaro, que al menos las exigencias sean de tal naturaleza que la posibilidad de su aceptación quede completamente fuera de lugar.

El embajador asintió sin saber que era precisamente eso a lo que Tisza dijo que se opondría.

—En cualquier caso —dijo Tschirschky—, he recibido un telegrama desde Berlín[24] en el que se me dan instrucciones para que de una forma muy clara les transmita que mi Gobierno espera que el suyo emprenda alguna acción contra Serbia.

—En eso estamos, mi querido embajador.

—Ya. Pero, se me ha pedido que les transmita que Alemania no entendería que la Monarquía no aprovechara esta ocasión.

—Bueno —dijo Berchtold condescendiente—, ya sabe Su Excelencia que, para tomar una decisión de esa índole es de gran importancia saber qué podemos esperar de la influencia de Alemania sobre el Gobierno rumano.

El embajador se arrebujó en el sofá:

—Mi Gobierno está convencido de que en esta ocasión Rumanía no actuará contra la Monarquía. Su Majestad Imperial, el káiser Guillermo ya ha dirigido una carta a Su Majestad, el rey Carlos, sobre el asunto.

---

[24] Según Geiss, no hay rastro de este telegrama (pág. 102, nota 1).

–Me congratula mucho saberlo –dijo el conde con una leve inclinación de su cabeza.

–La verdad es que –dijo Tschirschky adoptando un tono severo–, si su Gobierno comenzara a negociar con Serbia, Alemania lo consideraría una confesión de debilidad. Una reacción tan tibia dañaría la posición de la Monarquía en la Triple Alianza e influiría negativamente en el futuro de la política alemana.

Berchtold se mostró ligeramente trastornado. Daba toda la impresión de que el Gobierno alemán le estaba amenazando. Al principio, cuando Hoyos volvió de Berlín, pareció que Alemania daba su consentimiento a cualquier reacción que el Gobierno austro-húngaro quisiera decidir, por firme que fuera. Ahora más bien parecía, no que lo consentía, sino que exigía que fuera todo lo enérgica posible, sin contemplaciones. Lo peor, pensó Berchtold, era que la decisión no dependía enteramente de él. Dependía del emperador. Y éste no se atrevería a lanzarse contra Serbia, por mucho estímulo que recibiera del káiser Guillermo, hasta que el conde Tisza no diera su consentimiento. Lamentablemente, pensó el ministro de Exteriores austro-húngaro, la Doble Monarquía estaba en manos de Budapest.

–Por cierto, embajador –dijo Berchtold que acababa de recordar algo que le hubiera gustado decir antes–, hemos pensado que sería mejor no entrar en tratos con Bulgaria en este momento. No hay tiempo para llegar a un acuerdo y el sólo hecho de iniciar las negociaciones inquietaría inevitablemente a Bucarest.

–Transmitiré a Berlín lo que me ha dicho.

–Y yo haré todo lo posible por atraer a nuestro bando a Su Excelencia, el primer ministro húngaro –dijo Berchtold levantándose y obligando al embajador a hacer lo mismo.

–Le deseo el mayor de los éxitos en esta misión –dijo el embajador casi con sorna.

–Por la cuenta que nos trae –apostilló el ministro sonriendo y estrechando la mano del embajador.[25]

Luego, se despidieron. Al poco de haber partido el embajador, entró el secretario del ministro y le entregó el memorándum para el emperador

---

[25] Geiss, p. 102, doc. 11y Geiss, p. 102, doc. 12.

que Tisza le había prometido. Se puso inmediatamente a leerlo:

Las muy satisfactorias noticias llegadas desde Berlín junto con la justificada indignación por los acontecimientos que se han producido han provocado que el Consejo de Ministros conjunto de ayer acordara provocar la guerra con Serbia a fin de arreglar cuentas de una vez por todas con este archienemigo de la Monarquía. No fui capaz de estar de acuerdo con este plan. Cualquier ataque que se llevara a cabo contra Serbia nos conduciría, hasta donde humanamente puede preverse, al escenario de la intervención de Rusia y, con ella, a la guerra mundial, en la que, a pesar de todo el optimismo de Berlín, no puedo sino considerar la neutralidad de Rumanía como algo al menos extraordinariamente dudoso.

El ministro levantó los ojos del papel y no pudo por menos de reconocer que en efecto, la futura neutralidad de Rumanía era a la larga improbable. Leyó algún párrafo más y luego, con más atención:

De modo que, en esta guerra de agresión, hay que contar con que, tanto el ejército ruso como el rumano, estarán entre nuestros enemigos, lo que hará que nuestras circunstancias sean extremadamente desfavorables.

"Bueno –pensó Berchtold–, eso no está tan claro. Nosotros tenemos al mejor ejército del mundo de nuestro lado. Y nuestras fuerzas tampoco son despreciables. Y además ¿qué alternativa tenemos?" Siguió leyendo:

En mi opinión, a Serbia habría que darle la oportunidad de evitar la guerra por medio de una severa derrota diplomática y, si la guerra fuera el resultado después de todo, quedaría demostrado ante los ojos del mundo que la llevamos a cabo sobre la base de la legítima defensa.

"¿Por qué tendría Serbia que aceptar una humillación tan grave a fin de evitar una guerra que Tisza ve tan desfavorable para nosotros? Esto no tiene lógica." El ministro siguió leyendo y se detuvo especialmente en estas letras:

Con vistas a obviar las complicaciones que pueden surgir con Italia, asegurar la buena voluntad de Inglaterra y hacer en lo posible que Rusia permanezca como mera espectadora de la guerra, deberíamos hacer una declaración en el momento apropiado en la que digamos que no tenemos intención de aniquilar y mucho menos anexionar Serbia. Si salimos victoriosos de esta guerra, lo que deberíamos hacer a mi juicio es reducir su territorio por medio de cesiones a Bulgaria, Grecia y Albania, exigiendo para nosotros, a lo sumo, la entrega de algunas fortalezas fronterizas. También estaríamos, es cierto, autorizados a exigir una indemnización por reparaciones de guerra, lo que nos daría una gran capacidad de influir sobre Serbia durante mucho tiempo.

Berchtold leía y negaba con la cabeza pues no le parecía suficiente lo que proponía Tisza. Era indispensable un buen escarmiento, pensó. Continuó la lectura:

En el caso de que Serbia aceptara cumplir nuestras exigencias, nosotros deberíamos ciertamente aceptar esta solución de buena fe y no poner obstáculos a su retirada.

"Eso es precisamente lo que ya no cabe" caviló Berchtold. Luego, terminó el memorándum:

Por el momento, lo único que puedo decir es que, no obstante mi devoción por el servicio a Su Majestad o, mejor dicho, precisamente por esa devoción, no puedo asociar mi responsabilidad a que la única solución sea la de una guerra de agresión.[26]

Berchtold pensó que no podía descartarse la posibilidad de que los pacifistas argumentos del memorándum convencieran a Francisco José y el emperador terminara decidiéndose por la cauta política que el primer ministro húngaro recomendaba. Había pues que intentar convencer a Tisza antes de dar ocasión a que Tisza convenciera al emperador. Cogió papel y pluma y escribió al primer ministro húngaro.

Empezó contándole lo que le había dicho el embajador alemán. Ése era un argumento muy sólido porque, si Alemania condicionaba el mantenimiento de la alianza a que la reacción austro-húngara fuera lo suficientemente enérgica, poco podía hacerse que no fuera responder como los alemanes exigían ya que Austria-Hungría, como muy bien sabía el conde húngaro, dejaría de ser una gran potencia cuando perdiera el respaldo diplomático alemán.

No obstante, Berchtold sabía que las cosas no eran así de sencillas. Es verdad que la Doble Monarquía estaba aislada diplomáticamente

---

[26] Albertini, vol. II, págs. 169 y 170.

y que sin Alemania dejaría de contar en el concierto de las naciones. Pero, Berlín estaba en una situación parecida. Si prescindía de Austria-Hungría, se quedaría sola. Por supuesto, no podía acercarse a Francia, enemiga a muerte desde que le arrebató Alsacia-Lorena en la Guerra Franco-prusiana. Rusia hacía tiempo que había dejado de ser amiga, muy especialmente desde que Alemania empezara a influir en Turquía, ese imperio en decadencia que poseía el tesoro que más ambicionaba el zar, la llave de los estrechos que comunicaban el Mar Negro con el Mediterráneo. Y Gran Bretaña, con la que podía haberse llevado bien, estaba aterrada a la vista de la flota de guerra que Guillermo II se había empeñado en construir. Era cierto que Alemania era muy fuerte y todos la temían, pero, precisamente por eso, todos estaban dispuestos a superar sus diferencias y unirse contra ella. El temor a la poderosa Alemania había hecho que la republicana y revolucionaria Francia, que cortaba cabezas de reyes, fuera aliada de la monarquía más retrograda de Europa, la Rusia zarista, donde se tocaba *La Marsellesa* entre aplausos y vítores. Y el Reino Unido, siempre aislado e indiferente a las alianzas del continente, confiado en su superioridad naval, había entrado en negociaciones con sus dos rivales coloniales, Francia y Rusia, al ver lo que estaba siendo botado en los astilleros germanos. De forma que Alemania estaba sola. No le quedaba más amigo que Austria-Hungría. Y desde luego no podía permitirse el lujo de perderlo por la pequeñez de adoptar una actitud más contemporizadora con Serbia.

Todo esto lo sabía Berchtold, lo sabía el emperador y desde luego lo sabía el conde Tisza. No obstante, no estaba de más recordarle al magiar el apremiante tono del que se estaban tiñendo las comunicaciones alemanas en esta ocasión, tan diferentes del cauto y reservado empleado en ocasiones anteriores. Luego, para terminar la carta, escribió:

Las advertencias de Tschirschky me han impresionado tanto que he pensado que podían en algún modo influir en sus últimas decisiones y por eso le estoy informando sin delación, a la vez que le ruego, si es que esta carta logra convencerle, de que me telegrafíe (en cifrado) a Ischl, adonde viajaré mañana y donde estaré encantado de ser su intérprete ante S. M.[27]

---

[27] Geiss, p. 102, doc. 11.

Jueves, 9 de julio

Bad Ischl

A Francisco José le gustaba su residencia de Bad Ischl porque allí todo era más sencillo, su vida no estaba tan encorsetada por el protocolo y hasta el trabajo, que se hacía tan duro a su edad, parecía que podía afrontarse con menos esfuerzo.

Leopold von Berchtold, el ministro de Asuntos Exteriores, había solicitado ser recibido por el emperador para informarle del Consejo de Ministros del martes pasado. Retrasó el encuentro tanto como pudo para dar tiempo a que Tisza contestara a su carta y renunciara a tratar de convencer al emperador de que adoptara una posición menos belicosa frente a Serbia. Al entrar en la secretaría del emperador, lo primero que hizo fue preguntar a uno de los oficiales que allí servía:

–¿Ha llegado algún telegrama dirigido a mí desde Budapest?

–Nada, Excelencia –contestó el funcionario casi con delectación por tener la oportunidad de desilusionar al ministro.

–Bien, si a lo largo de mi entrevista con Su Majestad llegara algún mensaje del primer ministro húngaro, haga el favor de entregármelo inmediatamente. Su contenido incumbe igualmente a Su Majestad.

–Por supuesto, Excelencia. Lo que usted ordene. Espere un momento. Es la hora. Voy a ver si Su Majestad puede recibirle.

El oficial comprobó que el emperador, en efecto, esperaba ya a Berchtold y luego lo introdujo.

El despacho del emperador en Ischl no era ostentoso. Podría haber sido el de un hacendado del valle del Danubio sin demasiados títulos.

–Adelante, estimado conde. Pase y acomódese. Cuénteme, ¿qué decidieron el martes?

–Majestad, el Consejo fue bien, pero es necesario que Su Majestad conozca algunos detalles.

–Continúe, por favor.

–Todos los asistentes se mostraron satisfechos del respaldo que a Su Majestad ha expresado Su Majestad Imperial, el káiser Guillermo.

–Sí –le interrumpió el emperador–. Yo también estoy muy contento, pero parece que el apoyo alemán está condicionado a que actuemos con rapidez.

El soberano dejó de hablar para toser y aclararse la garganta. Luego, prosiguió:

–Al menos, eso es lo que me ha parecido entender de los despachos que ha enviado el conde Szögyény.

–Desde luego, Majestad. En Berlín creen que hay que actuar con celeridad. Y yo estoy de acuerdo con que así sea. No obstante, durante el Consejo surgieron algunas divergencias entre el primer ministro húngaro y el resto de los asistentes, especialmente yo mismo. De hecho, el conde Tisza, quizá porque desconfía de que yo sea capaz de transmitir su punto de vista, ha querido redactar un memorándum donde queda expuesto su parecer y me ha pedido que se lo entregue hoy.

–¿Lo ha traído?

–Desde luego.

–Déjeme ver, por favor –ordenó el monarca extendiendo la mano.

Berchtold extrajo de su cartera de piel unas pocas hojas y se las dio al emperador.

–¿Debo leerlo antes de que continúe su exposición?

–Quizá fuera lo más conveniente, si eso no incomoda a Su Majestad.

El emperador se enfrascó en la lectura de las cuartillas y fue frunciendo el entrecejo más y más.

–Esto constituye un serio contratiempo –sentenció el monarca cuando llegó al final.

–Bien –dijo Berchtold–. El caso es que nos encontramos ante dos líneas de acción entre las que Su Majestad debe optar.

Berchtold contaba con que, si enfrentaba al emperador a la inevitable disyuntiva de tener que elegir entre Tisza y él, le elegiría a él. Pero eso era precisamente lo que el emperador no quería tener que hacer. El soberano reflexionó un instante y luego dijo:

–Yo creo que las diferencias entre usted y el conde Tisza no son ni mucho menos insalvables. No me parece que haya tanta diferencia entre lo que proponen cada uno de ustedes. Además, creo que el primer ministro húngaro me aconseja con acierto cuando se muestra frontalmente contrario a un ataque por sorpresa contra Serbia. La Monarquía nunca ha hecho esta clase de cosas y no va a empezar a hacerlas durante mi reinado.

–Desde luego –dijo Berchtold sin convencimiento alguno.

–Si lo hiciéramos –prosiguió el viejo soberano–, perderíamos la razón que tanto nos asiste. De agredidos nos convertiríamos en agresores. Es necesario hacer unas exigencias… –buscó la palabra– concretas. Así evitaremos que el ataque que indudablemente habrá que llevar a cabo nos acarree el odio de toda Europa. Haciendo esas exigencias concretas, lograremos que sea Serbia la que aparezca como lo que es, la culpable de esta situación.

–Estoy de acuerdo, Majestad.

–Esta manera noble de actuar hará además más fácil a Rumanía e Inglaterra mantenerse neutrales.

–Ya, Majestad –cedió Berchtold con algún incipiente signo de impaciencia–. Sin embargo, no creo que las diferencias entre el conde y yo se hallen tanto en la conveniencia o no de un ataque sorpresa. Más bien creo que se encuentran en la clase de condiciones que deben demandarse a Serbia.

–Ya veo –admitió el emperador cabizbajo.

–Si recuerda, el conde Tisza, en su memorándum, insiste en que sean exigencias que Serbia pueda cumplir. Se trata de ofrecerle la oportunidad de librarse de la invasión a cambio de una humillación diplomática asumible. En cambio, yo y el resto del Consejo, creemos que las condiciones que impongamos han de ser de tal naturaleza que Serbia no pueda de ningún modo aceptarlas para, a renglón seguido, invadir y hacerle pagar sus reiteradas ofensas de una vez por todas.

Berchtold tomó aire para darse tiempo a encontrar las palabras más adecuadas. Luego, continuó:

–En cualquier caso, creo Majestad que, aunque sólo fuera por respeto a nuestro aliado, que nos ha prestado un apoyo absolutamente incondicional, es importante que en esta ocasión no demos ni un paso atrás.

—Muy bien, pero eso no resuelve las diferencias existentes entre Tisza y usted y que el problema, si he sabido entenderle, no es sobre si hay que presentar un ultimátum , que en eso están al parecer de acuerdo los dos, sino sobre la naturaleza de las exigencias que debe contener ese ultimátum.

—Eso es, Majestad. Lo habéis resumido perfectamente.

—¿Y ha sugerido el conde qué condiciones le parecen a él que serían las más razonables para dar a Serbia la oportunidad de retirarse asumiendo una severa derrota diplomática?

—Algo dijo durante el Consejo, pero no propuso nada concreto —Berchtold carraspeó—. La verdad es que, sinceramente, no recuerdo con exactitud qué dijo y la minuta oficial no recoge ninguna propuesta formal.

Berchtold creía recordar que la idea de exigir que el embajador serbio en San Petersburgo se retractara de la acusación de que el Gobierno austro-húngaro había sido advertido del peligro que corría Francisco Fernando en Sarajevo era de Tisza. Pero, era un asunto incómodo para Berchtold como probable responsable de no haber atendido a la hipotética advertencia. Si lo sacaba, el emperador enseguida preguntaría acerca de la realidad de la acusación. Berchtold se vería entonces obligado a invertir media hora en convencer al soberano de que cualquier advertencia que proviniera de Belgrado en ese sentido no podía tomarse en serio por la irritación que sin duda había provocado la visita del archiduque a Bosnia. El Gobierno serbio habría hecho cualquier cosa para conseguir que Viena la cancelara. Con el fin de evitar tener que dar explicaciones, dejó creer al emperador que Tisza no había propuesto nada. Entonces, el soberano preguntó:

—De acuerdo. ¿Y usted tiene pensado algo?

—Se me ha ocurrido que podíamos exigirles, entre otras cosas, que permitan que una agencia del Gobierno austro-húngaro se establezca en Belgrado para poder vigilar directamente todas las maquinaciones en pro de la Gran Serbia.

El emperador se encogió levemente de hombros como si aquella propuesta no le pareciera convincente. Por eso, Berchtold se sintió en la necesidad de añadir:

—Y quizá pudiéramos insistir en la disolución de ciertas asociaciones así como en el cese de los funcionarios y oficiales más comprometidos.

Tampoco pareció que esto despertara el entusiasmo del monarca. Berchtold continuó:

–El plazo que se dé para responder ha de ser muy breve, tanto como sea posible. No más de cuarenta y ocho horas.

–Por supuesto –dijo don firmeza Francisco José–, a los sumo cuarenta y ocho horas.

–No obstante –matizó Berchtold–, a pesar de esa brevedad, Belgrado tendría tiempo de contactar con San Petersburgo y preguntar qué hacer.

–¿Y si los serbios aceptan cumplir todas nuestras exigencias? El conde Tisza lo considera bastante probable si no se trata de demandas que sean de todo punto inaceptables.

–Ese resultado sería, a mi juicio, una grave contrariedad. La verdad es que, en mi opinión, lo que hay que hacer es buscar y encontrar exigencias que Serbia no pueda en modo alguno atender. Ya sé que el conde Tisza opina que deberíamos comportarnos como caballeros, pero esto, francamente, en esta hora en que están en juego tan importantes intereses nacionales, no me parece posible.

–Es evidente –dijo el emperador con un leve suspiro prueba de un cierto cansancio– que hay una divergencia entre usted y el conde acerca del contenido de las condiciones que han de imponerse a Serbia. Podríamos preguntarle a los alemanes qué exigencias creen ellos que deberíamos hacer y que fuera Berlín quien arbitrara en la controversia que padecemos.

A Berchtold le gustó la idea porque sabía que cualquier propuesta que el aliado hiciera en ese terreno iría en la línea de lo que él quería. Por eso, contestó:

–Me parece una gran idea, Majestad. Cuando tenga ocasión, le transmitiré a Tschirschky la petición para que Berlín nos haga sugerencias. Quizá el conde esté más predispuesto a avalar una propuesta si proviene de nuestros aliados.

–Entonces, conde, estamos de acuerdo.

–Desde luego, Majestad.

–Ahora bien, Berchtold –dijo el emperador adoptando la actitud de un profesor que se dispone a amonestar a un alumno–, tenga bien en cuenta que, de una manera o de otra, ha de llegar a un acuerdo con Tisza.

—Naturalmente, Majestad —contestó obediente el ministro de Exteriores.

—No se lo tome a la ligera. No estoy dispuesto a empezar una guerra contra Rusia con la oposición de Hungría. Ya sabe que estoy de acuerdo con usted en que ha llegado el momento de poner a Serbia en su sitio. Mucho más ahora que contamos con el respaldo alemán. Pero nada se hará sin el consentimiento de los húngaros. Una guerra en contra de sus deseos podría provocar la disolución de la Monarquía, especialmente si las cosas empiezan a ir mal.

—Por supuesto, Majestad. Precisamente, he enviado al barón Burián a Budapest con la misión de convencer al primer ministro húngaro de que no hay más remedio que adoptar una postura de firmeza por el bien de toda la Monarquía, incluida Hungría.

El barón Istvan Burián desempeñaba en aquel momento el cargo de ministro adjunto al rey de Hungría, una especie de embajador de Hungría en Viena. La existencia de un cargo así era fruto de la complicada estructura administrativa de la Doble Monarquía. Burián era, como todos en Viena, partidario de la mano dura con Serbia. Su origen húngaro hizo que fuera considerado por Berchtold como el más apropiado para la misión de convencer al reacio conde Tisza. La elección agradó al emperador:

—Me parece muy bien, Berchtold, pero no olvide que las condiciones que finalmente se impongan a Serbia tienen que contar con la aprobación de Tisza. Y, si finalmente Serbia las acepta, tendremos todos que conformarnos con la victoria diplomática. En su mano está.

El emperador se enfrascó teatralmente en la lectura de los papeles que tenía encima de la mesa para indicar que la entrevista había concluido. Sin embargo, había algo que el ministro quería comentar al emperador:

—Una última cosa, Majestad.

—Dígame, Berchtold —dijo el emperador levantando la mirada con desgana.

—He sugerido que el ministro de la Guerra, el general Krobatin, y el jefe del Estado Mayor, el barón Conrad, se marchen de vacaciones mañana con la intención de dar la sensación de que no estamos haciendo ningún preparativo militar y evitar cualquier intranquilidad en Belgrado, San Petersburgo y el resto de las cancillerías europeas.

—Me parece muy bien, conde.

Berchtold comprendió que la audiencia había terminado. Se levantó de su butaca, inclinó la cabeza, dio un par de pasos marcha atrás y salió. Cuando lo hubo hecho, volvió a preguntar si había llegado algún telegrama de Budapest.

—Nada, Excelencia. Lo siento.

—No sabe hasta qué punto lo siento yo también.

—Desde luego, Excelencia —mintió el oficial.

El ministro salió y se llevó el índice de la mano derecha a la cabeza para decirse que tenía que acordarse de pedirle al embajador alemán sugerencias de su Gobierno para la elaboración del ultimátum.[28]

---

[28] Geiss, pp. 103 y 106, docs. 13 y16 y Albertini, vol. II, p. 172.

Viernes, 10 de julio

Belgrado

Belgrado no era en 1914 más que un poblachón con la mayoría de sus calles sin asfaltar, atascadas por carros de bueyes en los que los campesinos llevaban sus productos a la capital para venderlos. El barón Nicholas Genrijovich Hartwig, que estaba al frente de la legación rusa, era allí todo un personaje. Como representante de San Petersburgo, estaba en permanente contacto con el primer ministro serbio, su tocayo Nicola Pasich, con el que mantenía una buena relación. Del barón se decía que había sido el factótum de la Liga de Estados Balcánicos que había atacado a Turquía desencadenando la Primera Guerra Balcánica. Por la ciudad corrían igualmente rumores de que había sido el instigador del asesinato de Francisco Fernando en Sarajevo. Tales habladurías nunca se confirmaron, pero sí es cierto que el agregado militar ruso, el general Victor Artamanov, subordinado suyo en la embajada, se veía todos los días con el coronel serbio Dragutin Dimitrijevich, jefe de la inteligencia militar, sospechoso de haber instigado el crimen. El Gobierno serbio sabía además que el coronel dirigía una organización terrorista, Unión o Muerte, mejor conocida como La Mano Negra que podía muy bien ser la que estuviera detrás del asesinato. De todas formas, Pasich se sentía incapaz de cesar a Dimitrijevich debido al elevado prestigio que había alcanzado dentro del ejército a consecuencia de sus éxitos durante las dos Guerras Balcánicas y por haber sido uno de los cabecillas del golpe de Estado de 1903. Aquel cruento golpe, que acabó con las vidas del rey Alejandro y de la reina Draga y por el cual accedió al trono Pedro I Karageorgevich, supuso el fin de la subordinación de Serbia a Austria-Hungría y Dimitrijevich fue su héroe.

Supiera o no de la responsabilidad de la inteligencia militar serbia en el atentado que acabó con la vida del archiduque, el barón Hartwig era profundamente anti-austriaco. Tanto era así, que se negó a dar el pésame al barón Giesl, el embajador de Viena en la capital serbia.

Sin embargo, llegado aquel viernes, diez de julio, y sabiendo que Giesl acababa de volver de Viena, Hartwig decidió ir a visitarle precisamente para eso, para transmitirle sus condolencias. Habían pasado casi dos semanas desde el asesinato, pero los rumores de su complicidad habían ido en aumento y su negativa a cumplir con el embajador austro-húngaro no hacían más que empeorar las cosas. De forma que, a las nueve de la noche de aquel viernes el orondo embajador ruso se presentó en la embajada austro-húngara dispuesto a cumplir con lo que para él era una odiosa obligación que ya no estaba en condiciones de eludir como diplomático. Fue conducido a una estancia donde tuvo que esperar unos minutos y al poco entró Giesl con la mejor de sus sonrisas:

–Estimado barón, ¿a qué debo tan agradable sorpresa?

–Debo pedirle disculpas, Excelencia. Mis obligaciones en la legación y su marcha a Viena me han impedido hasta ahora expresarle mis condolencias por el luctuoso hecho que apesadumbra a su país.

–No se preocupe. Agradezco igualmente su pésame. En efecto, ha sido una gran pérdida para mi país. Por favor, se lo ruego, siéntese…

–La verdad es que es muy tarde, sin embargo…

–No se apure, siéntese. Charlaremos unos minutos.

–La verdad es que tenía interés en hablar con usted de un asunto muy delicado antes de salir de la ciudad.

–¿Deja Belgrado? –preguntó Giesl tratando de ocultar la felicidad que le producía la posibilidad de que Hartwig hubiera sido cesado.

–Sólo por unos días –contestó el ruso para decepción del húngaro–. Ya sabe que todos los años me marcho después de la celebración del cumpleaños de Su Majestad, el rey Pedro, que es pasado mañana. Voy a Bad Nauheim a tomar las aguas. Me quito allí diez kilos todos los años. Lamentablemente, luego los recupero durante el invierno.

El ruso se acarició la panza durante unos instantes para mostrar cuán necesario era que adelgazara. El gesto le pareció a Giesl de una ordinariez propia de la rudeza de un ruso. Luego, el barón sacó de su pitillera de oro un cigarrillo de extremidad acartonada que revelaba su origen patrio. Lo ofreció al diplomático húngaro, que lo rechazó. Luego, Hartwig aplastó el extremo más duro del cilindro para convertirlo en una especie de boquilla y lo encendió por el otro extremo.

—El caso —continuó diciendo el embajador ruso tras dar las primeras caladas y haberse asegurado de que la combustión era la adecuada— es que tenía interés en hablar con Su Excelencia con el fin de desmentir algunos rumores que sobre mi actitud circulan desde que se cometió el horrible crimen, por si tales rumores hubieran llegado a sus oídos.

—La verdad es que nada me han dicho —mintió Giesl—. De todas formas, no tengo por costumbre prestar atención a los rumores —volvió a mentir el diplomático.

—Estoy seguro, Excelencia. Pero siempre es preferible evitar la posibilidad de un malentendido entre nosotros por improbable y escaso que sea su fundamento.

Se detuvo un instante para deleitarse con el humo de su cigarrillo y luego prosiguió:

—Alguna lengua malintencionada va diciendo por ahí que el día del atentado tuvo lugar en mi casa una partida de bridge. Estoy convencido de que no me cree capaz de obrar así, en un día de luto semejante.

—No he oído nada, pero si lo hubiera hecho, no habría creído una palabra —mintió por enésima vez el diplomático húngaro.

—Por otra parte, quien difunda el rumor estaría reconociendo haber estado allí y tan poca consideración merece quien organiza una partida de bridge un día como aquél como quien acepta participar en ella.

Mientras pronunciaba las últimas palabras, aplastó el cigarrillo en el cenicero con un gesto de desprecio como si lo estuviera haciendo sobre la piel del pobre desgraciado que había cometido la imprudencia de esparcir maledicencias del embajador del zar. De hecho, Hartwig sabía que quien se había ido de la lengua era el cónsul italiano y era previsible que hubiera acabado yendo con el cuento al propio Giesl. Un cuento que, por otra parte, se correspondía con la verdad. El ruso prosiguió:

—También tengo entendido que se me atribuye determinado comentario durante la partida en el que supuestamente adjudiqué la responsabilidad del atentado a su Gobierno con el fin de librarse del archiduque.

Giesl había oído la historia y le pareció inverosímil cuando se la contaron. Ahora estaba estupefacto de oírsela contar al protagonista, aunque fuera para desmentirla.

—Jamás creería tal cosa —dijo el húngaro empezando a pensar que quizá fuera cierta.

—Lo sé, Excelencia, pero dada la amplia difusión del rumor me veo en la obligación de desmentirlo.

—También se me atribuye —continuó confesando el aristócrata ruso mientras encendía un segundo cigarrillo—, y esto es casi lo que más me inflama, que di la orden de que la bandera de mi legación no ondeara a media asta incluso durante el servicio fúnebre que se celebró en la ciudad por la salvación del alma del archiduque.

Giesl no podía creer lo que estaba escuchando. Eso no era un rumor difundido por el cónsul italiano, era un hecho que habían podido comprobar muchas personas, entre ellas, los embajadores de Italia y Gran Bretaña.

—Estoy seguro, Excelencia —dijo Giesl con el tono de voz más almibarado que pudo encontrar entre sus registros— de que la bandera de la legación rusa ondeó aquel día a media asta, igual que todas las demás.

—Es algo que me duele especialmente porque…

Y antes de acabar la frase, se llevó las manos al pecho a la vez que su rostro dibujaba un gesto atroz de espanto.

—¿Se encuentra bien, Excelencia?

El diplomático ruso no contestó. Intentó sin éxito desabrocharse el cuello de celulosa.

—Pediré que traigan un poco de agua —dijo Giesl levantándose.

Hartwig también se levantó, pero, a los pocos segundos y antes de lograr dar un paso, se desplomó sin conocimiento sobre la alfombra que había estado pisando hacía unos instantes. Mientras, su segundo cigarrillo consumía también sus últimos instantes de vida en el cenicero.

Giesl llamó al valet, un anciano ruteno que servía en la embajada desde que se licenció del ejército.

—Avise inmediatamente al doctor —le ordenó el diplomático húngaro.

La embajada disponía de su propio médico debido a la escasa confianza que los austriacos tenían en los galenos serbios.

Cuando llegó el médico, tomó el pulso al desvanecido embajador, le miró el fondo de los ojos y certificó:

—Está muerto, Excelencia.

—¡No es posible! —dudó Giesl incrédulo.

—Absolutamente. No se puede hacer nada por él.

Giesl empezó a dar vueltas por la habitación como un felino enjaulado. Mientras, apareció la baronesa que había oído las idas y venidas y estaba preocupada:

—¿Qué ocurre, querido?

—El barón Hartwig se ha desplomado muerto mientras charlábamos.

La embajadora emitió un pequeño grito y se azoró visiblemente. El embajador, al estar su esposa delante, recuperó la presencia de ánimo y ordenó:

—¡Avisen a la embajada rusa!

—Algunos minutos después, irrumpió en la sala Ludmilla, la hija del barón fallecido. Sin saludar a nadie, buscó con los ojos el cuerpo de su padre, que yacía tendido en la misma forma en la que había caído desplomado. La baronesa se acercó a ella con intención de confortarla:

—¡Querida niña, por Dios…!

Ludmilla la apartó de un manotazo:

—No necesito las palabras de consuelo austriacas.

Luego, la enfurecida mujer registró con la vista toda la estancia en busca de pruebas del asesinato que sin duda acababa de perpetrarse. Encontró un frasco encima de una cómoda y se abalanzó sobre él. Lo cogió, lo examinó, lo puso al trasluz para comprobar el color del líquido que contenía, lo abrió y lo olió con el entrecejo bien fruncido. Aparentemente, no era otra cosa que agua de colonia.

Al principio, los barones no habían entendido qué estaba haciendo, pero luego se dieron cuenta. Giesl se sintió obligado a intervenir:

—Ludmilla, por Dios, no pensará usted…

La mujer le ordenó con un chistido que se callara y se dirigió hacia unos jarrones chinos en los que hurgó sin encontrar nada.

—¿Qué ha tomado mi padre? —preguntó en tono inquisitorial e impertinente.

–Nada. No tuve tiempo de ofrecerle ninguna bebida. Acababa de llegar.

–¿Nada? No me lo creo.

–Lo único que ha hecho ha sido fumar un par de cigarrillos.

La hija buscó con la mirada el cenicero y lo encontró sobre una pequeña mesa baja al lado del embajador austro-húngaro, que estaba de pie. La mujer se fue hacia allí. Cuando Giesl se dio cuenta de que lo que quería era llevarse las colillas, le acercó el cenicero para que no tuviera que agacharse. La enojada mujer las cogió con la punta de los dedos y las guardó cuidadosamente en su pequeño bolso. Buscó nuevamente con la mirada un vaso o un plato, pero como no los encontró, se despidió:

–Ahora vendrá un coche a por mi padre. No toquen nada.

Al poco, llegaron dos empleados de la embajada rusa que se llevaron el pesado cuerpo inerte del barón.

Durante los días siguientes, corrieron rumores por todo Belgrado. Se llegó incluso a decir que la embajada austriaca disponía de una silla eléctrica capaz de dar muerte a una persona sin dejar ni rastro. La verdad era que Hartwig padecía del corazón, que ya con anterioridad le había dado algún susto, y fumaba y comía sin tasa. Murió a los cincuenta y seis años de edad.[29]

---

[29] Albertini, vol. II, p. 276 y Sean McMeekin, *The Russian Origins of the First World War*, Londres, 2011, p. 48.

Sábado, 11 de julio

Berlín

Gottlieb von Jagow, secretario de Estado del imperio alemán, había ya vuelto de su viaje de novios. La noche anterior, recibió el telegrama de su embajador en Viena, Heinrich Tschirschky, en el que éste le transmitía la petición de Viena de hacer sugerencias acerca de las condiciones que imponer a Serbia. A Jagow, el asunto le pareció de la suficiente entidad como para consultarlo con el canciller. Así que pidió que le comunicaran telefónicamente con él en su residencia de Hohenfinow:

—¿Excelencia?

—Dígame, Jagow.

—Los austriacos nos piden consejo acerca de las condiciones que deben poner en el ultimátum que entreguen a los serbios.

—¿Cómo dice?

—Ayer noche llegó un telegrama de Tschirschky desde Viena en que dice… Espere, le leo textualmente.

—Le escucho.

—Dice el embajador: "Actualmente, la formulación de las concretas exigencias que se van a hacer a Serbia constituyen el principal motivo de agitación aquí y el conde Berchtold dice que estaría encantado de saber qué se piensa de esto en Berlín."[30]

—¡Estos austriacos son unos incompetentes!

—¿Qué dice?

—Digo que en Viena ya no saben ni redactar un ultimátum. A lo mejor tenemos que ser nosotros quienes invadamos Serbia.

---

[30] Geiss, p. 106, doc. 16

–No sé, Excelencia. ¿Qué contesto? ¿Les digo simplemente que no tenemos nada que aconsejarles?

–Sí. Dígales lo que siempre ha dicho Su Majestad Imperial, que eso es asunto de ellos y que a nosotros lo que nos corresponde es respaldarles y apoyarles, no hacer su trabajo.

–Muy bien, Excelencia. Así lo haré.

–Buenos días, Jagow.

Tras colgar el teléfono, el ministro llamó a su secretario y le dictó el telegrama con el que había que contestar al de Tschirschky. Al llegar al punto de las condiciones del ultimátum, dijo:

–"Nosotros no estamos en disposición de comprometernos en lo que se refiere a la concreta formulación de las condiciones que se vayan a exigir a Serbia desde el momento en que ésta es una cuestión que concierne exclusivamente a Austria."[31]

Tras traducir a lenguaje diplomático la orden de Bethmann Hollweg, Jagow se sintió satisfecho. "Tiene razón el canciller –pensó el ministro–. Estos austriacos son unos incompetentes."

---

[31] Geiss, p. 107, nota 1.

Domingo, 12 de julio

Viena

Leopold von Berchtold no pudo irse ese fin de semana a su finca de Buchlov. Dedicó la mañana a despachar papeles en la Ballhausplatz. Procedentes de San Petersburgo y París, habían llegado dos telegramas con la misma mala noticia, que obligaría a posponer la entrega del ultimátum. El retraso concernía al jefe del Estado Mayor como responsable de la movilización, que también tendría que aplazarse. El ministro pidió pues a su secretario que tratara de localizar telefónicamente a Conrad von Hötzendorf. Lo encontraron en su despacho, arreglando los últimos asuntos antes de salir de vacaciones:

—Mi querido general, me alegro de haberle encontrado y que no haya todavía abandonado la ciudad.

—Dígame, Excelencia.

—Tengo...

—Un momento, Excelencia. Antes de que me cuente lo que ha motivado su llamada, he de comentarle algo. Me dicen que el barón Burián está en Bad Ischl con el emperador. ¿Tiene usted idea de si ha logrado convencer ya al conde Tisza? Me da miedo que haya ocurrido lo contrario, que Tisza haya convencido a Burián y ahora Burián esté tratando de convencer a Su Majestad de que no nos conviene atacar a Serbia.

—Sí, está en Ischl, dando cuenta a Su Majestad de sus gestiones en Budapest. Me temo que su misión no ha sido precisamente un éxito. De todas formas, me entrevistaré con el primer ministro húngaro el próximo martes, aquí en Viena.

—A ver si logra usted convencerle de una vez.

–Eso espero.

–Bien. Dígame, ¿para qué me llama?

–He recibido una nota de nuestra embajada en San Petersburgo, que luego me ha confirmado nuestro embajador en París, en la que se nos informa de que el presidente francés, Poincaré, llegará a la capital rusa el día 20 para una visita de tres días.

–¿Y…?

–Pues que no podemos lanzar el ultimátum contra Serbia en una fecha en la que los más altos dirigentes rusos y franceses se hallen en presencia los unos de los otros. Imagínese la clase de decisiones que podrían adoptar franceses y rusos si entre los brindis con champán por la eterna amistad de las dos naciones llega la noticia de nuestro ultimátum a Serbia. Se animarían mutuamente y la intervención de Rusia pasaría de ser una posibilidad a convertirse en una certeza.

–¿Entonces?

–Deberíamos retrasar el ultimátum hasta el 23. Cuando las noticias del mismo lleguen a la capital rusa, Poincaré habrá partido de vuelta a París y ya no les resultará tan fácil a rusos y franceses ponerse de acuerdo para intervenir. ¿Qué le parece?

–Me parece bien. Es verdad que todo lo que sea retrasarnos es malo, pero perder tres días por evitar que la noticia les pille juntos, es algo que nos podemos permitir.

–Así que –concluyó Berchtold– estamos de acuerdo. Conforme a lo que hemos hablado, el ultimátum expirará el día 25 y ése será el primer día de movilización.

–Correcto.

–Bien –dijo satisfecho Berchtold–. Quería que lo supiera para que no hubiera malos entendidos. Además, este pequeño retraso nos da más tiempo para convencer a Tisza.

–Así es –contestó Conrad–. Por cierto, siguiendo sus instrucciones, tengo la intención de marcharme de vacaciones el martes y volver el 19. El ministro de la Guerra hará lo mismo que yo. No obstante, todo mi personal está avisado para que nos llamen si Serbia decidiera llevar a cabo algunos movimientos de tropas hacia la frontera. Nos incorporaríamos enseguida a nuestros puestos. Si tales movimientos se producen, el ultimátum tendría que ser entregado inmediatamente porque es esencial para nosotros poder cruzar las barreras del río antes de que a los serbios les haya dado tiempo a adoptar contramedidas.

–En cualquier caso, mi general, no podemos lanzar el ultimátum sin tener cerrado el resultado de la investigación de Sarajevo. Y tenga en cuenta también que tenemos que esperar a que haya finalizado la recolección de la cosecha. Son muchos los factores a considerar.

–Por supuesto, Excelencia.

–En todo caso, usted cuente con que el ultimátum será entregado el día 23. Hasta entonces descanse y disfrute de sus vacaciones.

Los dos hombres colgaron.

Lunes, 13 de julio

Viena

Pasadas las cinco de la tarde, Berchtold empezó a impacientarse porque el telegrama que le había prometido su abogado, Friedrich von Wiesner no llegaba. Había mandado avisar al gabinete telegráfico de que esperaba importantes noticias de Sarajevo y que cualquier mensaje que llegara de esa ciudad le fuera entregado inmediatamente. Cerca de las seis, un ordenanza con un papel en la mano irrumpió en su despacho de la Ballhausplatz y, sin pedir permiso ni ninguna otra ceremonia, dijo:

–Telegrama desde Sarajevo, Excelencia.

–¡Ya era hora! Déjeme ver.

El ministro arrebató el sobre al funcionario y lo desgarró cuando lo tuvo entre sus manos. En efecto, se trataba del telegrama que esperaba de su abogado:

Aquí, todo el que tiene alguna autoridad participa de la convicción de que Serbia está difundiendo frenéticamente propaganda en favor de la Gran Serbia a través de sociedades y otras organizaciones, por no hablar de la prensa. Y todo se hace con el conocimiento y aprobación del Gobierno serbio.

"Bonito descubrimiento –pensó el ministro–. Para averiguar eso no hacía falta mandar a ningún enviado especial." Siguió leyendo:

Las autoridades civiles y militares me han hecho entrega de todo el material en el que basan sus convicciones. Lo anterior al asesinato no contiene ninguna prueba de que el Gobierno serbio promueva la propaganda. Sí está suficientemente acreditado, en cambio, que el movimiento tiene su origen en Serbia y que su Gobierno lo tolera.

–¡Maldita sea! –exclamó Berchtold en voz alta–. Esto no significa nada. Todo el mundo sabe que es así.

Investigación judicial sobre el asesinato.

"Menos mal. Veamos qué hay."

No hay nada que pruebe o que siquiera haga suponer que el Gobierno serbio tiene alguna relación con la inducción al crimen, su preparación o el suministro de las armas. Al contrario, existen razones para creer que no tuvo nada que ver.

Berchtold hizo un gesto de contrariedad.

De las pruebas que incriminan a los acusados puede extraerse de manera casi indubitada la conclusión de que el crimen fue planeado en Belgrado y que sus preparativos se hicieron en cooperación con altos funcionarios del Estado serbio, un tal Ciganovich y el comandante Tankosich, quienes conjuntamente proporcionaron granadas, pistolas Browning, munición y ácido prúsico.

Por supuesto, Berchtold sabía que el ácido prúsico era la forma técnica de llamar al cianuro, pero le sorprendió que los terroristas contemplaran la posibilidad de envenenar al archiduque. Luego cayó en la cuenta de que quizá el veneno fuera para ellos mismos, para quitarse la vida en caso de ser arrestados o saber que iban a serlo.

La culpabilidad de Pribicevich no está probada. Los informes que se refieren a él están basados en desgraciados malentendidos por parte de la Policía.

Milan Pribicevich era el secretario de Narodna Odbrana, una organización dedicada a la propaganda panserbia, nacida después de que Austria-Hungría se anexionara Bosnia-Herzegovina en 1908. Las autoridades austriacas la hacían responsable del asesinato porque apenas tenían información de la organización terrorista La Mano Negra, verdadera responsable del atentado.

No hay duda de que las granadas provienen de los polvorines de Kragujevac, pero no hay prueba de que salieran de allí para ser empleadas en el crimen y podrían haber estado en manos de los komitadschis desde la guerra.

Berchtold recordó que los komitadschis eran bandas que hostigaban a las tropas turcas en los Balcanes, hubiera o no guerra. No tenía nada de particular que los serbios hubieran armado a estas bandas durante las recientes Guerras Balcánicas.

Las pruebas contra los acusados dejan pocas dudas acerca de que Princip, Cabrinovich, y Gabrez cruzaron ilegalmente la frontera con armas y granadas ayudados por funcionarios serbios a las órdenes de Ciganovich. Estos traslados fueron organizados por los capitanes del Cuerpo de Fronteras en Schabatz y Loznica con la ayuda de guardas fronterizos. No obstante, no se ha probado que éstos supieran el propósito del viaje, pero sí se dieron cuenta de la naturaleza secreta de la misión.

Alguna otra información arroja luz sobre la organización propagandística de la Narodna Odbrana. Sin embargo, este material, que nos será de enorme utilidad, todavía no ha sido examinado con el necesario cuidado. Lo enviaré a la mayor brevedad.

Si las exigencias a plantear a Serbia siguen siendo las que discutimos antes de mi marcha, habría que añadir las siguientes:

A) Supresión de los órganos del Gobierno que actualmente cooperan en el contrabando de bienes y personas a lo largo de la frontera.

B) Dimisión de los capitanes del Cuerpo de Fronteras de Schabatz y Loznica así como del resto de guardas implicados.

C) Procesamiento de Ciganovich y Tankosich.

Parto para Viena esta tarde. Llegaré el martes, después de comer, e iré directamente al ministerio pues es necesario añadir alguna explicación verbal.[32]

Fiuggi-Fonte

Hacía una noche muy agradable en el *Hotel Palazzo della Fonte*. Una suave brisa invitaba a sentarse en el jardín a contemplar el cielo estrellado. El embajador alemán en Roma, Hans von Flotow, había invitado al ministro de Asuntos Exteriores italiano, el marqués de San Giuliano, a compartir unas copas de armañac y unos cigarros puros en una de las mesas del exterior del hotel. Desde luego, podía haber

---

[32] Geiss, p. 111, doc. 19.

pedido una audiencia oficial urgente y San Giuliano le hubiera recibido inmediatamente, pero Flotow quería transmitir el mensaje de su jefe sin que se notara que estaba cumpliendo una misión específica de su Gobierno.

—Excelencia —dijo el embajador con idea de añadir una trivialidad más a las que ya llevaba dichas—, no saben el resto de mis compañeros de la Auswärtiges Amt la suerte que tengo de haber sido enviado a su maravilloso país.

—Desde luego —contestó el marqués con orgullo—. La desgracia de ser diplomático en Italia es que con toda seguridad será uno enviado a un sitio peor. En cambio, siendo diplomático alemán siempre cabe la esperanza de ser destinado a Roma.

Los dos rieron. Cuando las risas todavía no habían terminado de apagarse, Flotow dijo:

—Al fin parece que Viena no va a reaccionar con violencia al asesinato de su heredero al trono.

—Los austriacos —dijo el marqués elaborando volutas con el humo de su cigarro— no son nadie. Si no hacen nada, será porque ustedes no les dejan.

—No sea malévolo, señor marqués —dijo el embajador con condescendencia—. En este asunto, es Austria la afectada y corresponde a Viena decidir qué hacer.

El ministro italiano se encogió de hombros aceptando sin convicción el argumento de su interlocutor. El diplomático alemán prosiguió:

—De todas formas, Excelencia, lo normal sería que los austriacos respondieran de algún modo. Usted conoce bien la clase de propaganda que Serbia esparce entre los súbditos eslavos de Su Majestad Apostólica. Es una actitud absolutamente intolerable y no puede decirse que los responsables de esa propaganda sean del todo inocentes de la muerte del archiduque.

—En Italia, Excelencia —dijo el marqués con evidentes signos de exasperación—, comprendemos muy bien a los serbios. Hemos sido esclavos de Viena durante mucho tiempo y sabemos… —buscó la palabra con el fin de no resultar ofensivo— lo enojoso que puede llegar a ser el gobernante vienés. Es más, todavía hay italianos obligados a vivir bajo ese yugo.

El marqués, como muy bien sabía Flotow, se refería a los súbditos austriacos de habla italiana que vivían en Trieste y el Trentino.

–Es posible –continuó el ministro– que los serbios no gocen del progreso intelectual y moral del que disfrutamos los italianos, pero créame, comprendemos bien su deseo de liberarse de la opresión austriaca.

Flotow estaba acostumbrado a los desaires italianos a los austriacos en su presencia, de forma que no se inmutó, pero preguntó.

–¿Es por eso por lo que han pensado ustedes nombrar jefe del Estado Mayor a Cadorna en sustitución del infortunado Pollio?

Alberto Pollio, jefe del Estado Mayor italiano, había fallecido el primero de julio. Para los intereses alemanes y austriacos fue una desgracia porque el general era filogermano y filoaustriaco y tenía una buena relación tanto con Moltke como con Conrad. Ahora se rumoreaba que el Gobierno italiano iba a nombrar a un jefe del Estado Mayor de ideas completamente distintas, el general Cadorna.

–No hay nada todavía decidido –mintió el ministro–. En cualquier caso, Alberto Pollio era excesivamente proclive a Austria-Hungría y…

–Y a Alemania –apostilló el embajador.

–Ahora es usted quien es malévolo. Su Excelencia sabe perfectamente que Italia no tiene ningún problema con Alemania. Al contrario, nos enorgullecemos de su amistad. Pero, con Austria, las cosas han de ser necesariamente distintas.

–Por supuesto, Excelencia. Sé sobradamente de su lealtad a Alemania. Por cierto, ¿se ha averiguado algo de la muerte del general Pollio?

–El corazón –dijo tajante San Giuliano–. No hay más. Por favor, embajador, no dé pábulo en sus conversaciones a esos absurdos rumores de envenenamiento que no convienen a nadie.

–No he dicho nada –contestó el diplomático simulando sentirse algo ofendido–. Sin embargo, no quiero ocultarle que mi Gobierno, especialmente la cúpula militar, estaba mucho más contento con Pollio de lo que lo estará con Cadorna, si es él el finalmente elegido. Por otra parte, el que el general Pollio muriera sólo tres días después de lo de Sarajevo es lo que dispara las especulaciones, no lo que pueda comentar un modesto diplomático extranjero.

–No tan modesto –negó algo irritado el marqués–, que estamos hablando del embajador de Alemania.

Von Flotow, conforme a lo que le habían enseñado para casos así, cambió de tema:

—Bueno. Ya no tiene remedio. El caso es que, con Pollio o sin él, la posición de Austria-Hungría en los Balcanes se está deteriorando por momentos.

—La culpa no es de nadie más que de Viena —dijo el italiano dejando claro que los apuros de la Doble Monarquía no le conmovían lo más mínimo.

—No sea injusto, Excelencia —dijo más indulgente el embajador—. Los austriacos llevan una temporada en la que no reciben más que reveses. En Berlín, se está pensando en la posibilidad, aunque todavía no se ha dado ningún paso, de incorporar a Bulgaria al sistema de la Triple Alianza. ¿Cómo reaccionaría Italia si tal cosa llegara a plantearse formalmente?

San Giuliano le miró con el ceño fruncido. Eso ya no era una charla de amigos. El representante alemán le estaba transmitiendo un recado de su Gobierno. El haberse dejado conducir hasta el jardín, engañado, le enfureció. Se esforzó por contenerse, pero sin demasiado éxito, pues la ira se le salía por los ojos.

—Sabe usted, Excelencia, que el interés de Italia es que se mantenga el *statu quo* en los Balcanes. Sólo en el caso de que fuera alterado, de acuerdo con lo que acordamos en la última renovación de nuestra alianza, reclamaríamos compensaciones.

—Entonces, ¿debo de entender que Italia no pondría inconveniente?

Le contestó elevando algo el tono de voz:

—Si Austria o Alemania firman una alianza con Bulgaria o tratan de cualquier modo de incorporarla a la Triple Alianza, Italia pondrá o no obstáculos según cuales sean las condiciones. Pero lo que no cabrá duda es de que, de firmarse tal acuerdo, el *statu quo* en los Balcanes habrá quedado alterado en beneficio de Austria-Hungría dándose así el supuesto de hecho previsto en nuestros acuerdos por el que Italia tendría derecho a una compensación. Sin esa justa satisfacción, no consentiremos nada.

Von Flotow se dio cuenta de que San Giuliano se había enfadado, pero no acertó a saber por qué. Le pareció imposible que el enojo se lo hubiera provocado la idea de una alianza con Bulgaria. No obstante, trató de tranquilizarlo:

–Bueno, no se preocupe, Excelencia. De momento, no hay nada planteado. Se trata tan sólo de una idea.

–Eso espero –dijo severo San Giuliano–. Nada me irritaría más que ver que Austria y Alemania negocian con un cuarto socio a espaldas de Italia.

El embajador consideró entonces que era necesario arrojar algún hueso al enrojecido ministro a fin de aplacar su enojo. Todo el mundo sabía que San Giuliano no tenía un carácter fácil.

–Bien, Excelencia –dijo el diplomático tratando de quitar importancia a todo el asunto–, no se me encampane. Ya sabe con qué simpatía contempla mi Gobierno todas las empresas italianas.

–Cuando se desarrollan en África. Si se trata de Europa, y muy especialmente de Trieste, no demuestra tanto agrado.

Sin casi pensar, von Flotow tomó una decisión con idea de congraciarse con el enojadizo siciliano:

–Mire, para que no me guarde rencor, le voy a hacer extraoficialmente una confidencia y así verá que la disposición, tanto de Alemania como la mía propia, no son tan malas como usted cree. Hemos hablado antes de la inactividad de Austria y de lo difícil de creer que es. Pues bien, algo van a hacer. Al menos, eso se dice en Berlín.

El diplomático consiguió captar la atención del ministro:

–¿Algo? ¿Y qué es ese algo?

–Al parecer, se rumorea que van a exigir al Gobierno serbio que disuelva todas las asociaciones paneslavas que operan en su territorio. Es lo menos que cabría esperar, ¿no cree?

–Y, si no las disuelven, ¿qué harán?

–Viena no tendría alternativa, ¿no le parece?

–Supongo que no la tendrían, pero, desde el punto de vista italiano, esa no es la cuestión.

–¿Y cuál es la cuestión? –preguntó con candidez simulada el embajador.

–La cuestión es que si el ejército austro-húngaro se apropiara tan sólo del maldito monte Lovcen en Montenegro para proteger la base naval de Kotor, nosotros exigiríamos la entrega de todos los territorios italianos bajo soberanía austríaca.

Los italianos sospechaban desde abril de 1913, en plena Segunda Guerra Balcánica, que los austriacos deseaban apoderarse de esa montaña desde la que se domina el puerto de Kotor.

–Querrá usted decir –le corrigió el diplomático germano– los territorios poblados por habitantes de habla italiana.

–Su Excelencia me entiende perfectamente. Hasta donde hay italianos, llega Italia. En cualquier caso, con independencia de que fuera o no cuestión de justicia, los austriacos se han comprometido a compensarnos si alteran el *statu quo* en los Balcanes. Nosotros cumplimos nuestros compromisos y esperamos que ellos cumplan los suyos.

–Bueno, Excelencia, una cosa es la obligación de compensar y otra muy distinta la de que sean ustedes quienes decidan con qué han de ser compensados.

–Querido amigo, sabe muy bien que en el espíritu de nuestro acuerdo no había compensación posible que no fuera la entrega de los territorios *irredenti*.

Von Flotow era consciente de que se había metido estúpidamente en un charco del que no sabía muy bien como salir. Intentó ir al grano:

–Austria no ha tomado todavía ninguna decisión irreversible. Pero, ¿cuál sería la actitud de Italia en el caso de que se produjera un conflicto austro-serbio?

–¿Qué quiere decir? –preguntó el ministro, al que no le gustaba la costumbre diplomática de plantear como supuestos hipotéticos acontecimientos que ocurrirían con toda probabilidad.

–Francamente, Excelencia –dijo von Flotow recurriendo a toda la crudeza que su profesión le permitía–, quiero saber si en ese supuesto serán leales a la Triple Alianza.

–Una agresión austriaca a Serbia no nos obliga a intervenir en su favor. La Triple es una alianza defensiva. Por otra parte, no es que ésta sea mi opinión, es la de toda Italia.

El ministro hizo bascular su mano derecha en el aire queriendo decir con ello que estaba haciendo alguna clase de cálculo.

–Hace un año, más o menos, hubiera sido posible encontrar italianos que simpatizaran con Austria. Hoy, Excelencia, es imposible. El único amigo que les queda en Roma, para que se haga una idea, soy yo. Y, por mucho empeño que pusiera, jamás podría convencer a los italianos de que ayudaran a los austriacos a partirle el espinazo a los serbios cuando lo que hacen es librar una lucha similar a la nuestra.

Al alemán le extrañó que el marqués se refiriera a un cambio de actitud en la opinión pública italiana que él no había detectado, pues siempre pensó que era hostil a Austria y que ahora no lo era más que antes. Por eso, preguntó:

–¿Qué ha pasado de un año a acá?

–Los decretos del príncipe Hohenlohe en Trieste han acabado con cualquier traza de simpatía que algún italiano pudiera sentir por Austria.

San Giuliano se refería a los decretos del 13 de agosto de 1913 dictados por el lugarteniente de Trieste, el príncipe Hohenlohe. Tales decretos se dictaron nominalmente "contra las injerencias extranjeras" imponiendo el despido de los funcionarios italianos del ayuntamiento de Trieste. La decisión, que fue seguida de manifestaciones anti-italianas, fue considerado un insulto en Roma.

–No sé qué piensa hacer Austria con Serbia –continuó San Giuliano–, pero, sea lo que sea, no podrá contar con la colaboración italiana.

–Lamento oír eso –dijo Flotow con aparente sinceridad.

–Ya ve –dijo el ministro italiano para justificar su actitud– que tampoco ellos se fían de nosotros. Lo prueba el que me haya tenido que enterar por Su Excelencia de lo que piensan hacer.

–Eso no es exactamente así, Excelencia. Le he dicho que no hay nada todavía decidido.

–Sí, por supuesto –contestó el marques sin esconder su incredulidad–. De todas formas, ya le he dicho que soy el único amigo que les queda aquí. Su Excelencia, el primer ministro Salandra, no quiere ni oír hablar de ayudar a los austríacos.

–¡Pero, si somos aliados! –exclamó el embajador, algo cansado de las recriminaciones italianas.

–Si tuvieran verdadero interés en que fuéramos sus aliados, nos devolverían Trieste, el Trentino y Gorizia. El dolor que provoca esa espina que tenemos clavada, nos impide olvidar. En estas condiciones es muy difícil ser amigos. Nos atendremos a la letra del tratado.

Flotow estuvo tentado de recordarle a San Giuliano que Trieste pertenecía a los Habsburgo desde mucho antes de que existiera el reino de Italia, pero calló. El marqués, con tono apacible, continuó:

–Mire, estimado embajador, los austríacos cometen siempre el mismo error. Creen en la omnipotencia y total efectividad de la Policía para amedrentar y someter el sentimiento nacional. Eso es imposible. Es un impulso que no se puede vencer a palos. La Historia de Italia durante el último siglo vale de ejemplo de lo que digo.

–Sin embargo –dijo Flotow que no quería discutir ese asunto y deseaba volver a su misión–, quizá pudiera Su Excelencia ayudarme en una cosa.

–Si está en mi mano…

–Creo que sí. Sería importante que, a fin de evitar un conflicto general en Europa, en caso de estallar la guerra entre Austria y Serbia, la prensa italiana ayudara a mantener el conflicto localizado, como una cuestión tan sólo concerniente a esos dos países.

–Sobrestima mis capacidades, querido amigo. En Italia, la prensa goza de la más absoluta de las libertades y, aunque en cuestiones donde estuviera en juego el interés nacional, alguna influencia podría tener el ministro de Asuntos Exteriores, tiene que comprender que aquí la opinión pública estará contra Austria. Bastante haré si logro que, llegado el caso, el reino de Italia cumpla con las obligaciones asumidas en el tratado de la Triple Alianza. Pero no espere que mi Gobierno dé un paso más. Si Austria agrede a Serbia, Italia pedirá ser compensada con el Trentino. Y, si no se atiende a esta demanda, basada estrictamente en el tratado, entonces…

–¿Entonces?

–Entonces, no sé qué pasará –confesó San Giuliano.

Flotow sopesó qué probabilidad había de que en tal caso Italia atacara a Austria-Hungría por la espalda y decidió que el joven reino era perfectamente capaz de tal ignominia. Un mal asunto.

El tono de los dos interlocutores se había hecho cada vez más agrio. El diplomático decidió que era mejor templar gaitas haciendo un comentario acerca de la magnífica noche estrellada de la que disfrutaban. El ministro estuvo de acuerdo. Luego, los dos hombres se despidieron.

El ministro se dirigió entonces, a grandes zancadas a su habitación, subiendo a paso ligero la elegante escalinata. Una vez allí, cogió de su escritorio una hoja con el membrete del hotel y un lápiz y redactó el telegrama que quería que al día siguiente se transmitiera a sus embajadas en San Petersburgo y Belgrado. "¿Y París? –se preguntó–. Mejor, de momento, informar sólo a Rusia y a Serbia." Escribió:

He sabido de una fuente muy fiable que el Gobierno austro-húngaro exigirá al serbio la disolución de las organizaciones panserbias y que no está dispuesto a ceder sobre este punto. Quizá fuera oportuno que el Gobierno serbio actuara preventivamente disolviéndolas a iniciativa propia. No faltan en las legislaciones de ningún país pretextos para hacerlo, y no faltarán tampoco medios para reconstruirlas gradualmente en momentos menos peligrosos y con nombres distintos. Naturalmente, esta sugerencia no puede ser objeto de conversaciones oficiales entre S. E. y las autoridades, pero quizá pueda usted encontrar el modo de indirectamente prevenir al Gobierno serbio y ponerlo sobre aviso. Es además necesario y urgente, a fin de evitar a Serbia graves peligros, que cese la propaganda panserbia en Bosnia-Herzegovina. El Gobierno austro-húngaro cree que está fomentada por agitadores serbios desde Belgrado.[33]

---

[33] *Documenti diplomatici italiani, volume XII*, Libreria dello Stato, 1954, p. 142, doc. 201.

Martes, 14 de julio

Viena

En la Ballhausplatz se reunieron Leopold von Berchtold, ministro común de Asuntos Exteriores de la Doble Monarquía, y el primer ministro húngaro, conde Tisza. A la reunión asistió también el conde Stürgkh, primer ministro austriaco. Berchtold esperaba que la reunión fuera larga y difícil, pues el barón Burián, representante del Gobierno húngaro en Viena, le había dicho que Tisza no estaba todavía maduro para dar su brazo a torcer.

Cuando llegó el primer ministro húngaro al despacho de Berchtold, Stürgkh ya estaba allí. Se sentaron los tres alrededor de una pequeña mesa de reunión. El ministro se había provisto de un paquete de papeles que guardaba en un cartapacio que se había llevado hasta la mesa.

–Bien, señores primeros ministros –dijo Berchtold–. Antes de empezar a discutir, quisiera dejar claro que esta reunión, de carácter informal, tiene por objeto superar las diferencias que entre nosotros surgieron durante el último Consejo conjunto de Ministros del día 7. No es un capricho mío. Constituye el mandato expreso de Su Majestad Apostólica. En un asunto tan delicado como éste, el emperador desea un acuerdo total de los dos Gobiernos de sus dos reinos.

Aparentemente, Berchtold se estaba presentando como el mediador entre Stürgkh y Tisza, pero simplemente, se trataba de mantener las formas, en especial en favor de la imagen de Francisco José, que no podía permitirse ser visto como naturalmente inclinado a dar la razón a Viena en perjuicio de Budapest.

–Ante todo –continuó Berchtold–, quiero que lean con mucha atención este telegrama enviado por nuestro embajador en Berlín, Su

Excelencia, el conde Szögyény, el pasado día 12. He ordenado hacer dos copias para que uno no tenga que esperar a que el otro lo lea.

Berchtold les entregó los papeles. Lo cierto era que Stürgkh ya lo había leído, pero hizo como si fuera la primera vez que le ponía la vista encima. El ministro, por su parte, tenía una tercera copia, subrayada por él mismo, delante de él.

Cuando los dos aristócratas terminaron de leer, Berchtold tomó nuevamente la palabra:

—Como ven, la cuestión serbia ya no es sólo un tema que afecte al honor de la Monarquía, sino que, con ser esto suficientemente importante, afecta también a la relación con nuestro mejor y más fuerte aliado.

Tisza le miró con un gesto condescendiente mientras Stürgkh asentía con la cabeza. El ministro prosiguió:

—Para bien o para mal, no podemos permitirnos el lujo de desairar a Alemania. Su Gobierno dejaría de confiar en nosotros como aliado preferente si en esta ocasión le decepcionamos. ¿Qué valor tendría nuestra alianza para ellos si nos dejamos pisotear por un reino minúsculo del centro de los Balcanes?

Tras una breve pausa, Berchtold siguió hablando:

—Ya han leído lo que nos cuenta nuestro embajador. Quiero subrayar especialmente esto —dijo tomando el papel que tenía delante de él y disponiéndose a leer—: "Alemania ha llegado recientemente a la convicción, totalmente confirmada, de que Rusia se está preparando para una guerra con sus vecinos occidentales y no la descarta como una posibilidad de futuro. Más bien, la incluye en sus cálculos. Esto es importante: tiene la intención de declarar la guerra, se está preparando para ella con todas sus fuerzas, pero no se propone desencadenarla actualmente o, mejor dicho, no está en el momento presente preparada." Bla, bla, bla. Luego, dice: "Además, el Gobierno alemán cree disponer de pruebas que demuestran que Inglaterra no tomará parte en una guerra provocada por disturbios en los Balcanes incluso en el caso de que Rusia y Francia se vieran involucradas en ella."

Berchtold dejó caer el papel de sus manos y continuó:

—Bueno, ya han leído el resto.

Tisza pensó que Szögyény había ido más allá de sus funciones al redactar este telegrama. Lo que acababa de leer el ministro de Exteriores era la expresión de la postura del Gobierno alemán, y eso sí correspondía transmitirlo al viejo diplomático. Sin embargo, el telegrama contenía consideraciones políticas obra del propio Szögyény. En cualquier caso, siguió pensando el primer ministro húngaro, era obvio que los alemanes no es que apoyaran una reacción enérgica de Austria-Hungría contra Serbia, sino que la deseaban y exigían para tratar de provocar una guerra con Rusia. Se suponía que la querían así porque consideraban que el momento era propicio porque el zar todavía no estaba suficientemente bien preparado y, dado que la guerra era inevitable, cuanto antes estallara, mejor. Según Berlín, el paso del tiempo favorecía a Rusia debido a que se estaba armando a buen ritmo. Pero ésta era la visión alemana. Tisza preguntó:

–Dicen en Berlín que Rusia se está preparando para atacarnos. ¿Qué dicen nuestros agentes?

A Berchtold la pregunta le resultó embarazosa. Tras unas toses para aclararse la voz, contestó:

–Por desgracia, ya no tenemos agentes en San Petersburgo. Todos fueron descubiertos y detenidos por la policía zarista. Pero –añadió tajante–, la información de que disponen los alemanes no tiene por qué ser incorrecta. Por otra parte, sabemos que Rusia desde siempre ha querido cercenar nuestra influencia en los Balcanes y ser ella la que domine en esa zona y eso es algo que no podemos tolerar en interés de Austria y de Hungría.

Al concluir, subrayó sus últimas palabras declamándolas más lentamente para resaltar el interés que correspondía a Budapest en el asunto.

El conde Tisza suspiró. Estaba claro que no podía sostener su oposición a la guerra:

–Está bien –dijo–. Está claro que Alemania quiere la guerra. Y está igualmente claro que aquí nadie, fuera de mí, desea evitarla.

Tisza miró a Berchtold con severidad. Cuando dijo que "aquí nadie desea evitarla" no se estaba refiriendo a Stürgkh o a Conrad, ni siquiera al mismo Berchtold, sino a Francisco José. El emperador no había contestado a su memorándum en el que aconsejó una postura cauta. Era obvio que el emperador quería el consentimiento de su primer ministro húngaro, pero, si éste finalmente no cedía, al magiar no le cabía duda de que el soberano pasaría por encima de él y habría guerra en cualquier caso. La situación política del conde en Budapest era por lo demás delicada, una vez que el barón Burián había sido ganado para el partido de la guerra. No le quedaba otra que tratar de salvar lo que pudiera:

–Así que, de acuerdo –concedió–. Que se ponga a Serbia frente a un ultimátum que no pueda aceptar y le daremos su merecido, pero con una condición.

–¿Cuál? –preguntó Berchtold.

–Que la decisión se tome formalmente en un Consejo de Ministros conjunto y que en ella se incluya el inequívoco propósito de no anexionar ningún territorio que actualmente sea de soberanía serbia.

Esto era muy importante para Tisza. No sólo haría disminuir la probabilidad de una intervención rusa, sino que también haría improbable la creación de un tercer reino yugoslavo en el seno de la Monarquía.

Otorgado por Tisza su consentimiento, se hizo el silencio. Berchtold vaciló sobre si debía o no aceptar. Esa condición podía levantar objeciones en el estamento militar, especialmente por parte de Conrad. Pero, por otra parte, el emperador le recriminaría haber dejado pasar la oportunidad de llegar a un acuerdo con el primer ministro húngaro. De ser planteada la diferencia al soberano, estaba seguro que Francisco José aceptaría la condición impuesta por Tisza y Berchtold sufriría una derrota política que no merecía la pena provocar:

–De acuerdo. En el Consejo de Ministros acordaremos el texto que finalmente enviaremos a Belgrado y decidiremos igualmente que en ningún caso habrá anexiones de territorio serbio, pero –recordó Berchtold en ese momento una conversación que tuvo con Conrad– con alguna excepción.

–¿Qué excepción? –preguntó Tisza.

–Es indispensable llevar a cabo algunas modificaciones en las líneas fronterizas. Lo exigen los militares para en el futuro estar en mejores condiciones de defendernos de un hipotético ataque serbio.

–Conforme –dijo el húngaro–. No hay problema.

Berchtold quiso fijar todos los términos del acuerdo para luego poder transmitírselos al emperador:

–Estamos conformes pues en que la nota que enviaremos a Belgrado contenga todas las exigencias que en el Consejo creamos necesarias.

Tisza asintió con la cabeza.

–El ultimátum –prosiguió el ministro de Exteriores– se presentará en Belgrado el día 23, cuando el presidente francés haya abandonado San Petersburgo.

Tisza, que ya sabía por Burián que el ultimátum se retrasaría para evitar que coincidiera con la visita de Poincaré, volvió a asentir.

–El plazo que daremos será de 48 horas.

–¿No podrían ser 72 o mejor 96? –preguntó Tisza.

–Los militares lo desaconsejan –dijo Berchtold con circunspección–. Les daría tiempo a los serbios a prepararse y nuestro ejército se encontraría con muchas más dificultades para la invasión.

–De acuerdo, 48 horas –se convenció el magiar.

–De todas formas –le tranquilizó Berchtold–, conde, no se preocupe. Aún transcurrido ese plazo, si Serbia decidiera aceptar nuestras condiciones antes de comenzar las hostilidades, podríamos llegar a un acuerdo pacífico siempre que Serbia abone los gastos de movilización en los que hasta ese momento hayamos incurrido.

–Me parece bien, Excelencia. Pero, estamos de acuerdo en que, si Serbia acepta nuestras exigencias, por elevadas que sean, no habrá guerra.

–Desde luego –dijo Berchtold con cinismo, pues no era eso lo que había hablado con Conrad–. Si Serbia acepta lo que le requiramos, que será muy duro, la humillación será de tal magnitud que para nosotros será suficiente satisfacción y, pari passu, significará un gran golpe al prestigio de Rusia en los Balcanes. Ésa sería sin duda una victoria suficiente.

Tisza se encogió de hombros y se dio por satisfecho porque sabía, como Berchtold, que era muy improbable que Serbia aceptara las humillantes condiciones que se le querían imponer si contaba al final con el respaldo de Rusia.

Luego, Berchtold se dispuso a dar por terminada la reunión:

–Excelente. Afortunadamente, hemos sido capaces de llegar los tres a un acuerdo. Su Majestad estará muy satisfecho.

Los tres hombres se levantaron de sus sillas. Ya en el umbral, con la puerta del despacho abierta, a punto de despedirse, Berchtold le sugirió a Tisza:

–Querido conde, quizá fuera conveniente que fuera Su Excelencia a ver al embajador alemán para explicarle los términos de nuestro acuerdo. En Berlín, están muy pendientes de él y, aunque yo también se lo explicaré, más convencido quedará de que lo hemos alcanzado si se lo decimos los dos.

–No hay inconveniente, Excelencia –contestó Tisza–. Siempre es un placer hablar con Tschirschky.

–¡Adolf! –gritó Berchtold llamando a su secretario, que estaba sentado a su pupitre unos metros más allá.

–¿Sí, Excelencia? –preguntó levantándose al instante.

–Llame a la embajada alemana y pregunte si Su Excelencia, el señor Tschirschky, puede recibir ahora a Su Excelencia, el conde Tisza.

–Ahora mismo.

El secretario hizo la llamada que le habían ordenado mientras los otros tres hombres charlaban de banalidades. Al muy poco, el secretario les interrumpió y dijo:

–Su Excelencia, el señor embajador, estará encantado de recibir a Su Excelencia, el conde Tisza.

–Muy bien –dijo Berchtold–. Me pondré enseguida a hacer los preparativos para el Consejo conjunto. ¿Les parece que nos reunamos todos, digamos, el domingo 19 por la mañana?

–¿Por qué tan tarde? –preguntó extrañado Stürgkh.

–Conrad y Krobatin están de vacaciones –le aclaró el ministro de Exteriores– Pero, sobre todo, aquí en el ministerio necesitamos tiempo para trabajar en la nota que le daremos a los serbios. Mi idea es llevar al Consejo varias propuestas ya redactadas para evitar tener que ponernos nosotros a escribir durante el Consejo un documento en el que cada palabra ha de ser medida cuidadosamente.

–Por supuesto –se conformó el primer ministro austriaco.

Se despidieron. Una vez que Stürgkh y Tisza hubieron partido y era seguro que ya no le oían, Berchtold le dijo al secretario:

–Llame nuevamente a la embajada alemana y pregunte si Su Excelencia puede venir a visitarme aquí a la Ballhausplatz una vez haya concluido su entrevista con el conde Tisza.

Berchtold volvió a encerrarse en su despacho para redactar el informe de la reunión y poder enviarlo luego al emperador.

Poco después, y tras haber solicitado permiso, entró el secretario y le dijo:

–Excelencia: Su Excelencia, el señor Tschirschky, dice que con mucho gusto vendrá a verle cuando haya finalizado su encuentro con Su Excelencia, el conde Tisza.

–Muchas gracias, Adolf.

Berchtold volvió a concentrarse en la escritura.[34]

---

[34] Geiss, pp. 113-115, docs. 20-22.

Jueves, 16 de julio

Berlín

Durante aquella mañana, Gottlieb von Jagow, ministro de Asuntos Exteriores alemán, recibió en el Auswärtiges Amt al embajador austriaco a petición de éste. Szögyény había recibido el día anterior un telegrama de su superior, Leopold von Berchtold, rogándole que explicara a las autoridades alemanas las razones del aplazamiento en la entrega del ultimátum. Durante la entrevista, el ministro alemán se quejó de este nuevo retraso, pero al final se conformó.

Tras el encuentro, los dos diplomáticos se despidieron y el embajador austriaco abandonó la Wilhelmstrasse. Ya en la calle, habiendo dado tan sólo unos pocos pasos, se cruzó con el embajador de Italia en Berlín, Riccardo Bollati. Szögyény no tenía ninguna gana de hablar con él, pero no tuvo otro remedio que detenerse a cambiar unas palabras. Al fin y al cabo, no dejaba de tratarse de un colega representante de una nación aliada, por mucho que Viena desconfiara de ella.

–Mi querido amigo Bollati ¿qué tal está usted?

–Muy bien, señor conde, aunque no tanto como usted, que cada día se le ve más joven.

A Szögyény, que tenía 72 años, esta clase de comentarios le provocaban un enorme fastidio, pues tan sólo servían para recordarle lo viejo que era. Mucho más cuando provenían de un jovencito de apenas 55. Bollati, naturalmente, sabía lo molestos que resultaban para el conde y por eso los hacía cada vez que lo encontraba.

–Bien, me alegro mucho de verle –dijo el aristócrata húngaro con idea de librarse de él.

Sin embargo, Bollati se las apañó para retenerle:

–Permítame un momento, Excelencia. Me hallo estos días muy alarmado. No paran de llegarme rumores de todas clases sobre cómo podría la situación actual de pronto precipitarse.

–¿Ah sí? –preguntó el embajador austriaco con teatral sorpresa–. Yo no he oído nada –añadió con cinismo.

–Serán pues sólo rumores –dijo el italiano–. Que el ministro de la Guerra y el jefe del Estado Mayor austriacos se hayan ido de vacaciones no puede ser más que un buen síntoma.

–Eso mismo creo yo, Bollati. No haga caso a habladurías. Si los diplomáticos transmitiéramos a nuestros Gobiernos todos los rumores que escuchamos…

–Por supuesto, Szögyény –ya no le salió el tratamiento–. Que pase buena tarde.

–Lo mismo le deseo, Excelencia.

Cuando Szögyény llegó a su embajada, redactó el telegrama para Berchtold narrándole la entrevista con von Jagow. Dudó si incluir el encuentro con Bollati. Finalmente, lo hizo. Era preferible pecar de escrupuloso que de negligente.[35]

Viena

A última hora de la tarde, el ministro de Asuntos Exteriores, Leopold von Berchtold, todavía estaba en su despacho de la Ballhausplatz. Acababa de leer el telegrama enviado por Szögyény. La reacción de Jagow ante el nuevo retraso del ultimátum no le preocupó. En cambio, le dio mucho que pensar el encuentro con Bollati. ¿Qué sabían los italianos? ¿Estarían los alemanes, quizá por meros remordimientos morales, teniendo al tanto al tercer socio de la Triple Alianza? Sin embargo, si Berlín hubiera considerado esencial informar a los italianos, habrían insistido en ello desde el principio. Y, sin embargo, Bollati parecía saber algo. Si no ¿a cuento de qué venía esa pregunta hecha a bocajarro al embajador austriaco?

En esas cavilaciones estaba cuando entró uno de los funcionarios del gabinete telegráfico:

–Con su permiso, Excelencia.

---

[35] Geiss, p. 117, doc. 24.

–Adelante.

–Hemos interceptado un telegrama del ministerio de Asuntos Exteriores italiano a su embajador aquí.

El empleado le entregó un papel al ministro a la vez que le advirtió:

–Aquí le traigo el texto ya descifrado.

Berchtold leyó el telegrama que había sido enviado desde Roma a primera hora de la tarde con el texto escrito por San Giuliano en Fiuggi-Fonte.

"Acabáramos –pensó Berchtold–. Quien está filtrando nuestros pasos a los italianos es el embajador alemán en Roma. Ahora comprendo por qué Bollati está al tanto."

Berchtold se equivocaba. El primer telegrama que sobre el asunto recibió el embajador italiano en Berlín llegó igual que a Viena a última hora de la tarde y, por lo tanto, Bollati no podía haberlo leído cuando habló con Szögyény. Sin embargo, Bollati era amigo personal de Jagow y cabía la posibilidad de que hubiera sido éste quien, como Flotow, cometiera alguna indiscreción.

"Bien –pensó Berchtold–. Habrá que llevar más cuidado de ahora en adelante."[36]

San Petersburgo

Tras recibir el telegrama de su ministro, el marqués de San Giuliano, Carlo Carlotti, marqués de Riparbella, embajador del reino de Italia en la corte del zar, solicitó ser recibido por el barón von Schilling, jefe de la cancillería y número dos del ministerio de Asuntos Exteriores ruso. Éste accedió a recibirle inmediatamente y Carlotti se dirigió enseguida a la plaza del Palacio, al otro lado del Hermitage, donde estaba el edificio del Estado Mayor, en el que tenía su sede el ministerio de Exteriores ruso.

–Pase, Excelencia, se lo ruego. Adelante –le pidió en francés el diplomático ruso.

–Muchas gracias, barón.

–Siento mucho que Su Excelencia, el ministro, no pueda atenderle personalmente pues, como usted sabe se encuentra de vacaciones.

---

[36] Albertini, vol. II, p. 235.

–Por supuesto, barón. No hay ninguna necesidad de molestar a Su Excelencia.

Los dos hombres se sentaron el uno junto al otro.

–Y dígame –preguntó Schilling– ¿qué le trae por aquí?

–Mi Gobierno tiene cierta urgencia en saber qué actitud adoptaría Rusia en el caso de que Austria decidiera emprender alguna acción contra Serbia.

Schilling, a pesar de no ser el ministro, contestó sin vacilar:

–De darse ese supuesto, Rusia no toleraría ninguna violación de la integridad o independencia serbia.

A Carlotti no le sorprendió la respuesta y contestó lo que llevaba preparado:

–Si la firme intención del Gobierno de Su Majestad es ésa, sería buena cosa hacérselo saber con claridad a Viena porque… –fingió vacilar Carlotti– corren rumores de que Austria está a punto de dar un paso irreversible basándose en la creencia de que Rusia no hará más que protestar. Si Austria fuera consciente de que sus acciones conducirán a una colisión armada con ustedes, con toda seguridad su Gobierno consideraría seriamente no llevar a cabo una política tan enérgica contra Belgrado.

El barón Schilling meditó un instante la respuesta. Luego, dijo:

–Estoy en perfecta disposición de reiterar que Rusia estará firmemente resuelta a no permitir ningún debilitamiento o humillación que pretenda infligirse a Serbia.

Tras una pausa y una nueva reflexión, añadió:

–Constituye el deber de los aliados de Austria –dijo refiriéndose claramente a Italia, aunque Carlotti no terminaba de acostumbrarse a ser aliado del secular enemigo– advertirle de los peligros que entraña su actual política, así como de la determinación de Rusia de proteger la independencia de Serbia. Algo de lo que nadie debería dudar ni por un minuto.

–Perfecto –dijo obediente Carlotti–. Le prometo telegrafiar a Roma a estos efectos y transmitir su opinión.

Carlotti no cayó en la cuenta de que, si el Gobierno italiano hacía tal cosa, tendría que explicar cómo sabía que Viena se proponía adoptar duras medidas contra Serbia.

–Ahora bien –añadió el diplomático italiano en un tono más suave–, si se me permite decirlo, en mi opinión, sería mucho más eficaz y produciría un mayor impacto en Viena si una declaración de esta naturaleza la hiciera Rusia directamente en vez de Italia.

Schilling le miró con severidad. Rebatió el argumento diciendo:

–Al contrario, Excelencia. Si Rusia hace una declaración de este tipo, Viena podría considerarlo como un ultimátum. El Gobierno de Su Majestad Apostólica no podría permitir dar la impresión de que no adopta ninguna medida contra Serbia, no porque no quiera hacerlo, sino porque Rusia amenaza públicamente con intervenir. Y entonces la única forma de evitar esa impresión sería precisamente hacer lo que Rusia le está prohibiendo, humillar a Serbia. Eso obligaría al Gobierno de Su Majestad Imperial, el zar de todas las Rusias, a intervenir. Y tendríamos la guerra que su consejo pretende evitar.

Carlotti agachó levemente la cabeza. Luego, Schilling prosiguió:

–En cambio, el discreto e insistente consejo de Alemania e Italia, que son sus aliados, podría ser aceptado por Austria-Hungría sin que su prestigio sufriera un ápice.

El embajador italiano se conformó:

–De acuerdo –dijo Carlotti–. Trataré de que mi Gobierno transmita su determinación de intervenir al Gobierno de Viena.

Los dos diplomáticos se despidieron.[37]

---

[37] Albertini, vol. II, pp. 225 y 226.

Sábado, 18 de julio

San Petersburgo

Serge Sazonov, ministro de Asuntos Exteriores ruso, volvió a la capital a primera hora de la mañana. Fue a recogerle a la estación su segundo en el ministerio, el barón Schilling. Cuando el ministro escuchó las primeras noticias que el barón le dio, insistió en ir directamente al ministerio. Una vez instalado en el despacho, lo primero que hizo fue leer el telegrama de Nikolai Nikolaievich Shebeko, embajador del zar en la corte de Viena, y del que le había estado hablando el barón en el coche que los trasladó de la estación al ministerio:

> *Ha llegado hasta mí cierta información según la cual el Gobierno austro-húngaro se propone, cuando termine la investigación, hacer llegar a Belgrado la conclusión de que existe una conexión entre el crimen de Sarajevo y las revueltas panserbias que tienen lugar dentro de los confines de la Monarquía. Cree además el Gobierno que esta medida no provocará la intervención de Rusia y que será recibida con simpatía por los súbditos de etnia eslava. Creo que es de todo punto deseable que en el momento presente, antes de que se adopte una decisión definitiva, el gabinete en Viena debería ser informado de cómo reaccionaría Rusia ante el hecho de que Austria presentara a Serbia unas demandas tales que tengan que ser consideradas como inaceptables para la dignidad del Estado.*[38]

–¿Tiene usted idea de con quién ha podido hablar Shebeko? –preguntó el ministro.

---

[38] Albertini, vol. II, pp. 184-185.

–No sé –contestó el barón Schilling. Desde luego no creo que sea ninguna fuente austro-húngara. Ningún súbdito de la Monarquía en su sano juicio haría confidencias al embajador ruso. No obstante, Shebeko es un hombre serio. Si nos cuenta eso, es porque su fuente es fiable. Quizá se trate de un colega a quién la Ballhausplatz mantenga al corriente. Además el embajador de Italia me ha confirmado la noticia.

–¿Qué es lo que le dijo exactamente?

Schilling le contó a su jefe su conversación con Carlotti.

–Entonces –reflexionó en voz alta el ministro–, es evidente que los austriacos preparan algo. Es necesario estar alerta. Y, por supuesto, hay que advertir al Gobierno de Su Apostólica Majestad de que no nos quedaremos de brazos cruzados si deciden actuar contra Serbia. ¿No le parece?

A pesar de haberse opuesto a esta estrategia dos días antes durante su conversación con el diplomático italiano, Schilling ahora no se atrevió a discutir con su jefe:

–Por supuesto. Quizá si el Gobierno austriaco supiera que no vamos a ser, ni mucho menos, tan tolerantes como ellos creen, den marcha atrás.

–Hay que advertir a Austria-Hungría de que no permitiremos ninguna agresión a la independencia de Serbia.

–Desde luego.

–Ocúpese de citar al embajador austro-húngaro. No hay un minuto que perder. Hay que tratar de transmitir nuestra advertencia antes de que hayan adoptado ninguna resolución.

–Enseguida.

★★★

A media mañana, se presentó en el ministerio de Asuntos Exteriores, el embajador austro-húngaro, el conde Szápáry.

Sazonov le recibió sin ceremonias. Sólo se levantó de su butaca cuando tuvo frente a él al embajador, al otro lado del escritorio. Y, después de estrecharle la mano, se sentó de nuevo sin acompañar al embajador hasta las recargadas butacas que había junto al ventanal como solía hacer con las visitas. Tampoco invitó al conde a sentarse frente a su escritorio. No obstante, el embajador no perdió la compostura. Siempre había estado convencido de que los rusos eran unos bárbaros de salvaje carácter a duras penas atemperado por legiones de nodrizas francesas. Tan sólo el zar merecía su respeto. Pero era un diplomático y a ello se debía. Con una sonrisa de oreja a oreja:

—¿Me permite sentarme?

—Desde luego. Siéntese —ordenó Sazonov.

El ministro fue directamente al grano:

—¿Qué es lo que está planeando su Gobierno?

—¿Mi Gobierno? ¿Respecto a qué? —preguntó con fingida ingenuidad el representante de Francisco José.

—¿Respecto a qué va a ser? Respecto a Serbia.

Szápáry suspiró. Luego, contestó:

—Mi Gobierno se halla profundamente enojado por lo ocurrido. Y tengo entendido que Su Majestad, el zar, también, si se me permite observarlo.

—No me refiero a eso, Excelencia —Sazonov perdía la paciencia con facilidad—. Me refiero a si van a tomar alguna medida contra Serbia.

—En absoluto. Acabo de estar en Viena y allí he tenido ocasión de despachar con Su Excelencia, el conde Berchtold. Nada podemos hacer contra Serbia.

—Sí pueden —afirmó brusco el ministro—. Podrían exigir que cumpliera determinadas condiciones…

—¡Ah, sí! Se refiere a eso. Yo también he oído esos rumores. No debería hacer caso. Le puedo garantizar que son completamente falsos. Si la Policía de Sarajevo hubiera descubierto alguna conexión con el gabinete en Belgrado, no digo yo que no nos hubiéramos visto obligados a hacer algo, pero el caso es que hasta ahora no se ha descubierto nada. Y, si quiere que le dé mi opinión personal, no creo que tal conexión llegue a descubrirse nunca.

—Me alegra oír esas noticias. Sin embargo, corren vehementes rumores de que Berlín apoyaría sin reservas una reacción enérgica contra Belgrado.

El embajador se encogió de hombros ostensiblemente:

—Es posible que sea así. A mí no me consta. Pero, en cualquier caso corresponde a Viena y sólo a Viena decidir cómo reparar su honor ultrajado, digan lo que digan en Berlín.

—Ya, pero Su Excelencia debe percatarse de lo importante que es para Rusia la integridad e independencia de Serbia.

—Soy perfectamente consciente. Y no le quepa duda de que el conde Berchtold también lo es, como todos en los Gobiernos austriaco y húngaro. Pero esa no es la cuestión. La cuestión es que no tenemos pruebas de que el Gobierno serbio esté detrás de la conspiración que acabó con la vida del archiduque y su esposa, que Dios tenga en su gloria. Le mentiría si le dijera que yo mismo no sospeché que detrás del repugnante asesinato podía estar la mano del Gobierno serbio. Pero, de momento, en Viena y en Sarajevo, la cosa no alcanza ni siquiera el grado de sospecha.

—Así pues —dijo severo el ministro—, según lo que Su Excelencia me está diciendo, puedo contar con todas sus garantías de que el Gobierno al que representa no tiene intención de atacar a Serbia o de exigirle el cumplimiento de ninguna condición.

—Por supuesto, tiene Su Excelencia todas mis garantías.

—Puedo, entonces, quedarme tranquilo —preguntó incrédulo el ministro.

—Desde luego, Excelencia, no tiene nada de qué preocuparse.

—Bien —dijo Sazonov levantándose y ya de un visible mejor humor—. No sabe cuánto celebro que las cosas sean así. Estaba muy preocupado.

—Me congratula saber que mis palabras han aliviado sus temores.

Los dos hombres se despidieron dándose la mano e intercambiando unas sonrisas.

Una vez que el conde Szápáry se hubo marchado, Sazonov ordenó que avisaran al barón Schilling. Éste encontró a su jefe visiblemente satisfecho y no acertó a adivinar por qué:

—¿Qué tal ha ido, Excelencia?

—Magníficamente.

—¿Magníficamente?

—Los austriacos no van a mover un dedo contra Serbia.

—¿Cómo?

—Así es. El embajador me ha dado toda clase de garantías al respecto. Me ha confesado que la Policía de Sarajevo no ha sido capaz de descubrir nada que pueda incriminar al Gobierno serbio. De forma que no piensan hacer nada.

–Loado sea el Cielo –dijo aliviado Schilling.

–Szápáry ha sido inequívoco. No hay nada de nada. *Il á eté doux comme un agneu.*

Encantados con el resultado de la entrevista, los dos hombres se dedicaron a despachar otros asuntos menores.[39]

---

[39] Geiss, p. 131, doc. 34.

Domingo, 19 de julio

Viena

Leopold von Berchtold estaba muy preocupado por las filtraciones que de la política austriaca se estaban produciendo. Era domingo y la llegada de personalidades a la Ballhausplatz hubiera llamado la atención y despertado todo tipo de especulaciones acerca de lo que se estaba cociendo. Por tanto, prefirió convocar el Consejo de Ministros conjunto previsto para ese día en su casa. A los asistentes se les dio además instrucciones de que no llegaran en sus vehículos oficiales y lo hicieran lo más discretamente posible.

Antes de sentarse al consejo, Hoyos repartió a los consejeros copias de la nota que estaba previsto entregar a Belgrado. Cuando terminaron de leerla se hicieron ciertos comentarios que dieron lugar a algunas correcciones. Acordado el texto definitivo, los ministros y jefes militares se sentaron en la mesa del comedor de Berchtold. Fue lógicamente éste el primero en tomar la palabra:

–Les propongo que la nota que acaban de leer sea presentada al reino de Serbia el 23 de julio, a las cinco de la tarde, de manera que el plazo de 48 horas expire el sábado, 25 y la orden de movilización pueda ser publicada en la noche del sábado al domingo. Con este horario, es muy difícil que la noticia llegue a San Petersburgo antes de que el presidente de la república francesa haya abandonado la ciudad.

Berchtold carraspeó. Luego, prosiguió:

–En cualquier caso, hay razones diplomáticas que nos impiden retrasarla aún más. Berlín está comenzando a impacientarse y las noticias de cuáles son nuestras intenciones ya han llegado a Roma. De manera que quizá no pudieran evitarse algunos desafortunados incidentes si la acción fuera nuevamente pospuesta. Someto pues a votación del Consejo esta concreta cuestión, que la entrega se realice el día 23 a las cinco de la tarde.

Todos aprobaron la moción. Luego, se abrió un amplio debate acerca de la conveniencia o no de declarar oficialmente el deseo austriaco de no llevar a cabo ninguna anexión de territorio serbio. Tras un nuevo enfrentamiento entre Berchtold y Tisza, el ministro de Exteriores dijo:

–Muy bien, caballeros. Les propongo someter a votación la siguiente resolución –por un instante dirigió la mirada a Tisza–: "El Consejo de Ministros común, a propuesta del real primer ministro húngaro, acuerda por unanimidad que, tan pronto comience, la Monarquía declarará al resto de las potencias que no hay intención de librar una guerra de conquista y que no se contempla la anexión del reino. Naturalmente, las correcciones fronterizas, la reducción del territorio serbio en beneficio de otros Estados –Tisza torció el gesto al oírlo– o la inevitable ocupación temporal del territorio serbio no están expresamente excluidos de esta resolución."

El magiar decidió que se había salido con la suya en lo sustancial: Austria-Hungría renunciaba a apropiarse de territorio serbio en todo caso. De forma que votó a favor de la resolución con el resto del Consejo. Lograda una posición común, Berchtold creyó que no había razón para prolongar el debate y levantó el Consejo.[40]

---

[40] Geiss, p. 139, doc. 35.

Martes, 21 de julio

San Petersburgo

Raymond Poincaré, presidente de la república francesa, había llegado el día anterior a la capital rusa. Aquel martes decidió ofrecer una recepción en el Palacio de Invierno a todo el cuerpo diplomático. El presidente francés estaba de buen humor pues su primer encuentro con el soberano ruso había ido bien y estaba gratamente impresionado. No obstante, le preocupaba lo que podía ocurrir en Serbia. Por eso, después de las presentaciones y una vez terminada la cena, cuando el presidente estaba yendo de corro en corro procurando que ningún invitado se quedara sin departir con él unos minutos, vio al embajador austro-húngaro, el conde Friedrich Graf Szápáry y le pidió que se incorporara a su grupo con un gesto de la mano. Una vez integrado, le preguntó a bocajarro:

–Excelencia –le dijo–, ¿tiene usted alguna noticia con relación a Serbia?

Naturalmente, Poincaré se refería a lo que Austria-Hungría fuera a hacer con el reino balcánico. Pero, el embajador, como buen diplomático hizo como que entendía que se refería al asesinato de Francisco Fernando y a la responsabilidad de Serbia en el crimen:

–La investigación judicial sigue su curso, Excelencia –dijo en un tono amistoso.

Poincaré se dejó llevar al terreno al que quiso conducirle el húngaro:

–Por supuesto. Estoy ansioso de conocer los resultados de la investigación. Sin embargo, recuerdo dos supuestos anteriores que no sirvieron para mejorar las relaciones con Serbia.

Szápáry le miró incrédulo. El francés continuó:

–¿No recuerda usted los casos Friedjung y… –se detuvo para hacer memoria– Prohaska? ¿Sabe de lo que le hablo?

Heinrich Friedjung era un historiador checo, profesor de la Universidad de Viena, al que el ministro de Asuntos Exteriores, conde Aehrenthal, envió las fotos de unos documentos que demostraban las maquinaciones serbias en el seno de los territorios de la Monarquía. La coalición serbo-croata, una alianza política que gobernaba Croacia con el consentimiento de Viena, se querelló contra Friedjung. El juicio empezó en diciembre de 1909. Para defenderse, Friedjung pidió los originales al ministerio, pero nada pudieron enviarle porque se trataba de unas falsificaciones. Durante el juicio se descubrió el pastel. Pagó el pato el conde Forgach, que en 1909 era embajador en Belgrado. El funcionario fue acusado de realizar las manipulaciones, cesado como embajador y enviado como representante diplomático a Sajonia, un puesto de categoría inferior. Pronto fue rehabilitado y el 8 de octubre de 1913 fue puesto al frente de la Sección Segunda del ministerio de Exteriores.

El juicio de Friedjung constituyó un escándalo tremendo y a punto estuvo de acabar con Aehrenthal, aunque al final el conde logró concentrar toda la responsabilidad en Forgach.

Oskar Prohaska era el cónsul austro-húngaro en Prizen, Kosovo. A finales de 1912, cuando Austria-Hungría libraba una batalla diplomática para evitar que Serbia, con sus victorias durante la Primera Guerra Balcánica, tuviera una salida al Adriático, el cónsul desapareció misteriosamente y Viena acusó a Belgrado de haberlo secuestrado y probablemente asesinado. Luego, el diplomático apareció sano y salvo en Skopje sin dar una explicación clara acerca de los motivos que le habían llevado a abandonar su puesto.

Así que Poincaré se estaba refiriendo a dos chascos de la diplomacia austro-húngara en los que ésta había señalado a Serbia con acusaciones que luego se demostraron falsas. De este modo expresaba su temor de que por tercera vez Viena estuviera cometiendo la misma torpeza.

Szápáry, irritado por la comparación de esos dos asuntos con el asesinato del heredero al trono, contestó:

–Señor presidente, tendrá que comprender que no podamos tolerar que un gobierno extranjero permita que en su territorio se planeen con total impunidad atentados a nuestra soberanía.

–Bueno, no se preocupe –dijo Poincaré en un tono que quiso ser conciliador–. Comprendo su punto de vista, pero en la situación actual europea, todos los gobiernos deberían ser el doble de cautos de lo que lo son de costumbre. Con un poco de buena voluntad, el asunto serbio podrá resolverse de un modo satisfactorio.

Poincaré se detuvo un instante y abandonó el tono amistoso para adoptar otro más severo:

–Ahora bien, con la misma facilidad que puede resolverse, podría agudizarse. Serbia, recuérdelo bien, Excelencia, tiene muy buenos amigos entre el pueblo ruso.

Volvió a detenerse para que Szápáry asimilara la amenaza contenida en sus últimas palabras. Luego, continuó:

–Y Rusia, tampoco lo olvide, tiene un importante aliado que es precisamente Francia. Ya ve usted, mi querido amigo –dijo sonriendo– como Austria-Hungría debería ser consciente de la gran cantidad de complicaciones que debería temer.

Szápáry inclinó la cabeza, se dio la vuelta y abandonó el corro al que había sido llamado por el presidente francés.

Cuando el austriaco estuvo lo suficientemente lejos, Poincaré, moviendo la cabeza de un lado a otro, les dijo a su primer ministro y a su representante en San Petersburgo:

–No me ha gustado esta conversación. Es obvio que el embajador ha recibido instrucciones de no decir nada. Está claro que la Monarquía prepara un golpe de teatro para nosotros. Sazonov tendrá que mantenerse firme y nosotros deberemos respaldarle.

Los dos franceses asintieron sin matizar lo que acababan de oír como si la única política francesa posible en aquel momento fuera la de respaldar a Rusia para que a su vez ésta sostuviera a un pequeño reino balcánico en el que París no tenía ningún interés. Tampoco se atrevió ninguno de los dos a recordarle al presidente la cautela que acababa de recomendar a otros.[41]

---

[41] Albertini, vol. II, p. 193.

Jueves, 23 de julio

Belgrado

El primer ministro serbio, Nicola Pasich, era un nacionalista moderado. En julio de 1914, se hallaba asediado por toda clase de problemas. Por un lado, tenía que vérselas con un ejército cuyo poder no estaba del todo sometido a la autoridad civil. El último problema que ese descontrol le había acarreado era el asesinato de Francisco Fernando, organizado o alentado, Pasich no sabía, por el servicio de inteligencia militar serbio del que él era formalmente responsable. Por otro, desde el 18 de julio sabía, por sus amigos rusos y por el embajador italiano en Belgrado, que, frente a la apariencia inicial de que Viena no haría nada, se preparaba en la capital austriaca una batería de fuertes exigencias a su Gobierno. El zar Nicolás II, durante una visita que Pasich cursó a San Petersburgo, le había prometido apoyar a Serbia en todo. Sin embargo, hasta aquel momento, ese respaldo no se había materializado en nada concreto y no estaba claro que fuera a hacerlo si Viena amenazaba con adoptar medidas militares. Encima, el país se hallaba sin jefe del Estado porque el rey Pedro se encontraba enfermo y sus funciones las había asumido su hijo, el príncipe Alejandro, de 26 años. Por último, estaba inmerso en una campaña electoral ya que había previstas unas elecciones para el 14 de agosto.

De hecho, cuando a las 16:30 horas, el barón Vladimir Giesl von Gieslingen, embajador de la Doble Monarquía telefoneó al ministerio de Asuntos Exteriores y dijo que tenía una importante comunicación que hacer al primer ministro, se le contestó que Pasich estaba fuera de la ciudad haciendo campaña electoral. Giesl, no obstante, tenía instrucciones severísimas de a las seis de la tarde entregar el ultimátum a la autoridad que estuviera en funciones de primer ministro si no lograba ver al titular. Y, en último extremo, lo entregaría al funcionario de más alto rango que encontrara en el ministerio de Asuntos Exteriores.

Según un decreto que había firmado el regente el día 22, era el ministro de Finanzas quien hacía las funciones de primer ministro. Después de habérsele informado de la llamada telefónica de Giesl, Lazov Pacu localizó telefónicamente a Pasich en la ciudad de Nish:

—Dígame, Pacu.

—Ha llamado el embajador austro-húngaro diciendo que tiene una importante comunicación que hacerle.

—Le habrá dicho que es imposible, que estoy fuera de Belgrado.

—Se lo he dicho, pero insiste en hacerla entonces a quien desempeñe sus funciones.

—Muy bien. Recíbale, atiéndale y hágase cargo de la comunicación que tenga que hacerme.

—Ya —dijo el ministro vacilando—. Pero me temo que se trate de algo de la máxima gravedad. Si partiera hacia aquí ahora mismo, quizá logre que Giesl espere a que usted llegue.

—Es una posibilidad —dijo Pasich vacilando—. Podría ser algo importante, pero también podría no serlo. Estoy en campaña y no veo la necesidad de volver a Belgrado por una comunicación de cuya gravedad todavía no tenemos certeza.

—Insisto, Excelencia. Vuelva a Belgrado. Usted es el primer ministro y, si el embajador de Austria tiene una importante comunicación que hacernos, seguro que no es cosa de poco.

—No insista, Pacu. Sin saber exactamente de qué se trata no pienso interrumpir mi campaña. Hágase usted cargo de la comunicación y ya me contará. En este teléfono me puede localizar.

El ministro quedó entonces con Giesl a las seis de la tarde en el ministerio de Asuntos Exteriores. Finalmente, Berchtold había ordenado que entregara el ultimátum a esa hora en vez de a las cinco inicialmente previstas para estar completamente seguros de que Poincaré había abandonado San Petersburgo. Pacu lo recibió en el despacho del ministro de Exteriores acompañado del secretario general del ministerio, Gruich, a quien Pacu había pedido que estuviera presente como testigo de lo que allí se dijera y porque hablaba francés, lengua que Pacu no dominaba.

Una vez reunidos los tres hombres y tras estrecharse circunspectos las manos, Giesl, de pie, extrajo de su portafolios dos hojas que contenían el ultimátum. Junto a ellas había una carta dirigida al propio Pacu como primer ministro en funciones. Sin extender la mano para no verse obligado a hacerse cargo de los papeles, Pacu invitó al embajador a sentarse. El diplomático rechazó la invitación con la mano y dijo:

–Mi Gobierno exige una contestación antes de que hayan transcurrido 48 horas. Es decir –aclaró extrayendo su reloj de su chaleco, destapándolo y mirándolo–, el plazo expirará a las seis de la tarde del próximo sábado. En el caso de no haber respuesta, o ser ésta insatisfactoria, yo y toda mi delegación abandonaremos la capital inmediatamente.

El diplomático no hizo otra cosa que cumplir escrupulosamente las instrucciones que había recibido. Luego, el embajador añadió:

–Cuando se me transmita la respuesta de su Gobierno, el mío espera que se me entreguen igualmente los dos comunicados oficiales que la nota que acabo de entregarle exige para poder asegurarme que se atienen a lo reclamado.

–Excelencia –contestó Pacu–, me temo que no va a ser posible darle una respuesta tan pronto.

–¿Por qué?

–Como usted sabe muy bien, estamos en campaña electoral y la mitad de los ministros están fuera de Belgrado. Será imposible que el gabinete pueda reunirse a estudiar el documento en tan breve plazo y adoptar lo que a todas luces parece será una grave decisión.

Giesl no se inmutó y serio contestó:

–La vuelta de los ministros en la era de los ferrocarriles, el telégrafo y el teléfono en un país de este tamaño sólo puede ser cuestión de horas y, de todas formas, si lo recuerda, he aconsejado que el señor Pasich fuera informado.

Giesl se dio unos instantes para tomar aire:

–En cualquier caso, ésta es una cuestión que atañe exclusivamente al Gobierno serbio y sobre la que no tengo nada que decir.

Giesl extendió los documentos para que Pacu los recogiera. El ministro dio un paso atrás:

–No puedo hacerme cargo de esto, compréndalo.

–Si no los coge, los dejaré encima de la mesa –dijo impertérrito Giesl–. Luego, puede hacer con ellos lo que le plazca.

Ante tal amenaza, Pacu cogió los papeles. Giesl se despidió del modo más formal que fue capaz y se marchó. Ido el embajador, Gruich y Pacu se trasladaron a la habitación contigua donde esperaban otros dos ministros, Ljuba Jovanovich, hermano del embajador serbio en Viena, y un compañero de gabinete. Los cuatro examinaron el texto:[42]

> *"El 31 de marzo de 1909, el real embajador serbio en la corte de Viena, por orden de su Gobierno, hizo la siguiente declaración ante el real e imperial Gobierno:*
>
> *'Serbia reconoce que ninguno de sus derechos han sido afectados por la situación creada en Bosnia-Herzegovina y que por lo tanto se conformará con las decisiones que las potencias adopten de conformidad con el artículo XXV del tratado de Berlín. Serbia, siguiendo la recomendación de las potencias, se compromete a cesar en su actitud de protesta y resistencia que ha adoptado desde el último octubre con respecto a la anexión y se compromete igualmente a cambiar el curso de su actual política hacia Austria-Hungría y a vivir en el futuro con ella en términos de amistad y relaciones de buena vecindad'."*

La nota austriaca se refería a la "victoria diplomática" en la que terminó la crisis de la anexión. El 16 de septiembre de 1908, en Buchlov, en la casa del conde Berchtold, el entonces todavía barón de Aehrenthal, ministro de Asuntos Exteriores común de la Doble Monarquía, y Alexander Izvolsky, ministro de Exteriores ruso, llegaron a un acuerdo. Se trató de un pacto informal, pues nada se puso por escrito. Según él, Austria no se opondría a los cambios deseados por los rusos en el estatuto de los estrechos (Dardanelos y Bósforo) y Rusia a cambio no se opondría a la anexión formal de Bosnia-Herzegovina por parte de Austria.

Izvolsky calculó mal. Su obsesión por resolver el problema que para Rusia suponía el cierre de los estrechos a su Armada del Mar Negro y el que en consecuencia no pudiera emplearla en el Mediterráneo le empujó a suscribir este acuerdo sin darse cuenta de que a quien tenía que convencer en el asunto de los estrechos no era a Austria, sino a Gran

---

[42] Albertini, vol. II, p. 284 y Geiss, p. 169, doc. 45.

Bretaña. Y, por mucho que Viena insistiera en respaldar la posición rusa en este asunto, nunca sería suficiente para convencer a Londres de que se permitiera a los barcos de guerra del zar acceder al Mediterráneo. Mucho más después de que, con la apertura del canal de Suez, el *Mare Nostrum* se hubiera convertido en ruta obligada entre Londres y la India, por un lado, y los pozos de petróleo de Oriente Próximo, por otro.

En cambio, Austria, por medio del acuerdo, obtuvo el consentimiento de la única gran potencia interesada en que la anexión de Bosnia-Herzegovina no se produjera. El barón de Aehrenthal, que era un viejo zorro, se la jugó a Izvolsky, y antes de que éste hubiera empezado a plantear a las demás potencias la modificación del estatuto de los estrechos, anunció el propósito de la Monarquía de anexionarse las dos provincias balcánicas. Eso fue el 6 de octubre de 1908.

Izvolsky, indignado, hizo público qué se había pactado, pero aclarando que el compromiso ruso era el de respaldar la celebración de una conferencia internacional destinada a resolver la cuestión bosnia y en ella apoyar la anexión. Aehrenthal rechazó la celebración de ninguna conferencia. Francia y Gran Bretaña apoyaron a Rusia y exigieron su convocatoria. Sin embargo, Berlín se puso inequívocamente del lado de Viena. Tanto en Serbia como en Rusia se produjeron algaradas y manifestaciones reclamando que se declarara la guerra a Austria-Hungría. Y en Berlín y en Viena no faltaron quienes hubieran celebrado el estallido de la misma.

Sin embargo, el hábil Aehrenthal logró que el imperio otomano, a quien formalmente pertenecía la soberanía de las dos provincias, aceptara la anexión a cambio de una suma de dinero. Y entonces, tras dejar fuera de juego a los turcos y sintiéndose fuerte por el respaldo de Alemania, lanzó un ultimátum a Serbia exigiéndole que reconociera la anexión, renunciara a sus reclamaciones de una compensación y se comprometiera de ahí en adelante a seguir una política pacífica. De no hacerlo, Aehrenthal amenazó con lanzar un ultimátum aun más exigente a cuyo incumplimiento seguiría la invasión de Serbia.

Gran Bretaña y Francia dieron la espalda a Izvolsky. Le explicaron que a quien tenía que convencer no era a ellos, sino a Berlín. Pero allí, el ministro ruso no halló más que duras palabras. Sin el apoyo de Londres y París, Rusia tuvo que ceder y abandonar a Serbia a su suerte. El 31 de marzo de 1909, el Gobierno serbio entregó una nota a los austriacos por la que aceptaba todo lo que se le había exigido. Parte del texto de esa nota era el punto de partida del ultimátum austriaco y que proseguía del siguiente modo:

La historia de estos últimos años y en especial los ultrajantes acontecimientos del 28 de junio han dado pruebas de la existencia en Serbia de un movimiento subversivo cuyo último objetivo es desgajar determinadas porciones del territorio de Austria-Hungría. Este movimiento, que se ha desarrollado bajo los ojos del Gobierno serbio, se ha concretado en actos de terrorismo más allá de las fronteras del reino en una serie de intentos de asesinatos y asesinatos mismos.

En 1911, la recién fundada Mano Negra, la organización del coronel serbio Dragutin Dimitrijevich, que fue la que planeó y organizó el asesinato de Francisco Fernando, intentó matar al emperador Francisco José durante una visita a Sarajevo. En aquella ocasión, el fanático reclutado por Dimitrijevich falló porque, cuando tuvo a tiro al emperador, la pistola se encasquilló. Para resarcirse del fracaso, Bogdan Zeradjich, que así se llamaba el terrorista, se dirigió a las oficinas del gobernador, el general Verasanin, y le disparó cinco tiros. La sexta y última bala se la descerrajó en su cabeza. Verasanin sobrevivió sin embargo a sus heridas. El general Oskar Potiorek, su sucesor, también fue objeto de un atentado fallido por parte de uno de los terroristas que luego participó en el asesinato de Francisco Fernando.

Lejos de honrar las promesas formales hechas en la declaración del 31 de marzo de 1909, el real Gobierno serbio no ha hecho nada para suprimir este movimiento. Ha tolerado las acciones criminales de distintas sociedades y asociaciones dirigidas contra la Monarquía, el empleo de un ofensivo lenguaje por parte de la prensa y la glorificación de los instigadores de los atentados. Ha permitido que los oficiales y funcionarios que tomaron parte en los planes subversivos, tolerando la más insalubre propaganda en la instrucción pública y dando permiso para manifestaciones que han hecho que la población serbia odie a la Monarquía y desprecie a sus instituciones.

La tolerancia de la que el Gobierno serbio es culpable duró hasta el mismo momento en que los acontecimientos del 28 de junio mostraron a todo el mundo las horribles consecuencias de esa tolerancia.

Las deposiciones y confesiones de los perpetradores del atentado del 28 de junio demuestran que el asesinato de Sarajevo fue preparado en Belgrado, que los asesinos recibieron de oficiales y funcionarios miembros de la 'Narodna Odbrana' las armas y granadas con las que iban armados y que el traslado de los criminales y de sus armas a Bosnia fue preparado y llevado a cabo por órganos de la frontera serbia.

Los anteriores resultados de la investigación judicial no permiten al imperial y real Gobierno mantener su actitud de paciente observación, sostenida durante años ante hechos criminales que emanaban de Belgrado y desde allí se esparcían por el territorio de la Monarquía. Estos resultados hacen que sea un deber del imperial y real Gobierno poner fin a tales acciones, que constituyen una constante amenaza a la paz de la Monarquía.

Para atender a este fin , el imperial y real Gobierno se ve obligado a exigir del Gobierno serbio una garantía oficial de que condena la propaganda dirigida contra Austria-Hungría y todas las acciones cuyo último objetivo es desgajar partes del territorio perteneciente a la Monarquía y que se compromete a suprimir por todos los medios a su alcance esta propaganda terrorista y criminal.

Con vistas a dar a estas garantías un carácter solemne, el real Gobierno serbio publicará la siguiente declaración en la primera página de su órgano oficial de prensa el 26/13[43] de julio:

'El real Gobierno serbio condena la propaganda dirigida contra Austria-Hungría, o sea el conjunto de ambiciones cuyo último objetivo es desgajar parte del territorio perteneciente a la Monarquía austro-húngara y rechaza sinceramente las terribles consecuencias de estas criminales ambiciones.

'El real Gobierno serbio rechaza que oficiales y funcionarios serbios hayan tomado parte en la propaganda arriba mencionada y hayan puesto por tanto en peligro las amistosas relaciones de vecindad que el real Gobierno en su declaración de 31 de marzo de 1909 ha prometido cultivar.

'El real Gobierno, que condena y rechaza toda idea y todo intento de interferir en la vida de los habitantes de cualquier parte de Austria-

---

[43] La doble referencia a dos días distintos que en realidad son el mismo se debe a que en Serbia se regían por el calendario juliano.

Hungría, considera un deber pedir a los oficiales, funcionarios y resto de habitantes del reino que en el futuro se empleen con la mayor severidad contra quienes sean considerados culpables de actos similares, unos actos que el Gobierno hará todos sus esfuerzos para suprimirlos.'

Esta declaración será comunicada asimismo al Ejército real mediante una orden de S.M., el rey, y será publicada por el órgano oficial del Ejército.

El real Gobierno serbio se compromete además a lo siguiente:

1. Suprimir toda publicación que inspire odio y desprecio hacia la Monarquía o cuyas tendencias generales estén dirigidas contra la integridad de ésta.

2. Disolver inmediatamente la sociedad conocida como 'Narodna Odbrana', apoderarse de sus medios de propaganda y actuar del mismo modo contra todas las sociedades y asociaciones que en Serbia se ocupen de la propaganda anti-austriaca. El real Gobierno adoptará las necesarias medidas a fin de impedir que estas sociedades continúen sus esfuerzos bajo otro nombre u otra forma.

3. Eliminar sin dilación de la educación pública todo lo que sirva o pueda servir de propaganda contra Austria-Hungría, tanto en lo que se refiere a profesores como a libros.

4. Cesar del servicio militar o de la administración a todos los oficiales o funcionarios que sean culpables de haber tomado parte en la propaganda contra Austria-Hungría, cuyos nombres y pruebas de su culpabilidad el imperial y real Gobierno entregará al real Gobierno.

5. Consentir que el imperial y real Gobierno participe en Serbia en la supresión del movimiento subversivo dirigido contra la integridad territorial de la Monarquía.

6. Abrir una investigación judicial contra todos aquellos que tomaron parte en el atentado del 28 de junio si se encuentran en territorio serbio. El imperial y real Gobierno enviará órganos que tomarán parte activa en estas investigaciones.

7. Arrestar sin dilación al comandante Voija Tankosich y a un tal Milan Ciganovich, funcionario del Gobierno serbio, ambos implicados en el asesinato de Sarajevo conforme a los resultados de la investigación.

8. Adoptar medidas eficaces a fin de impedir que las autoridades serbias tomen parte en el contrabando de armas y explosivos a lo largo de la frontera. Cesar y castigar severamente a los órganos encargados del servicio fronterizo en Schabatz y Loznica, que ayudaron a los perpetradores del crimen de Sarajevo a llegar a Bosnia.

9. Dar al imperial y real Gobierno una explicación de las injustificables declaraciones de altos funcionarios en el interior de Serbia como destacados en países extranjeros, quienes, no obstante lo elevado de sus posiciones, no dudaron en hablar en tono hostil de Austria-Hungría en entrevistas concedidas inmediatamente después de los acontecimientos del 28 de junio.

10. Informar sin dilación al imperial y real Gobierno de las medidas adoptadas de conformidad con los puntos anteriores.

El imperial y real Gobierno espera que la respuesta del real Gobierno se produzca no más tarde de las dieciocho horas del sábado, día 25.

Adjunto a esta nota puede encontrarse un memorándum con los resultados de la investigación de Sarajevo en la medida en que se refiere a los funcionarios a los que se hace alusión en los puntos 7 y 8."

Anexo.

La investigación puesta en pie por el tribunal de justicia de Sarajevo contra Gavrilo Princip y los demás, culpables y cómplices del asesinato cometido el 28 de junio, ha permitido alcanzar hasta el momento presente las siguientes conclusiones:

1. El plan de asesinar al archiduque Francisco Fernando durante su visita a Sarajevo fue elaborado en Belgrado por Gavrilo Princip, Nedeljko Cabrinovich, un tal Milan Ciganovich y Trifko Grabez con la ayuda del comandante Voija Tankosich.

2. Las seis granadas y las cuatro pistolas Browning con su munición, que fueron las herramientas que los asesinos emplearon para cometer el crimen, fueron conseguidos en Belgrado por un tal Milan Ciganovich y el comandante Voija Tankosich y luego entregadas a Princip, Cabrinovich y Grabez.

3. Las bombas eran granadas de mano que procedían del depósito de armas que el ejército serbio tiene en Kragujevac.

4. A fin de asegurarse de que el atentado tendría éxito, Ciganovich enseñó a Princip, Cabrinovich y Grabez a emplear las granadas y, en un bosque cercano al campo de tiro de Topschider, adiestró a Princip y a Grabez en el uso de las pistolas Browning.

5. Para facilitar a Princip, Cabrinovich y Grabez el paso de la frontera con Bosnia-Herzegovina y lograr pasar las armas, Ciganovich organizó un sistema de transportes. Los capitanes de la frontera de Schabatz (Rade Popovich) y de Loznica, el oficial de aduanas Radivoj Grbich y otras varias personas estuvieron implicadas en el transporte de los criminales y sus armas hasta Bosnia-Herzegovina. [44]

Así concluía la nota que el embajador austriaco en Belgrado entregó al Gobierno serbio.

---

[44] Geiss, p. 142, doc. 37.

Viernes, 24 de julio

San Petersburgo

La noche anterior, tras el banquete de despedida ofrecido al presidente de la república francesa, circularon por los cenáculos políticos de la ciudad rumores del ultimátum que Austria había presentado en Belgrado y que habían sido divulgados por el conde Montereale, consejero de la embajada italiana. A las siete de la mañana del día 24, llegó al ministerio de Asuntos Exteriores un telegrama procedente de Belgrado que confirmaba el rumor. Una vez descifrado, el texto no pudo ser entregado al ministro porque estaba en Tsárkoye Seló, despachando con el zar. Por lo tanto, el gabinete telegráfico del ministerio se lo entregó a su número dos, el barón Schilling. Éste decidió que el asunto era de extraordinaria importancia y que, de momento, era mejor no hacer nada. Sin embargo, sí le pareció prudente ordenar a Izvolsky y a Shebeko, los embajadores en París y Viena respectivamente, que sabía que estaban los dos de vacaciones en la capital rusa, que se incorporaran inmediatamente a sus puestos.

Cuando, hacia las diez de la mañana, llegó el ministro a su despacho, Schilling pidió ser recibido inmediatamente:

–Adelante, barón, dígame.

–Esta mañana temprano, ha llegado este telegrama de Belgrado.

Mientras se lo dijo, le entregó un papel. Sazonov leyó atentamente y exclamó:

–*C'est la guerre europeanne.*

Luego, el ministro estuvo reflexionando unos instantes y finalmente preguntó:

—¿No llamó ayer tarde el embajador austriaco pidiendo que lo recibiera esta mañana?

—Sí, así es.

—Es sin duda por esto por lo que ha solicitado la entrevista. Querrá explicarme qué es lo que ha hecho su Gobierno y por qué. Mande inmediatamente a buscarlo y dígale que lo recibiré enseguida.

—Ahora mismo me ocupo.

—Otra cosa, Schilling. Habría que encontrar el modo de avisar a Su Majestad Imperial.

—Podemos enviar un telegrama urgente o…

—¿O?

—Podríamos intentar llamarle por teléfono. Nunca lo hemos hecho, pero porque nunca hemos tenido nada tan urgente que comunicarle.

—Buena idea. Llámele por teléfono. Pero hablaré yo con él. Por supuesto, diga que me pasen la comunicación antes de que se haya puesto él. Que sea yo quien espere, no Su Majestad.

Schilling salió del despacho a cumplir las órdenes que se le habían dado. Al cabo de unos minutos, sonó un desagradable timbrazo en el despacho que sobresaltó levemente al ministro. Cogió el auricular, se lo pegó a la oreja y con la otra mano se acercó el micrófono a la boca…

—¿Sí? ¿Aló?… Al habla…. Quedo a la espera… ¿Majestad? ¿Es Su Majestad?

Sazonov, una vez cierto de que quien estaba al otro lado del hilo era el zar, le leyó el telegrama procedente de Belgrado. Luego, dijo:

—Si las exigencias del ultimátum son tan brutales como nos cuenta nuestra legación en Belgrado, es porque Austria sabe muy bien que el Gobierno de Pasich no podrá cumplirlas. Así tendrá un pretexto para agredir al indefenso vecino. Por otra parte, me parece obvio que un ultimátum así no ha podido ser entregado sin el consentimiento de Alemania.

—Desde luego –dijo el zar–. Es lo más probable.

—Y si el ultimátum cuenta con el visto bueno alemán –prosiguió Sazonov–, es porque las potencias centrales tienen la intención de emplear su superioridad militar para iniciar una guerra europea.

—¡Qué molesto me resulta todo!

—Desde luego, Majestad.

—Lo mejor es que convoque un Consejo de Ministros para decidir qué se hace.

—Excelente idea, Majestad.

—Y luego, téngame al corriente de cuánto hablen.

—Por supuesto Majestad. Lo que Su Majestad mande.

La orden de convocar un Consejo de Ministros no era una consecuencia tan obvia como Sazonov había dado a entender. En Rusia, la política exterior y de defensa estaba en manos exclusivas del zar y para adoptar cualquier decisión en esos dos terrenos no necesitaba conocer de antemano la opinión de nadie. Por eso fue el zar quien sugirió la convocatoria del Consejo, porque Sazonov no se hubiera atrevido a hacerlo por su cuenta. Y por eso pidió el monarca estar al corriente de lo que se dijera y no de lo que se decidiera porque, en pura legalidad, nada podía decidir en materia de relaciones exteriores.

—Bien, quedo a la espera de sus noticias —se despidió el zar.

Sazonov hizo lo propio con el máximo de los respetos.[45]

Tras colgar el teléfono, hizo llamar a Schilling. Cuando éste estuvo en su despacho:

—¿Ha localizado al conde Szápáry?

—Sí. Tiene que estar de camino. Llegará en unos minutos.

Sazonov miró su reloj de bolsillo. No había tiempo para celebrar el Consejo esa misma mañana:

—Ocúpese por favor de convocar un Consejo de Ministros, sin la presidencia del zar, para, digamos… las tres de la tarde de hoy.

—Ahora mismo.

Schilling se marchó a cumplir la orden y el ministro quedó a la espera de que llegara el embajador austriaco. Cuando le anunciaron que estaba en el antedespacho, lo hizo pasar enseguida:

—Ya sé por qué quería verme, Excelencia.

Se estrecharon las manos y, con gestos, el ministro invitó al embajador a acomodarse. Mientras lo hacía, continuó hablando:

---

[45] Albertini, vol. II, p. 290, Geiss, p. 189, doc. 62 y D. C. B. Lieven, *Russia and the Origins of the First World War*, Londres, 1983, pp. 140 y 141.

—Debo decir desde el principio que nosotros no nos ponemos del lado de nadie en la *démarche* que han emprendido.

Al húngaro le sorprendió que el ruso "desde el principio" negara algo de lo que nadie le había acusado todavía.

—Si me lo permite —contestó el diplomático húngaro—, le daré lectura del decreto para que sepa exactamente qué es lo que hemos exigido.

—Adelante.

Szápáry comenzó a leer el ultimátum:

—...Este movimiento que se ha desarrollado bajo los ojos del Gobierno serbio se ha concretado en actos de terrorismo más allá de las fronteras del reino en una serie de asesinatos e intentos de asesinatos...

Sazonov interrumpió con brusquedad:

—¿Hay pruebas de que esos asesinatos se planearon en Belgrado?

—Hay pruebas —dijo el embajador con firmeza— de que fueron con toda seguridad el resultado de la agitación serbia.

El embajador continuó leyendo. Poco después de llegar a los puntos en que Viena concretaba sus exigencias, Sazonov volvió a interrumpir:

—¡Ya sé lo que esto significa! Ustedes lo que quieren es tener una guerra con Serbia y esto que me está leyendo no es más que el pretexto para iniciarla.

El conde Szápáry, de forma algo desabrida, replicó:

—Durante todos estos años, nuestra actitud ha sido suficiente prueba de que, con respecto a Serbia, ni buscamos ni necesitamos pretextos.

Szápáry continuó leyendo. Al llegar al punto en que se exigía que el Gobierno serbio hiciera una declaración con un contenido determinado, el ministro ruso no pudo seguir callado:

—Esas cosas que ustedes le exigen al Gobierno serbio que diga las ha dicho muchas veces Pasich y no sirven para nada.

—Con todos los respetos, Excelencia, eso no es así...

—Veinticinco veces lo ha dicho, si es que quiere conocer el número exacto de ocasiones —dijo Sazonov a bulto pues obviamente no se había tomado la molestia de contarlas.

Szápáry siguió leyendo, pero al muy poco, cuando el embajador leyó que la declaración tenía que ser publicada, el ministro preguntó:

—Esa declaración será recíproca ¿no?

–No tiene sentido –contestó el diplomático con el más pacífico de los tonos– que en Viena se publique ninguna manifestación similar porque en Austria-Hungría nadie está haciendo nada contra la integridad o la dinastía serbias.

El embajador prosiguió su lectura. Cuando Sazonov oyó que los austriacos reclamaban la disolución de *Narodna Odbrana*, protestó:

–¡Eso no pueden exigirlo ustedes! Serbia jamás aceptará la disolución de esa sociedad.

El embajador continuó leyendo. Sazonov también interrumpió para protestar por la exigencia de que funcionarios austriacos tomaran parte activa en la supresión del movimiento subversivo:

–Si Serbia admitiera eso, ya no sería dueña ni siquiera de su casa. Ustedes se pasan el tiempo tratando de interferir en los asuntos internos de otros países. ¿A qué clase de vida quieren conducir a Europa?

–Es muy sencillo –contestó Szápáry–. A una vida mucho más tranquila que en el pasado a poco que Serbia demuestre buena voluntad.

–La cuestión es, Excelencia, que todo eso que usted me está leyendo podría tener algún sentido si el resultado de la investigación arrojara la conclusión de que fue el Gobierno serbio el que planeó el asesinato de Francisco Fernando. Pero de eso no tienen nada y, de lo que tienen, no podemos estar seguros. ¿Por qué no dan a los serbios la ocasión de explicarse? ¿Por qué les lanzan un ultimátum sin darles una oportunidad?

Szápáry se enojó y, sin perder los estribos, protestó:

–¿Es que está Serbia en condiciones de demostrar la falsedad de las acusaciones?

El ministro no quiso entrar en un debate que habría tenido tintes jurídico-penales, pero sí pensó que no era a Serbia a quien correspondía demostrar su inocencia, sino a Austria-Hungría probar su culpabilidad. Para Szápáry, en cambio, la cuestión no era ésta ya que la responsabilidad de Serbia, al menos en términos políticos, estaba más que acreditada.

Terminada la lectura, Szápáry se dispuso a extenderse en los comentarios verbales que Berchtold le había encargado que hiciera. Dijo el embajador:

–No crea, Excelencia, que el imperial y real Gobierno siente ninguna animadversión u ojeriza contra Serbia. Hace bien poco, el imperial y real Gobierno, gracias a su actitud desinteresada y leal, dio a Serbia la oportunidad de duplicar su territorio.

Szápáry se refería a los éxitos logrados por Serbia en las Guerras Balcánicas. Sin embargo, la verdad era que, durante esas dos guerras, Serbia había logrado doblarse, no gracias a la indulgencia de Austria-Hungría, sino a pesar de su obstinada oposición. En el último año y medio, las amenazas austro-húngaras habían obligado a Serbia a renunciar en tres ocasiones a parte de lo obtenido por sus ejércitos en el campo de batalla. No obstante, lo que era innegable es que durante ese año y medio, Serbia había multiplicado por dos su territorio.

Szápáry continuó mientras Sazonov escuchaba en silencio:

–Incluso ahora, Excelencia, que la Monarquía está dando este paso en Belgrado, se debe tan sólo a una cuestión de instinto de conservación y es fruto de una natural exigencia de autodefensa. Todo lo que mi Gobierno pide es preservar su territorio del miasma insurreccional que se esparce desde el reino vecino al otro lado de la frontera.

Sazonov escuchaba sin decir nada. Y Szápáry continuó con el discurso que se le había ordenado que diera:

–El asesinato del archiduque, heredero del trono, ha acabado natural-mente con la paciencia que hasta ahora mi Gobierno ha tenido con las conspiraciones serbias. El asesinato de Sarajevo debe al mismo tiempo reforzar el sentimiento de solidaridad entre las grandes monarquías, cuyo interés común es defenderse del asesinato de sus soberanos, sean quienes sean quienes los perpetren y los sufra quien los sufra. Nuestros sentimientos son compartidos por todas las naciones civilizadas…

Sazonov, que desde que Szápáry comenzara a apelar a la solidaridad monárquica había adoptado un gesto de fingida incredulidad, le interrumpió:

–Eso no es verdad. Es un error creerlo.

–Sería muy triste que fuera así, Excelencia. Realmente lo sería que lo que tenemos por más sagrado y que, se diga lo que se diga, es tenido en Rusia por igualmente sagrado, no encontrara simpatía en este país.

Sazonov trató de zanjar el asunto:

–La idea monárquica y la solidaridad entre monarcas no tiene nada que ver con este asunto.

–En todo caso –continuó el embajador–, mi Gobierno está preparando un dossier sobre el asesinato del archiduque donde quedará suficientemente demostrada la relación de los terroristas con la sociedad *Narodna Odbrana*.

–Francamente –dijo Sazonov con tono irónico–, no sé para qué se toman la molestia cuando ya han enviado un ultimátum. Este hecho por sí sólo, permítame que le diga, Excelencia, demuestra que ustedes no están precisamente ansiosos por lograr que el caso sea juzgado imparcialmente.

–Este asunto –dijo muy serio Szápáry– concierne tan sólo a Austria-Hungría y a Serbia y, de todas las maneras, los resultados ya logrados por nuestra investigación son suficientes para justificar nuestra acción, aunque estamos dispuestos a dar a las potencias cumplidas explicaciones, si es que les interesan, porque la verdad es que no tenemos nada que ocultar.

–Bien, pero eso no obsta a que, después del ultimátum, el resultado de la investigación es irrelevante, al menos para mí. Lo que ustedes quieren es la guerra y, en consecuencia, lo que han hecho al lanzar el ultimátum es quemar los puentes tras de sí.

–Esa es una forma injusta de ver las cosas –dijo el embajador sin perder los estribos–. Nosotros somos la potencia más pacífica del mundo. Lo único que queremos es proteger nuestro territorio de la revolución y nuestra dinastía de las bombas.

–¡Cualquiera puede ver lo pacíficos que son ustedes mientras le prenden fuego a Europa! –dijo el ministro sin ocultar su enfado por lo que consideraba un insultante ejercicio de cinismo.

–Nosotros sólo queremos que nos dejen en paz y los pasos adoptados por mi Gobierno persiguen ese único fin.

–Mire usted, Szápáry. Eso no hay quien se lo crea. En cualquier caso –zanjó el ministro–, lo que ustedes están haciendo es provocar una situación de la máxima gravedad. Sus acciones no serán contempladas con indiferencia en Francia, en Gran Bretaña ni en toda Europa.

–Transmitiré su opinión a mi Gobierno.

–No deje de hacerlo, se lo ruego –dijo el ministro levantándose y tendiéndole la mano.

Cuando Szápáry llegó a la embajada y redactó los dos telegramas que luego envió a Berchtold, uno con su impresión general para que tuviera enseguida noticia de la reunión y otro posterior, más detallado. Escribió al final del segundo:

Sazonov una vez más resaltó que lo que hemos hecho es dar lugar a una situación muy grave. Pero nunca mencionó a Rusia, el paneslavismo o a la religión ortodoxa, sino que se refirió a Gran Bretaña, Francia y Europa y a la impresión que nuestra acción tendría en estas partes del mundo y en el resto.

De esta forma quiso poner de relieve, en su optimismo, que no había recibido ninguna amenaza por parte de Sazonov, aunque no es fácil saber de qué otra manera podía interpretarse la sombría perspectiva de un grave conflicto que Sazonov había dibujado. De todas formas, era obvio que en San Petersburgo todavía no habían decidido acudir en socorro del hermano eslavo. Ni tampoco dejar de hacerlo.[46]

✶✶✶

En el ministerio de Exteriores, mientras tanto, Sazonov, inmediatamente después de que Szápáry le dejara solo, se percató de que había llegado la hora de la verdad. Era muy probable que en unas semanas Rusia estuviera en guerra con Alemania y Austria. Y esa guerra sólo podría ganarla Su Majestad, el zar, si contaba con Francia y, a ser posible, con Gran Bretaña. Llamó a su secretario:

–Por favor, Sacha, hágame la caridad de localizar al general Yanushkevich, que debería estar en su despacho del Estado Mayor y dígale de mi parte que venga a verme a la mayor brevedad posible. Pero antes, comuníqueme telefónicamente con el embajador francés.

Cuando tras unos minutos le pasaron la llamada:

–¿Maurice? Al habla Sazonov... Sí, tenemos que vernos... No, ahora estoy esperando a Yanushkevich... Esta tarde tampoco. Tengo convocado un Consejo de Ministros. ¿Por qué no almorzamos juntos? ¿Podría estar aquí a las doce y media?... ¿Prefiere que vaya yo a allí? Está bien. Comeremos mejor... ¿Cree usted que es conveniente?... Sí, eso está claro. Debemos ganarnos el respaldo de Inglaterra... ¿Le llama usted?... De acuerdo, lo haré yo. Le será más difícil decirme a mí que no.

---

[46] Geiss, pp. 147, 174 y 176, docs. 38, 49 y 51.

Inmediatamente después de haber colgado, pidió a su secretario que le pusiera telefónicamente con el embajador inglés:

—¿Sir George?... Sí, aquí Sazonov. Sí, ya he oído las noticias. Precisamente de eso quería hablarle. ¿Qué le parece que almorcemos en la embajada francesa con Paléologue? Hemos quedado a las doce y media. Nos encantaría que se uniera a nosotros.... Perfectamente. Allí nos veremos.

Tras colgar, le pasaron una llamada del embajador francés:

—Sí, Excelencia, dígame... Sí, en efecto, tengo convocado un Consejo de Ministros para primera hora de esta tarde... Entiendo perfectamente que quiera conocer de inmediato lo que acordemos... Yo le avisaré cuando hayamos acabado... No se preocupe... Al margen de eso, nos vemos a la hora del almuerzo... A las doce y media en su embajada.

Londres

El conde Mensdorff, embajador austriaco en Londres, era sobrino de Eduardo VII. En Viena fue en alguna ocasión acusado de estar excesivamente inclinado a favorecer los intereses del Gobierno ante el que estaba acreditado y no los del que representaba. La tarde anterior demostró lo fundadas que estaban pues, doce horas antes de lo que de forma inequívoca se le había ordenado, informó extraoficialmente al secretario de Exteriores británico, Sir Edward Grey, del contenido de la nota entregada en Belgrado.

Sea como fuere, la mañana del viernes, 24, Grey recibió en su despacho del Foreign Office al conde Mensdorff para que le diera cuenta oficial del ultimátum. Estaba leyendo el conde la nota cuando, al llegar al punto 5, en el que se exige al Gobierno serbio que permita que las autoridades austriacas colaboren en territorio serbio en la supresión del movimiento dirigido contra la Monarquía, Grey preguntó:

—¿Cómo hay que entender esta exigencia?

—Tienen que consentir que establezcamos órganos de la administración austriaca en el territorio serbio.

—¡Pero eso —exclamó Grey escandalizado— significaría poner fin a la independencia de Serbia!

—No creo que sea así, Sir Edward. La colaboración entre la policía de dos países no implica la cesión de soberanía por parte de ninguno de ellos.

Grey negó con la cabeza, pero no dijo nada y con un gesto de la mano indicó al embajador que siguiera leyendo. Cuando terminó de hacerlo, el secretario dijo:

—Sigo pensando lo que le dije ayer. El plazo es excesivamente breve. La escasez de tiempo cercena toda posibilidad de influir o de hacer alguna gestión mediadora, no sólo a nosotros, sino a cualquier otra potencia que estuviera en disposición de hacerlo.

Grey se detuvo por unos segundos. No miraba al embajador. Su vista se perdía en el fondo de su despacho. Tornó los ojos hacia el ventanal e imaginó cuán pacífica y vulgar sería la vida de los que en ese momento caminaban por la calle. Luego, bruscamente, se volvió al diplomático con el ceño fruncido:

—La verdad, francamente, lo que acaba de leerme es el más formidable documento que jamás un Estado haya dirigido a otro.

Volvió a detenerse, pero esta vez continuó mirando al embajador. Luego, le dijo:

—Claro que hay que admitir que, dada la responsabilidad de Serbia en el atentado de Sarajevo, algunas de sus exigencias están plenamente justificadas.

—Me alegra ver que comprende nuestro punto de vista, Sir Edward —dijo satisfecho Mensdorff.

—Parte de su punto de vista —apostilló el secretario—. Lo cierto es que en este momento, si puedo serle franco, lo menos que me preocupa es la responsabilidad serbia y lo justificadas o no que puedan estar sus exigencias. El problema al que nos enfrentamos es cómo puede afectar a la paz de Europa este terrible paso que su Gobierno ha dado. Si no fuera por esto, créame, no tendría el más mínimo inconveniente en considerar este asunto de exclusiva incumbencia de Austria- Hungría y Serbia.

—Así es como nosotros creemos que deberían considerarlo todas las potencias europeas.

—Ojalá eso fuera posible, querido conde. Sin embargo, me temo que a raíz de este incidente son varias las potencias que pueden verse implicadas en una guerra. Tenga en cuenta que en estos momentos la solidez de la alianza entre Rusia y Francia es tan compacta como pueda ser la que ustedes gozan en la Triple Alianza.

–Es probable que tenga razón, Sir Edward, pero, sea cuál sea la relación que actualmente disfrutan Francia y Rusia, hemos de tener en cuenta que en estos últimos años, la política inglesa y la de la Monarquía en Oriente Próximo ha sido de colaboración. Finalmente, mi Gobierno ha percibido que la confianza del público británico en la posición de la Monarquía como gran potencia se ha restablecido felizmente después de un corto período de vacilación, que al fin ha concluido.

–Sí –contestó Grey–. Eso que dice es cierto y todos debemos felicitarnos, pero este asunto con Serbia es algo diferente.

–El asesinato del archiduque, quien, recuerde –quiso rebatirle el embajador– era heredero al trono, ha demostrado bien a las claras qué podemos esperar de Serbia.

–Pero –interrumpió Grey–, ¿están usted y su Gobierno en condiciones de demostrar la responsabilidad de Serbia en el atentado?

–Se está elaborando un dossier que estará muy pronto a disposición de todas las potencias. Debemos conseguir que el Gobierno serbio rompa toda relación con conspiradores, como los que anidan en esa sociedad, *Narodna Odbrana*, cuyos tentáculos se extienden por todo el territorio de la Monarquía. Ustedes, los ingleses, su Gobierno y usted mismo, han tenido ocasión de oír cuáles han sido las manifestaciones de las autoridades de Belgrado, de los diplomáticos serbios, no digamos de su prensa. Pero, sobre todo, está el hecho de que el Gobierno serbio todavía no ha movido un solo dedo para arrestar a los cómplices que los terroristas tenían en Belgrado.

Grey asintió levemente con la cabeza mostrando comprensión hacia los argumentos del embajador. Éste continuó:

–Ante el cúmulo de desafíos, debemos mantenernos firmes y exigir que nos ofrezcan garantías, dado el incontable número de promesas que Serbia lleva incumplidas.

Grey escuchaba ahora con un vago aire de aburrimiento, pero el embajador continuó con su perorata:

–Comprendo que usted, como secretario del Foreign Office, se sienta obligado a examinar toda la cuestión a la luz del peligro de que estalle una guerra europea. Pero tiene también que hacer un esfuerzo por ponerse en nuestro lugar e intentar comprender nuestro punto de vista.

Éste era precisamente el terreno en el que Grey no quería jugar. Austria-Hungría tenía sus razones. Unas que no eran despreciables. Pero, desde el punto de vista de los intereses del Reino Unido, la cuestión era completamente distinta. Era de suma importancia que en Europa se mantuviera el equilibrio de poder de forma y manera que ninguna potencia dominara el continente. Si las islas permitían que alguna lo lograra, peligraría su imperio. Por lo tanto, para Londres, lo esencial no era quién tenía razón, si Viena o Belgrado. Lo esencial era que el incidente no desembocara en una guerra en la que Alemania y su aliado derrotaran a Rusia y a Francia dejando al Reich como amo y señor de Europa. Ésa era la cuestión para Grey porque ésa había sido la base de toda la política exterior británica durante siglos. Se enfrentaron a la España de Carlos V y Felipe II para que no dominara Europa. Y se enfrentaron a la Francia de Luis XIV y Napoleón para impedir que Francia hiciera lo mismo. Si en el siglo XX era la Alemania de Guillermo II a la que había que oponerse para impedir que dominara el continente, lo harían. Ahora, antes de llegar a eso, merecía la pena hacer un esfuerzo por mantener la paz, el statu quo y el equilibrio de poder existente.

–Está bien, Excelencia –dijo Grey–. Comprendo su punto de vista. Pero, ahora comprenda usted el mío. Esto que han hecho ustedes puede desencadenar una gran guerra y lo esencial para Inglaterra es evitarla, no que ustedes obtengan satisfacción a sus quizá justas reclamaciones.

El embajador asintió. El secretario se levantó para indicar que la entrevista había concluido y tendió la mano al conde:

–No obstante, le prometo que estudiaré la nota con atención con el fin de ver qué puede hacerse para evitar el peligro. Hablaré también con los embajadores alemán y francés, que sus Gobiernos son los principales aliados de ustedes y Rusia y no tienen intereses en Serbia.

–Muchísimas gracias, Sir Edward –dijo Mensdorff con una leve inclinación de cabeza mientras estrechaba la mano del ministro.

–Créame, estimado conde. Lo esencial es preservar la paz europea.

–Desde luego, señor secretario.

Luego, Mensdorff abandonó el despacho de Grey.[47]

---

[47] Geiss, pp. 147 y 175, docs. 38 y 50.

***

Al príncipe Lichnowsky, embajador alemán en Londres, le ocurría lo que al austro-húngaro, el conde Mensdorff. Simpatizaba tanto con los ingleses, su estilo de vida y su manera de ser, que fácilmente tendía a ser más un mediador entre los dos países que un representante del uno en el otro.

Tras haber hablado con Mensdorff y haber estudiado lo que llamó "formidable documento", Sir Edward Grey quiso entrevistarse con el príncipe alemán, con quien mantenía una buena relación, para tomar el pulso a la potencia que podía arrastrar a Gran Bretaña a la guerra en el caso de decidir intervenir.

Lichnowsky llegó al Foreign Office a última hora de la tarde.

—Querido príncipe, pase usted y siéntese. Tenemos mucho de qué hablar.

—Por supuesto, Sir Edward. Ya sabe que siempre puede contar conmigo.

Los dos se sentaron en sendas butacas de un cuero ya muy agrietado alrededor de una mesa de Chippendale.

—Tengo que confesarle, querido amigo —dijo el secretario una vez que los dos habían tomado asiento—, que estoy seriamente preocupado por el paso que ha dado Austria-Hungría. El modo de hacerlo es lo que sobre todo me preocupa. Jamás en mi vida había visto nada parecido en las relaciones diplomáticas de los países europeos. También me inquieta pensar cómo se lo tomarán en Rusia. Estoy pendiente de recibir noticias de San Petersburgo, pero todavía no sé nada. Francamente, dudo mucho que sea posible para el Gobierno de Su Majestad, el zar, aconsejar al Gobierno serbio que pase incondicionalmente por las exigencias de Austria. Cualquier nación que aceptara demandas como esas dejaría de contar como una nación independiente.

Grey miró a los ojos a Lichnowsky por ver si descubría en ellos tanta preocupación como la que a él le embargaba. Luego, continuó:

—Por otra parte, me gustaría hacer algo por evitar una gran conflagración, que es en lo que puede acabar todo esto, pero me temo que no estoy en condiciones de ofrecer ningún consejo a San Petersburgo. Sólo puedo esperar que allí gane una visión pacífica y moderada del asunto.

Lichnowsky se decidió a interrumpir las reflexiones en voz alta de Grey:

–Rusia no tiene nada que ver con este asunto. Se trata de una disputa que concierne exclusivamente a Austria-Hungría y a Serbia y debiera ser por tanto un conflicto localizado, si es que llega a estallar.

–Si efectivamente fuera así –concedió Grey–, yo no tendría inconveniente en mantenerme al margen y permitir que Austria y Serbia arreglen sus diferencias sin ninguna injerencia por mi parte. Pero, las cosas serían por completo diferentes si la opinión pública en Rusia obliga al Gobierno a actuar contra Austria.

Lichnowsky dudó si Sir Edward Grey creía realmente que la opinión pública rusa fuera capaz de obligar al Gobierno a hacer algo que no quisiera hacer.

–En cualquier caso –dijo el embajador– reconocerá conmigo que la mayoría de los países balcánicos no pueden ser medidos con el mismo rasero que las civilizadas naciones de Europa. Con ellos hay que emplear otra clase de lenguaje que el que se utiliza, por ejemplo, con alemanes y británicos. Su brutalidad ha quedado bien demostrada recientemente en la bárbara forma que han conducido las recientes guerras.

–Bueno –dijo Grey–, es posible que en esto yo pudiera estar de acuerdo con usted, pero eso no significa que fuera a ser aceptado por Rusia. Es obvio, Lichnowsky, que, si Austria invade territorio serbio, el peligro de una guerra general europea se convertirá en inmediato. Los resultados de una tal guerra entre cuatro naciones…

–¿Ha dicho cuatro? –interrumpió Lichnowsky.

–Cuatro, sí: Rusia, Francia, Alemania y Austria-Hungría.

La cuestión no era baladí. Durante los últimos años se había especulado con frecuencia en Berlín sobre si Gran Bretaña sería o no neutral en una gran conflagración continental. Las palabras de Grey parecieron sugerir que, en efecto, en caso de estallar la guerra, Londres sería neutral. El secretario, como si no fuera consciente de la relevancia de su anterior manifestación, prosiguió:

–Ya le digo, las consecuencias de una guerra entre esas cuatro naciones sería un desastre de proporciones incalculables. Cómo estallara sería lo de menos. Lo único cierto es que habría un total empobrecimiento. Acabarían todas ellas exhaustas, con el comercio arruinados. Los movimientos revolucionarios, como los de 1848, resurgirían poniendo en peligro a las industrias.

–Bueno –dijo Lichnowsky–, esperemos que eso no ocurra.

Grey cambió de tema:

–Lo que me parece más irritante de la nota austriaca es la brevedad del plazo concedido para contestar. Eso es lo que, más que las demandas en sí mismas, hace la guerra prácticamente inevitable.

Grey se detuvo a reflexionar. Luego, propuso:

–Estoy dispuesto a unirme a ustedes en una gestión ante Viena para rogarle que extienda el plazo. Si dispusiéramos de más tiempo, quizá fuéramos capaces de encontrarle una salida a este asunto. ¿Me hará el favor de transmitir esta propuesta a su Gobierno?

–Por supuesto, Sir Edward. Se la haré llegar a la mayor brevedad.

–Si no fuéramos capaces de lograr que Viena ampliara el plazo o si, aun lográndolo, no pudiéramos evitar que estallara un conflicto entre Austria y Rusia, el resto de grandes potencias, es decir, ustedes, Francia, Italia y nosotros, deberíamos ofrecernos para mediar.

–Es posible que fuera lo más conveniente –concedió Lichnowsky.

–Entonces, ¿será también tan amable de transmitirle esta otra propuesta de mediación a su Gobierno?

–Desde luego. Transmitiré las dos.

–Bien. Pues yo creo que por el momento eso es todo lo que podemos hacer, ¿no le parece?

–Así es, en efecto.

Los dos hombres se despidieron con sincero afecto.[48]

✯✯✯

Tras abandonar Whitehall, el príncipe Lichnowsky se dirigió a su embajada. Nada más llegar, envió un telegrama a Berlín resumiendo su conversación con Grey y poniendo especial acento en las dos proposiciones que le había pedido que transmitiera a su Gobierno. La respuesta de la Wilhelmstrasse llegó muy pronto y fue inequívoca en cuanto al rechazo de las dos. El príncipe entonces estuvo sopesando

---

[48] Geiss, p. 183, doc. 57.

la posibilidad de pedir una nueva entrevista con Grey, pero, dado que era para decir "no" a las dos cosas que le había pedido, que nunca es agradable, prefirió elaborar una comunicación por escrito que fuera entregada durante esa misma tarde al señor secretario del Foreign Office. En ella, escribió:

> *El Gobierno imperial desea enfatizar su opinión de que en el presente caso sólo hay una cuestión que tiene que ser resuelta exclusivamente entre Austria-Hungría y Serbia y que las grandes potencias deben seriamente comportarse de forma que quede reservada exclusivamente a las potencias afectadas. El Gobierno imperial desea urgentemente la localización del conflicto porque cualquier interferencia por parte de otra potencia podría, debido a las obligaciones asumidas por cada cual en los tratados, ser seguida de imprevisibles consecuencias.*[49]

San Petersburgo

Tras haberse despedido del embajador Szápáry, Sazonov recibió en su despacho al jefe del Estado Mayor, el general Nikolai Yanushkevich.

—Adelante, mi general. Acomódese.

—Muchas gracias, Excelencia.

—Bien, mi general, los austriacos al fin se han decidido a lanzar un ultimátum contra Serbia.

—Era lo que esperábamos que hicieran —dijo el militar sin atisbo de sorpresa.

—He convocado un Consejo de Ministros para las tres de esta tarde donde acordaremos qué hacer.

—Excelencia, conoce usted a la perfección cuál es mi opinión y que ésta coincide con la del general Sujomlinov.

—Conozco sobradamente la opinión de Su Excelencia, el ministro de la Guerra. Pero, he de recordarle que no corresponde a ustedes decidir.

—Es verdad, Excelencia. Tiene usted toda la razón. Pero tampoco es competencia de Su Excelencia, ni siquiera lo es del Consejo de Ministros. Tal decisión corresponde exclusivamente a Su Majestad Imperial.

---

[49] *British Documents on the Origins of the War. 1898-1914, vol. XI. The Outbreak of the War*, His Majesty's Stationery Office, 1926, p. 79, doc. 100.

—En efecto, mi general —dijo Sazonov sin perder la compostura—. Pero Su Majestad, el zar, hará lo que el Consejo de Ministros le aconseje, no lo que digan ustedes.

—Por supuesto, Excelencia —dijo sumiso Yanushkevich.

—En todo caso, mi general, no merece la pena que, para una vez que estamos de acuerdo en lo esencial, discutamos.

—Por supuesto, Excelencia. ¿Quieren esas conciliadoras palabras decir que al fin mandaremos a esa antigualla que conocemos como Doble Monarquía al baúl de la Historia?

—Así parece. Algún día tenía que suceder. Llevamos mucho retraso.

—Excelente. El ejército de Su Majestad Imperial no defraudará a nuestro zar.

—Claro que no lo hará.

—¿Cuándo se dará la orden de movilizar? —preguntó el jefe del Estado Mayor pasando a cosas más concretas.

—Tranquilo, Yanushkevich. De eso precisamente quería hablarle. Como sabe, por desgracia yo no soy experto en temas militares y para alcanzar la victoria es indispensable hacer las cosas bien. A tal fin, necesito estar bien asesorado y poder medir con precisión los riesgos que corremos.

—Estoy a su disposición, Excelencia.

—Bien, me alegra saberlo. Mi primera pregunta es: ¿Cuántos días necesitan los austro-húngaros para tener completamente movilizado su ejército y atacar nuestra Polonia y Ucrania desde su Galicia?

—Según nuestros cálculos, necesitan dieciséis días para poder atacarnos. A contar, por supuesto, desde aquel en el que ordenen oficialmente la movilización.

—Parecen muy pocos. Se supone que sus ferrocarriles no están mucho mejor que los nuestros.

—Lamentablemente, Excelencia, están bastante mejor. Y sobre todo, las distancias que sus trenes tienen que cubrir no son las nuestras.

—Bien. O sea que los austriacos necesitan dieciséis días —repitió Sazonov mientras tomaba nota en un papel.

Cuando acabó de escribir, preguntó:

—¿Y los alemanes?

—A los alemanes les bastarían trece días. Además tienen una magnífica red de ferrocarriles. En menos de dos semanas, a partir de la orden de movilización, estarían en disposición de atacarnos.

—Con la velocidad de la movilización alemana ya contaba.

—Sin embargo –matizó el general–, ya sabe usted que el plan alemán, si lo conservan, es atacar primero con todas sus fuerzas en el frente occidental a Francia y sólo después de derrotarla, volcarse contra nosotros. Eso nos da margen para prepararnos y podría darnos tiempo suficiente para derrotar a los austriacos antes de tener que vérnoslas con los alemanes.

—Desde luego, eso sería lo ideal. Lo que me preocupa no son los 13 días de la movilización alemana, sino los 16 de la austro-húngara. ¿Cuántos días necesitamos nosotros para estar movilizados por completo?

—Veintiséis –dijo Yanushkevich en voz muy baja.

—¿Cuántos? –volvió a preguntar el ministro.

—Veintiséis, Excelencia.

—¡Santo Dios! Diez más que Austria. ¿Estad usted seguro?

—Segurísimo. Hicimos cuidadosamente los cálculos este mes de abril.

—Es esencial ganar tiempo –dijo Sazonov hablando para el cuello de su camisa.

—¿Qué?

—Que hay que darse prisa, mi general.

—Por supuesto, pero tenga en cuenta que, inmediatamente después de haber decretado nosotros nuestra movilización, Alemania y Austria harán lo propio.

—No me refiero a la orden de movilizar.

—¿Entonces?

—Tengo entendido que el Estado Mayor tiene diseñado un programa para lo que ustedes llaman "período preparatorio para la guerra"

—En efecto, Excelencia. Se trata de un programa según el cual se adoptan todas las medidas iniciales de una movilización.

—Quiere eso decir, por tanto, que si hoy mismo diéramos por iniciado ese período preparatorio, sería a partir de hoy que habría que empezar a contar esos veintiséis días.

Yanushkevich no estaba seguro. Hacía cinco meses que había

tomado posesión de su cargo y todavía no estaba familiarizado con los complicadísimos planes del Estado Mayor. Así que aventuró:

–Bueno, sí, pero siempre que la orden de movilización llegue en unos días. De otro modo, llegaría un momento en que ciertas cosas, sin esa orden, no se podrían hacer.

–No se preocupe. La orden será emitida en cuanto Alemania y Austria ordenen movilizar. ¿Cuánto tiempo podríamos ganar?

–Una semana… Quizá diez días.

Yanushkevich no lo sabía con seguridad.

–Bueno –dijo el ministro–. Lo que tenga que ser, será. Usted, lo que tiene que hacer, cuando salga de aquí, es ponerse en marcha y abrir ese período de preparación para que cuando llegue la orden de movilizar, hayamos ganado cuánto más tiempo, mejor.

–A sus órdenes, Excelencia –dijo un Yanushkevich entusiasmado que ya se disponía a ponerse de pie, cuadrarse y marcharse.

–Un momento –le pidió el ministro–. No se vaya todavía. Tengo más cosas que consultarle.

–Dígame, Excelencia.

–Con independencia de que este inicio de movilización encubierta afecte a todo el ejército, en el caso de que Austria-Hungría movilizara el suyo sólo parcialmente, es decir, para dirigirse exclusivamente contra Serbia, ¿podríamos hacer nosotros lo mismo?

–Perdone, Excelencia. No le entiendo.

–Sí. Se supone que Austria-Hungría podría movilizar sólo una parte de su ejército, los cuerpos acantonados en los Balcanes, para atacar a Serbia dejando sin movilizar los que tiene en Galicia, que son los que a nosotros nos tienen que preocupar.

–Sí, naturalmente. Esa movilización parcial se correspondería con lo que ellos llaman el plan B, donde la "B" hace referencia a Los Balcanes en contraste con el plan R, donde "R" hace referencia a nosotros.

–Pues bien –volvió a preguntar el ministro–, si ellos movilizan de acuerdo con el plan B, tengo entendido que nosotros podríamos movilizar también parcialmente los distritos militares que lindan con Austria-Hungría y dejar sin movilizar los que lindan con Alemania, los distritos de Varsovia y San Petersburgo.

–No estoy seguro de que eso se pueda hacer, Excelencia –confesó el general.

–¿Cómo que no? –dijo algo irritado Sazonov–. El año pasado, o hace dos años, cuando estalló la Primera Guerra Balcánica, el general Sujomlinov estuvo a punto de hacer eso por su cuenta y riesgo, sin consultar con nadie.

El ministro se refería a una reunión que tuvo lugar el 22 de noviembre de 1912 en la que, ante el peligro de que Austria-Hungría atacara a Serbia con el fin de impedirle tener una salida al Adriático, se decidió movilizar el distrito de Kiev.

–Menos mal –continuó Sazonov– que al día siguiente convencimos a Su Majestad Imperial de que eso significaría la guerra total y revocó la orden. No me diga ahora que eso que podía hacerse entonces no puede hacerse ahora.

–No lo sé, Excelencia –admitió Yanushkevich–. Por aquel entonces, yo no era el jefe del Estado Mayor. Ahora bien, es lo que usted dice, si entonces podía hacerse, con toda probabilidad hoy también se podrá.

–Excelente, así me gusta.

–No obstante, señor ministro, ¿me permite una pregunta?

–Por supuesto, mi general. Dígame.

–Si entonces fue un disparate movilizar, ¿por qué hoy no lo es?

A Sazonov le disgustó la pregunta. Como cualquier civil en el poder, no podía soportar las injerencias de los militares. A pesar de su enojo, se armó de paciencia:

–Hace dos años, el problema era que no contábamos con el visto bueno de nuestros aliados, los franceses. Nuestro tratado no nos permite hacer tal cosa sin contar con ellos. Movilizar los primeros significa ser los agresores y entonces no podríamos contar con Gran Bretaña, además de arriesgarnos a perder el respaldo de Francia.

–En cambio, ahora, contamos con el apoyo de París, ¿no es eso?

–Eso son cosas de la diplomacia que no afectan a lo militar. De lo que usted tiene que ocuparse es de movilizar nuestro ejército sin que parezca que se está movilizando. Ahora, la cuestión es qué distritos han de ser movilizados en el caso de que deseáramos demostrar que la movilización tan sólo se dirige contra Austria. Kiev parece muy poco.

–Habría que incluir Kazán y Moscú. Quizá también Varsovia.

–¿Varsovia? De ninguna manera –protestó Sazonov–. Los alemanes creerían que vamos contra ellos.

–De acuerdo, como usted ordene, Excelencia.

–También habría que movilizar el distrito de Odessa.

–¿Odessa? ¿Por qué? –preguntó Yanushkevich.

–Porque, si surge la ocasión de apoderarse de los estrechos, habrá que tener el ejército listo para aprovecharla.

–¿Cree usted que Turquía entrará en la guerra?

–No lo sé, pero de ésta tenemos que salir con los estrechos en nuestras manos. ¡Ya está bien de pasar calamidades cada vez que esa puerta se nos cierra!

Los estrechos constituían una profunda debilidad estratégica para Rusia. Por eso, Yanushkevich no podía estar más de acuerdo:

–La verdad, Excelencia, ese resultado sería el mejor que podría tener esta guerra. A Turquía le están construyendo en este momento cinco acorazados. Tres de ellos, en los astilleros de nuestros amigos los ingleses. Los tendrán antes de que nosotros hayamos terminado los que tenemos programados para nuestra flota del Mar Negro.

Rusia no podía comprar barcos para su flota del Mar Negro porque los estrechos, según el convenio de Londres, estaban cerrados a los barcos de guerra. En consecuencia, la costa rusa del Mar Negro sólo podía ser atacada por los turcos. A cambio, los barcos de guerra rusos no podían salir ni entrar. Así que, San Petersburgo no podía encargar para su flota del Mar Negro la construcción de acorazados a países extranjeros y tenía que fabricárselos ella misma. Los tres que se estaban en ese momento haciendo no estarían listos antes de 1915, en el mejor de los casos. En el verano de 1914, Constantinopla en cambio recibió el primero de los cinco que tenía encargados.

–De eso se trata, mi general –concedió el ministro–. Como comprenderá no vamos a meternos en una guerra europea y enfrentarnos al mejor ejército del mundo sólo para salvar el honor serbio. Está bien que seamos leales a la solidaridad eslava, pero tenemos que resolver de una vez por todas el tema de los estrechos.

–No sabe cuánto me alegraría que todo acabara así. Pienso ahora en el conde Izvolsky, que tanto luchó y tanto perdió a cuenta de los dichosos estrechos.

Sazonov, a quien no le gustaba verse discutiendo cuestiones políticas con los militares, zanjó:

–Bien. Entonces, movilizaremos también el distrito de Odessa. Pero, de que uno de nuestros objetivos en esta guerra vayan a ser los estrechos, ni una palabra a nadie. Si los ingleses llegan siquiera a sospecharlo remotamente, no sólo no nos ayudarán, sino que correremos el riesgo de encontrárnoslos enfrente. Y eso sería terrible.

–Desde luego, Excelencia.

–Entonces, mi general, eso es todo.

Yanushkevich se levantó, se cuadró y se despidió. Cuando ya estaba abriendo la puerta del despacho, Sazonov le detuvo:

–Un momento, Yanushkevich.

–Dígame, señor ministro.

–Naturalmente, habrá que extender la orden de movilización a la flota del Mar Negro. La podemos necesitar si la ocasión de intervenir en los estrechos se presenta.

–Claro que sí, Excelencia.

–Y ya de paso, tampoco estaría de más hacer lo mismo con la del Báltico, aunque sólo sea para ocultar nuestras intenciones.

–Así se hará, Excelencia.

–Magnífico.

–¿Algo más?

–Nada más, mi general. Buena suerte.

–Gracias, Excelencia.

El militar se despidió y se apresuró a dirigirse a sus oficinas. Tenía que hablar urgentemente con el general Sergei Dobrorolskii, jefe de la sección de movilización.[50]

✶✶✶

Inmediatamente después de llegado a su despacho, Yanushkevich, jefe del Estado Mayor ruso, ordenó llamar al general Dobrorolskii, jefe de movilización. Cuando éste llegó:

–A sus órdenes, mi general.

---

[50] Albertini, vol. II, p. 292.

–Siéntese, Dobrorolskii.

El general obedeció. Yanushkevich entonces dijo:

–Me ordena Su Excelencia, el ministro imperial de Asuntos Exteriores, que preparemos la movilización parcial de los distritos de Kazan, Kiev, Moscú, Odessa y de las flotas de los mares Negro y Báltico.

–¿Cómo?

–Sí, general. Se trata de una movilización parcial contra Austria-Hungría. Al parecer, es esencial que Alemania comprenda que no tenemos intención de atacarla. Simplemente, queremos defender a Serbia de la agresión de la que va a ser objeto por parte de la Doble Monarquía.

–Pero eso, mi general, es imposible.

–¿Imposible? ¿Por qué?

–Como usted sabe muy bien, nuestro plan de movilización, el plan 19, tan sólo prevé la movilización contra Austria-Hungría y Alemania a la vez. No tenemos planes para una movilización parcial.

–¿Y no es posible ejecutar ese plan sólo respecto de los distritos que le he mencionado?

–No creo. Todo el plan, que ocupa varios centenares de páginas, está basado en una movilización general. Por otra parte...

Dobrorolskii dudó.

–¿Por otra parte? –preguntó Yanushkevich.

–Por otra parte, mi general, aunque quisiéramos movilizar sólo contra Austria-Hungría, tendríamos que incluir el distrito de Varsovia. Si no lo hiciéramos, el flanco derecho de nuestro ejército quedaría desguarnecido ante un ataque del flanco izquierdo austro-húngaro.

El general de movilización se levantó y se dirigió al mapa que había colgado en la pared:

–El saliente polaco, el distrito de Varsovia, tiene al Norte la Prusia Oriental y al Oeste, Posnania y Silesia, ¡pero al Sur está la Galicia austriaca! Si no movilizamos en Varsovia, las tropas austro-húngaras entrarían por allí como el cuchillo en la mantequilla y rodearían a nuestros ejércitos de Kiev. Es una locura.

–Ya. Eso le he dicho al ministro, pero ha insistido en que la movilización del distrito de Varsovia sería vista por los alemanes como un acto de guerra contra ellos.

–¡Que lo vean como quieran! Cualquier movilización contra Austria-Hungría ha de incluir necesariamente Varsovia.

Yanushkevich se quedó pensando. Dobrorolskii prefirió no interrumpir sus reflexiones. Finalmente, el jefe del Estado Mayor dijo:

–Bueno. No se preocupe. Oficialmente, prepare la movilización de los distritos que le he dicho. Y…

–¿Y extraoficialmente?

–Extraoficialmente prepare la movilización general. Hágalo todo conforme al Plan de Preparación para la Guerra y luego iremos movilizando oficialmente distritos conforme los políticos lo vayan pidiendo.

Yanushkevich calculó que era la mejor forma de obedecer las órdenes de Sazonov. Si finalmente los civiles se decidían sólo por la movilización parcial, ya se vería qué se hacía con el distrito de Varsovia. Y si, como era lo más probable, había que movilizar todo el ejército porque Alemania acudía en ayuda de su aliado, el problema habría desaparecido por completo.

–¡A sus órdenes, mi general! –dijo Dobrorolskii cuadrándose.

El general de movilización se marchó casi a la carrera con el fin de ponerse inmediatamente a trabajar.[51]

✦✦✦

Aquel mediodía, Serge Sazonov, ministro de Asuntos Exteriores ruso, y Maurice Paléologue, embajador francés en la corte del zar, habían quedado para almorzar juntos con Sir George Buchanan, embajador inglés en San Petersburgo. Si efectivamente aquel ultimátum significaba la guerra europea entre las potencias centrales, por un lado, y Francia y Rusia, por otro, lo que fuera a hacer Gran Bretaña no era irrelevante. La Fuerza Expedicionaria Británica, es decir, el ejército de tierra con el que contaba Reino Unido, estaba constituida por 6 divisiones que, de entrar Inglaterra del lado de Francia y Rusia, se desplegarían en el frente occidental ayudando a los franceses y obligando a los alemanes a emplear allí fuerzas que, de otro modo, podrían acudir a pelear en el

---

[51] Albertini, vol. II, p. 292.

Este. Además, Gran Bretaña poseía la armada más grande del mundo, lo que, de intervenir, garantizaba al bando de la Entente el control de las aguas y el tráfico de mercancías a través de ellas. Tan importante era pues para Francia y Rusia que Gran Bretaña se uniera a ellas como para Alemania y Austria que permaneciera neutral.

Cuando Sir George Buchanan fue conducido al comedor donde tendría lugar el almuerzo, en la embajada francesa, ya se encontraban allí el ministro y, naturalmente, el embajador francés.

–Excelencia, adelante. No sabe cuánto le agradezco que haya podido venir a comer con nosotros –dijo solícito Paléologue–. Seguro que Su Excelencia querrá acompañarnos con una copa de champán.

–Desde luego –dijo Buchanan–. Será un placer.

Hablaron los tres de algunas trivialidades y discutieron la situación general. Pero, cuando terminaron de comer y ya no fue necesaria la presencia de los camareros, Sazonov separó su silla de la mesa, inhaló su cigarro puro, exhaló algunas volutas y, dirigiéndose a Buchanan, le dijo:

–Como sabe Su Excelencia muy bien, acabamos de ser honrados con la visita del presidente de la república francesa.

–Así es –contestó Buchanan.

–En el curso de esa visita –prosiguió el ministro ruso–, los dos países, a la vista de la probabilidad de que un paso como el que Austria dio ayer finalmente se produjera, acordamos adoptar una postura común. ¿No es así, Excelencia?

El ministro se volvió hacia el embajador francés a fin de obtener su asentimiento. Paléologue asintió con la cabeza.

–Podríamos decir –prosiguió Sazonov volviéndose de nuevo hacia Buchanan– que tal postura común se resume en los siguientes puntos. Monsieur Paléologue, por favor, corríjame si olvido algo.

El embajador francés volvió a asentir.

–Francia y Rusia actuarán de consuno en todo cuanto se refiere al mantenimiento de la paz general y al equilibrio de poder en Europa. Muy especialmente –subrayó el ministro con su tono de voz– en el Este.

Buchanan fue anotando mentalmente lo que decía el ministro.

–También hemos decidido –continuó Sazonov– emprender una acción conjunta en Viena con vistas a impedir cualquier exigencia o demanda que fuera equivalente a una intervención en los asuntos internos de Serbia y que pudiera considerarse como un ataque a su soberanía e independencia.

Buchanan asintió para indicar que había entendido.

–Por último –fue concluyendo Sazonov–, nos hemos solemnemente reafirmado en las obligaciones impuestas por nuestra alianza. Espero que el Gobierno de Su Majestad –el ministro inclinó levemente la cabeza sin apartar la mirada de los ojos de Buchanan como muestra de respeto– pueda proclamar su solidaridad con Francia y Rusia sobre la base de los principios que acabo de expresarle.

Se detuvo. Frunció el ceño. Y, dando un leve puñetazo encima de la mesa haciendo tintinear vajilla y cristalería, dijo:

–El comportamiento de Austria es inmoral y provocador. Algunas de las exigencias que ha presentado son absolutamente inaceptables. Nunca debería haber actuado como lo ha hecho sin consultar antes con Alemania.

Buchanan le miró incrédulo. Al embajador le pareció imposible que la *démarche* austriaca no tuviera el beneplácito alemán. Sin embargo, cabía la posibilidad de que Sazonov dispusiera de información al respecto y prefirió no comentar nada. Luego, fue el embajador francés quien tomó el relevo:

–A la vista de los brindis que hicieron Su Majestad Imperial, el zar, y Su Excelencia, el presidente de la república, de las declaraciones de los dos ministros de Exteriores y del comunicado de ayer a la agencia Havas, no tengo ninguna duda en recomendar una política de firmeza.

–Pero –le interrumpió Sazonov, que simuló actuar como si no estuviera presente el embajador británico– ¿y si esa política condujera a la guerra?

Paléologue respondió a bote pronto, casi sin dejar al ministro terminar de formular su pregunta:

–Conduciría a la guerra sólo si las potencias germánicas hubieran decidido ya recurrir a la fuerza para asegurarse la hegemonía en el Este. La firmeza, por otra parte, no excluye la conciliación –dijo volviéndose a Sir George–. Pero es esencial que el otro bando esté dispuesto a negociar y llegar a un compromiso.

Luego, Paléologue se volvió nuevamente a Sazonov:

–Usted conoce bien mi punto de vista acerca de cuáles son los propósitos reales de Alemania. El ultimátum austriaco, me parece a mí, está exclusivamente dirigido a provocar una peligrosa crisis que hace tiempo que vengo anticipando. Tenemos que estar dispuestos a reconocer —se encogió de hombros— que la guerra puede estallar en cualquier momento. Es esa perspectiva la que debe guiar nuestra acción diplomática.

Después, Maurice Paléologue, con tono casi humilde, se volvió nuevamente al embajador inglés:

—Usted, estimado Sir George, debe comprender que, en estas circunstancias, Francia no tiene otra alternativa. No sólo ha de apoyar diplomáti-camente a Rusia, sino también tiene que honrar todas las obligaciones que le impone nuestra alianza.

Sazonov entonces, mirando a Buchanan, repitió su anhelo:

—¿Comprende ahora el por qué de mi esperanza de que el Gobierno de Su Majestad exprese con firmeza su solidaridad con Francia y Rusia?

Buchanan tomó aire y se ajustó el chaleco. Aquello se parecía cada vez más a una encerrona. Luego, dijo:

—No puedo hablar en nombre del Gobierno de Su Majestad. Sin embargo, les prometo que telegrafiaré todo lo que ustedes han dicho.

—Ya —preguntó el francés—, pero ¿qué cree usted que ocurrirá?

—Personalmente, no tengo ninguna esperanza en que el Gobierno de Su Majestad haga ninguna declaración de solidaridad que pudiera entrañar un compromiso de apoyo a Francia y a Rusia en lo que al recurso a las armas se refiere. Nosotros no tenemos intereses directos en Serbia —dijo pensando que Francia, tampoco— y la opinión pública en Inglaterra nunca daría su respaldo a una guerra para defenderla.

Sazonov, ocultando a duras penas su exasperación, fruto de su impaciente carácter, le interrumpió:

—No deberíamos dejarnos engañar. La cuestión serbia no es más que una parte de la cuestión general europea que es a lo que hay que hacer frente.

Buchanan empezó a hartarse de circunloquios y preguntó abiertamente:

—¿Debo transmitir que Su Excelencia desea que nos unamos en advertirle a Austria que no toleraremos una intervención activa en los asuntos internos serbios? ¿Y que si no presta atención a nuestras advertencias y Austria emprende medidas militares contra Serbia, Rusia propone declarar la guerra a la Monarquía?

–¡Por favor, Sir George! –exclamó Sazonov, que no quería contestar preguntas tan directas–. Aquí todavía no hemos decidido nada. Esta tarde tengo convocado un Consejo de Ministros, pero ninguna resolución puede adoptarse hasta que haya un Consejo presidido por Su Majestad Imperial, que tendrá probablemente lugar mañana.

Buchanan hizo un gesto interrogante. Sazonov, al ver que tenía que ser más concreto, añadió:

–Personalmente, creo que Rusia no tendrá otra alternativa que movilizar.

–Si me lo permiten –dijo el embajador inglés–, yo sugeriría que lo primero que hay que hacer es tratar de ganar tiempo ejerciendo toda la influencia de la que seamos capaces para inducir a Austria a ampliar el plazo del ultimátum.

–Me temo, Sir George –replicó el embajador francés– que ya no hay tiempo para eso. O Austria está faroleando, y en realidad no piensa hacer nada, en cuyo caso da lo mismo cuando venza el ultimátum, o está decidida a actuar, con lo que no habrá quien le haga ampliar el término concedido. Sólo una actitud por nuestra parte que sea firme y decidida, y desde luego también unida, podría evitar la guerra.

–Bueno –dijo Buchanan–, pero entonces sería aconsejable a la mayor brevedad posible preguntarle al Gobierno serbio hasta dónde están dispuestos a llegar en el cumplimiento de las exigencias austriacas.

La pregunta era ociosa. Sazonov se lo explicó:

–Algunas de las exigencias contenidas en el ultimátum austriaco son absolutamente inaceptables. Al menos, esa es mi impresión. No sé cuál será la de mis colegas.

Sazonov estaba de nuevo remitiéndose a los Consejos de Ministros que todavía tendrían que celebrarse.

A Paléologue por su parte le pareció que Sazonov estaba siendo muy blando:

–Sir George, tiene que comprender que, por mucho que Rusia movilice y por más que Francia respalde a Rusia, austriacos y alemanes seguirán adelante si ven que Inglaterra no está de nuestro lado. En cambio, si su Gobierno hiciera una expresa declaración de solidaridad, las dos potencias centrales se lo pensarán dos veces antes de enfrentarse también a ustedes.

Buchanan se sintió acorralado:

—Estoy convencido de que Sir Edward Grey hará todo lo que en su mano esté para advertir a Viena y a Berlín del enorme peligro que para la paz europea significaría un ataque austriaco a Serbia. Podrá seguramente advertir de que, de producirse dicho ataque, Rusia intervendría, lo que arrastraría a Alemania, y a Francia y que, si estalla una guerra general, sería muy difícil para Inglaterra permanecer neutral.

Buchanan estaba diciendo más de lo que debía y, a pesar de eso, sus interlocutores no se mostraron satisfechos. Sazonov dijo:

—Bueno, no sé si esos buenos oficios de los que usted habla serán suficientes para detener el ataque austriaco. Pero, en cualquier caso, sí espero que su Gobierno haga pública una expresa y enérgica reprobación de la acción de Austria.

Sazonov se detuvo, agachó la cabeza para buscar algo de concentración y reflexionó unos instantes. Los dos diplomáticos le miraron expectantes sin decir nada. Luego, Sazonov levantó su rostro y miró fijamente al embajador inglés:

—Mire, Sir George. Si la guerra estalla, su país se verá tarde o temprano arrastrado a ella. Si, desde el principio, su Gobierno evita expresar su solidaridad con Rusia y Francia, estará con ello haciendo la guerra más probable y encima no habrá hecho un beau rôle.

Llamaron a la puerta. Un lacayo entró y anunció que el embajador de Rumanía esperaba. Paléologue ordenó que se le hiciera pasar.

Durante una media hora, trataron de convencer al recién llegado de lo importante que era que el Gobierno rumano presionara a Viena a fin de que no emprendiera ninguna acción contra Serbia. Luego, la reunión se levantó.[52]

✷✷✷

Sazonov salió de la embajada francesa y se fue directamente al Palacio de Invierno, donde estaba convocado el Consejo de Ministros que tendría

---

[52] *Brit. Doc.*, p. 80, doc. 101 y Albertini, vol. II, p. 295.

lugar aquella tarde. El primero en tomar la palabra fue, lógicamente, Sazonov:

–Caballeros, esta mañana, el embajador de Austria-Hungría en nuestra capital me ha hecho entrega personalmente de una copia de la nota que el representante de su Gobierno en Belgrado ha entregado al Gobierno serbio.

Hubo un general murmullo, pero ninguna interrupción propiamente dicha.

Sazonov prosiguió:

–El documento constituye un genuino ultimátum que contiene una serie de exigencias, algunas de las cuales son completamente inaceptables para el reino de Serbia. En sus puestos encontrarán una copia del texto.

Todos cogieron las hojas y volvieron sus ojos a ellas, aunque la mayoría ya las habían leído antes de empezar la reunión.

–Como ven –continuó el ministro–, el plazo impuesto por Austria expira mañana a las seis de la tarde. Es lógico esperar que Serbia pida nuestro consejo acerca de qué hacer ante este desafío y, lo que es más importante, nuestra ayuda para hacerle frente. Ello nos obliga a preparar inmediatamente una respuesta, dadas las graves consecuencias que para los intereses del imperio puede tener lo que hagamos.

Alguien mencionó la palabra "guerra" en una corta frase cuyo total contenido no pudo distinguirse. El ministro de Exteriores continuó hablando:

–Saben ustedes perfectamente que aquí el problema no es Serbia. Ni siquiera Austria-Hungría. Aquí el problema es Alemania, que lleva años de calculados preparativos para ser la potencia predominante en Europa. Y para lograrlo, no ha dudado en inmiscuirse en toda clase de cuestiones internacionales, incluido por supuesto el Próximo Oriente. Y lo ha hecho sin tener nunca en consideración la opinión e influencia de las potencias que no estuvieran incluidas en la Triple Alianza.

Los demás ministros lo escucharon en silencio. Si bien era cierto que Austria-Hungría despertaba la mayor de las antipatías, no ocurría lo mismo con Alemania, con la que algunos creían que, según las circunstancias, podía llegarse a algún acuerdo, como ya había ocurrido en el pasado. El ministro continuó su discurso:

–A lo largo de la última década, Rusia ha demostrado una gran moderación y ha hecho grandes concesiones donde quiera que sus intereses y los de Berlín han entrado en conflicto.

Algunos de los ministros asintieron con sus cabezas. Sazonov continuó con su argumentación:

—Sin embargo, los alemanes han contemplado nuestras concesiones como pruebas inequívocas de nuestra debilidad. Y lejos de preocuparse por contener a nuestros vecinos, les han animado a emplear métodos agresivos contra nosotros. Ha llegado el momento —dijo con firmeza Sazonov— de decir "basta." Está fuera de duda que el ultimátum austriaco a Belgrado ha sido lanzado con la connivencia del Gobierno alemán. Y si nos quedáramos de brazos cruzados, Serbia se convertiría de facto en un protectorado de las potencias centrales.

Todos se sintieron de acuerdo con esta afirmación.

—En el pasado —dijo Sazonov en un tono más relajado—, Rusia ha hecho inmensos sacrificios por garantizar la independencia de los pueblos eslavos. Y si ahora, bajo amenaza, demuestra abandono hacia su histórica misión, será considerada un Estado decadente y de aquí en adelante tendrá que aceptar ocupar un puesto de segundón entre las grandes potencias. Significaría para ella perder toda la autoridad, además de tener que consentir el colapso de todo su prestigio en los Balcanes.

El panorama dibujado era sombrío.

—Por otra parte —continuó el ministro—, ninguna concesión que pudiéramos hacer conllevaría una garantía de paz, ni siquiera para el futuro más inmediato. No hay nada que pueda detener a Alemania de levantar nuevos desafíos a los intereses rusos. Una posición firme significa, sin embargo, un riesgo evidente de guerra con las potencias centrales. Las consecuencias que ésta podría tener para nosotros son de lo más peligroso desde el momento que no sabemos qué actitud mantendrá Gran Bretaña en este asunto.

Sazonov había meditado mientras se trasladaba de la embajada francesa al Palacio de Invierno acerca de la conveniencia de expresar o no las dudas que las tibias respuestas de Buchanan habían dejado en su espíritu. Decidió finalmente que lo mejor era compartirlas con sus colegas para que cualquier decisión que se adoptara fuera con pleno conocimiento de causa.

A continuación, pidió la palabra el ministro de Agricultura, Alexander Krivoshein, jurista de un enorme prestigio nacido en Varsovia. Había sido puesto al frente del departamento de Agricultura para llevar adelante la reforma agraria y estaba cumpliendo tan difícil encargo con notable éxito. Aquella tarde de julio, muchos fueron los ministros que deseaban conocer la opinión del cauto político antes de decidir nada. Krivoshein dijo:

–En 1905 –comenzó con tono solemne–, todos ustedes lo recordarán, sólo la lealtad del ejército salvó al régimen de ser derrocado. Desde entonces, muchas cosas han cambiado. Ha sido implantado un régimen constitucional.

De todos era conocida la postura del ministro favorable a que el Gobierno imperial estuviera cada vez más influido por lo que acordara la Duma con el fin de dotar de legitimidad a sus decisiones.

–Gracias a ello –siguió el ministro–, entre otras muchas cosas, la posición financiera de Rusia ha mejorado notablemente y se han emprendido profundas reformas en las fuerzas armadas. Sin embargo, por desgracia, nuestro programa de rearme no se ha completado todavía y parece cuando menos dudoso que nuestro ejército y nuestra armada puedan alguna vez ser capaces de competir con Austria-Hungría e incluso con Alemania, dada su eficacia técnica, tan moderna. No cabe duda pues de que, en términos culturales e industriales, Rusia está todavía muy lejos de las potencias centrales.

La mayoría adoptó un gesto sombrío al verse enfrentados a esa evidencia, inequívoca al menos en lo que a Alemania se refería.

–Sin embargo –continuó Krivoshein–, las condiciones generales han mejorado mucho en Rusia durante estos últimos años y, a la vista de ello, nuestra opinión pública y parlamentaria no entendería que, en un momento crítico en el que podrían estar en juego intereses vitales para la nación, el Gobierno imperial se mostrara reacio a actuar con el necesario arrojo.

Alguno dio unos golpes en la mesa con la palma de la mano derecha a modo de aplauso.

–Nuestras actitudes exageradamente prudentes –siguió el ministro indiferente a la aprobación que aquellas palmadas significaban– por desgracia no han tenido éxito a la hora de apaciguar a las potencias centrales europeas.

Se detuvo un instante a buscar las palabras que necesitaba para decir lo que quería. La situación era extraordinariamente grave y había que ser muy cuidadoso al escogerlas. Luego, dijo:

–Nadie en Rusia desea la guerra. Las desastrosas consecuencias de nuestro conflicto con los japoneses hace nueve años han demostrado el grave peligro que puede correr Rusia en caso de ruptura de las hostilidades. Por consiguiente, nuestra política debería estar encaminada al objetivo de reducir cuanto se pueda la probabilidad de una guerra europea. Pero –dijo elevando el tono de voz–, aunque nos mantuviéramos pasivos en esta nueva ocasión, no lograríamos nuestro objetivo. La guerra estallaría de cualquier modo a pesar de nuestros esfuerzos de conciliación. A la vista de todo ello, resulta deseable un lenguaje más enérgico del que hasta ahora hemos venido empleando.

Se detuvo nuevamente, pero enseguida prosiguió:

–Todos los factores tienden hoy a demostrar que la política más juiciosa que Rusia puede adoptar en las actuales circunstancias es la de volver a una actitud más firme y más fuerte hacia las indeseables reclamaciones de las potencias centrales europeas. No hay alternativa.

Cuando Krivoshein terminó su intervención, se hizo un espeso silencio de admiración. Pasaron unos instantes antes de que Ivan Goremykin, que presidía el Consejo, le diera la palabra al ministro de la Guerra, Vladimir Sujomlinov:

–Como muy bien ha expuesto mi colega, se han producido grandes mejoras en nuestro ejército desde nuestra humillante derrota de 1905. Pero, como también ha resaltado Su Excelencia –y miró a Krivoshein–, nuestro programa de rearme todavía no se ha completado y no puede darse por hecha nuestra superioridad sobre las potencias centrales. Sin embargo, ya no es adecuado seguir vacilando en la medida en que el Gobierno imperial se ve directamente implicado. Se impone una respuesta proporcional al tamaño del desafío.

"Eso ya lo había dicho, expresándolo mucho mejor, Krivoshein" pensó Sazonov.

Luego, tomó la palabra el ministro de Finanzas:

–La cuidadosa política de Kokovtsev –dijo refiriéndose al anterior presidente del Consejo, político cauto y astuto– nos ha proporcionado un cuantioso superávit en el Tesoro después de los enormes gastos en que lógicamente incurrimos con ocasión de la guerra contra los japoneses. Aquellos gastos pusieron en peligro la estabilidad financiera y económica del imperio. Pero, ahora el problema está en gran medida resuelto. Si, como todo parece apuntar, el honor, la dignidad y al autoridad de Rusia están en juego, al ministro de Finanzas que les habla no le cabe otra opción que adherirse a la opinión mayoritaria del gabinete ya que, desde su departamento, no hay objeción seria que oponer.

A partir de ahí, intervinieron otros ministros, pero solamente para expresar opiniones similares a las ya expuestas. Al final, Goremykin resumió lo tratado diciendo con voz engolada:

–Así pues, coincidimos en que es deber del Gobierno imperial intervenir definitivamente en favor de Serbia. Es más probable, en las presentes circunstancias, que una actitud de firmeza, en vez de otra más conciliadora, sirva para asegurar la paz. Pero, si no fuera así, Rusia tiene que estar preaprada para hacer los sacrificios que le sean requeridos.

Terminado el debate, Sazonov, con el permiso de Goremykin, sometió a la consideración del Consejo la aprobación de unas resoluciones que habían sido preparadas por el barón Schilling a instrucciones suyas. En ellas se autorizaba, entre otras cosas, al ministro de Exteriores a contactar con las grandes potencias, y a los ministros de la Guerra y Marina a pedir al zar la movilización de los distritos del Sur. Una vez aprobadas todas las resoluciones, el Consejo aceptó asumir del modo más humilde y obediente el deber de presentarlas a la más elevada atención de Su Majestad Imperial. Tras este último acuerdo formal, el Consejo se levantó.[53]

✷✷✷

Finalizado el Consejo, Sazonov se dirigió a su despacho del ministerio donde decidió que tenía que hablar con el embajador de Alemania y asegurarse de que efectivamente el Reich apoyaba a Austria en su *démarche* contra Serbia.

En 1914, con sesenta años cumplidos, Friedrich von Pourtalès apenas conservaba algo del espléndido porte de aire italiano que había lucido en su juventud. Era embajador en San Petersburgo desde 1907 y,

---

[53] Geiss, pp. 186 y 187, doc. 59 y Lieven, pp. 142 y ss.

como Lichnowsky en Londres, se sentía más un mediador entre las dos potencias que el representante de Alemania en Rusia. Hacía dos días que había recibido unas larguísimas instrucciones del canciller, Bethmann Hollweg, con argumentos para defender la causa austro-húngara en la corte del zar y muy especialmente la exigencia de que el conflicto se mantuviera limitado a Austria-Hungría y Serbia sin injerencias del resto de potencias. Las instrucciones incluían que la argumentación no fuera expuesta ante el Gobierno del zar hasta que el ultimátum no hubiera sido presentado en Belgrado. La entrevista que tuvo con el ministro, le dio la oportunidad de cumplir lo ordenado. Sin embargo, Sazonov apenas le escuchó y, cuando acabó, le recriminó enojado:

—Ustedes, Excelencia, parecen no darse cuenta de que para Rusia es imposible admitir que el conflicto austro-serbio pueda arreglarse exclusivamente entre las dos partes afectadas.

—Mi Gobierno no lo ve así —pudo apenas intercalar Pourtalès.

—Su Gobierno no lo ve así porque no quiere verlo. Los compromisos que Serbia asumió con ocasión de la crisis de la anexión de Bosnia, a los que alude el inicio de la nota austriaca, no fueron asumidos con Austria-Hungría, sino con todas las potencias europeas. Y su violación, por tanto, en la medida en que se haya podido producir, incumbe a toda Europa. Por lo tanto —dijo casi gritando— corresponde a toda Europa investigar si la actuación serbia se ha atenido o no a estas obligaciones.

—¡Por amor del Cielo, Excelencia, es obvio que no! —contestó el alemán.

—Será obvio para ustedes. Para nosotros, no. Viena afirma que tiene una documentación que prueba la responsabilidad de Serbia y es posible que ustedes hayan tenido ocasión de examinarla, pero aquí todavía no hemos visto nada.

Sazonov hizo un esfuerzo por tranquilizarse y en tono más amable, se dirigió al diplomático alemán:

—Mire, Excelencia, mi propuesta es que los documentos relativos a la investigación sean puestos a disposición de los gabinetes de las seis grandes potencias. Austria no puede pretender ser a la vez juez y parte. Y yo no puedo de ninguna manera dar por probados los hechos alegados por Austria sin que se me aporte ninguna evidencia. Por otra parte, ¿qué quiere que le diga, Excelencia? Las investigaciones austriacas despiertan en mí el mayor de los recelos, pues no sería la primera vez que funcionarios de Su Majestad Real e Imperial manipulan documentación con el fin de acusar injustamente al Gobierno serbio.

Se había vuelto a exaltar, de forma que tuvo que retomar el esfuerzo de mostrarse más tranquilo:

–Si finalmente resultan probados los hechos alegados por Austria, yo le garantizo que Serbia dará a Viena la más completa de las satisfacciones en lo que al ámbito legal se refiere. Naturalmente, doy por descontado que no podrá haber en ningún caso concesiones de orden político sean cuales sean los hechos.

A Pourtalès, esta última aclaración de la posición rusa le pareció el colmo. ¿En qué clase de satisfacción estaba pensando Sazonov? ¿En el pago de una indemnización o en la extradición de media docena de funcionarios y oficiales del ejército? De ahí que replicara:

–Es imposible, Excelencia, separar los aspectos legales de los políticos ya que el asesinato del archiduque está indisolublemente unido al problema de la propaganda en favor de la Gran Serbia.

Sazonov le miró con incredulidad fingida, como preguntando "¿está discutiendo conmigo?" Se suponía que la misión de un embajador es transmitir los mensajes de un gobierno a otro, no cuestionar la política de aquel ante el cual está acreditado. Sin embargo, no dijo nada. Pourtalès se percató de que se había excedido y dijo:

–Le prometo que transmitiré todas sus ideas a mi Gobierno, pero no creo que vaya a sugerir a nuestro aliado que someta los resultados de su investigación al escrutinio de un tribunal europeo. Austria objetaría a esta sugerencia que, como gran potencia, no tiene otra alternativa que rehusar someterse a un tribunal de arbitraje en un caso en el que sus intereses vitales están en juego.

A Sazonov le aburría esta forma de argumentar. Austria-Hungría podía reclamar el derecho a resolver unilateralmente ésta o cualquier otra cuestión, pero sólo si disponía de fuerza suficiente para resistir la presión del resto. Y Rusia estaba dispuesta a presionar todo lo que fuera necesario para impedir que a su protegida le fuera impuesta una solución unilateral.

Pourtalès cambió de argumento:

—El asesinato de Sarajevo constituye una agresión al principio monárquico. Y quizá sea Rusia la gran potencia más comprometida con ese principio. Por eso, debería…

Sazonov no le dejó continuar:

—Rusia sabe muy bien lo que debe al principio monárquico. Lo que ocurre es que esto no tiene nada que ver con ese principio.

—Yo, en cualquier caso, Excelencia —dijo Pourtalès sumiso—, le ruego que por favor no permita que el odio hacia Austria le arrastre por el mal camino. No se empeñe en defender una mala causa. Rusia no puede constituirse en el abogado de unos regicidas.

—Ustedes —contestó el ministro sin dejarse impresionar por los ruegos del embajador— dirán lo que quieran y lo verán todo bajo su prisma, pero lo que yo le digo es que, si Austria devora a Serbia, nosotros iremos a la guerra. Eso es lo único que mi Gobierno tiene que transmitirle al suyo.

Sazonov se levantó bruscamente de su butaca, cansado y harto de discutir con el alemán, que le oponía cuestiones de principio a un problema que afectaba a los intereses nucleares de Rusia. Se despidieron de forma algo desabrida y el alemán salió del despacho del ministro turbado por lo incómoda que había sido la conversación y pensando que quizá la culpa era suya por no haber sabido, como hubiera correspondido a un hábil diplomático, dar a la conversación un tono más amable, al menos en las formas.[54]

---

[54] Geiss, p. 185, doc. 58.

Sábado, 25 de julio

San Petersburgo

Aquella mañana, el zar estaba en Tsárkoye Seló, cerca de la capital, con el fin de pasar solemnemente revista al ejército. Sin embargo, antes de eso, tuvo que reunirse el Consejo de Ministros bajo su presidencia para aprobar las medidas adoptadas el día anterior. Durante el mismo, se autorizó a los ministros de la Guerra y de Marina para que, si los acontecimientos lo requerían, fueran movilizados los distritos militares de Kiev, Odessa, Moscú y Kazán, así como las flotas del Báltico y del Mar Negro, además de acelerar el suministro del equipo al ejército. También se acordó adoptar las medidas que fueran necesarias para la preparación de la movilización del ejército y la armada, las fortalezas y el despliegue del ejército en las fronteras opuestas a los probables enemigos a los que tendría que hacer frente Rusia si la guerra finalmente estallaba. También se consideró conveniente poner en vigor a partir del día 26 la orden del período preparatorio para la guerra. Otras órdenes de naturaleza militar emitidas por el zar tras levantarse el Consejo fueron el retorno a los cuarteles de las tropas que estuvieran de maniobras, la proclamación del estado de guerra en las ciudades fortificadas y en los fuertes fronterizos, la vuelta a sus unidades de los oficiales que estuvieran de permiso y la promoción de los cadetes al rango de oficiales. Así fue cómo Rusia puso en marcha su pesada máquina de guerra.[55]

---

[55] Geiss, p. 207, doc. 76 y Albertini, vol. II, p. 305.

Belgrado

El embajador austriaco en Belgrado, barón Giesl von Gieslingen, pasó la mañana preparando su salida y la de todo su personal para el caso de que los serbios no hubieran contestado cuando llegara a las seis de la tarde el vencimiento del plazo otorgado para contestar al ultimátum. Sus órdenes consistían en abandonar el país no sólo en el caso de que no hubiera respuesta, sino también si ésta no consistía en una aceptación lisa y llana de todas las condiciones impuestas.

Giesl no esperaba que los serbios aceptaran puesto que las exigencias habían sido redactadas precisamente para que no pudieran serlo. Sin embargo, durante toda la mañana, corrieron rumores por la ciudad de que el Gobierno aceptaría incondicionalmente las demandas austriacas. El barón Giesl era consciente de estos rumores porque la embajada estaba rodeada de periodistas que informaban cada poco al personal de la legación de los últimos chismes. No obstante, a partir de mediodía, las noticias que llegaron cambiaron de signo. Se decía que se había recibido en palacio un largo telegrama del zar dirigido al rey Pedro dándole garantías de que estaría respaldado por todo el poderío ruso si decidía rechazar las exigencias austriacas. También llegó a la embajada el rumor, que circulaba entre todos los periodistas, de que el príncipe Alejandro, regente en aquel momento de la Corona, había cogido el telegrama, se había ido al club de oficiales y allí lo había leído en voz alta, lo que fue seguido de un tumultuoso suceder de vítores en favor de la guerra.[56]

✶✶✶

Slavko Gruich, secretario general del ministerio de Asuntos Exteriores, era el funcionario encargado de redactar, traducir al francés y pasar a máquina el texto de la respuesta que el Gobierno serbio entregaría al embajador austriaco. A las once de la mañana, ya tuvo una primera versión, pero a lo largo del día le fueron llegando correcciones y más correcciones. El mecanógrafo se puso tan nervioso que el texto tuvo que ser escrito a mano con tinta hectográfica para poder hacer copias del mismo. Cuando a las cinco de la tarde, Gruich llevó el documento traducido al Consejo de Ministros para que el Gobierno diera su visto

---

[56] Albertini, vol. II, p. 357.

bueno, todavía recibió el encargo de hacer alguna nueva corrección. El funcionario contestó:

—Es imposible hacer nuevas modificaciones. Si las llevamos a cabo, será imposible entregar un texto legible antes de las seis en la embajada austriaca.

Pasich, el primer ministro, se empeñó no obstante en que las reformas se hicieran mediante interlineados, sobrerraspados, llamadas e incluso tachones. A las seis menos cuarto, Pasich tenía en su poder el texto definitivo presentado en esa forma tan inapropiada. Introdujo los papeles en un sobre y preguntó:

—¿Quién la entregará?

Nadie quería ser el mensajero. El Gobierno y sus funcionarios estaban todos preparando su partida hacia Nish. No podían permanecer en Belgrado porque la ciudad, en la ribera del Danubio, estaba expuesta a ser bombardeada desde la otra orilla, territorio de la Doble Monarquía, o desde el propio río por algún barco de guerra austriaco que se acercara corriente abajo.

Pasich volvió a preguntar mirando a Gruich. Éste no dijo nada, pero el gesto fue inequívoco. Apenas había tiempo para alcanzar la estación y coger el tren. Quien entregara la nota corría el riesgo de tener que quedarse a pasar la noche en la ciudad y asumir el peligro de un bombardeo.

Gruich sabía que el tren esperaría a cualquier ministro, pero que no retrasaría su salida por un funcionario de segunda categoría. Pasich continuó mirándole con fijeza y seriedad, pero Gruich siguió sin ofrecerse voluntario.

—Bien —dijo al fin el primer ministro—. Seré yo mismo quien la lleve.

Salió con el sobre de la sala de conferencias bajo la silenciosa mirada de ministros y funcionarios. Cuando hubo partido, todos se apresuraron a recoger sus cosas para salir corriendo hacia la estación.

El embajador Giesl esperaba en la embajada. A las tres de la tarde había recibido al ministro de Comercio, quien, a cambio de un favor personal, le puso al corriente de que la aceptación serbia no sería incondicional.

Cuando faltaban cinco minutos para las seis, el primer ministro Pasich llegó a la embajada austriaca, donde Giesl esperaba rodeado de cajas, maletas y baúles. El serbio, después de estrechar solemne la mano del diplomático, le entregó el sobre diciendo:

—Parte de sus exigencias han sido aceptadas.

Giesl abrió el sobre y desdobló los papeles. La gran extensión de la respuesta indicaba ya de por sí que la aceptación no era incondicional. El primer ministro aclaró:

—En cuanto al resto…

—Las que no han sido aceptadas —quiso aclarar Giesl.

—En cuanto al resto —repitió Pasich—, depositamos todas nuestras esperanzas en la lealtad y caballerosidad de un general austriaco cual es Su Excelencia.

Giesl no se sintió impresionado por la zalamería de Pasich. Sus instrucciones eran bien claras. Echó un vistazo rápido a las hojas. Era obvio que, aunque las diez exigencias eran de un modo u otro aceptadas, algunas de ellas no lo eran de una forma que pudiera ser considerada desde ningún punto de vista como incondicional. Sin acabar de leer, dijo:

—Tal y como le expliqué al señor Pacu al entregarle la nota de mi Gobierno, y supongo que le transmitiría, mis instrucciones son que, si no he recibido antes de expirar el plazo una respuesta satisfactoria, abandonara Belgrado con todos los funcionarios de la embajada. No es necesario leer todo el texto para darse cuenta de que su Gobierno no ha aceptado incondicionalmente las exigencias del mío. Por lo tanto, yo y el personal a mi cargo partiremos inmediatamente. Los intereses de mi país en Serbia y los de los ciudadanos austriacos que aquí residen quedan al cargo de la embajada alemana. Los detalles están aquí.

Mientras pronunciaba la última frase, entregó al primer ministro una nota que tenía preparada y que poco más o menos decía lo que había expresado de palabra. Pasich tomó la nota y abandonó la embajada.

Muy poco después, Giesl y sus subalternos tomaron asiento en los coches que les esperaban en la puerta cargados con el equipaje. Los libros de códigos habían sido destruidos. Había que darse prisa en coger el tren de las seis y media. La gran cantidad de soldados que el diplomático vio por la calle, y sobre todo en la estación, le convencieron de que los serbios eran perfectamente conscientes de que no iban a contestar satisfactoriamente al ultimátum.

El tren salió puntual y diez minutos más tarde cruzó la frontera en Semlin. Allí, cumpliendo las órdenes de Berchtold, telegrafió al ministerio de Asuntos Exteriores y a Tisza diciendo brevemente que había llegado *en clair* a territorio austriaco. Después de telegrafiar, llamó por teléfono a las oficinas centrales de los ferrocarriles y desde allí le comunicaron con Tisza. Éste había mantenido abierta desde las seis la línea Budapest-Semlin con esta finalidad. Cuando el barón estuvo finalmente en comunicación telefónica con el conde, éste preguntó:

–¿Tenía necesariamente que ocurrir?

–Sí –contestó escuetamente el general.[57]

Bad Ischl

El emperador Francisco José tenía ese día concertado un almuerzo con los duques de Brunswick, los de Cumberland y las hijas de éstos. La presencia de las niñas animaba a la conversación trivial y a dejar a un lado cualquier asunto serio. No obstante, el emperador no abrió la boca. Su mirada era esquiva y daba toda la impresión de que sus pensamientos estaban muy lejos, quizá en Belgrado, donde su imperio se estaba jugando todo a una carta. Ninguno de los otros comensales osó interrumpir los obviamente sombríos pensamientos del soberano. Su ancianidad, el asesinato de su esposa, el suicidio de su hijo eran todas circunstancias que movían a la compasión de quienes le acompañaban. Y servían para explicar la melancolía que de tanto en tanto le asaltaba. Sin embargo, aquel día era diferente. Faltaban horas para que Serbia contestara al ultimátum y, si tal contestación no era satisfactoria, muy pronto Austria-Hungría se encontraría en guerra con el reino balcánico y muy probablemente también con Rusia, un temible enemigo.

Antes de que trajeran los postres, el emperador dio un empujón a su silla desplazándola hacia atrás y sin dar tiempo a que el lacayo le ayudara del todo a retirarla, se levantó abruptamente y completamente mudo salió del comedor con destino a su despacho.

En otro lugar de la ciudad, en el hotel Elisabeth, Leopold von Berchtold leía el periódico frente a una taza de café. No lograba concentrarse en la lectura, de modo que de vez en cuando se levantaba,

---

[57] Albertini, vol. II, p. 361 y ss.

daba un paseo, que a veces se extendía por los alrededores del hotel, a lo largo del río Traun. A las cinco y cuarto ya no pudo esperar más y se dirigió a la oficina del barón Margutti, ayuda de cámara del emperador. Entró en el despacho del militar y tras saludarlo y darle las buenas tardes, le preguntó:

—La línea telefónica con el ministerio de la Guerra ¿sigue abierta?

—¿Se encuentra bien, Excelencia?

A Margutti le pareció que el ministro, con el rostro blanco como la cera y los ojos hundidos rodeados de violáceos pliegues, tenía el aspecto de un cadáver.

—Me encuentro perfectamente, mi general. ¿Puedo sentarme aquí? —preguntó señalando una butaca que había en un rincón de la habitación.

—Por supuesto, Excelencia. Le ruego que tome asiento.

El ministro se sentó y se sumió en el silencio y en sus pensamientos. Poco después de que el reloj colocado encima de un armario archivador de madera diera las seis, el teléfono rompió nuevamente el silencio con un timbre ensordecedor. Berchtold dio un bote en su asiento y consultó el reloj de su chaleco sólo para comprobar lo que ya sabía, que acababan de dar las seis y que, a esas alturas, Giesl ya sabría qué habían contestado los serbios. Y que esa llamada no podía traer noticias suyas porque todavía era muy pronto. Sus órdenes eran telefonear desde Semlin a Budapest. Desde la capital húngara telefonearían a Viena. Y desde Viena lo harían a Bad Ischl. Era imposible que aquella llamada trajera noticias de Belgrado. Una vez que Margutti hubo despachado la llamada, relacionada con un asunto trivial, Berchtold se levantó de su butaca y dijo algo nervioso:

—Voy a tomar un poco el aire. Si me necesita, puede encontrarme en el hotel Elisabeth. Nada más salir, volvió a sonar el teléfono. Margutti lo cogió:

—¿Aló? ¿Dígame?

—Aquí el ministerio de la Guerra. Al habla el ayuda de campo del ministro. Me encarga el general que comunique a Su Majestad Apostólica e Imperial que ha llamado el agregado militar de nuestra embajada en Belgrado y ha dicho que Su Excelencia, el embajador Giesl, recibió puntualmente la respuesta del Gobierno serbio poco antes de las seis y que Su Excelencia, considerándola insuficiente, ordenó abandonar la embajada y partir hacia Viena.

–Muy bien, muchas gracias.

Margutti colgó y pidió comunicación inmediata con el hotel Elisabeth. Cuando al fin la tuvo:

–Buenas tardes. Por favor ¿Su Excelencia, el conde von Berchtold?

–Su Excelencia –dijo una voz tranquila al otro lado del hilo– salió hace más de una hora y no ha vuelto. ¿Quién debo decirle que pregunta por él?

–Soy el ayuda de cámara de Su Majestad. Dígale que le llamaré más tarde.

Margutti, para no olvidar ningún detalle de lo que le habían dicho, anotó todo y salió precipitadamente hacia la residencia del emperador. Sabía que Francisco José aborrecía el teléfono y que no se pondría al aparato. Por otra parte, la residencia imperial estaba a unos pasos de su oficina.

Al llegar, pidió ser recibido por el emperador y éste dijo que le hicieran pasar. Margutti se cuadró y de pie leyó la nota que acababa de redactar con la noticia dada desde el ministerio de la Guerra.

El soberano se levantó muy despacio, apoyándose con las dos manos en el escritorio. Miró a su ayudante con las cejas levantadas y la boca entreabierta. Cuando Margutti terminó de leer, y sin haber éste abandonado la posición de firmes, se hizo el silencio. Al poco, el emperador murmuró:

–*Also doch!*

Luego, extendió la mano al otro lado del escritorio indicando al mensajero que le diera la nota. Margutti avanzó unos pasos y se la dio. Francisco José la leyó con atención, sin sentarse. Cuando terminó, se desplomó en su butaca y guardó silencio. Margutti siguió impasible y esperó a que pasara algo. Transcurridos un par de minutos, Francisco José, sin mirar al militar, dijo:

–Bueno, después de todo, la ruptura de relaciones diplomáticas no tiene por qué ser necesariamente un *casus belli*.[58]

---

[58] Albertini vol. II, pp. 374 y 375.

Domingo, 26 de julio

Londres

Sir Edward Grey odiaba la ciudad y todo lo que tuviera que ver con el mundo moderno. Desde que falleciera su mujer, se había visto invadido por una melancolía que sólo encontraba alivio en el campo. De manera que ese fin de semana, como casi todos, se había ido a pasarlo a Itchen Abbas. En el ministerio, se quedó al cargo el subsecretario permanente, Arthur Nicolson, que llegó a su despacho a primera hora de la mañana. Allí se encontró con varias noticias que procedían de las embajadas inglesas repartidas por Europa. De Belgrado venía la de que Serbia había empezado a movilizar su ejército. En Viena, daban por hecho que la guerra con el reino balcánico era inminente. Sin embargo, la peor noticia estaba por ser leída. Nicolson cogió el telegrama que había llegado de San Petersburgo a las diez y media de la noche anterior. Leyó:

> *El zar ha firmado un ukase imperial que el ministro de Asuntos Exteriores publicará cuando considere que ha llegado el momento oportuno, ordenando la movilización de 1.100.000 hombres.*

Nicolson levantó la mirada del papel y dijo susurrando:

–Rusia no va a permitir que Serbia sea crucificada por Austria.

Luego, continuó avanzando y se detuvo cuando leyó:

> *Su Excelencia, el ministro, me ha asegurado que tenemos que elegir entre dar a Rusia nuestro apoyo activo o renunciar a su amistad. Si le fallamos ahora, no podemos esperar que continúe la amistosa cooperación que con ella tenemos y que es de tan vital importancia para nosotros.*[59]

---

[59] *Brit. Doc.*, p. 93, doc. 125.

El telegrama se resbaló de los dedos de Nicolson. Era dudoso que Gran Bretaña pudiera resistir una ofensiva rusa contra la India. Inglaterra era una potencia naval. Pero, para llegar al corazón del imperio británico, el zar no necesitaba de ningún barco. El Gran Juego había terminado gracias al acuerdo anglo-ruso de 1907 por el que ambos imperios se repartieron Persia en esferas de influencia. El británico logró salvar los muebles en aquella ocasión. La pregunta era si estaba en condiciones de volver a hacerlo.

Con el índice de la mano derecha, Nicolson trató de aflojarse el cuello de celulosa que, de repente, empezó a oprimirle. Rusia había decidido chantajear y agarrar de las solapas a los ingleses y Londres carecía simplemente del poder suficiente para evitarlo. Las alternativas británicas disminuían. Si Gran Bretaña permanecía neutral y Rusia ganaba la guerra, el siguiente paso del zar sería dirigirse hacia la India y los ingleses no podrían detenerlo. Si intervenía en favor de Alemania, quizá lograra la derrota de Rusia, pero a cambio habría entregado el continente a alguien que a la larga sería más peligroso que Rusia misma y que disponía de lo que más podía inquietar a Londres, de una gran armada. De manera que, si finalmente estallaba la guerra, Gran Bretaña no tendría más remedio que involucrarse para defender a un mugriento reino balcánico cuajado de asesinos y malhechores en cuya supervivencia Inglaterra no tenía ningún interés. La conclusión era obvia. Había que hacer cuanto se pudiera para que la guerra no estallara. Y era el ministro quien tendría que dirigir ese esfuerzo.

Tras todas estas reflexiones, Nicolson llamó a su secretario y le dictó un telegrama:

–De Sir Arthur Nicolson a Sir Edward Grey, en Itchen Abbas: "Creo que la única esperanza de evitar un conflicto general es aprovechar la sugerencia de Sazonov y de la que habla Buchanan en su telegrama 169."

Nicolson cogió el telegrama de Buchanan que acababa de leer. Releyó el segundo párrafo:

Si Serbia apelara a las potencias, Rusia estaría dispuesta a mantenerse al margen y dejar la cuestión en manos de Gran Bretaña, Francia, Italia y Alemania.

"Eso es –pensó Nicolson–. Aquí está. A esto nos podemos agarrar. Si Serbia apela a las potencias, Rusia estaría dispuesta a mantenerse al margen. Es nuestra oportunidad." Luego, agitó el papel en el aire y, haciéndolo, dijo a su secretario:

—No olvide adjuntar este telegrama al mío para Sir Edward. Si no lo lee antes, no entenderá nada. ¿Estamos?

Carraspeó y continuó el dictado:

—Sigamos. "Por lo tanto, entiendo que lo procedente es que telegrafíe a Berlín, París y Roma pidiendo a sus Gobiernos que autoricen a sus embajadores aquí para reunirnos en conferencia a fin de encontrar un modo de evitar complicaciones. Mientras, se requerirá a Viena, Belgrado y San Petersburgo que se abstengan de llevar a cabo ninguna operación militar hasta ver los resultados de la conferencia."

Siguió dictando al secretario los detalles del plan. Luego, terminó:

—"Si aprueba la iniciativa, comuníquelo a Clerk, a quien yo ya le habré entregado los borradores de los telegramas que hay que enviar en el sentido anteriormente dicho." Punto. Corra y ordene transmitirlo.

—Ahora mismo, Sir Arthur.

Cuando el secretario estaba a punto de abandonar el despacho, Nicolson le gritó:

—Cuando lo haya hecho, vuelva, que tengo que dictarle más telegramas.

Poco antes de las tres de la tarde, llegó la respuesta de Grey autorizando la estrategia ideada por Nicolson y el envío de los telegramas proponiendo una conferencia de embajadores. Había razones para la esperanza puesto que de ese mismo modo fue cómo se evitó que la Primera Guerra Balcánica degenerara en una gran guerra europea.[60]

---

[60] Albertini, vol. II, p. 390 y siguientes, *Brit. Doc.*, pp. 93, 100 y 102, docs. 125, 139 y 144.

Lunes, 27 de julio

Viena

El jefe del Estado Mayor del ejército, el barón Conrad von Hötzendorf, avanzó por los pasillos de la Ballhausplatz. Llegó al antedespacho del ministro y exigió ser recibido enseguida. Leopold von Berchtold, sin embargo, lo tuvo esperando unos minutos, a pesar de que podía haberle recibido de inmediato, con el fin de darle tiempo a que se tranquilizara. Finalmente, cuando ordenó que lo hicieran pasar, el militar entró en la estancia como un huracán:

—¿Qué es eso de que mañana vamos a declarar la guerra a Serbia?

—No se altere, mi general —trató de tranquilizarle Berchtold— No hay razón para que lo haga. Creo que esto ya lo habíamos hablado ayer.

—Ayer, lo que dijimos…

—Siéntese —le interrumpió el ministro—. Se lo ruego.

Conrad obedeció, pero sin apoyar la espalda en la butaca como si quisiera que la incomodidad mantuviera vivo su enojo.

—Lo que hablamos ayer, Excelencia —continuó el jefe del Estado Mayor algo más calmado—, es que había que adelantar la declaración de guerra unos días antes de que el ejército estuviera listo para atacar.

—Y eso es lo que vamos a hacer, mi general.

—Y quedamos —continuó Conrad como si el ministro no hubiera dicho nada— en que lo haríamos dentro de una semana más o menos.

—No, mi general. Dijimos que, como mucho, en una semana

—¡En todo caso, ayer hablamos de unos días, Excelencia!

—Y eso es lo que habrá transcurrido mañana, cuando hagamos la declaración, unos días.

—Hablamos de unos días —repitió Conrad como si no hubiera oído al ministro– y esta mañana viene a verme el conde Hoyos de su parte para decirme que la declaración de guerra se hará mañana. Eso no son unos días. Eso son sólo dos días. Necesito algo más de tiempo.

–Lo lamento muchísimo, general, pero eso no es posible. Y usted sabe muy bien por qué. Rusia está haciendo todo lo posible para empujarnos a una solución diplomática y nuestro aliado está siendo sometido a toda clase de presiones por parte de Inglaterra para que nos arrastre, llevándonos de la mano, hasta la mesa de negociación. Es imperativo enfrentar a toda Europa con un *fait accompli*. Y hay que hacerlo cuanto antes.

–Y lo entiendo, Excelencia, lo entiendo. ¡Pero, mañana es demasiado pronto!

–Por desgracia, hay que elegir. Peor que adelantar la declaración de guerra sería permitir que una iniciativa diplomática paralice por tercera vez la movilización del ejército. En alguna ocasión le he oído advertir contra la posibilidad de una nueva postergación.

–Sí, desde luego. Una tercera interrupción sería terrible para la moral del ejército.

–Por otra parte –añadió Berchtold–, las noticias que llegan desde San Petersburgo son muy preocupantes.

–A mi oficina también han llegado esas noticias.

–Pues entonces, sabrá como yo que el Gobierno ruso ha empezado a hacer preparativos militares en los distritos de Kiev, Moscú y Odessa.

–Veo que sus noticias coinciden con las mías.

–Nuestro embajador allí me ha informado de que tanto el señor Sazonov como el ministro ruso de la Guerra le han dado su palabra de honor de que la movilización todavía no ha sido ordenada.

–Bueno –interrumpió Conrad–. Son cosas que no son incompatibles. Se pueden empezar a adoptar unos primeros preparativos militares sin necesidad de ordenar la movilización oficialmente.

–También me han contado que esos distritos serán movilizados legalmente a partir del mismo momento en que nuestras tropas crucen la frontera con Serbia.

–¿Quién le ha dicho eso?

–La información proviene del agregado militar alemán en San Petersburgo.

–¡Por eso me preocupa que hagamos una declaración de guerra oficial demasiado prematuramente! –exclamó Conrad dando un puñetazo sobre la palma de su otra mano–. Si es cierto que Rusia no comenzará su movilización hasta que nosotros hayamos empezado la invasión de Serbia, tendríamos un margen de tiempo considerable. En cambio, si declaramos la guerra a Serbia mañana, Rusia podría ordenar también mañana su movilización y estaría lista para atacarnos apenas unos días después de haber iniciado nosotros la invasión. Desde el punto de vista militar, habría que retrasar la declaración de guerra hasta el momento mismo de la invasión y tratar de someter a Serbia antes de que Rusia haya podido intervenir.

–No le dé más vueltas, general. La decisión ha sido tomada. La declaración de guerra no puede diplomáticamente retrasarse más. Está redactándose y mañana será entregada.

–De acuerdo –concedió Conrad de mala gana–. Pero entonces necesito disponer de información fiable acerca de lo que pase en Rusia. Hay que explicarles a los alemanes lo esencial que es que nos mantengan informados. En el momento de empezar la invasión, tenemos que saber con absoluta certeza si podemos emplear todas nuestras tropas en la invasión o si, por el contrario, tenemos que reservar el grueso del ejército para hacer frente a los rusos.

–Comprendo.

–Si fuera verdad –dijo Conrad con tono sombrío– que Rusia está movilizando los distritos militares que nos han dicho, el tiempo que están ganando exige de forma imperativa que Austria-Hungría, y también Alemania, tomen inmediatamente las contramedidas correspondientes.

–¿Dice usted Alemania?

–Desde luego. Si Rusia está movilizando para atacarnos, es esencial que Alemania movilice también cuanto antes, pues nosotros solos no podemos contener al ejército ruso. Si Rusia está movilizando, Alemania tiene que empezar inmediatamente a hacerlo también.

–¿Cree usted entonces conveniente que exija a Berlín que inicie la movilización de su ejército?

–Absolutamente, Excelencia –se mostró tajante Conrad–. Además, una fulmínea reacción por parte de Alemania podría hacer que Rusia se retirara por temor a tener que enfrentarse a los dos ejércitos, el alemán y el nuestro, a la vez.

–En eso, tiene razón. Lo único que están ahora en condición de entender los rusos es un mensaje claro que les muestre las consecuencias de adoptar una actitud amenazante.

Dicho esto, Berchtold se mantuvo en silencio acariciándose el enrojecido cuello, irritado por el roce con la tiesa celulosa. Luego, perdió su mirada entre los reflejos que proyectaba la lámpara de Murano que pendía del techo y, sin dirigirse a Conrad, dijo:

–También habría que pensar en la posibilidad de influir en las decisiones que se tomen en San Petersburgo a través de Rumanía, aprovechando las buenas relaciones que tiene con ella Berlín. Es más, una declaración del rey Carlos afirmando que, en caso de conflicto europeo, Rumanía se mantendrá del lado de la Triple Alianza, podría hacer que Rusia revisara su decisión.

–En estas circunstancias –dijo Conrad–, cuántos más amigos seamos capaces de reunir, mejor.

–Mañana declararemos la guerra y luego veremos si somos capaces de evitar que Rusia intervenga.

–Esperemos lograrlo.

Terminada la reunión, conde y barón se estrecharon la mano y el general volvió al Estado Mayor. Al salir del edificio se dio cuenta de que todos los esfuerzos destinados a que Rusia no interviniera, prolongarían la incertidumbre acerca de lo que haría finalmente, impidiéndole a él decidir qué hacer con el grueso de su ejército, si lanzarlo contra Serbia o reservarlo para defenderse de los rusos.[61]

Londres

El príncipe Lichnowsky, el embajador alemán en Londres, había sido citado a media mañana en el Foreign Office. Para Sir Edward Grey, una vez lanzada la propuesta de la conferencia a cuatro con los embajadores de Alemania, Francia e Italia, en la que Inglaterra jugaría el papel de anfitrión y de principal mediador, era esencial la colaboración alemana, sin la cual el proyecto no podría alcanzar el éxito. Al llegar, El secretario de Exteriores invitó al embajador:

---

[61] Albertini, vol. II, p. 456 y Geiss, p. 254, doc. 111.

—Acomódese, estimado príncipe. ¿Qué tal ha transcurrido el fin de semana?

—Muy bien, gracias —contestó el diminuto diplomático—. ¿Y el suyo?

—He estado pescando. Me relaja tanto… Bueno, a lo nuestro. Acaba de irse el encargado de negocios serbio, que ha venido para entregarme una copia de la contestación de su Gobierno a la nota austriaca. Acabo de leerla. Me parece que Serbia ha aceptado las exigencias austriacas hasta un punto y en una extensión que, francamente se lo digo, jamás yo hubiera creído posible.

Grey se levantó entonces a por unos papeles que tenía en el escritorio. Mientras lo hizo, dijo:

—En definitiva, Serbia ha dicho que sí a todo lo que le ha exigido Austria, salvo un punto, el que se refiere a la participación de funcionarios austriacos en la investigación judicial. Por lo demás, ha aceptado todo.

Grey miró a Lichnowsky por encima de unos imaginarios lentes que no llevaba:

—Estará de acuerdo conmigo que esta aquiescencia de Serbia ha de ser atribuida única y exclusivamente a la presión ejercida por San Petersburgo.

Lichnowsky no contestó y Grey continuó hablando:

—Si Austria insistiera en no mostrarse satisfecha con esta respuesta, o sea, si no fuera aceptada por Viena como el punto de partida para unas negociaciones pacíficas, o si Austria llegara incluso a la ocupación de Belgrado, que está indefenso ante ella, sería absolutamente evidente que lo único que estaba Austria buscando era un pretexto para arrasar Serbia. Y no sólo, sino también que la influencia de Rusia en los Balcanes se viera golpeada. Estaría justificado entonces que Rusia no aceptara tal acción y la considerara un desafío directo. El resultado sería la guerra más terrorífica que Europa haya nunca visto y nadie puede predecir adónde pueda conducir una guerra así.

Lichnowsky asintió levemente con la cabeza porque era uno de los alemanes que más temían esa guerra por lo perjudicial que creía que podía ser para Alemania. No obstante, permaneció en silencio y Grey prosiguió:

—Han sido muchas las ocasiones, en que su Gobierno, a través de la amable representación de Su Excelencia, me ha pedido que haga en

San Petersburgo un ruego en favor de la moderación. Sin ir más lejos, hubo otra ayer mismo. Como usted sabe muy bien, siempre he estado encantado de cumplir con esta clase de requerimientos. Y, en alguna ocasión, he tenido que padecer algún reproche por ello. Recuerde si no cómo en la última crisis me he visto obligado a oír cómo los rusos me acusaban de estar mucho más del lado alemán que del de ellos.

Lichnowsky le miraba procurando que no se notara lo muy de acuerdo que con él estaba. A veces se vio obligado a bajar la mirada para disimularlo. Grey, muy serio, siguió:

—Ahora soy yo quien me dirijo a ustedes para pedirles que empleen toda su influencia en Viena a fin de que, una de dos, consideren la contestación de Belgrado como satisfactoria o la acepten al menos como base para una conferencia. Estoy convencido de que el que pueda llegarse a un arreglo en este asunto está completamente en sus manos. Estamos a tiempo porque, según mis noticias, todavía no se ha hecho ningún llamamiento a ningún reservista ruso.

Grey se detuvo y fingió reflexionar. Sonrió casi pícaramente y dijo:

—Si hicieran lo que les pido, yo y el Gobierno al que pertenezco lo consideraríamos como un magnífico augurio para el futuro de las relaciones de nuestros dos países al haber de nuevo conseguido ambos garantizar la paz de Europa empleando nuestra influencia con nuestros respectivos aliados.

Los dos sabían que Alemania llevaba años tratando de ganarse la amistad británica. Y había mucha gente en Inglaterra entre la clase dirigente que veía con mucha más simpatía esa posible amistad que la que ahora disfrutaban con la republicana, descreída e imprevisible Francia.

No obstante, Lichnowsky se sintió herido al verse tratado como el embajador de un país de tres al cuarto al que se le podía pedir que hiciera una concesión concreta e inmediata a cambio de un futuro y vago favor que ni siquiera había sido solicitado expresamente.

—Hoy voy a hacer una declaración política —confesó Grey— en la Cámara de los Comunes. Lo que haré será expresar públicamente el punto de vista que acabo de exponerle.

—Estimado secretario —dijo al fin Lichnowsky—, haré cuánto en mi mano esté para transmitir la visión que usted tiene de la crisis y de su solución.

–Todo está en manos de su Gobierno, Lichnowsky –reiteró Grey.

El embajador no dijo ni que sí ni que no, sino que se levantó, dio la mano al ministro junto con una levísima y casi imperceptible inclinación de cabeza, se despidió y salió del despacho.[62]

Berlín

Guillermo II, a bordo del *Hohenzollern,* su yate privado, se mantuvo durante su crucero poco más o menos informado de lo que estaba ocurriendo. Sin embargo, desde hacía unos días llegaban muy pocas noticias, lo que acrecentó en el emperador la sospecha de que su canciller y su ministro de Asuntos Exteriores no le contaban todo lo que sucedía. Por eso, decidió volver precipitadamente en contra del consejo de Bethmann Hollweg, que le radiotelegrafió diciéndole que no era de momento necesaria su presencia en la capital. Al fin, aquel lunes, el káiser llegó a Berlín. En el andén de la estación de Wildpark estaba esperándole el canciller. Al ver bajar al káiser, agachó la cabeza en signo de respeto. El soberano preguntó:

–¿Qué tal ha ido todo?

–Majestad, lamentablemente –contestó Bethmann sin atreverse todavía a mirar a los ojos al emperador y pálido como la cera– la situación no es exactamente como le ha sido descrita en los últimos radiogramas.

–¿Ah no? –preguntó Guillermo retóricamente y sin atisbo de sorpresa en su cara pues ya lo sospechaba.

–He sido engañado, Majestad. Y el haberlo sido me ha conducido a engañar también a Su Majestad –mintió el canciller compungido–. No sabe como lamento lo ocurrido. Puede contar desde este momento con mi dimisión.

Guillermo, seguro de poder hacerse cargo de la situación ahora que estaba en Berlín y corregir cualquier error que hubiera podido cometer su Gobierno, le puso la mano en el hombro y le dijo:

–No se preocupe, amigo Bethmann –y esbozó una leve sonrisa–.

---

[62] Geiss, p. 238. doc. 164.

Usted ha cocinado este guiso y usted será quien tenga que comérselo.[63]

✳✳✳

Mientras, Sir William Edward Goschen, embajador inglés en la capital del Reich, acababa de llegar proveniente de Londres. Inmediatamente solicitó entrevistarse con Gottlieb von Jagow para transmitirle la propuesta de la conferencia de embajadores a celebrar en la capital británica, resolver así el conflicto entre Austria y Serbia y evitar una guerra europea. La orden de Grey había llegado a la embajada a primera hora de la mañana, pero sus funcionarios no se atrevieron a hacer nada hasta que llegara Goschen. Jagow le contestó que lo recibiría a primera hora de la tarde y efectivamente así lo hizo:

–Excelencia –dijo el ministro de Exteriores nada más verle–, tengo entendido que acaba usted de volver de Londres- ¿Qué tal viaje ha tenido?

–Por desgracia, Excelencia, el tren iba lleno y me han dado un departamento que estaba justo encima de uno de los ejes. De manera que no he podido dormir en toda la noche.

–Lo siento muchísimo. Dígame, ¿a qué debo el honor de su visita?

–Si me permite, le leeré el telegrama que recibimos ayer en la embajada y que nos da unas precisas instrucciones para que transmitamos al Gobierno de Su Excelencia una propuesta.

–Por favor, se lo ruego.

El embajador se hizo con un papel que llevaba en su portafolios, lo desdobló y leyó:

–"Pregunte al ministro de Asuntos Exteriores si estaría dispuesto a dar instrucciones a su embajador aquí para que se uniera a los representantes de Italia y Francia y yo mismo…" –Goschen levantó la mirada–. El telegrama está firmado en persona por el señor secretario del Foreign Office, Sir Edward Grey.

–Ya –contestó Jagow.

Goschen prosiguió la lectura:

– "Si estaría dispuesto a unirse a una conferencia que se celebraría

---

[63] Albertini, vol. II, p. 437.

en Londres y que estaría encaminada a encontrar un modo de evitar mayores complicaciones. Teniendo a la vista esto, nuestros embajadores en Viena, San Petersburgo y Belgrado están autorizados a informar a los Gobiernos ante los que están acreditados a fin de requerirles para que, en tanto se esté desarrollando la conferencia, suspendan todas las actividades militares."[64]

Al terminar de leer, Goschen entregó el papel a Jagow diciéndole:

–Esta copia es para usted.

Jagow la cogió y la dejó sobre su escritorio. El ministro había estado escuchando con fingida atención pues el telegrama no le descubría nada nuevo ya que tenía noticia de la propuesta a través de su embajador en Londres. Así que, contestó:

–Me temo que la conferencia que el Gobierno de Su Majestad sugiere equivaldría a un tribunal de arbitraje y no podría, según me parece, ser convocada sino a requerimiento de Austria y Rusia.

Goschen torció el gesto y manifestó, sin interrumpir al ministro, algo de sorpresa enarcando las cejas.

–En consecuencia –continuó el ministro–, no puedo, por muy deseoso que esté de cooperar en favor del mantenimiento de la paz, respaldar su propuesta.

–Le puedo asegurar, Excelencia –dijo el embajador inglés insistiendo– que la idea de Sir Edward no tiene nada que ver con el arbitraje, sino que tan sólo significa que las cuatro naciones no interesadas directamente discutirán y sugerirán medios para evitar una situación que sin duda es extremadamente peligrosa.

–Desde cualquier punto de vista, Excelencia, aunque no fuera un arbitraje, esa conferencia no es practicable. Acabo de recibir noticias desde San Petersburgo que demuestran que el señor Sazonov tiene la intención de intercambiar puntos de vista directamente con el conde Berchtold.

En efecto, el día anterior había llegado al ministerio un telegrama del embajador alemán en San Petersburgo que parecía confirmar esa iniciativa. Sin embargo, lo que Jagow no le dijo a Goschen es que su información era de segunda mano y que la posibilidad de que Austria

---

[64] *Brit. Doc.*, p. 101, doc. 140.

y Rusia entablaran conversaciones directas para resolver el conflicto apenas habían sido en realidad apuntadas.

—Esta forma de proceder —continuó el ministro alemán— podría más fácilmente desembocar en un resultado positivo y lo mejor sería, antes de emprender ninguna otra clase de acción, esperar a ver cuál es el resultado de este intercambio de opiniones entre los Gobiernos austriaco y ruso.

—Ya —objetó el embajador—, pero el tiempo apremia. No está claro que la propuesta de mi Gobierno siga siendo factible si Austria-Hungría emprende cualquier acción militar contra Serbia. Esperar parece que es precisamente lo que no podemos permitirnos.

—Francamente, Excelencia —le contestó Jagow con fingida condescendencia—, creo que eso no constituye un verdadero problema. La movilización emprendida por Austria-Hungría es parcial y, por lo tanto, no está dirigida contra Rusia. En cambio, si Rusia movilizara contra Alemania, nosotros no tendríamos otro remedio que hacer lo propio.

—¿Qué entiende —preguntó Goschen— Su Excelencia exactamente por "movilizar contra Alemania"?

—Es sencillo, Excelencia. Si Rusia moviliza sólo en el Sur, Alemania no tendría por qué movilizar su ejército. En cambio, si moviliza también en el Norte, Alemania estaría obligada a movilizar también.

Jagow esperó una respuesta afirmativa o cualquier gesto que indicara que Goschen había entendido. Como fuera que no se produjo, prosiguió:

—El problema estriba en que los sistemas de movilización rusos son tan complicados que será muy difícil apreciar su exacta localización. Comprenderá, Excelencia, que en estas condiciones, Alemania está obligada a ser muy cauta para no ser cogida por sorpresa.

—Comprendo —consintió Goschen.

—No obstante, Excelencia —dijo Jagow con inequívoco gesto de impaciencia para dar por terminada la entrevista—, las noticias que llegan de San Petersburgo me han producido una grata impresión y hoy contemplo la situación de forma bastante optimista.

Goschen, viendo que no había nada que hacer, y medio conformado por las esperanzas puestas por Jagow en las conversaciones directas entre Sazonov y Berchtold, se despidió. Pero antes de marcharse, con la mano puesta en el manillar de la puerta, dijo:

—En cualquier caso, Excelencia, ¿sería tan amable de transmitir nuestra propuesta al Gobierno de Viena y emplear en favor de ella todos sus buenos oficios?

—Desde luego, Excelencia. Así lo haré.

—Nosotros se la remitiremos, pero sería muy conveniente que también les llegara a través del canal de su aliado.

—Por supuesto —zanjó el ministro.[65]

★★★

Inmediatamente después de que Goschen saliera del despacho de Jagow, éste telefoneó al canciller Bethmann Hollweg:

—¿Canciller?

—Al habla.

—Acabo de entrevistarme con Goschen.

—¿Alguna novedad en Londres?

—Ninguna. Me ha transmitido oficialmente la propuesta de Grey de celebrar una conferencia de embajadores de Francia, Italia y Alemania con él en Londres.

—Naturalmente, ha rechazado tal posibilidad.

—Por supuesto. Pero he tenido que hacerlo sobre la base de que tal conferencia sólo podía celebrarse a petición expresa de Rusia y Austria. Además, me he comprometido a transmitir la propuesta a Viena y presentarla arropada bajo nuestros mejores oficios.

—¿Por qué ha aceptado hacer tal cosa?

—¿Y qué podía hacer? Se supone que Austria actúa por su cuenta para resolver un problema que a ella sólo atañe.

—Claro —dijo Bethmann sin convicción.

—Y se supone asimismo —apuntaló el ministro— que nosotros nos limitamos a respaldar lo que Austria libremente decida.

—Así es.

—Pues eso. Que si Austria quisiera realmente someterse al resultado de esa conferencia, nosotros no podríamos objetar nada.

---

[65] Geiss, p. 253, doc. 110.

–Esa es nuestra posición oficial. Austria decide. Nosotros respaldamos.

–Por eso le he dicho que, si Austria aceptara la celebración de esa conferencia, nosotros no tendríamos inconveniente en asistir porque no tendríamos forma de justificar el no hacerlo. Dijera yo lo que dijera, Londres se dispone a presionar a Viena con todas sus fuerzas para que acepte la conferencia y se someta a su resultado. Y ya sabemos lo frágiles que son nuestros amigos. Sólo nos faltaba ahora que Berchtold, voluble como es, le diga a los ingleses que de acuerdo y detenga la movilización.

–No creo que sea capaz.

–¿No cree? ¿Lo dice de verdad? Como mucho le admito que sea improbable, pero posible claro que lo es.

–¿Qué sugiere hacer?

–Habría que hablar con Szögyény para que transmita a su Gobierno las actuales circunstancias y lo conmine de nuestra parte a no aceptar en ningún caso y bajo cualquier pretexto la propuesta británica.

–Desde luego –concedió Hollweg.

–¿Convoco pues al embajador austriaco?

–Por supuesto. Hágalo.

–Le tendré al corriente.

✦✦✦

Gottlieb von Jagow convocó al conde Szögyény para que acudiera a la Wilhelmstrasse lo más rápidamente posible. Tras unos pocos minutos, el embajador entró en el despacho del ministro de Exteriores alemán:

–Lo primero que tengo que advertirle, estimado conde –dijo el ministro– es que lo que tengo que decirle para que lo transmita a su Gobierno es estrictamente confidencial y por lo tanto debe ser comunicado con la máxima de las seguridades.

–No tenga cuidado.

–Y con la mayor de las urgencias.

–Desde luego.

–Acabo de recibir al embajador inglés, y me he comprometido con él a transmitirle a su Gobierno, la propuesta de mediación de Grey y que supongo que usted ya conoce, pues coincide exactamente con lo que se rumoreaba que era.

—La conferencia de embajadores —apostilló el viejo diplomático.

—Eso: la conferencia de embajadores. Pues bien, ha de transmitir a su Gobierno que nosotros no nos identificamos en absoluto con estas posiciones. Muy al contrario, aconsejamos no tomarlas en consideración. Lo que ocurre es que no tenemos otro remedio que presentárselas para satisfacer al Gobierno inglés.

—¿Y eso? —preguntó Szögyény.

—Tenemos la convicción de que en estos precisos momentos es de suma importancia que Inglaterra no se ponga del lado de Rusia y Francia. Por eso, cualquier esfuerzo que se haga para que la comunicación entre Alemania e Inglaterra siga funcionando es poco. Si Alemania, cándidamente, le dijera a Sir Edward Grey que nos negamos a comunicar los deseos de Inglaterra a Austria-Hungría, la eventualidad de que Gran Bretaña se ponga del lado de Rusia y Francia sería mucho más probable.

Szögyény asintió.

—Por otra parte —continuó Jagow—, nuestro compromiso no ha ido más allá. Le hemos hecho saber al Gobierno inglés explícitamente que no podemos apoyar su propuesta de intervención y que lo único que podemos hacer es transmitírsela al Gobierno de Su Excelencia para complacer a Inglaterra.

—Comprendo, Excelencia —dijo Szögyény.

Jagow siguió su razonamiento:

—El Gobierno inglés, a través del embajador alemán en Londres y a través del embajador británico aquí, me ha requerido…

—¿A usted personalmente? —interrumpió Szögyény.

—Sí. A mí personalmente, para que respalde los deseos británicos de presionar al Gobierno de Viena para que, a la vista de la complaciente respuesta serbia, modifique su nota de exigencias.

Szögyény sintió un escalofrío. El ministro continuó su narración:

—Le contesté que sería un honor para mí transmitirlos, pero que lo haría sin respaldarlos porque para nosotros el conflicto con Serbia es una cuestión de prestigio para la Monarquía austro-húngara y que Alemania tiene interés en que ese prestigio se preserve.

A Szögyény, el planteamiento le pareció coherente, pero preguntó:

—¿Entonces?

–He enviado la nota de Sir Edward Grey a nuestro embajador, el señor Tschirschky. Así, podremos decirle al gabinete inglés que, lejos de negarnos a cumplir los deseos de Sir Edward, la nota fue enviada a Viena tal y como se nos pidió. El gesto podría dar la impresión de que respaldamos la iniciativa. No se equivoque, Excelencia. Aunque parezca que hemos actuado en este asunto con cierta equidistancia, de ninguna manera, ni yo ni mi Gobierno, deseamos apoyar las propuestas de mediación.

–No se preocupe, Excelencia, que su mensaje llegará cumplidamente a la Ballhausplatz.

Tranquilizado Jagow y puesto al corriente Szögyény, los dos hombres se despidieron.[66]

---

[66] Geiss, p. 236, doc. 95.

Martes, 28 de julio

Berlín

El káiser se levantó aquella mañana muy temprano porque estaba citado con el general Plessen para montar a caballo juntos. A las siete y media, el general ya estaba dispuesto y el caballo del emperador, debidamente ensillado. Montaron por el inmenso parque que rodea el Neues Palais en Potsdam. Llegado un punto, hubo que dar descanso a los animales y se limitaron a ir al paso. El general, por conversar de algo, preguntó:

–¿Cómo van las cosas, Majestad?

–Soy optimista, mi general. Todavía no he tenido ocasión de leer la respuesta serbia al ultimátum de Austria, pero Inglaterra piensa que, en esencia, todas las demandas austriacas han sido satisfechas y que, por lo tanto, toda razón para librar una guerra ha desaparecido.

–Y, Majestad –contestó el general respetuoso–, ¿no cree que, aunque la respuesta serbia haya sido satisfactoria como se dice, Austria debería por lo menos apoderarse de alguna prenda que sirva de garantía de que se cumplirá lo prometido?

–Es una idea. Ya veremos –dijo el emperador algo displicente.[67]

De vuelta al palacio, los dos jinetes se despidieron. El káiser se dio un baño, desayunó y se encerró en su despacho a leer los papeles pendientes. Entre ellos, encontró la respuesta serbia al ultimátum austriaco. Leyó el papel con atención y, cuando terminó, escribió al pie:

¡Una brillante pieza escrita tan sólo en el plazo límite de 48 horas! ¡Es más de lo que cualquiera habría esperado! ¡Constituye un gran éxito moral para Viena, pero con él desaparece toda razón para la guerra

---

[67] Albertini, vol. II, p. 467.

y Giesl [el embajador austriaco en Serbia] debería haberse quedado tranquilamente en Belgrado! Después de una cosa así, yo nunca habría ordenado la movilización del ejército.[68]

Tras escribir esta nota, Guillermo decidió que merecía la pena tomar en cuenta la idea de Plessen y escribió a su ministro de Exteriores, el secretario de Estado Gottlieb von Jagow, exponiéndosela.

✶✶✶

La misiva llegó al Auswärtiges Amt a mediodía. Cuando Jagow la terminó de leer, se quedó horrorizado. El káiser, en uno de sus frecuentes cambios de humor, parecía querer dar marcha atrás. Eso daría al traste con la política desplegada por Alemania desde que Guillermo partiera para su crucero. ¿Qué hacer? Salió para la cancillería y pidió ser recibido por el canciller Bethmann Hollweg inmediatamente.

–¿Qué pasa, Gottlieb? –preguntó el jefe del Gobierno alemán.

Sin darle la mano, sin mediar saludo de ningún tipo, el ministro le extendió el papel que llevaba en el bolsillo interior de la levita y, entregándoselo, dijo:

–Mire lo que acabo de recibir.

Bethmann cogió la hoja y vio que se trataba de papel timbrado del emperador. Se lo devolvió al secretario de Estado y le rogó:

–Por favor, léala en voz alta.

Jagow se hizo nuevamente cargo de la hoja, se sentó y leyó:

–"Después de leer la contestación serbia, estoy convencido de que en general los deseos de la Monarquía danubiana han sido cumplidos. Las pocas reservas que Serbia hace respecto de algunos puntos concretos podrían arreglarse mediante la negociación."

Jagow levantó la vista del papel y dirigiéndose a su superior, dijo:

–¿Os dais cuenta, Excelencia?

–Siga, por favor.

–"La respuesta –leyó Jagow– contiene el anuncio *orbi et urbi* de una capitulación de la más humillante de las clases y, como resultado, cualquier razón para la guerra ha decaído."

---

[68] Albertini, vol. II, p. 467.

–¿Pone eso? –Preguntó Bethmann sin poder creer lo que acababa de escuchar.

–Literalmente.

–Siga.

–"Sin embargo, el papel puede ser considerado de escaso valor mientras no se traduzca en hechos. Los serbios son orientales y, por lo tanto, mentirosos, truhanes y maestros en el arte del engaño…"

–En eso, tiene razón –interrumpió el canciller.

–Desde luego –asintió Jagow.

El ministro continuó la lectura:

–"Con vistas a que estas bellas promesas se cumplan, ha de ejercitarse una *douce violence*. Habría que encontrar el modo de que Austria recibiera un *hostage*, como podría ser Belgrado, en garantía de la ejecución y cumplimiento de las promesas hechas, y debería ocuparlo hasta que la *petita* se haya cumplido."

–¿A qué viene eso ahora? –preguntó Bethmann

–No lo sé.

–Continúe, se lo ruego.

– "Esto es también necesario para dar al ejército, que habría sido movilizado innecesariamente por tercera vez, la *satisfaction d'honneur* que conllevaría un ostensible éxito a los ojos del mundo y hacérselo sentir permitiéndole la ocupación de una porción de suelo extranjero. A menos que esto se haga, el abandono de la campaña podría ser la causa de una ola de rechazo de la Monarquía, lo que sería peligroso en un altísimo grado."

Jagow levantó nuevamente los ojos:

–Y ahora viene lo mejor.

Volvió nuevamente al papel:

– "En el caso de que Su Excelencia comparta mi punto de vista, le propongo decirle a Austria: Serbia ha sido obligada a retirarse de una forma muy humillante y le felicitamos por ello. Naturalmente, como resultado, cualquier razón que hubiera para una guerra se ha desvanecido. Pero, una garantía de que las promesas serán cumplidas es incuestionablemente necesaria. Ésta podría lograrse por medio de la ocupación temporal de una porción de Serbia similar a la que nosotros mantuvimos en Francia en 1871 hasta que se nos pagó lo que se nos debía. Sobre esta base, estoy dispuesto a mediar en favor de la paz con Austria. Cualquier propuesta o protesta en contrario que hagan otras naciones serán rechazadas por mí, en especial, todas las que hagan llamamientos para que ayude a mantener la paz."

Jagow mostró su desesperación:

—Esto supone un giro incompresible a…

El canciller no le dejó seguir:

—Por favor, Excelencia, no critique la política de Su Majestad Imperial en mi presencia. ¿Ha terminado la lectura?

—No.

—Pues lea.

Jagow devolvió sus ojos al documento:

— "Haré esto a mi manera, sin herir el sentimiento marcial de Austria y el honor de sus armas en la medida de lo posible. Porque ya se ha apelado a éstas de parte del más alto señor de la guerra y éste está a punto de responder a la llamada. Por consiguiente, es absolutamente necesario que reciba una visible *satisfaction d'honneur*, que es un prerrequisito de mi mediación."

—¿Hay alguna instrucción concreta? —preguntó Bethmann.

—Ahora vienen —contestó Jagow.

De vuelta a la lectura, dijo el ministro:

— "En consecuencia, Su Excelencia someterá a mi consideración una propuesta sobre las líneas que acabo de esbozar y que será comunicada a Viena." [69]

Jagow dejó caer la mano que sostenía la carta y exclamó:

—¡Es un desastre!

—¡Cállese, Jagow! Se trata de nuestro soberano. Nos está transmitiendo una orden concreta y nuestro deber es cumplirla.

—Por supuesto, Excelencia, pero es muy difícil obedecer órdenes contradictorias.

—No diga sandeces, Jagow. El emperador no da órdenes contradictorias. Corresponde a nosotros encontrar el modo en que todos sus mandatos se cumplan de modo que el resultado sea la política armoniosa que sin

---

[69] Geiss, p. 256, doc. 112.

duda está en la cabeza de Su Majestad. Si el resultado no es ese, el fallo será nuestro, no de él. No lo olvide, Excelencia.

–Desde luego. Perdone mi atrevimiento. La tensión del momento me ha hecho decir cosas que no pensaba –dijo el ministro sin convicción alguna.

–Deje el asunto en mis manos. Yo sabré interpretar cuál es la exacta voluntad de Su Majestad.

Jagow se levantó, se despidió y se marchó.

Viena

Leopold von Berchtold esperaba en su despacho de la Ballhausplatz la llegada de un telegrama importante. Finalmente, entró el secretario a traerle el papel que aguardaba. Lo desdobló y lo leyó:

Doy mi aprobación al borrador de telegrama dirigido al ministro de Asuntos Exteriores serbio que contiene la declaración de guerra a su país y le otorgo la requerida autoridad para enviarlo. Bad Ischl, 28 de julio de 1914. Francisco José.[70]

Berchtold no pudo evitar pensar en lo insólito que era hacer una declaración de guerra por medio de un telegrama. El caso es que no podía hacerse de otra forma debido a que Gottlieb von Jagow, el ministro de Exteriores alemán, se negó a que su representante en Belgrado, que se había hecho cargo de los intereses de Austria en el reino balcánico, entregara una declaración de esa naturaleza. Berchtold entendió las razones de Berlín y que no consintiera que Alemania fuera el mensajero para no dar la impresión de ser quien había empujado a Austria a dar el paso. Berchtold repasó por enésima vez el texto que el emperador acababa de aprobar:

No habiendo el real Gobierno serbio contestado en forma satisfactoria a la nota que le fue entregada por el embajador de Austria-Hungría en Belgrado el 23 de julio de 1914, el Gobierno real e imperial encuentra necesario ver la forma de salvaguardar sus derechos e intereses. Y, a este objeto, ha de recurrir a la fuerza de las armas. De acuerdo con todo ello, Austria-Hungría se considera a sí misma desde este momento en estado

---

[70] Albertini, vol. II, p.460.

de guerra con Serbia. El ministro de Asuntos Exteriores de Austria-Hungría, conde Berchtold.[71]

Tras una última lectura, entregó el texto al telegrafista, que esperaba en el antedespacho, y le dio la orden de que lo enviara, en primer lugar, a Belgrado, al ministerio de Asuntos Exteriores, luego al resto de cancillerías europeas para que tuvieran cumplida noticia de la declaración.

Cuando el telegrafista hubo partido a cumplir el encargo, el conde Berchtold pensó: "La suerte está echada. Que Dios nos asista."

San Petersburgo

Desde el mediodía, Serge Sazonov, ministro de Exteriores ruso, estuvo despachando con los embajadores de las grandes potencias europeas con el fin de hallar una solución a la crisis desencadenada por el asesinato de Francisco Fernando. Fue especialmente larga la que mantuvo con Sir George Buchanan, con quien discutió las propuestas de mediación de Sir Edward Grey, secretario del Foreign Office. No tan larga, pero sí mucho más tensa, fue la tuvo con el conde Friedrich von Pourtalès, embajador alemán, al que acusó de que su Gobierno no estaba ejerciendo suficiente influencia sobre Austria. Finalmente, recibió a Friedrich Franz Szápáry, embajador austriaco, quien le comunicó que la Doble Monarquía había declarado la guerra al reino de Serbia.

Inmediatamente después de conocer la terrible noticia, el ministro salió precipitadamente hacia el Peterhof para informar al zar. Tras hacerlo, con la misma premura, Sazonov volvió al ministerio con la idea de que había que enviar dos telegramas muy urgentes. El primero sería para el embajador ruso en Londres, el conde Alexander Beckendorff, porque gran parte de lo hablado hasta el momento para tratar de resolver la crisis había dejado de tener sentido ante la noticia de la declaración de guerra y porque había que renovar los esfuerzos por mantener a Gran Bretaña del lado ruso. Y para eso era esencial tener convencidas a las islas de las intenciones pacíficas de San Petersburgo.

Cuando el taquígrafo estuvo preparado, Sazonov dictó:

–"A consecuencia de la declaración austriaca de guerra, la negociación directa por mi parte con el embajador austriaco es obviamente inútil.

---

[71] Albertini, vol. II, p.460.

Sería necesario que Inglaterra emprendiera lo más rápidamente posible una acción dirigida a la mediación y que Austria suspendiera a la vez las medidas militares. De otra forma, la mediación sólo serviría para proporcionar un pretexto para el retraso de cualquier decisión, haciendo mientras tanto posible a Austria la aniquilación de Serbia."[72]

–¿Ha terminado ya, Excelencia? –preguntó el taquígrafo.

–Sí, pero no se marche todavía. Tengo que dictarle otro.

–Cuando quiera, Excelencia –se preparó el taquígrafo.

–Para el encargado de negocios Bronevski en Berlín. Con copias para las embajadas en Viena, París, Londres y Roma.

–Ya está. ¿El texto?

Sazonov se levantó de su butaca y comenzó a pasear por el despacho con las manos cogidas a la espalda:

–"A consecuencia de la declaración de guerra austriaca a Serbia, mañana declararemos la movilización de los distritos militares de Odessa, Kiev, Moscú y Kazan. Amablemente, dé noticia de esta decisión al Gobierno alemán subrayando la ausencia de cualquier intención de atacar a Alemania. Nuestro embajador en Viena, por el momento, no ha sido reclamado desde su puesto."[73]

–¿Eso es todo?

–Eso es todo. Haga que los envíen inmediatamente.

Una vez que el taquígrafo dejó el despacho, Sazonov pensó que pasaba la hora de los diplomáticos y empezaba la de los militares.

Berlín

El canciller alemán, Bethmann Hollweg pasó la tarde tratando de hallar la manera de hacer compatible la nueva iniciativa de su soberano con la política que había seguido Alemania. Hasta ese momento, su país había estado animando a Austria-Hungría a que sometiera militarmente a Serbia. Ahora el káiser consideraba conveniente presionar a Austria para que aceptara la respuesta dada al ultimátum y negociara sin más resarcimiento que la ocupación temporal de Belgrado. Esto suponía dar

---

[72] Albertini, vol. II, p. 540.

[73] Geiss, p. 262, doc. 118

a la política de Alemania un giro de ciento ochenta grados. Un giro muy peligroso porque implicaba que Alemania había empujado a su único aliado a romper relaciones diplomáticas con Serbia y a declararle la guerra para luego obligarle a sentarse a negociar a fin de que Alemania se ahorrara tener que cumplir sus obligaciones militares con Austria. Como no podía oponerse abiertamente a una decisión del emperador, decidió boicotearla. Así que retrasó la transmisión de la propuesta hasta que la declaración de guerra hubiera sido entregada. Luego, escribió al emperador para contárselo y sugerirle que se comunicara directamente con su primo, el zar, para trasladarle su iniciativa.[74]

---

[74] Geiss, p. 258, doc. 114.

Miércoles, 29 de julio

Berlín

Al fin, durante aquella mañana, el káiser se decidió a seguir el consejo de su canciller y le envió a su primo, el zar Nicolás II, un telegrama con el fin de hacer un esfuerzo por la paz. El texto que finalmente se envió fue el siguiente:

Es con la más grave de las preocupaciones con la que he recibido las noticias de los efectos que la acción de Austria contra Serbia están teniendo en su país. La agitación que durante años y sin escrúpulos ha tenido lugar en Serbia ha provocado el ultrajante crimen del que el archiduque Francisco Fernando fue víctima. El espíritu que condujo a los serbios a asesinar a su propio rey y a su esposa todavía domina el país. Estarás sin duda de acuerdo conmigo en que ambos, tú y yo, tenemos un interés común, como todos los soberanos, en insistir en que todas las personas moralmente responsables del vil asesinato reciban su merecido castigo. Después de todo, en esta política, no hay partidismo.

Por otra parte, comprendo perfectamente, cuán difícil es para ti y para tu Gobierno hacer frente a la deriva de tu opinión pública. Por lo tanto, en consideración a la tierna amistad que de corazón nos une desde hace años, estoy ejerciendo la máxima influencia para inducir a los austriacos a comportarse con franqueza para llegar a un entendimiento satisfactorio contigo. Espero confiadamente que me ayudes en mis esfuerzos para superar las dificultades que todavía puedan surgir. Tu muy sincero y devoto amigo y primo, Willy.[75]

---

[75] Williamson & Van Wyck, p. 138.

El telegrama se cruzó en su camino hacia San Petersburgo con el que el zar le envió a su primo Guillermo. Éste llegó al Neues Palais hacia la una del mediodía. Cuando estuvo en poder del emperador, lo leyó:

> *Me alegro de que estés de vuelta. En este gravísimo momento, apelo a ti para que me ayudes. Una innoble guerra ha sido declarada contra un débil país. La indignación en Rusia, compartida plenamente por mí, es enorme. Preveo que muy pronto me veré superado por la presión que se ejerce sobre mí y me veré obligado a tomar medidas extraordinarias que conducirán a la guerra. Para intentar evitar esta calamidad que sería una guerra europea, te ruego que, en nombre de tu vieja amistad, hagas todo cuanto esté en tu mano para detener a tus aliados y evitar que vayan demasiado lejos. Nicky.*[76]

Guillermo anotó algunas observaciones y reenvió el telegrama a la Wilhelmstrasse.

Viena

El embajador alemán en Viena, Heinrich Leopold von Tschirschky und Bögendorff, leyó durante aquella mañana el telegrama, llegado durante la madrugada, firmado por el canciller, que le transmitía la orden del káiser. Lo leyó varias veces y le pareció contradictorio. Por un lado, se le solicitaba contener al Gobierno austriaco, de manera que sus operaciones militares no tuvieran otro objetivo que la ocupación de Belgrado en prenda del cumplimiento de las condiciones del ultimátum. Y, por otro, se le requería para no dar la impresión de que tal contención se estaba llevando a cabo. La clave de lo que tenía que hacerse se la dio una de las frases contenidas en el último párrafo: "El fin sólo es encontrar la forma de realizar el deseado objetivo de Austria, cortar la cuerda de la propaganda de la Gran Serbia, sin que al mismo tiempo tenga que haber una guerra mundial."[77] Seguro ya de cuáles eran las instrucciones recibidas, solicitó telefónicamente ser recibido por el conde Berchtold en la Ballhausplatz. El ministro accedió a recibirle inmediatamente y el embajador partió enseguida hacia allí. Tras los saludos y acomodarse

---

[76] Williamson & Van Wyck, p. 138.

[77] Albertini, vol. II, p. 653.

escrutados por la severa mirada del emperador Francisco José desde un enorme cuadro colgado de la pared, Tschirschky abrió la conversación:

–He recibido instrucciones de Berlín a fin de que su Gobierno haga una declaración expresa en el sentido de no tener intención de llevar a cabo ninguna anexión territorial en perjuicio de Serbia.

–Eso lo hemos dicho muchas veces –contestó el ministro–. Pero no tengo inconveniente en insistir en ello cuanto sea necesario.

–Mi Gobierno –dijo el embajador– cree que es posible evitar que Rusia intervenga si en San Petersburgo se convencen de que tales anexiones no van a tener lugar y el ejército austriaco se limita a ocupar Belgrado y quizá alguna ciudad más para conservarlas en prenda hasta que Serbia cumpla lo que se le exigía en la nota que ustedes le entregaron el 23 pasado.

–Como muy bien sabe Su Excelencia –dijo sereno Berchtold–, nosotros hemos afirmado en infinidad de ocasiones que no tenemos ambiciones territoriales con respecto al reino de Serbia. Naturalmente, no tenemos el más mínimo inconveniente en volver a decirlo.

–¿Y lo de limitar las operaciones a la ocupación de Belgrado en garantía?

–A eso ya no puedo contestarle con la debida concreción de una forma tan inmediata. Tendría que hablar antes con el jefe del Estado Mayor y ver si esa solución es compatible con sus planes de campaña y si la ciudad puede defenderse con facilidad.

–Sin embargo –le apremió el embajador–, necesito una respuesta urgente.

–Se la daré en el mismo instante en que la tenga, no albergue la más mínima duda.

–Quedo pues a la espera de sus noticias.

Los dos hombres se dieron la mano. Mientras, Berchtold dijo:

–De todas formas, Excelencia, no creo que ninguna declaración que hagamos por nuestra parte prometiendo cualquier clase de limitación en los objetivos militares servirá para impedir la intervención de Rusia. Sólo la seguridad absoluta de que Alemania saldrá en nuestra ayuda podría detenerles.

–No le quepa duda, Excelencia de que Alemania cumplirá sus compromisos –dijo el embajador.

–Yo no la tengo, querido embajador, pero me gustaría que Su Majestad, el zar, tampoco la tuviera.

–En cualquier caso –argumentó el diplomático–, reconocerá conmigo que todo cuanto pueda ser útil a evitar la intervención del ejército ruso merece la pena ser intentado.

–Por supuesto, Excelencia.

Y Tschirschky abandonó el despacho del conde Berchtold.[78]

Belgrado

La capital serbia vivió durante la mañana la primera acción bélica tras la declaración de guerra. Una flotilla austriaca bajó por el Danubio y, cuando estuvo enfrente de la ciudad, la bombardeó. El Gobierno serbio había huido a Nish y, por tanto, la agresión difícilmente podía afectar a la quiebra de la gobernación del país. De manera que quienes sufrieron las consecuencias del bombardeo fueron los soldados acantonados en la ciudad y la población civil.

San Petersburgo

Tras haber el embajador alemán, Pourtalès, comunicado al ministro de Exteriores ruso la iniciativa del káiser bautizada como "Alto en Belgrado", Sazonov organizó una reunión con la cúpula de Exteriores. Tras exponer la propuesta alemana, planteó a los presentes:

–Bien, caballeros. ¿Qué creen ustedes? ¿Piensan que Alemania es sincera cuando dice que está ejerciendo una fuerte presión sobre Viena para que abandone su belicosa actitud contra Serbia y negocie con nosotros o creen más bien que la comunicación que el Gobierno alemán ha ordenado hacer al conde Pourtalès no tiene otra intención que la de retrasar nuestra movilización y así ganar tiempo en favor de sus propios preparativos?

El barón Schilling negó con la cabeza:

–Con todos los respetos, Excelencia, a mí no me parece que sea esa la cuestión. Es posible, e incluso probable, que la iniciativa alemana sea sincera y, por lo tanto, el káiser esté actuando lealmente en favor de la paz. Sin embargo –dijo mientras todos le miraban serios sin acabar

---

[78] Albertini, vol. II, p. 654.

de entender hasta dónde les quería llevar–, no parece que una actitud así, por sincera y leal que sea, pueda conducir a ninguna solución en la práctica.

–Explíquese, barón –exigió Sazonov.

–Quiero decir, Excelencia –dijo Schilling dirigiéndose directamente al ministro– que, si Alemania tuviera verdadera influencia sobre Viena y deseara realmente contener a su aliado, hace tiempo que lo habría logrado. En cambio, si fuera verdad, como nos quieren hacer creer, que Austria ha llegado hasta aquí, arriesgando una guerra contra nosotros, sin la aprobación germana, sería imposible que Berlín pudiera ahora ser capaz de detener a su aliado.

–¿Entonces? –preguntó Sazonov.

–Pues que sea o no sincero el Gobierno alemán en sus esfuerzos de contener a Austria, el resultado más probable es que fracase. En consecuencia, nosotros tenemos que actuar como si tal iniciativa no se estuviera ejecutando una vez que hemos concluido que, sincera o no, no puede tener éxito.

Sazonov asintió frunciendo el ceño. No había otra alternativa que movilizar.[79]

★★★

Durante la hora del almuerzo, se recibió en el ministerio de Exteriores ruso la llamada del conde Pourtalès solicitando entrevistarse con el ministro. A las tres de la tarde, el ministro Sazonov le recibió:

–¿Qué nuevas me trae, conde?

–Esta mañana, he recibido un telegrama de Su Excelencia, Herr Bethmann Hollweg pidiéndome que le transmita un mensaje de mi Gobierno.

–Muy bien. Le escucho.

–Se me pide que amablemente le llame la atención sobre el hecho de que la continuación por su parte de ulteriores medidas para la movilización nos obliga a movilizar a nosotros. En tal caso, sería muy difícil evitar la guerra europea.

---

[79] Geiss, p. 296, doc. 137.

Al ministro no le sorprendió la advertencia. Sin alterarse, preguntó:

—¿Ese "será muy difícil evitar la guerra europea" significa que, una vez que haya movilizado, nos atacarán inmediatamente?

El conde vaciló. Luego, dijo:

—Interprételo de la manera que crea más conveniente. El telegrama dice lo que dice, que si continúan movilizando, movilizaremos nosotros también y será muy difícil evitar la guerra europea.

—*Maintenant* —dijo elevando la voz y sin ocultar su enfado— *je n'ai plus de doute sur les vrais causes de l'intrasigence autrichienne.*

Pourtalès saltó de la butaca aún más irritado que su interlocutor y rojo de ira exclamó:

—*Je proteste de toutes mes forces, Monsieur le ministre, contre cette assertion blessante.*

—No se exalte, Excelencia y siéntese de nuevo, se lo ruego —trató de tranquilizar el ministro al diplomático—.

El conde obedeció en cuanto a lo de sentarse, pero el enfado continuó aflorándole al rostro.

—Da igual —prosiguió Sazonov— lo que yo piense sobre las razones de la intransigencia austriaca. Ustedes están en perfectas condiciones de demos-trar que me equivoco.

Pourtalès se levantó nuevamente, pero esta vez conservando el control de su enojo:

—Señor ministro, encuentro que sus palabras son insuficientes a efectos de que yo pueda retirar mi protesta.

Sazonov también se levantó:

—Lamento oír eso, pero es así como pienso. Mentirle no serviría de nada.

Pourtalès hizo una leve inclinación de cabeza como un latigazo y, sin dar la mano al ministro, se retiró visiblemente airado.

Tras abandonar el embajador el despacho, el ministro hizo llamar a Schilling y a Neratov, subsecretario del ministerio, para contarles lo sucedido. En esas estaba, con los tres hombres reunidos, cuando sonó el teléfono con su atronador timbre. Sazonov se levantó de la mesa de reunión y en dos zancadas se plantó ante su escritorio y, sin sentarse, levantó el auricular y cogió con la otra mano el micrófono

—¿Aló?…¿Dígame?… Dígame, Majestad.

La voz del zar se oía tan alta y clara que hasta Schilling y Neratov pudieron oír lo que dijo:

–Monsieur Sazonov. Acabo de recibir un telegrama de Su Majestad, el káiser Guillermo en el que urgentemente me requiere para que no permita que los acontecimientos se precipiten hacia una guerra. Me dice que está tratando de ejercer toda su influencia para convencer a los austriacos y que traten directamente con nosotros y poder así llegar a un acuerdo.

Eso se correspondía poco más o menos con lo que Pourtalès le había dicho por la mañana. Sin embargo, Sazonov no le habló de esa reunión, sino de la mantenida hacía unos minutos:

–Pues acaba de estar aquí el embajador imperial de su Majestad, el káiser, y nos ha amenazado con movilizar y atacarnos si continuamos con nuestros preparativos militares.

–¿Eso ha hecho?

–El sentido de sus amenazas no admiten duda, Majestad. Las ha proferido leyendo un telegrama firmado por Herr Bethmann Hollweg. Francamente, Majestad, con todos los respetos, el telegrama de su Majestad, el káiser, no casa en absoluto con las advertencias que me acaba de hacer su embajador.

–Desde luego que no, Excelencia. Telegrafiaré inmediatamente a Berlín pidiendo explicaciones sobre esta divergencia.

–¿Puedo mientras tanto –preguntó Sazonov– discutir la cuestión de la movilización general con el ministro de la Guerra y el jefe del Estado Mayor?

–Naturalmente. Que esté todo listo para que, cuando haya que dar la orden, pueda hacerlo y se ejecute sin innecesarias pérdidas de tiempo.[80]

Berlín

Aquella tarde, poco antes de las cuatro y media, el káiser Guillermo se reunió en Potsdam, en el Neues Palais, además de con su canciller, con sus principales asesores militares, el jefe del Estado Mayor, general Helmut von Moltke, el ministro de la Guerra, general Erich von Falkenhayn y el jefe de su casa militar, general Moritz von Lyncker. Tras

---

80   Geiss, p. 296, doc. 137.

un intercambio general de impresiones, tomó la palabra el ministro de la Guerra:

–Las noticias provenientes de Francia y de Rusia son extraordinariamente inquietantes. En ninguno de los dos países se ha dado todavía la orden oficial, pero en San Petersburgo, Sazonov ya ha anunciado que van a movilizar cuatro distritos militares y en Francia se están adoptando medidas preparatorias.

–Mis servicios de inteligencia lo han confirmado –puntualizó Moltke.

–En consecuencia –continuó el ministro– , creo que deberíamos decretar el estado de "peligro inminente de guerra."

El káiser movió la cabeza de un lado a otro y dijo:

–No estoy de acuerdo, caballeros. Declarar ese estado significa prácticamente decretar la movilización y ello daría al traste –el emperador adoptó ahora un tono algo misterioso– con mi iniciativa de paz.

Luego, volviéndose a Bethmann Hollweg:

– Por cierto, Excelencia, ¿tenemos noticias de cómo ha caído en Viena nuestra iniciativa de "Alto en Belgrado"?

–Todavía no ha llegado ninguna respuesta de Tschirschky.

Antes de entrar en la reunión, y mientras esperaban al káiser, Bethmann había puesto más o menos al corriente a los militares de lo que estaba intentando Guillermo II. Éste volvió a dirigirse a todos:

–Mientras esta iniciativa esté en marcha, no podemos hacer nada. No es posible emprender a la vez acciones políticas y militares.

–Sin embargo –dijo von Moltke–, si Su Majestad no pone inconveniente, aunque no declaremos el estado de peligro inminente de guerra, sí podríamos tomar algunas medidas de precaución que no llamaran demasiado la atención.

–¿Por ejemplo?

–A bote pronto, se me ocurre reforzar la seguridad de los cruces ferroviarios y la protección de toda la red de ferrocarriles.

–Bueno –dijo el emperador–, no veo problema en que reforcemos la seguridad de nuestras comunicaciones. Pero no creo que se pueda hacer mucho más sin llamar la atención.

Falkenhayn y Moltke se miraron. Ambos sabían que todo el plan de Alemania se basaba en la velocidad. Cualquier retraso podía ser letal y las palabras del emperador implicaban precisamente eso, un retraso. Moltke cerró los ojos durante un instante. Luego, mirando a Falkenhayn, negó con la cabeza para indicarle que no insistiera y que ya verían cómo se las apañaban para ganar tiempo.[81]

Cuando se levantó la reunión, el emperador y Bethmann se quedaron solos.

—Todavía no he recibido contestación —comunicó Guillermo— al telegrama que le envié a mi primo. Quizá haya logrado convencerlo de que detenga la movilización. Si lo hubiera conseguido, creo que sería igualmente sencillo convencer a Su Majestad Real, Francisco José, de que detenga su ejército en Belgrado.

—O quizá —aventuró Bethmann— fuera mejor que los austriacos mostraran abiertamente su disposición a detenerse en Belgrado y a lo mejor eso convence a Su Majestad Imperial de revocar la movilización.

—De una u otra forma, esta espera es terrible —se quejó el káiser.

En ese momento, entró un lacayo e informó al emperador de que el príncipe Enrique y el almirante Tirpitz, ministro de Marina, esperaban en un salón próximo.

—Dígales que voy enseguida. Y dígale a mi ayuda de cámara que venga.

Cuando el militar se presentó, Guillermo le pidió que preguntara en el gabinete telegráfico si había respuesta del zar. Al poco, estuvo de vuelta con la noticia de que no había llegado todavía nada.

—A lo mejor —se le ocurrió a Bethmann— Su Majestad Imperial está haciendo lo que Su Majestad, esperar a ver qué responde a su primer telegrama para luego contestar a los dos a la vez. Si fuera así, podrían ambos estar esperando durante días.

—¿Usted cree?

—Es lo que está haciendo Su Majestad. ¿Por qué no podría estar haciendo él lo mismo?

—Entonces, lo mejor será contestar ya a su primer telegrama y, cuando llegue el segundo, contestación al primero mío, ya veremos lo que hacemos. Vamos a mi despacho y redactémoslo.

Los dos hombres se dirigieron a las habitaciones del emperador. Guillermo buscó el telegrama del zar y lo leyó en voz alta.

---

[81] Albertini, vol. II, p. 496.

Cuando terminó de hacerlo, el emperador comentó:

–Que sea precisamente Su Majestad Imperial, el zar de todas las Rusias, quien llame "guerra innoble" a la que van a librar los austriacos contra unos regicidas es realmente chocante.

Bethmann asintió. Luego, el emperador ordenó:

–Excelencia, escriba, por favor.

Bethmann se sentó, cogió un papel en blanco y se dispuso a escribir al dictado de su soberano. El emperador, tras reflexionar dando vueltas por la estancia, dijo:

–"He recibido tu telegrama y comparto tus deseos de mantener la paz. Pero, tal y como te dije, no puedo considerar la acción de Austria contra Serbia como una guerra innoble. Austria sabe por experiencia que no se puede uno fiar de las promesas serbias sobre el papel. Entiendo que su acción debe ser juzgada como tendente a conseguir una garantía plena de que las promesas serbias se convertirán en hechos. Esta manera de razonar se basa en la declaración del gabinete austriaco en el sentido de que Austria no desea llevar a cabo ninguna conquista territorial a expensas de Serbia. Sugiero por tanto que sería factible para Rusia permanecer como espectador del conflicto austro-serbio sin arrastrar a Europa a la más horrible guerra que nunca haya presenciado. Creo que es posible y deseable un entendimiento directo entre tu Gobierno y el de Viena y, tal y como te telegrafié, mi Gobierno continúa sus esfuerzos para promoverlo. Naturalmente, las medidas militares por parte de Rusia que fueran contempladas por Austria como amenazantes, precipitarían una calamidad que nosotros dos deseamos evitar y comprometería mi posición como mediador, ésa que yo he aceptado en consideración a tu apelación a mi amistad y a mi ayuda. Willy."[82]

Cuando terminó de dictar, el emperador dejó que su canciller releyera y corrigiera lo que acababa de escribir. Cuando vio que había terminado, preguntó:

–¿Qué le parece?

–Muy bien, Majestad. Esperemos que Su Majestad Imperial se avenga a razones tan convincentes y tan bien expuestas.

---

[82] Williamson & Van Wick, p. 139.

–Bien. Ocúpese de que sea telegrafiado inmediatamente. Luego, reúnase con el almirante y Su Alteza, el príncipe Enrique, y conmigo.

Cuando Guillermo llegó a la sala donde esperaban su hermano y el marino, dio un fuerte abrazo al príncipe y dejó que Tirpitz le saludara marcialmente.

–Bien, Enrique –preguntó el káiser– ¿qué impresiones traes de Londres?

–Muy buenas, hermano.

Estaban ya todos sentados alrededor de una mesa baja donde había un servicio de café y unas galletas de harina integral y mantequilla.

–Antes de volver –contó Enrique–, insistí en tener una pequeña conversación con el primo George.

–¿Cómo lo encontraste?

–Georgie es perfectamente consciente de la gravedad de la situación y me dijo, textualmente, que él y su Gobierno no dejarán una piedra sin remover para localizar la guerra entre Austria y Serbia.

–Me parece muy bien.

En ese momento, solicitó permiso para incorporarse a la reunión el canciller Bethmann Hollweg. Tras los saludos pertinentes y haberse acomodado el político en un sofá, junto a Tirpitz, el príncipe continuó su narración:

–Estos deseos de localizar el conflicto serbo-austriaco son los que impulsaron al Gobierno del primo Georgie a proponer que Alemania, Inglaterra, Francia e Italia intervinieran para controlar a Rusia. Me dijo que esperaba que nosotros, a pesar de nuestra alianza con Austria, nos asociáramos a su propuesta con el fin de evitar una guerra europea de la que me dijo que estábamos más cerca que nunca.

–En eso tiene razón –dijo el káiser–. Pero la propuesta de mediación à quattre ya ha fracasado y no creo que pueda ser resucitada. ¿Te dijo algo de la neutralidad inglesa en caso de guerra?

–Sí, por supuesto. Me dijo, y cito textualmente porque, dada su importancia, memoricé sus palabras, que si la guerra finalmente estallaba, ellos se mantendrían fuera y permanecerían neutrales.

–¡Magnífico! –exclamó el emperador–. Eso es justo lo que necesitamos. No queremos la guerra, pero si el primo Nicky se empeña en ponernos a prueba, le demostraremos quiénes somos. Nos basta para conseguirlo que Gran Bretaña se mantenga al margen.

–Con su permiso, Majestad.

–¿Sí, Tirpitz?

–Creo que no deberíamos confiarnos con la neutralidad inglesa. No sería la primera vez en la Historia que nos dicen una cosa y luego hacen otra.

Se refería a la Guerra de los Siete Años. El emperador reaccionó con enojo:

–¡Tengo la palabra de un rey, almirante! Eso es suficiente para mí.

Luego, dirigiéndose a Enrique, preguntó:

–¿Te pareció sincero?

–Desde luego. Estoy convencido de que no hubo en sus palabras doblez alguna. Si la guerra estalla, Inglaterra permanecerá neutral, al menos al principio. De lo que ya no estoy tan seguro –continuó Enrique algo más sombrío– es de lo que harán a largo plazo, habida cuenta de las buenas relaciones que inexplicablemente tienen con Francia.

–Si me permite, Majestad –dijo con un hilo de voz Bethmann Hollweg.

–Diga, canciller.

–Sin poner en tela de juicio la sinceridad de su Majestad, el rey George, y dado que a largo plazo, según Su Alteza acaba de decir, no es posible contar con la garantía de la neutralidad británica, quizá hubiera una forma de asegurarla.

–Continúe –le animó el emperador, quien, sin embargo, dibujó en su rostro un gesto de desconfianza frunciendo el entrecejo.

–Sabemos –expuso Bethmann– que Londres lleva años intentando llegar a un acuerdo con nosotros para que limitemos el crecimiento de nuestra flota ¿no es así?

–Así es –dijo Enrique, que parecía confiar más que su hermano en lo que pudiera proponer Bethmann.

–Su empeño –continuó el canciller– en seguir teniendo una flota más poderosa que las dos siguientes juntas les ha obligado a gastar millones y millones de libras al ver cómo crecía el tamaño de la nuestra.

El emperador se sintió obligado a disculparse como si allí hubiera algún inglés ante el que poder hacerlo:

–Nosotros no nos hemos dado de una flota moderna para poner en jaque a la inglesa. Lo único que hacemos es dotarnos de las herramientas propias de la gran potencia que somos. Si Londres se hubiera avenido a suscribir una alianza con nosotros, no tendrían ninguna necesidad de diezmar su presupuesto para tener una armada el doble de poderosa que la nuestra.

–Desde luego, Majestad –continuó Bethmann–. Pero el caso es que lo que los ingleses quieren de nosotros más que ninguna otra cosa es que dejemos de construir barcos.

–¿Y? –preguntó Guillermo.

–Hagámoslo –contestó tajante el canciller–. Hagámoslo a cambio de su neutralidad. Si no vamos a tener a los ingleses enfrente, con los barcos que tenemos, nos basta. Y, si los fuéramos a tener contra nosotros, los que tenemos y pudiéramos tener a corto plazo no serían en absoluto suficientes.

Tirpitz, que era el máximo responsable de la Armada de su país y del programa de construcción con el que llevaba años fortaleciéndose, se sintió ultrajado al ver que se hacía semejante proposición al emperador en su presencia sin habérselo advertido antes. Sin embargo, no dijo nada. Se limitó a escrutar el rostro del emperador para tratar de adivinar cuál sería su reacción a la proposición de Bethmann. Concluyó que poco favorable. Guillermo dijo:

–Póngalo por escrito y veremos qué hacer.

La reunión se prolongó durante unos minutos más. Luego, el káiser y Bethmann Hollweg se volvieron a reunir a solas en el despacho del soberano.[83] Antes de que hubieran podido concentrarse en la discusión de ningún asunto, entró un funcionario del gabinete telegráfico con un telegrama del zar Nicolás II. El emperador arrancó el papel al funcionario, desgarró el sobre y leyó en voz alta:

– "Gracias por tu conciliador y amistoso telegrama. En cambio, el mensaje oficial que ha presentado hoy tu embajador a mi ministro se expresaba en un tono muy diferente. Te ruego que aclares esta divergencia. Sería bueno trasladar el problema austro-serbio a la

---

83 Albertini, vol. II, p. 497.

conferencia de La Haya. Confío en tu buen hacer y amistad. Tu querido Nicky."[84]

El emperador quedó pensativo y su canciller permaneció igualmente mudo. Al fin, Guillermo preguntó:

—¿A qué mensaje oficial se refiere Su Majestad Imperial?

—No estoy seguro —mintió Bethmann—. En estos días ha habido muchísimas comunicaciones entre los distintos Gobiernos.

—Sí, bueno, pero no pueden ser muchos los mensajes oficiales que se hayan entregado hoy.

—Quizá se refiera —confesó azorado el canciller— a un telegrama enviado esta mañana. No recuerdo bien el texto. Recibí un memorándum de Moltke explicando que, si Rusia movilizaba su ejército, nosotros estaríamos obligados a movilizar el nuestro porque cualquier retraso sería fatal para nuestras oportunidades de victoria.

El káiser no conocía los detalles del plan Schlieffen, pero sí sabía que todo él se fundaba en la lentitud de la movilización rusa y en la rapidez de la alemana. De manera que la valoración de Moltke le resultó familiar. Preguntó:

—¿No recuerda siquiera el contenido de las instrucciones dadas al conde Pourtalès?

—Bueno —dijo carraspeando—, más o menos le decía que advirtiera de eso al Gobierno ruso.

—¿Que le advirtiera de qué? —insistió Guillermo.

—Pues de eso. De que si ellos movilizaban, nosotros también tendríamos que hacerlo y que entonces la guerra sería muy difícil de evitar.

Bethmann temía que su soberano interpretara las instrucciones dadas al embajador en San Petersburgo como una forma de sabotear sus esfuerzos por preservar la paz. Sin embargo, el káiser no lo hizo, al contrario:

—Francamente, no me parece que eso sea nada nuevo para Su Majestad Imperial. Él debería saber mejor que nadie que, si ellos movilizan, nosotros estaremos obligados a hacer lo propio y que, con dos ejércitos movilizados, el uno en frente del otro, la guerra es mucho más difícil de evitar que si no lo estuvieran.

---

[84] Williamson & Van Wyck, p. 140.

En esa discusión estaban, cuando entró el ayuda de cámara de Guillermo II:

—Acaban de enviar desde la Wilhelmstrasse este telegrama que les ha llegado desde Londres. Al parecer, es urgente.

El militar tendió el papel al emperador, pero éste prefirió que se hiciera cargo Bethmann:

—Excelencia —le dijo—, mirad y ved de qué se trata, por favor.

Guillermo contemplaba sus jardines desde el ventanal, de pie. Bethmann, que estaba sentado en una butaca, hizo ademán de levantarse, pero antes de lograrlo ya le había acercado el papel el ayuda de cámara. Lo desdobló, leyó el encabezamiento y dijo:

—Es un telegrama del príncipe Lichnowsky dirigido a Jagow. Según parece, ha tenido hoy una reunión con Grey.

—Léalo, por favor —ordenó el emperador sin apartar la vista de los cuidados jardines.

Bethmann comenzó la lectura:

—"Sir Edward Grey acaba de enviar a por mí de nuevo. Encontré al ministro completamente tranquilo, pero con ademanes graves, y me recibió diciendo que la situación continuaba haciéndose cada vez más aguda. Sazonov ha dicho que, después de la declaración de guerra, ya no se halla en posición de negociar con Austria directamente y ha requerido a los ingleses para que reemprendan sus esfuerzos de negociación."

El emperador se volvió al canciller enojado y comentó:

—¡Y esto lo hacen mientras el zar apela directamente a mí!

Volvió nuevamente su mirada al exterior y, mientras apartaba el visillo con una mano dijo en voz muy baja:

—Esto me coloca completamente fuera de juego.

Bethmann continuó leyendo:

— "El Gobierno ruso considera en este momento que el cese de las hostilidades es una necesidad preliminar a la mediación."

El canciller se detuvo. Le pareció que la noticia dejaba en efecto sin sentido el esfuerzo que estaba haciendo su soberano. Luego, continuó:

— "Sir Edward Grey repitió su sugerencia, ya informada, de que tomemos parte en una mediación à quattre, que es algo que ya hemos admitido en principio. Él considera que sería una base aceptable para la mediación el que Austria, después de ocupar Belgrado, por ejemplo, u otros lugares, formulara sus condiciones."

–¡Muy bien, Sir Edward! –interrumpió el emperador–. ¿Qué es lo que he estado yo intentando hacer todos estos días en vano?

Bethmann prosiguió:

–"Si Su Excelencia" –entonces el canciller levantó los ojos del papel–, se refiere a Jagow –volvió a la lectura–, "emprendiera una mediación, una posibilidad de la que he informado al ministro inglés por la mañana temprano, a él no le parecería mal. Pero cree que en todo caso la mediación se hace urgentemente necesaria si se quiere evitar una catástrofe europea."

El káiser, que había comenzado a pasear con lentas, pero amplias, zancadas por la habitación glosó:

–En vez de proponer tanta mediación, lo que debería hacer es advertir seriamente a San Petersburgo y París de que Inglaterra no les prestará auxilio. Eso sí que ayudaría a apaciguar la situación de una vez.

–Desde luego, Majestad –se mostró conforme Bethmann.

De vuelta al telegrama, el canciller leyó:

–"Sir Edward Grey me dijo entonces que tenía que hacerme una comunicación privada. No desea que nuestras cálidas relaciones personales y la franqueza de nuestras conversaciones sobre asuntos políticos de cualquier naturaleza me conduzcan al equívoco. Le gustaría evitar la posibilidad de ser acusado posteriormente de haber actuado de mala fe."

–La palabrería habitual.

– "El Gobierno británico –continuó Bethmann sin hacer caso a la interrupción– desea ahora, como con anterioridad, cultivar nuestra amistad y que, por tanto, podría mantenerse al margen si el conflicto queda limitado a Austria y Rusia."

El emperador detuvo su paseo:

–¿Qué significa "confinado a Austria y Rusia"? ¿Que tenemos que dejar a Austria en la estacada? Mezquino y mefistofélico.

–¡Cómo son! –exclamó Bethmann.

–¡Son ingleses! ¡A conciencia!

Tras un breve silencio, Bethmann prosiguió leyendo:

–"Pero, si nosotros y Francia acabamos implicados, el Gobierno británico se verá obligado a tomar una decisión rápidamente. En tal caso, ya no sería posible mantenerse al margen y esperar."

–Está ya decidido –dijo el emperador con tono sombrío–. Esto significa que nos atacarán.

–"'Si la guerra estalla', son al parecer palabras textuales de Grey– aclaró Bethmann abandonando por un instante la lectura y a la vista de que la frase estaba entrecomillada en el telegrama–, 'será la mayor catástrofe que el mundo haya jamás visto.' Está bien lejos de su deseo expresar ninguna clase de amenaza. Lo único que quiere es protegerme de desilusiones y a él mismo de reproches de mala fe y por eso ha elegido la forma de una explicación privada."

El káiser detuvo su paseo de nuevo frente al ventanal y comentó:

–Él lleva mostrando mala fe todos estos años ininterrumpidamente. Y no puede sorprender que lo siga haciendo hasta el último momento.

–Así es, Majestad

–Continúe, se lo ruego.

–"Sir Edward Grey añadió además que el Gobierno tiene que vérselas con la opinión pública."

–¡Qué descaro! ¡Nosotros también tenemos una opinión pública a la que atender!

–"Hasta ahora –continuó el canciller leyendo– ha estado en general del lado de Austria, al considerar que es de justicia que le sea reconocido el derecho a alguna clase de satisfacción. Pero, ahora está empezando a volverse completamente hacia el otro lado como resultado de la testarudez de la Monarquía."

–¡Qué tontería! –exclamó el káiser–. Si se quiere, la opinión pública puede controlarse y dirigirse ya que la prensa obedece incondicionalmente.

Bethmann asintió con la cabeza y continuó leyendo:

–"A mi colega italiano, que acaba de dejarme, Sir Edward Grey le dijo que, si la mediación fuera aceptada, estaría en condiciones de garantizarle a Austria cualquier posible satisfacción. Austria no va a ser obligada a retirarse de forma humillante, puesto que los serbios serán en todo caso castigados y obligados, con el consentimiento de Rusia, a someterse a los deseos de Austria. De forma que, la Doble Monarquía podría obtener garantías para el futuro sin necesidad de una guerra que ponga en peligro la paz de Europa."

El canciller se detuvo. Guillermo, entonces, se volvió hacia él y preguntó:

–¿Eso es todo?

–No hay más.

El emperador se sentó a su escritorio y comenzó a juguetear con un palillero:

–Es la peor y más escandalosa pieza de farisaísmo inglés que yo haya visto nunca. Jamás –y miró fijamente a Bethmann– suscribiré un acuerdo naval con estos sinvergüenzas.

Bethmann lamentó oír eso, pero se limitó a asentir con la cabeza. Luego, Guillermo se volvió a levantar y comenzó a reflexionar en voz alta:

–Inglaterra se presenta ante nosotros vestida con sus auténticas ropas en un momento en que cree que estamos cogidos en las redes o, por así decir, expuestos. Este atajo de tenderos ha intentado engañarnos con cenas y discursos. ¡Qué decepción!

Bethmann escuchaba con atención por si del desahogo surgía alguna orden concreta. El emperador continuó su discurso:

–Recuerde lo que nos ha contado hace unos minutos el príncipe Enrique –cambió el tono de voz por otro aniñado al disponerse a reproducir las palabras que el rey Jorge había dicho al hermano del soberano alemán–: Permaneceremos neutrales e intentaremos mantenernos a un lado tanto como sea posible.

Sin llegar a sentarse, dio un puñetazo sobre su escritorio:

–Grey deja a su rey por mentiroso y sus palabras a Lichnowsky son el resultado de una conciencia culpable porque sabe que nos ha engañado. Se trata pues de una amenaza combinada con un farol con vistas a separarnos de Austria, impedir que movilicemos y alterar así la responsabilidad de la guerra. Él sabe perfectamente bien que, si dijera una única, grave y seria palabra de advertencia a París y San Petersburgo y les conminara a permanecer neutrales, esos dos se quedarían tranquilos de una vez. Pero se ha tomado el cuidado de no decir esa palabra y en cambio nos amenaza a nosotros.

–Eso es exactamente lo que está haciendo –comentó el canciller.

–Vulgar canalla –dijo el emperador como si nadie le escuchara–. Sólo Inglaterra tiene la responsabilidad de la paz o de la guerra, no nosotros. Esto tiene que quedar claro ante el mundo.[85]

Continuaron unos minutos discutiendo la cuestión en los mismos términos. Luego, Bethmann dijo:

–Majestad, lo siento, pero tengo que volver a la cancillería. Quisiera entrevistarme con el embajador inglés y ver si hay algún mensaje de Tschirschky acerca de su propuesta de "Alto en Belgrado."

–Bien. Márchese. Téngame al corriente.

Tras ser autorizado, el canciller partió.

Guillermo se quedó solo en su despacho con la obligación de resolver qué contestar, entre tanto, a su primo. Obviamente, el canciller había sido algo torpe al amenazar a los rusos, pero era cierto que no había hecho otra cosa que expresar la cruda realidad. Si los rusos movilizaban, los alemanes no tendrían más remedio que hacer lo mismo y la guerra sería inevitable. Recordarlo no podía ser tenido como una amenaza. No obstante, había que tranquilizar a Nicky. Escribió, tachó, volvió a escribir, interlineó, pensó, borró y finalmente pasó a limpio el texto:

Muchas gracias por tu telegrama. Está claro que la forma en la que se ha expresado mi embajador puede haber estado en contradicción con el tenor de mis palabras. Al conde Pourtalès se le dieron instrucciones de llamar la atención de tu Gobierno sobre el peligro y las graves consecuencias que implicaría una movilización. Yo te dije lo mismo en mi telegrama anterior. Austria sólo ha movilizado contra Serbia y sólo una parte de su ejército. Si, como es el caso, de acuerdo con la comunicación tuya y de tu Gobierno, Rusia moviliza contra Austria, mi papel como mediador, que tú amablemente me has confiado y que yo he aceptado a expresa petición tuya, se pondría gravemente en peligro, si no estaría completamente arruinado. Todo el peso de la decisión descansa ahora sobre tus hombros. Eres tú por tanto quién tiene que arrostrar la responsabilidad de la paz o de la guerra. Willy.[86]

---

[85] Geiss, p. 288, doc. 130.

[86] Williamson & Van Wick, p. 140.

San Petersburgo

Después de recibir la autorización del zar, se reunieron con Sazonov el ministro de la Guerra, general Vladimir Sujomlinov y el jefe del Estado Mayor, general Nikolai Yanushkevich. En una habitación conjunta quedaron a la espera sendos subordinados de los tres para ejecutar cualquier decisión que tuviera que ser inmediatamente llevada a la práctica. Fue Sazonov el primero en hablar:

–Bien, caballeros. La situación es crítica. Acabo de hablar con el embajador alemán y me ha dejado bien claro que nuestra movilización parcial contra Austria-Hungría les obligaría a movilizar a ellos también.

Los dos militares se miraron con cierta sorpresa. Hasta ese momento, habían estado convencidos de que Alemania no movilizaría su ejército a menos que no fueran movilizados los distritos militares rusos contiguos a la frontera germana. Sazonov continuó:

–No sólo, sino que, cuando he intentado tranquilizarle diciéndole que nosotros podíamos permanecer movilizados sin necesidad de atacar, me ha dicho que, si ellos dan la orden, una vez completada la movilización, pasarán a la ofensiva. Creo que esta actitud apenas nos deja alternativas.

Yanushkevich, tras pedir permiso con un gesto a Sujomlinov y serle concedido, tomó la palabra:

–Esto era de temer. Sin embargo, creo que es de agradecer la claridad con la que se han expresado los alemanes. En tales condiciones, la movilización parcial constituye una temeridad porque entorpecería la general que habría que decretar cuando los alemanes ordenaran la suya. Y es obvio, a la vista de las amenazas alemanas, que tarde o temprano la decretarán. Hay que ordenar la movilización general de inmediato.

Sazonov asintió con la cabeza. Luego, pidió al ministro de la Guerra su opinión:

–¿Excelencia?

–Estoy completamente de acuerdo con mi camarada. No podemos arriesgarnos a retrasar más la movilización general y dar ocasión a que un ataque alemán nos coja sin estar preparados.

–Bien –dijo Sazonov levantándose–. Entonces, si les parece, llamaré por teléfono a Su Majestad imperial a fin de recabar su permiso para publicar el ukase de movilización general.

Los dos militares se miraron con preocupación.

Sazonov, al descubrir alguna vacilación en los rostros de los generales, volvió a preguntar:

–¿Estamos convencidos de que eso es lo que hay que hacer? ¿Que no queda alternativa?

Los generales volvieron a mirarse y Sazonov entendió que asentían, aunque no pronunciaron una palabra. Luego, el ministro se dirigió al teléfono que había sobre un aparador. Tras una larga espera, al fin tuvo a Nicolás II al otro lado del hilo. El ministro le expuso al soberano la situación de modo similar a cómo lo había hecho antes con los militares. El zar preguntó algo. Sazonov contestó:

–Sí, Majestad. Los generales Sujomlinov y Yanushkevich están de acuerdo conmigo. Es crucial para nuestra seguridad ordenar inmediatamente la movilización general… Muy bien, Majestad. Así lo haré.

Durante la conversación con Nicolás, el ministro no había mirado a los generales ni una sola vez para evitar el riesgo de descubrir en sus caras un gesto de duda o una sombra de vacilación. Ahora que había colgado, se volvió hacia ellos:

–Ha dicho que adelante.

Los dos soldados se levantaron y se abrazaron. Luego, estrecharon la mano del ministro. Tomaron aire y abrieron la puerta que daba a la habitación contigua, donde esperaban los funcionarios dependientes de los tres hombres. Quien habló, fue Sujomlinov:

–Su Majestad Imperial, el zar de todas las Rusias, ha ordenado la movilización general de nuestro glorioso ejército.

Los presentes saltaron de sus asientos y gritaron con júbilo, abrazándose los unos a los otros con visible satisfacción. Sazonov sonrió y pensó que, emprendida con tanto entusiasmo, nunca podrían perder aquella guerra.[87]

✶✶✶

El zar Nicolás II, poco después de la cena, en su residencia de las afueras de San Petersburgo, jugaba una partida de bridge con la zarina y un viejo

---

[87] Geiss, p. 298, doc. 137.

matrimonio de aristócratas. Entró un sirviente que, tras pedir permiso, dijo:

Majestad, el gabinete telegráfico ha recibido un telegrama de Su Majestad Imperial, el káiser Guillermo II dirigido a Su Majestad.

El zar se levantó de un brinco, dejando caer sobre el tapete las cartas boca arriba arruinando la partida.

–Déjeme ver –ordenó.

Apenas acertó a recoger el sobre de la bandeja de plata en la que lo traía el criado. Luego lo desgarró, extrajo la hoja, la desdobló a manotazos y lo leyó rápidamente. Era el segundo telegrama que recibía de su primo Willy. Venía a decirle que, si seguía adelante con la movilización, la suerte estaría echada y no habría nada que hacer.

Viendo el gesto torcido de su marido, la zarina preguntó:

–¿Malas noticias, querido? Espero que no les haya ocurrido nada a Willy y a su familia.

El zar no contestó. Con un manotazo al aire logró que su esposa le dejara reflexionar sobre lo que acababa de leer. Luego, se dirigió al elegante lacayo que acababa de traer el telegrama:

–Diga que me comuniquen inmediatamente con el general Sujomlinov.

El hombre salió a la carrera consciente de la suma urgencia de la orden. Luego, el zar se sentó a la mesa y recogió sus cartas desinteresadamente, sin genuina intención de volver al juego. A ninguno de sus compañeros de mesa se le pasó ni por un instante por la imaginación exigir tal cosa. Al poco, el mismo sirviente volvió diciendo:

–Su Excelencia, el general Sujomlinov está al teléfono.

–¿Dónde? –preguntó impaciente Nicolás levantándose.

–En el despacho de Su Majestad.

El zar salió a grandes pasos en dirección a él. Cuando llegó, se acercó al escritorio, tomó el teléfono y preguntó:

–¿General?… ¿General Sujomlinov?… Sí, el zar al habla…Suspenda la orden de movilización… ¿por qué? ¿Es que los generales han olvidado cómo se obedece una orden?… He dicho que suspenda la movilización general… Así me gusta… ¿Qué dice?… ¿La movilización parcial? No sé. Déjeme pensar un instante. Bueno, sí… La movilización parcial puede por supuesto continuar. Sí, sí… Ya despaché las órdenes de la parcial, pero la general ha de ser inmediatamente suspendida, general… Eso es.[88]

El zar colgó el teléfono sin que el gesto de preocupación se le borrara del rostro. Después, se puso a redactar la contestación que le daría a su primo y que sería su tercer telegrama.

✴✴✴

Acabada su conversación con el zar, Sujomlinov llamó de inmediato a Yanushkevich para transmitirle lo que le había dicho el zar. El jefe del Estado Mayor se apresuró a revocar la orden de envío que pesaba sobre la montaña de telegramas que había que enviar a todos los cuarteles rusos y que sólo se hiciera a los de los distritos afectados por la movilización parcial. Tras hacerlo, llamó a Sazonov a darle la noticia. El ministro trató de contenerse para evitar demostrar lo mucho que le contrariaba la noticia, aunque Yanushkevich se dio cuenta. Después de colgar, Sazonov pensó que en realidad lo mismo daba puesto que Alemania movilizaría en todo caso. Pero, luego pensó: ¿Era realmente así? ¿Los alemanes atacarían igualmente a Rusia tanto si movilizaba totalmente como si lo hacía de forma parcial? El único que podía sacarle de dudas era Pourtalès. Miró el reloj. Faltaba poco para que día 29 de julio terminara. Dudó si era una hora adecuada para llamar al representante de un país extranjero.

Berlín

Poco después de llegar a la cancillería a su vuelta de Potsdam, Bethmann Hollweg pidió que llamaran al embajador inglés, Sir Edward Goschen. El diplomático acudió raudo y fue recibido inmediatamente:

–Sir Edward, por favor, pase y tome asiento –le invitó el canciller.

–Con mucho gusto, Excelencia. Dígame ¿en qué puedo servirle?

–Iré al grano, Sir Edward. Es de la mayor importancia que, en caso de que estalle el conflicto, Gran Bretaña se mantenga neutral.

–Ya –contestó lacónico el embajador.

---

[88] Geiss, p. 298, doc. 137 y Albertini, vol. II, p. 557.

—Estamos haciendo —continuó el canciller— ímprobos esfuerzos para mantener la paz, pero usted sabe tan bien como yo que, en caso de que Austria se viera atacada por Rusia, la obligación de Alemania, como aliado de Austria que es, podría con mucho pesar hacer que la conflagración europea sea inevitable.

—Entiendo.

Cuando el canciller se convenció de que Goschen no haría ningún otro comentario, continuó:

—En tal caso, espero que Gran Bretaña permanezca neutral. Hasta donde a mí puede estarme permitido juzgar las directrices de la política británica, es evidente que Inglaterra nunca permitiría que Francia fuera barrida. Sin embargo, ese resultado no está contemplado por Alemania. El Gobierno imperial —dijo adoptando un tono solemne— está dispuesto a dar al Gobierno de Su Majestad británica todas las garantías si Gran Bretaña permanece neutral de que, en caso de resultar vencedora, Alemania no llevará a cabo ninguna adquisición territorial a expensas de Francia.

—Muy bien, Excelencia —contestó el embajador—, pero, y es una pregunta personal mía, ¿ofrece su Gobierno las mismas garantías respecto de las colonias francesas?

—En eso, no puedo, por el momento contestarle. Lo que sí puedo hacer —dijo adoptando un tono algo más entusiasta— es asegurarle al Gobierno de Su Majestad que respetaremos la neutralidad y la integridad de Holanda, en la medida en la que sea respetada por los enemigos de Alemania.

Bethmann sabía que Holanda era importante para Gran Bretaña porque era tradicional en la política inglesa no permitir que el otro lado del canal estuviera controlado por una gran potencia. Sin embargo, si Holanda era importante, mucho más lo era Bélgica. Tanto era así que Gran Bretaña, en 1839, logró que Austria, Francia, Prusia, Rusia y Holanda se comprometieran junto con el Reino Unido a garantizar a perpetuidad la neutralidad belga. Alemania heredó esta obligación de Prusia cuando en 1871 se unificó el imperio alemán. Por eso, Sir Edward, tras escuchar el compromiso de no violar la neutralidad de Holanda, preguntó:

—¿Y Bélgica?

–Bueno –dijo algo embarazado Bethmann–, el caso de Bélgica es diferente. En este momento no sabemos qué operaciones nos podemos ver obligados a emprender a consecuencia de las acciones francesas.

Goschen torció el gesto, lo que obligó a Bethmann a mostrarse más conciliador:

–Sin embargo, sí puedo asegurarle, Sir Edward, que, mientras Bélgica no tome partido en contra de Alemania, su integridad será restaurada después de que concluya la guerra.

–Bueno –se conformó Goschen–. Si es hasta ahí hasta dónde puede llegar…

–A mí me parece que no es poco. Confío que estas garantías puedan servir de base para un ulterior entendimiento con Inglaterra, que, como usted bien sabe, ha sido primordial objetivo de mi política desde que fui nombrado canciller. Si su Gobierno nos ofreciera garantía de que Gran Bretaña será neutral en el caso de que la presente crisis desembocara en conflicto, me permitiría contemplar la posibilidad de un futuro acuerdo general entre los dos países. Naturalmente, es de todo punto prematuro discutir los detalles de ese futuro acuerdo en el presente momento. ¿Qué le parece?

Goschen meditó la respuesta durante unos instantes. Luego, dijo:

–Yo creo que mi Gobierno prefiere mantener su plena libertad de acción.

Estaba seguro de que esa sería la respuesta de Grey cuando conociera la propuesta. Era lo tradicional en la política exterior británica, el no comprometerse a nada con nadie para poder hacer en todo momento lo que pareciera más conveniente. Palmerston, lo expresó en el siglo anterior diciendo que Gran Bretaña no tiene amigos permanentes, sino intereses permanentes. No obstante, Goschen no cayó en la cuenta de que el propio Grey, con los acuerdos suscritos con París y San Petersburgo, por limitados que fueran, había traicionado esa política tradicional.

–Personalmente –zanjó Goschen–, creo que el señor secretario no querrá comprometerse a emprender ningún curso de acción concreto en el actual estado de cosas.

–Bien –contestó el canciller encogiéndose de hombros–. En cualquier caso, hágame el favor de transmitir mi proposición.

–Por supuesto, Excelencia.

Bethmann agarró los dos brazos de su butaca en un gesto inequívoco de ir a levantarse dando por concluida la reunión.[89]

✦✦✦

Cuando Goschen hubo abandonado la cancillería, Bethmann Hollweg, sumamente cansado tras un agotador día de trabajo, miró su reloj y comprobó que eran más de las doce de la noche. Llamó a su secretario. Éste entró en el despacho restregándose los ojos y alisándose la arrugada chaqueta. Bethmann se dio cuenta de que acababa de despertarlo, lo que significaba que en el momento de la marcha del embajador inglés estaba durmiendo y sus pasos no habían logrado interrumpir su sueño. El canciller se avergonzó de que un representante extranjero hubiera sorprendido a un funcionario alemán dormitando en su puesto. No obstante, el canciller estaba demasiado cansado para hacer cuestión del asunto, de forma que preguntó directamente:

–¿Ha llegado algún telegrama de Viena?

Bethmann seguía pendiente de recibir una respuesta a la propuesta del káiser que todos llamaban "Alto en Belgrado." El secretario contestó:

–No. No ha llegado ninguno.

–Vaya al gabinete telegráfico y compruébelo.

–Si hubiera llegado, Excelencia, lo hubieran traído inmediatamente aquí.

–¡No sea insolente, caballerete, y obedezca!

El muchacho se cuadró militarmente y salió del despacho a la carrera. Y Bethmann le gritó:

–Pero antes, idiota, llame a la Wilhelmstrasse y compruebe que allí tampoco tienen noticia de Tschirschky.

El subalterno se paró en seco, aturdido, sin saber muy bien qué debía hacer primero.

–¡Corra! ¡Maldita sea!

El funcionario, ya consciente de cuál era el orden correcto en el que tenía que actuar, salió y cerró la puerta. Al cabo de un rato volvió a entrar tras pedir el correspondiente permiso:

---

[89] Geiss, p. 300, doc. 139.

—En el Auswärtiges Amt no han recibido nada, Excelencia.

—¿Y aquí?

—Ahora mismo voy a comprobarlo.

Cinco minutos después, estaba de vuelta con las mismas noticias. El canciller murmuró:

—Qué estará haciendo este maldito Tschirschky.

A la una y media le comunicaron que había llegado un telegrama de Viena a la Wilhelmstrasse y que, cuando estuviera descodificado, le enviarían el texto. Bien pasadas las dos, su secretario, ya despabilado, le entregó el sobre que habían enviado desde la secretaría de Estado. El canciller lo abrió y en la soledad de su despacho lo leyó murmurando las palabras. El embajador le informaba de que había transmitido la propuesta al conde Berchtold, que la agradecía y que declaraba su disposición a renovar una vez más su declaración de *dèsintèressement* territorial, pero… Al dar con un "pero", Bethmann se propuso leer más despacio:

Respecto de una ulterior declaración acerca de medidas militares, el conde Berchtold dice que no está en posición de dar una respuesta inmediata. Aunque le hice ver que el asunto era urgente. Hasta pasada esta tarde no había recibido ninguna comunicación.[90]

Era evidente que los austriacos no estaban inclinados a hacer mucho caso a la sugerencia de "Alto en Belgrado."

París

A última hora de la noche, el embajador ruso en Francia, Alexander Izvolsky, volvió a la sede de su misión de vuelta de una cena de gala. Nada más llegar, el consejero, Sevastopulo, le dijo:

—Acaba de llegar un telegrama urgente de San Petersburgo.

—¿Por qué no me ha avisado? —le recriminó el embajador.

—Lo estamos descifrando. Todavía tardará un poco en estar listo. No tenía sentido obligarle a interrumpir la velada por un telegrama que todavía no puede leer.

Izvolsky se conformó con la respuesta. Vestido todavía con el frac, se

---

90 Albertini, vol. II, p. 654

preparó un armañac, encendió un cigarro puro y se dispuso a esperar que la descodificación terminara. Al fin, pasadas ya las doce de la noche, Sevastopulo entró de nuevo en la sala con el papel en la mano. Izvolsky lo cogió nervioso y lo leyó. Provenía directamente de Sazonov:

El embajador alemán me ha informado hoy de la decisión de su Gobierno de movilizar si Rusia no detenía sus preparativos militares. Ahora bien, el hecho es que nosotros sólo comenzamos estos preparativos a consecuencia de la movilización ya emprendida por Austria y debido a su evidente falta de disponibilidad a aceptar ningún medio de llegar a un acuerdo pacífico respecto de su disputa con Serbia.

Como nosotros no podemos cumplir con los deseos de Alemania, no tenemos otra alternativa que la de acelerar nuestros propios preparativos militares y asumir que la guerra es probablemente inevitable. Por favor, informe al Gobierno francés de esto y añada que le estamos sinceramente agradecidos por la declaración que el embajador francés me hizo de su parte al efecto de que pudiéramos contar plenamente con la asistencia de nuestro aliado, Francia.

En las actuales circunstancias, la declaración es especialmente valiosa para nosotros.

Sería asimismo extremadamente deseable que Inglaterra se alineara sin retraso con Francia y con Rusia, pues sólo de esta manera podría tener éxito en impedir que se produjera una peligrosa alteración del equilibrio de poder en Europa.[91]

Sevastopulo no se había movido del lado de su jefe mientras éste leía el telegrama. El embajador consultó su reloj. Era tardísimo. No podía pretender que Viviani, el primer ministro, y mucho menos Poincaré, presidente de la república, recién llegados de su viaje oficial, le recibieran a esa hora. Pero, la noticia no podía esperar al día siguiente, de forma que ordenó:

—Diga que hagan dos copias en francés y llévelo personalmente a la residencia del primer ministro Viviani. Y que Ignatiev lleve la otra al ministro de la Guerra.

—¿Ahora?

---

[91] Geiss, p. 295, doc. 136.

–¡Ahora mismo! Es muy urgente. A quienes se lo recojan díganles que despierten a sus señores y les entreguen el papel. Apelen a Su Majestad Imperial, si fuera necesario. ¡Venga, dese prisa!

Cuando Sevastopulo llegó a la residencia de Viviani, el primer ministro, como cabía esperar, estaba durmiendo. El consejero ruso consiguió que le despertaran y que le entregaran el papel. Al hacerlo, le explicaron que otra copia estaba siendo entregada a Adolphe Messimy, ministro de la Guerra. Cuando acabó de leerlo, enrojeció de ira. En camisón, se fue a su despacho y, por teléfono, pidió que le comunicaran con Messimy. Cuando lo tuvo al aparato, le preguntó:

–Adolphe, ¿ha leído el telegrama de Sazonov?

–Acabo de hacerlo.

–Es el colmo. Estos rusos locos se han lanzado a reunir armamentos y movilizar reservistas. Consideran la guerra inevitable, se lanzan a ella y dan por hecho que nosotros les seguiremos hasta donde ellos quieran. Me parece intolerable.

–Es que es intolerable –apostilló el militar.

–¿Qué le parece si vamos a ver al presidente al Elíseo?

–¿A estas horas?

–Ahora mismo. Esta noticia es terrible. Nuestros amigos podrían estar decidiendo su suicidio y el nuestro a la vez. No creo que una cosa así pueda esperar.

–De acuerdo. Como usted diga.

–Pasaré a recogerle dentro de veinte minutos.

Cuando finalmente, muy entrada la madrugada, los tres hombres estuvieron reunidos en la residencia oficial del presidente de la república francesa, Poincaré preguntó:

–Pero ¿a qué declaración se refiere Sazonov? Que yo sepa, nadie ha dado a Paléologue instrucciones en ese sentido.

–Desde luego –dijo Viviani.

Poincaré de repente pareció recordar algo:

–¿No se estará refiriendo a eso que le dijimos desde el barco que dijera?

–Es posible, pero es seguro que ni siquiera en esa ocasión pudo Paléologue decir lo que dice Sazonov que le dijo.

–Voy a buscar el texto –resolvió el presidente intranquilo.

Poincaré se levantó de su butaca y se puso a rebuscar entre los papeles de su escritorio. Tras una inspección minuciosa, encontró lo que buscaba. Leyó el papel a toda prisa y luego lo hizo en voz alta:

–Le pedimos que amablemente le dijera a Monsieur Sazonov que Francia, apreciando no menos que Rusia la elevada importancia que para ambos países tiene afirmar su perfecto y mutuo entendimiento con respecto a otras potencias y la necesidad de no escatimar ningún esfuerzo con vistas a solucionar el conflicto, está dispuesta a secundar de todo corazón la acción del Gobierno Imperial.

–Eso no puede haber sido interpretado por Sazonov de la manera que dice –dijo Viviani–. Ahí se habla de paz y de secundar al Gobierno ruso en sus esfuerzos por preservarla. Esta comunicación no tiene nada que ver con lo que ahora nos sale Monsieur Sazonov, que es meterse en una guerra y arrastrarnos a nosotros a ella.

–Hay que hallar el modo de detener esta locura, si fuera posible –dijo Poincaré.

–Si le parece –se le ocurrió a Viviani–, le enviaré un telegrama a Paléologue para que le haga ver a los rusos que estamos dispuestos a mantenernos a su lado, pero siempre que se haya agotado toda posibilidad de paz.

–Me parece muy bien –concedió Poincaré.

–¿Me permite que utilice su escritorio? –preguntó el primer ministro.

–Naturalmente.

René Viviani tomó lápiz y papel y garabateó durante unos minutos. Poincaré y Messimy se mantuvieron en silencio y dejaron trabajar al colega. Cuando terminó de escribir, leyó:

–"Tal y como le indiqué en mi telegrama del día 27, el Gobierno de la república ha decidido no escatimar ningún esfuerzo con vistas a la solución del conflicto y secundar la acción del Gobierno imperial en interés de la paz general. Por otra parte, Francia está resuelta a cumplir con las obligaciones de su alianza. Pero, en el mismo interés de la paz general y a la vista del hecho de que se ha iniciado una conversación entre las potencias interesadas, creo que sería oportuno que, entre las medidas defensivas y de precaución a las que Rusia cree que está obligada a recurrir, no debería incluir ninguna que pudiera ofrecer a Alemania un pretexto para la movilización parcial o total de sus fuerzas."

Terminada la lectura, preguntó:

—¿Qué les parece?

Poincaré no esperó a conocer la opinión de Messimy y dijo:

—Muy bien. Envíelo inmediatamente.

—Ahora mismo —obedeció Viviani.

El telegrama partió rumbo a San Petersburgo a las siete de la mañana del día 30.[92]

---

[92] Albertini. vol. II, pp. 602 y ss.

Jueves, 30 de julio

Viena

Aquella mañana, el conde Berchtold, ministro de Asuntos Exteriores austriaco, el conde Forgach, jefe de la Sección Segunda del ministerio y Herr Tschirschky, embajador alemán en Viena, quedaron para desayunar en el Hotel Sacher. Durante la conversación, los austriacos no aludieron en ningún momento a la propuesta alemana conocida como "Alto en Belgrado." Tampoco Tschirschky quiso hablar de ello. A medio desayunar, entró en el comedor del hotel el consejero de la embajada alemana llevando un pequeño portafolios de piel con el escudo imperial grabado en oro. Se plantó en la entrada y buscó con la mirada a su jefe. Antes de que el maître tuviera la oportunidad de acercarse a ver qué deseaba, el diplomático descubrió la mesa donde los tres hombres desayunaban y departían en uno de los rincones más alejados. Se dirigió a grandes pasos hasta ellos, esquivando a un camarero que se propuso cortarle el paso. Cuando alcanzó al embajador, pidiendo disculpas con la cabeza, extrajo un papel de la cartera y se lo alargó a Tschirschky diciendo:

–Telegrama desde Berlín.

El embajador se lo tomó con calma y dejó a su subordinado con el brazo extendido hasta terminar de dar cuenta de su plato de salmón ahumado. Luego, con parsimonia, lo cogió y antes de ponerse a leer, dijo:

–Con su permiso, caballeros.

Luego, antes de enfrascarse en la lectura, con un gesto de la cabeza ordenó al consejero que se retirara, cosa que éste hizo inmediatamente.

Cuando terminó de leer, Berchtold preguntó:

–¿Malas noticias?

–No sabría como calificarlas –confesó el embajador alemán–. Lo mejor será, si no tienen inconveniente, que nos reunamos en la Ballhausplatz y hablemos de esto. El restaurante de un hotel no es lugar más apropiado para hacerlo.

Los tres apuraron sus copas de champán y salieron para la sede del ministerio de Asuntos Exteriores austriaco. Cuando estuvieron acomodados en el despacho del ministro, éste preguntó:

–¿Le importa que el conde Forgach permanezca reunido con nosotros?

–En absoluto –contestó Tschirschky–. Si les parece, les leeré el telegrama.

–Muy bien, como prefiera –le autorizó el ministro.

–"El embajador imperial en Londres, que ya saben ustedes que es el príncipe Lichnowsky, ha telegrafiado lo siguiente."

El diplomático alemán leyó el telegrama que Lichnowsky había enviado a Jagow y que Bethmann Hollweg había leído al emperador durante la larga tarde del día 29 en Potsdam y que tanto enojó al káiser. Sin embargo, el telegrama que estaba leyendo Tschirschky no se limitaba a reproducir el de Lichnowsky, sino que seguía. El alemán leyó:

– "Como resultado de todo ello, en el caso de que Austria rechazara toda mediación, nos hallaríamos ante una conflagración en la que Inglaterra estará contra nosotros; Italia y Rumanía parece que no estarán a nuestro lado y ambos dos tendremos que enfrentarnos a cuatro grandes potencias."

Berchtold palideció y carraspeó, pero no dijo nada. Tschirschky continuó leyendo:

– "Gracias a la oposición de Inglaterra, la principal carga de la lucha caerá sobre Alemania. El prestigio político de Austria, el honor de sus armas, así como sus justas reclamaciones ante Serbia, podrían verse justamente satisfechos por la ocupación de Belgrado u otros lugares. Así, vería reforzado su status en los Balcanes como en relación con Rusia mediante la humillación de Serbia. Bajo estas circunstancias, debemos urgentemente y con vehemencia sugerir al gabinete en Viena que considere la aceptación de mediación cuyas honorables condiciones aparecen en el telegrama transcrito. La responsabilidad por las consecuencias que de otra manera seguirían sería terriblemente pesada tanto para Austria como para nosotros."[93]

Tschirschky levantó la mirada del papel para indicar que el telegrama había terminado. Forgach había estado tomando algunas notas y, a pesar de haber finalizado la lectura, siguió escribiendo durante unos instantes. Berchtold reflexionó la respuesta. Al fin, dijo:

–Herr Tschirschky, ¿le importaría volver a leerlo?

El embajador volvió a leerlo y Forgach tomó todavía más notas. Al finalizar esta segunda lectura, Berchtold abandonó el gesto severo y adoptó uno más calmo. Dijo:

–Le haré al emperador un informe acerca de este asunto.

–Tenga en cuenta que las muy justificadas exigencias de Austria –dijo el embajador abundando en lo que expresaba el telegrama– estarían plenamente protegidas infligiendo a Serbia un castigo junto con la adquisición de garantías de buena conducta mediante la aceptación de una propuesta de mediación.

Tschirschky adoptó ahora un tono casi afable:

–De esta forma, el objetivo perseguido por la Monarquía desde el principio, al emprender la acción contra Serbia, sería plenamente alcanzado sin necesidad de desencadenar una guerra mundial.

Berchtold tenía la cabeza gacha. Miró al embajador sin levantarla, como si le recriminara con los ojos que habían sido ellos, los alemanes, quienes les habían animado a llegar hasta allí para ahora obligarles a una retirada que, dijeran lo que dijeran Berlín y su embajador, era dolorosamente humillante.

–Bajo estas circunstancias –continuó Tschirschky–, creo yo que un completo rechazo de la mediación no puede plantearse. El honor de las armas austriacas se vería satisfecho por la ocupación de un trozo de territorio serbio a manos de tropas austro-húngaras.

Berchtold seguía mirando con descreimiento. Sin embargo, el alemán no se arredró:

–El que la ocupación militar vaya a tener lugar con el consentimiento expreso de San Petersburgo significa un inestimable reforzamiento de la influencia austriaca en los Balcanes en comparación con Rusia.

---

[93] Geiss, p. 291, doc. 133.

Tschirschky comenzaba a desesperarse. No había forma de que la desconfianza hacia lo que estaba proponiendo se disipara del rostro de Berchtold. No obstante, insistió:

–Le ruego, mejor dicho, les ruego –se dirigió ahora a Forgach, que había por el momento dejado de tomar notas– que tengan bien presentes las incalculables consecuencias que tendría un rechazo de la mediación.

Se produjo un instante de silencio que Leopold von Berchtold aprovechó para consultar su reloj. Cerró la tapa con un sonoro tintineo, se levantó y dijo:

–Siento mucho que no podamos continuar nuestro intercambio de impresiones. Tengo una audiencia con Su Majestad y he de cambiarme antes de ropa. Informaré a Su Majestad Apostólica del punto de vista de su Gobierno.

El embajador se puso de pie, estrechó la mano del ministro y se quedó a solas con el conde Forgach.

–Por favor, señor conde –rogó Tschirschky–, apelo con la mayor de las seriedades a su conciencia.

–Bueno –contestó el jefe de la Sección Segunda del ministerio–. Parece ser que lo que exige la situación es llegar a un acuerdo para la mediación. Sin embargo, a pesar de no ser yo experto en cuestiones militares, tengo la impresión de que la contención o restricción, no sé cuál sería la palabra apropiada, de las operaciones militares en curso es escasamente posible. Es algo que habría que consultar con el jefe del Estado Mayor.

Los dos continuaron dándole vueltas a los mismos argumentos sin conseguir Tschirschky que Forgach se comprometiera con su causa siquiera a título exclusivamente personal. Luego, agotados los argumentos, se retiró a la embajada.[94]

Berlín

El káiser Guillermo II se había levantado muy temprano aquel jueves. Lo primero que hizo, después de vestirse, fue ir a su despacho a ver lo que había llegado durante la noche. Entró acompañado de su ayuda de

---

[94] Geiss, p. 308, doc. 145.

cámara. Al acercarse a su escritorio, vio que había recibido un nuevo telegrama de su primo, el zar Nicolás II. Abrió el sobre y leyó:

Gracias de todo corazón por tu rápida respuesta. Enviaré esta tarde a Tatistchev con instrucciones.

Guillermo recordó que Tatistchev era el militar ruso que el primo Nicky le había enviado como ministro plenipotenciario personal suyo al margen de los funcionarios de la embajada. Luego, continuó leyendo:

Las medidas militares que he adoptado se decidieron hace cinco días por razones defensivas a la vista de los preparativos de Austria.

–¡Qué dice! –exclamó en voz alta sin dirigirse a su ayuda de cámara, quien, sin embargo, pudo oír perfectamente a su emperador y percibir su enojo–. No me lo puedo creer.

Continuó la lectura:

Espero con todo mi corazón que estas medidas no interfieran en tu función de mediador que tanto valoro. Necesitamos que presiones a Austria para que se avenga a llegar a un entendimiento con nosotros. [95]

El káiser, que había estado leyendo de pie, se dejó caer sobre su butaca. El militar, por su parte, no sabía qué hacer, si marcharse o permanecer en la estancia. Guillermo siguió hablando para sí en voz alta:

–¡Será posible! la movilización austriaca sólo ha tenido lugar en el Sur y eso no entraña ningún peligro para Rusia. Y encima tiene la desfachatez de admitir abiertamente que las medidas contra Austria y contra nosotros se pusieron en marcha hace cinco días. Así que, el muy bribón, nos lleva casi una semana de adelanto. Y se supone que estas medidas son para defenderse de Francisco José, quien de ninguna manera le está atacando.

Guillermo se levantó de su butaca y comenzó a pasear a grandes zancadas por el despacho agitando su brazo sano en el aire:

–Imposible. Imposible de todo punto. No puedo continuar mi labor de mediador. No es posible seguir siéndolo desde el momento que el zar me lo requirió mientras movilizaba secretamente su ejército a mi espalda. Así que, la petición de mediación no era más que una maniobra,

---

[95] Geiss, p. 291, doc. 132.

un engaño destinado a mantenernos inmóviles para que tardemos más en comenzar lo que ellos ya han iniciado. No era más que una añagaza para tomarnos la delantera. Se acabó. Fin. No estoy dispuesto a seguir haciendo el ridículo con esta mediación que parece no tener otro objeto que retrasar la movilización de nuestro ejército.

Mientras hablaba con la sola presencia de su ayuda de cámara, un lacayo solicitó permiso para entrar. Cuando le fue concedido, lo hizo y entregó una gruesa carpeta que dijo había sido enviada desde la cancillería. El emperador se sentó nuevamente a su escritorio y repasó los papeles que contenía. Cuando puso los ojos sobre uno, se detuvo. Se trataba del telegrama de su embajador en San Petersburgo, enviado a las cuatro y media de la madrugada y en el que Pourtalès narraba una conversación tenida con Monsieur Sazonov unas horas antes en el ministerio de Asuntos Exteriores ruso.

Cuando leyó que Sazonov argumentaba sobre la necesidad que tenía Rusia de no dejar en la estacada a Serbia porque eso pondría en peligro la Monarquía, el káiser cogió un lápiz y garabateó al margen:

Qué tontería. Es precisamente esta clase de política la que entraña más peligro para el zar.

Al final, leyó como Sazonov se excusaba de no poder en ningún caso revocar la orden de movilización. Él, como militar, y a diferencia de Pourtalès, que no lo era, sabía perfectamente que eso era una mentira. Por eso, al final del telegrama anotó:

Si la movilización no puede ser revocada (lo que no es en absoluto verdad) ¿por qué entonces apeló el zar a mi mediación tres días después de haber emitido la orden? Esto demuestra a las claras que la movilización había sido una decisión precipitada y que después hizo esa jugada "pro forma" en nuestra dirección con el fin de tranquilizar su atormentada conciencia, aunque sabía que esto no serviría de nada, puesto que no se ve lo suficientemente fuerte como para detener la movilización. Su frivolidad y debilidad están a punto de arrojar al mundo a la más terrible de las guerras, cuyo eventual objetivo será la destrucción de Alemania. Porque no tengo ninguna duda al respecto: Inglaterra, Rusia y Francia se han puesto de acuerdo, tras situar ante nosotros el "casus foederis" a través de Austria, cogiendo el conflicto austro-serbio como una excusa para librar una guerra de exterminio contra nosotros. De ahí la cínica observación de Grey a Lichnowsky, mientras la guerra se reduzca a un conflicto entre Austria y Rusia, Inglaterra estará tranquila. Sólo cuando nosotros y Francia estemos envueltos, se vería él empujado a emprender una acción contra nosotros. O sea, que nosotros deberíamos una de dos, o traicionar de forma vergonzosa a nuestros aliados, sacrificándolos por Rusia (lo que significa romper la Triple Alianza) o tenemos que ver cómo nos ataca toda la Triple Entente unida para ser castigados por ser leales a nuestros aliados, mientras ellos dan satisfacción a su celo uniéndose en el objetivo común de arrinconarnos.

Esta es la verdadera situación en su núcleo, la que inteligentemente y lentamente fue planeada por Eduardo VII y ha sido llevada adelante sistemáticamente por infames conferencias entre Inglaterra, París y San Petersburgo. Y finalmente concluida por Jorge V y puesta a funcionar. Y de ahí que la estupidez y la ineptitud de nuestro aliado se haya convertido en una trampa para nosotros. De forma que, el famoso cercamiento a Alemania se ha convertido en un hecho a pesar de todos nuestros esfuerzos políticos y diplomáticos por evitarlo.

De manera repentina, la red ha sido lanzada sobre nuestra cabeza e Inglaterra vergonzosamente cosechará el más brillante éxito de su insalubre política mundial, puramente anti-alemana. Contra esta política, nos hemos demostrado indefensos mientras ella estrechaba el nudo de nuestra destrucción política y económica por nuestra lealtad a Austria y mientras nos retorcemos abandonados en la red. Un gran logro que provoca la admiración incluso de quien va a ser destruido a consecuencia de él.

Eduardo VII muerto es más fuerte que yo estando vivo. ¡Y hay gente que cree que Inglaterra puede ser vencida o apaciguada por ésta o aquella débil medida! Sin pausa y sin descanso, Inglaterra ha perseguido su objetivo con notas, con propuestas, sustos, Haldane[96], etc. hasta que se ha alcanzado este punto. ¡Y nosotros hemos caminado hacia la red e incluso nos hemos adherido al programa de sólo un barco en construcción a la vez con la ardiente esperanza de apaciguar a

---

[96] La misión Haldane lleva el nombre de Richard Haldane, ministro de la Guerra británico, que en 1912 viajó a Berlín a proponer un acuerdo al káiser. El pacto propuesto consistía en que, a cambio de detener la expansión de su flota, los ingleses apoyarían las ambiciones coloniales de los alemanes. Fue un fracaso.

Inglaterra! Todas mis advertencias, todos mis ruegos fueron para nada. ¡Ahora llega la así llamada gratitud de Inglaterra por todo ello!

¡Desde el dilema surgido por nuestra lealtad al viejo y venerable emperador de Austria, hemos sido arrastrados a una situación que ofrece a Inglaterra el ansiado pretexto para poder aniquilarnos bajo un hipócrita manto de justicia por agradar a Francia a cuenta del reputado equilibrio de poder en Europa, jugando por ejemplo, la carta de todas las naciones que están en el favor de Inglaterra contra nosotros! Este asunto ha de ser ahora despiadadamente destapado por completo, mientras la máscara de cristiano pacifismo es pública y bruscamente arrancada en público y la farisaica hipocresía expuesta a escarnio. Y nuestros cónsules y agentes en Turquía y en India deben encender a todo el mundo musulmán a una fiera rebelión contra esta odiosa, mentirosa, inconsciente nación de tenderos porque, si nosotros hemos de ser desangrados hasta la muerte, Inglaterra ha de perder al menos la India.[97]

Una vez que hubo terminado de escribir, el emperador leyó y glosó todos los documentos que le había mandado la cancillería. Luego, convenientemente anotados, incluido el telegrama del zar, ordenó que, como siempre, fueran devueltos a la cancillería para que la política que desde allí se desplegara se ajustara a esas notas.

San Petersburgo

El ministro de Asuntos Exteriores ruso, Serge Sazonov, tras hablar por teléfono desde el ministerio de la Guerra con Nicolás II y conseguir que consintiera recibirlo aquella misma tarde, volvió a su despacho. Allí se entrevistó con el embajador francés. Luego, recibió la llamada telefónica del ministro de Agricultura, Alexander Krivoshein:

–Excelencia, he hecho todo lo posible para que Su Majestad Imperial me recibiera, pero ha sido imposible. Me ha dicho que tiene un día ocupadísimo.

–No se preocupe, Excelencia. Contra toda probabilidad, yo he tenido más éxito y Su Majestad me recibirá esta tarde a las tres, aprovechando la audiencia que tiene con el general Tatistchev.

---

[97] Geiss, p. 294, doc. 135 *in fine*.

Krivoshein guardó silencio al otro lado del hilo, quizá ofendido de que el ministro de Exteriores hubiera sido objeto de mayor consideración por parte del soberano. Luego, dijo:

—¿Cree que es apropiado hablar de la movilización general con Su Majestad en presencia de Tatistchev, conocido amigo del káiser y del pueblo alemán?

—Francamente, no me lo he planteado. No me ha dado otra oportunidad.

Nuevo silencio. Luego, Krivoshein dijo:

—Excelencia, ¿le parece que almorcemos juntos a fin de diseñar la estrategia de cómo ha de planteársele el asunto a Su Majestad para que preste finalmente su consentimiento a la movilización general?

—Me parece muy bien, Excelencia. Estaré encantado de oír sus sugerencias. En estos momentos en que es crucial para el futuro del país convencer a Su Majestad, toda ayuda es poca y sus consejos pueden ser de la máxima utilidad.

—Bueno, yo no estoy tan seguro —dijo Krivoshein modesto—, pero sí parece mejor que entre los dos diseñemos la estrategia.

—¿Le importaría que se uniera a nosotros el barón Schilling?

—En absoluto. Su mano derecha en el ministerio es un hombre muy inteligente y su presencia nos será indudablemente de ayuda.

—¿Le parece bien a las doce y media en el Donon?

—¿El Donon? Por supuesto, me parece una excelente elección. No obstante, asegúrese que nos acomodan en un reservado. No es necesario que nadie escuche lo que tenemos que hablar.

—Desde luego. Yo me ocupo.

—Nos vemos pues entonces.

A las doce y media, los tres hombres se encontraron en un reservado del que pasaba por ser el mejor restaurante de la ciudad. A pesar de los recíprocos augurios, la conversación no fue de gran utilidad. Simplemente, los tres hombres se convencieron de la inminencia y la inevitabilidad de la guerra con Alemania y cómo era por tanto crucial adelantarse a los acontecimientos y convencer al zar de que ordenara la movilización general. Acabado el almuerzo, el ministro de Exteriores consultó su reloj y al comprobar que eran ya las dos de la tarde, dijo que había llegado el momento de partir para el Peterhof. Recogió al general Tatistchev en el Estado Mayor y salieron. A las tres en punto, el zar los recibió en el Palacio de Alejandro, su favorito, donde pasaba la mayor parte del tiempo. Una vez acomodados los tres hombres, Sazonov expuso sus argumentos:

–Majestad, la guerra es inevitable. Alemania, inequívocamente, ha decidido forzar el choque con nosotros.

–Eso no es tan obvio como Su Excelencia cree –dijo el zar con aplomo–. Estoy seguro de que los deseos de paz de su Majestad Imperial, el káiser Guillermo, son sinceros.

–No estoy en condiciones –dijo con humildad Sazonov– de discutir la situación de Su Majestad, el káiser. Pero, me parece evidente que, si el Gobierno alemán deseara realmente la paz, no habría rechazado sistemáticamente todas las propuestas pacificadoras que se han hecho y habría podido fácilmente hacer entrar en razón a su aliado.

El zar le escuchó con gesto sombrío. Sazonov prosiguió:

–Su Majestad sabe que nuestra mayor debilidad proviene de la lentitud con la que estamos obligados a movilizar a pesar de los grandes esfuerzos que se han hecho durante estos últimos años para mejorar la red de ferrocarriles.

El zar asintió casi imperceptiblemente.

–En estas condiciones –prosiguió el ministro–, lo único que puede hacerse es todo cuanto sea necesario para poder hacer frente a la guerra que se avecina plenamente armados y en las mejores condiciones que seamos capaces de darnos.

–Eso tiene todo el sentido, Sazonov. Pero, si ordenamos la movilización general, la guerra será inevitable.

–¡La guerra es ya inevitable, Majestad! Desde el principio, ese fue el resultado que quiso Alemania. Si fuéramos capaces de movilizar nuestro ejército a la velocidad de los alemanes, podríamos esperar. Pero, dada nuestra desventaja, demorarnos más puede acarrear consecuencias catastróficas. No podemos permitirnos que el temor a desatar una guerra nos paralice y que, cuando esa guerra en efecto estalle, el acontecimiento nos coja desprevenidos. Hay que proseguir nuestros preparativos. No podemos detenernos.

–¿Se hace cargo, señor ministro, de lo que significa una guerra con Alemania? –preguntó el zar con estudiada serenidad–. Estamos hablando del mayor de los horrores. Quizá tenga usted razón y a estas alturas la guerra sea inevitable. Pero es mi personal responsabilidad y mi obligación explorar, antes de aceptarla como inevitable, cualquier posibilidad que haya, por remota que sea, de evitar el desastre. No ordenaré la movilización general hasta que la esperanza de evitar la guerra no se haya disipado por completo.

–Por favor, Majestad –imploró Sazonov–, se lo ruego, reconsidere su postura. No hay tiempo que perder. Si el poderosísimo ejército alemán nos coge desprevenidos, la catástrofe tendrá unas proporciones hoy insospechadas.

–Mientras haya una posibilidad de paz, la exploraré. Es mi responsabilidad.

Sazonov sintió que sus argumentos se agotaban y que llegaba el momento de salir del palacio sin la orden de movilizar bajo el brazo, lo cual habría significado un terrible fracaso.

Entonces, el general Tatistchev, que hasta el momento había permanecido en silencio, comentó:

–La verdad es que es una decisión muy difícil.

El zar, hasta ese momento impávido, perdió los nervios. Dio un puñetazo al brazo de su butaca y levantándose, casi en posición de firmes, gritó:

–Yo decidiré.

El general ya no osó decir palabra. Cuando el zar se sentó y pareció tranquilizado, Sazonov volvió al ataque:

–Majestad, nadie pone en duda que es a Su Majestad a quien corresponde decidir. La cuestión es que está a punto de desencadenarse una guerra terrible y, si no ordena la movilización general inmediatamente, la perderemos. Y si la perdemos, quién sabe qué sobrevivirá a ella y qué será de Rusia.

El zar comenzó a atusarse los bigotes con un gesto nuevamente sereno. Reflexionó y pareció que perdía parte de su obstinación. Sazonov insistió:

–Majestad, es mucho más peligroso no movilizar que hacerlo. La movilización por nuestra parte no ha de implicar necesariamente la guerra ya que nuestro ejército, movilizado y todo, puede permanecer a este lado de la frontera cuanto sea necesario a la espera del resultado de las negociaciones que Su Majestad quiera desarrollar con Su Majestad Imperial, el káiser. Pero, si Alemania moviliza antes que nosotros, nos ataca y nos coge sin estar suficientemente preparados, las consecuencias…

–Está bien –zanjó el zar–. Ponga en marcha la movilización general. Parece que es lo único sensato que hoy puede hacerse. Mientras, por mi parte, haré cuánto esté en mi mano para evitar esta terrible guerra que se cierne sobre nosotros.

–Muchas gracias, Majestad –dijo entusiasmado Sazonov–. Tenga la seguridad de que ha tomado la decisión correcta. No hay otra salida.

Nicolás II le miró con gesto de incredulidad. Fue el momento en que el ministro se dio cuenta de que, como ya había ocurrido con anterioridad, el zar podría arrepentirse y revocar por segunda vez la orden. Había que actuar con celeridad para evitar que tal circunstancia volviera a darse.

–El tiempo –dijo el ministro de Exteriores–, lamentablemente, apremia, Majestad. ¿Me concede su permiso para informar inmediatamente al jefe del Estado Mayor a través de la línea telefónica del palacio?

–Proceda, Sazonov. La decisión ha sido tomada –dijo el zar con un fingido tono de firmeza, pero zozobrando todavía en un mar de dudas.

El ministro se despidió con todas las formalidades y se precipitó escaleras abajo a la planta baja del edificio, que era donde estaba el teléfono. Solicitó ser puesto en comunicación con el general Yanushkevich, quien se puso enseguida, ya que estaba en su despacho pendiente únicamente del teléfono:

–¿General?

–Dígame, Excelencia. ¿Qué noticias tiene?

–Su Majestad Imperial ha ordenado la movilización general. Póngala pues en marcha inmediatamente.

–Todos los telegramas que hay que enviar están ya preparados.

–Muy bien. Dese toda la prisa que pueda.

–Así lo haré.

–¿General?

–Dígame, Excelencia.

–Ahora, cuando cuelgue, ya puede usted romper el teléfono y esconderse donde nadie pueda encontrarle para darle una orden.

El general rió al otro lado del hilo:

–Descuide. Estamparé el teléfono contra la pared y me esconderé como un topo.[98]

Tras Sazonov, de una forma no tan precipitada, salió el general Tatistchev. Cuando el zar quedó en soledad, mientras Sazonov hablaba por teléfono con Yanushkevich, Nicolás II pensó que era imperativo telegrafiar al primo Willy y darle alguna clase de explicación de la orden que acababa de dar.

Londres

Sir Edward Grey, en su despacho del Foreign Office, redactaba con sumo cuidado el telegrama que tenía que responder a la petición, casi exigencia, alemana de que Gran Bretaña permaneciera neutral en caso de que estallara el conflicto a cambio de que Berlín respetara la integridad territorial de Francia. Escribió a Goschen:

Debe informar al canciller alemán que su propuesta según la cual deberíamos comprometernos a mantenernos neutrales no puede por el momento ser aceptada.

Se nos pide en efecto que nos mantengamos al margen mientras las colonias francesas son capturadas y Francia resulta derrotada sólo a cambio de que Alemania no se apodere de territorio francés distinto del de sus colonias.

Desde el punto de vista material, tal proposición es inaceptable porque Francia puede resultar doblegada hasta el punto de perder su posición como gran potencia y convertirse en un país subordinado a la política alemana sin necesidad de perder ni una brizna de su territorio europeo.

Pero, aparte esta consideración, llevar a cabo esta transacción con Alemania a expensas de Francia sería una desgracia de la que el buen nombre de este país jamás se recuperaría

El canciller también nos pide negociar cualesquiera obligaciones o intereses que tengamos en relación a la neutralidad de Bélgica. Tampoco podemos aceptar esta oferta.

---

98   Geiss, p. 310, doc. 147.

Habiendo ya dicho tanto, es innecesario examinar si un acuerdo de futura neutralidad general entre Alemania e Inglaterra ofrecería ventajas suficientes para compensarnos de estar atados de manos en estos momentos. Mi respuesta ha de ser que nosotros tenemos que preservar nuestra libertad para poder actuar tal y como las circunstancias parezcan exigirnos en cualquier evolución que pudiera adoptar la presente crisis, por desfavorable y lamentable que sea, tal y como el canciller contempla que pudiera ocurrir.

Debe usted añadir con vehemencia que la única manera de mantener las buenas relaciones entre Inglaterra y Alemania es continuar trabajando juntos a fin de preservar la paz de Europa. Si tenemos éxito en este objetivo, las relaciones mutuas entre los dos países, creo, mejorarán y se reforzarán ipso facto. Para este fin trabajará el Gobierno de S. M. con total sinceridad y buena voluntad.

Y si la paz de Europa puede ser preservada y esta crisis es finalmente superada de forma satisfactoria, mi propio esfuerzo estará dedicado a promover algún arreglo del que Alemania pueda ser parte y por el cual pueda ser garantizado el que ninguna política agresiva u hostil sea adoptada contra ella o contra sus aliados por Francia, Rusia y nosotros mismos, conjunta o separadamente. He deseado que las cosas fueran así y he trabajado para ello todo lo que he podido a lo largo de la última crisis balcánica. Y cuando Alemania ha tenido el mismo objetivo, nuestras relaciones han mejorado sensiblemente. La idea hasta ahora ha sido demasiado utópica para poder conformar el material de propuestas concretas, pero, si esta crisis, mucho más aguda que cualquier otra que Europa haya tenido durante generaciones, llega a ser superada con éxito, espero que la reacción y alivio que le seguirá pueda permitir alguna clase de definitiva aproximación entre las potencias, haciéndola más factible de lo que hasta el momento ha sido.[99]

Cuando Sir Edward Grey terminó de escribir, pensó: "Más no puedo ofrecerles. Veremos si son capaces de apreciar la amistad inglesa en lo que vale."

---

[99] *Brit. Doc.*, p. 193, doc. 303.

Viernes, 31 de julio

Berlín

Helmut von Moltke, jefe del Estado Mayor alemán, se había acostado tarde la noche anterior y se había levantado muy temprano. A las siete, ya había llegado a su despacho. Estaba completamente resuelto a lograr que el poder civil le permitiera poner en marcha la eficaz máquina del poderoso ejército alemán. Hacía dos días que se había convencido de que la guerra era inevitable y que los absurdos intentos de paz que se estaban haciendo tan sólo implicaban lamentables pérdidas de tiempo. Mientras, los enemigos de su patria se preparaban apresuradamente para la lucha que en breve tendría lugar ante la mirada impasible del Gobierno alemán.

Así pues, Moltke llamó por teléfono al general Hell, jefe del Estado Mayor del XXº Cuerpo de Ejército, con cuartel general en Allenstein, en el Sur de la Prusia Oriental. Cuando tuvo al general al aparato, Moltke preguntó directamente:

—Mi general, ¿tiene usted la impresión de que Rusia esté movilizando?

El militar destacado cerca de la frontera, contestó sin vacilar:

—Sí, desde luego. Lo llevo viendo desde hace días.

—¿Qué le hace estar tan seguro?

—Bueno, la frontera está herméticamente cerrada. Nadie cruza en ninguna de las dos direcciones. Desde ayer, los rusos están quemando las casetas de los guardias y las paredes de Mlawa están empapeladas con carteles rojos llamando a los reservistas.

Moltke dudó si Hell no le estaría tomando el pelo. Lo primero que le había contado eran remotos indicios de una posible movilización general y había dejado para el final la prueba irrefutable de que se había iniciado. Enfadado, preguntó:

–¿Por qué no se ha hecho con uno de esos carteles?

Moltke creía que, si se presentaba en la cancillería con uno de esos carteles, saldría de ella con la orden de movilizar bajo el brazo.

–Se ha intentado todo –dijo Hell balbuceando–. Pero me ha sido imposible debido al cierre de la frontera.

–Hell –ordenó Moltke–: tiene que conseguirme uno de esos carteles como sea. Tengo que estar completamente seguro de que los rusos se están movilizando contra nosotros. Hasta ese momento, no podré convencer al Gobierno de que promulgue la orden de movilización.

–¡A sus órdenes, mi general! Le conseguiré uno aunque tenga que ir yo personalmente a arrancarlo de la pared.

–Espero que eso no sea necesario –le tranquilizó el jefe del Estado Mayor–, pero consígamelo.[100]

Viena

A la capital austriaca había llegado procedente de Budapest el conde Tisza, primer ministro húngaro de la Doble Monarquía, con el fin de asistir al Consejo de Ministros conjunto que se celebraría durante la mañana de ese mismo viernes en la Ballhausplatz.

Sin embargo, antes de iniciarse la reunión formalmente, Franz Conrad von Hötzendorf, jefe del Estado Mayor austriaco, y el general Alexander von Krobatin, ministro de la Guerra, llegaron juntos al ministerio de Exteriores y se dirigieron directamente al despacho del ministro. Allí se encontraron con el conde Tisza, con el conde Stürgkh, primer ministro austriaco, y el barón Burián, representante permanente de Hungría en Viena, que habían ido llegando en los minutos anteriores. Todos se saludaron y, en ese ambiente informal, el anfitrión, Leopold von Berchtold, les dijo a los militares recién llegados:

–Acomódense, caballeros. Les estaba leyendo a todos el telegrama que ayer tarde recibió Su Majestad Apostólica del káiser Guillermo II. Dice así: "No creo que pueda rechazar el llamamiento personal del zar a emprender un intento de mediación con el fin de evitar una conflagración mundial y preservar la paz. De forma que durante los días

---

[100] Albertini, vol. III, p. 33.

de ayer y hoy, he sometido a consideración de su Gobierno por medio de mi embajador algunas propuestas. En ellas, entre otras cosas, sugiero que, después de ocupar Belgrado y otros lugares, Austria debería hacer saber cuáles son sus condiciones. Quedaría sinceramente agradecido si me permitieras conocer cuál ha sido tu decisión tan pronto como sea posible. En leal amistad, Guillermo".

–Pero ¿qué es lo que se proponen? –preguntó alguien.

–Luego lo explicaré –contestó el ministro Berchtold–, cuando estemos reunidos en consejo. Lo que quería que supieran antes de que nos reunamos formalmente es que el káiser está presionando a Su Majestad y que, por lo tanto, no hay más remedio que contestar de algún modo a las propuestas alemanas.

Conrad se mostró teatralmente estupefacto:

–No entiendo nada. ¿Qué es lo que esperan los alemanes de nosotros? Miren lo que recibí ayer noche de Berlín.

El jefe del Estado Mayor extrajo de su cartera unos papeles. Cuando los hubo desdoblado, dijo:

–Esto es un telegrama de nuestro agregado militar en la capital alemana. Es el teniente coronel Bienerth, al que quizá conozcan. Se entrevistó ayer por la tarde con el jefe del Estado Mayor alemán. Les leo textualmente: "Moltke considera que la situación se está haciendo crítica a menos que la Monarquía austro-húngara movilice inmediatamente contra Rusia. La publicación de la orden de movilización rusa obliga a adoptar contramedidas por parte de Austria-Hungría, que no pueden ser otras que una pública proclamación. Esto proporcionaría a Alemania el *casus foederis*. Habría que llegar a un acuerdo honorable con Italia garantizándole que tendrá algunas compensaciones si se mantienen del lado de la Triple Alianza, lo que permitiría no tener que dejar tropas austriacas en la frontera con Italia. Hay que igualmente rechazar la rémora de la *démarche* inglesa para el mantenimiento de la paz. La última posibilidad de preservar la supremacía de Austria-Hungría es librar una guerra europea. Alemania estará con nosotros incondicionalmente." ¿Cómo se explica que por un lado el jefe del Estado Mayor del káiser nos esté animando a proclamar la movilización general y por otro su soberano esté presionando al nuestro para que acepte una propuesta de mediación?

Hubo un murmullo general. Pero, antes de que la conversación se dispersara, Conrad alzó la voz para imponerse y dijo:

—Pero esto no es todo.

Cogió un segundo papel de su cartera y dijo:

—Esta mañana, poco antes de venir hasta aquí, ha llegado al Estado Mayor este telegrama. Está firmado directamente por von Moltke, sin posibilidad por tanto de malentendidos. Me dice el general alemán: "Actúe con firmeza frente a la movilización rusa. Austria-Hungría ha de ser preservada. Movilice ya contra Rusia. Alemania movilizará. Exija a Italia que cumpla con sus obligaciones como aliado mediante las debidas compensaciones."

Ahora quien se sorprendió realmente fue Berchtold, quien, fingiéndose enojado, dijo:

—¿Qué ocurre aquí? ¿Quién dirige el Gobierno en Berlín? ¿Moltke o Bethmann?

Se desató una nueva batería de murmullos y cada cual inició un animado debate con su vecino. Sin que se silenciara el runrún, Berchtold le dijo a Conrad:

—Precisamente, le pedí que viniera porque sospecho que Alemania se está batiendo en retirada. La actitud de Moltke significa que los militares se mantienen de nuestro lado. Eso me tranquiliza.

Conrad asintió. Luego, el ministro de Exteriores pidió silencio y rogó a los presentes que pasaran a la sala de consejos, donde esperaba el conde Hoyos, encargado como siempre de levantar acta de lo que allí se hablara y acordara.[101]

Mientras se acomodaban, se incorporaron el ministro conjunto de Finanzas, Leon von Bilinski y el segundo jefe del Estado Mayor de la Armada, el contralmirante von Kailer.

El primero en tomar la palabra fue lógicamente el ministro común de Asuntos Exteriores, que presidía la reunión, el conde Leopold von Berchtold:

—Como saben, por la comunicación que se les hizo para convocarles, el objeto del presente consejo es... Por favor, conde Hoyos, lea los términos de la convocatoria.

---

[101] Albertini, vol. II, pp. 673 y 674.

Hoyos, disciplinado, leyó:

—Consulta respecto de la propuesta inglesa de mediación y las compensaciones que han de ser otorgadas a Italia.

—Eso es —dijo Berchtold—. Bien, para ponerles oficialmente en antecedentes, les diré que el embajador alemán, Herr Tschirschky, en nombre del canciller imperial, me transmitió una comunicación relativa a una entrevista entre el secretario del Foreign Office británico, Sir Edward Grey, y el embajador alemán en Londres, el príncipe Lichnowsky. En esa entrevista, al parecer, el señor secretario informó al embajador alemán de los siguientes hechos.

Berchtold cogió un papel y leyó:

—Monsieur Sazonov ha informado al Gobierno inglés de que, tras la declaración de guerra de Austria-Hungría a Serbia, ya no está en disposición de negociar directamente con Austria-Hungría y, por lo tanto, expresó su deseo de que Inglaterra nuevamente actuara como intermediario. El Gobierno ruso presupone, al parecer, la necesidad de que haya en tal caso un cese de hostilidades.

Berchtold levantó la mirada del papel para comprobar la reacción de los reunidos. Luego, dijo:

—Respecto de la declaración rusa, Sir Edward subrayó al príncipe Lichnowsky que Inglaterra estaba pensando en una mediación *à quattre*, que es además allí considerada como urgentemente necesaria si se quiere que no estalle una guerra general.

Los ministros escuchaban con atención y en silencio. Berchtold continuó:

—En estricta privacidad, Grey le ha dado a entender al embajador alemán que Inglaterra podría permanecer neutral si se diera el caso de que sólo interviniera Rusia. Pero, si Alemania y Francia llegaran a entrar en acción, las islas no podrían permanecer inactivas y se verían obligadas a tomar decisiones y actuar en consecuencia.

Los asistentes escuchaban en silencio.

—Al embajador italiano —siguió Berchtold—, que fue recibido poco después de hablar con Lichnowsky, Sir Edward le dijo que creía que podría lograr cualquier clase de satisfacción. Al parecer, Grey está de acuerdo con que una humillante retirada de Austria-Hungría está fuera de cuestión, pues los serbios han de ser en cualquier caso castigados.

Ahora bien, han de serlo con la aprobación de Rusia y luego obligados a cumplir las exigencias austriacas. Austria-Hungría podría, según Londres, sin necesidad de empezar una guerra general, obtener garantías para el futuro.

El ministro de Finanzas hizo ademán de querer intervenir, pero Berchtold no se lo permitió.

–Por favor –dijo el ministro de Exteriores–, no he terminado. A Herr Tschirschky se le han dado instrucciones desde Berlín para que la propuesta de Sir Edward añada las siguientes consideraciones del canciller imperial: si Austria-Hungría declina toda clase de mediación, la Monarquía y Alemania se verán obligadas a enfrentarse a una coalición del conjunto de Europa porque ni Italia ni Rumanía querrán alinearse con ellas. El prestigio político de Austria-Hungría, el honor de su ejército y sus justas reclamaciones a Serbia podrían verse satisfechas mediante la ocupación de Belgrado y algunos otros puntos. Su Posición en los Balcanes, en relación con Rusia, se vería reforzada. Bajo estas circunstancias, el gabinete alemán debe urgentemente requerir al Gobierno real e imperial a fin de que tome en consideración la mediación de Inglaterra bajo las citadas honorables condiciones. Sería muy difícil para Austria-Hungría soportar la responsabilidad de una actitud negativa.

Berchtold se había estado auxiliando de las notas que le había preparado Hoyos. A continuación, habló sin esa ayuda:

–Cuando el embajador alemán me presentó la propuesta inglesa, le dije que el cese de las hostilidades contra Serbia era imposible. También le advertí que yo no podía tomar ninguna decisión acerca de una propuesta de mediación, sino que tenía que esperar las órdenes de Su Majestad y discutir el asunto en el Consejo de Ministros. Así que informé al emperador del contenido de la *démarche* del embajador alemán. Su Majestad dijo inmediatamente que el cese de las hostilidades contra Serbia era imposible y estuvo de acuerdo en evitar cuidadosamente la oferta inglesa por sí misma, pero haciéndolo de manera que nuestra contestación demostrara que deseamos complacer a Inglaterra tal y como el canciller alemán nos ha pedido para no desairar a su Gobierno.

Hubo un general murmullo de aprobación. Berchtold prosiguió:

–La contestación al Gobierno alemán todavía no ha sido elaborada, pero podría decirse que ha de descansar en tres principios. Es decir…

Berchtold tomó un papel de entre los que tenía desparramados por la mesa:

–Primero, las operaciones militares contra Serbia deben continuar. Segundo, no podemos negociar lo concerniente a la oferta inglesa mientras la movilización rusa no se haya detenido. Tercero, nuestras exigencias han de ser aceptadas íntegramente y no debemos negociar acerca de ellas en ninguna forma.

Berchtold levantó la mirada de la hoja y siguió hablando sin leer:

–Como sabemos por experiencia, las potencias en estos casos siempre intentan rebajar las reclamaciones y es muy probable que esto sea lo que ocurra también en esta ocasión. Porque, de celebrarse en la capital inglesa la conferencia *à quattre*, Francia, Inglaterra y también Italia se pondrían del lado de Rusia y nosotros tan sólo tendríamos el muy dudoso apoyo del embajador alemán en Londres. Del príncipe Lichnowsky podemos esperar cualquier cosa menos que defienda con ardor nuestros intereses. Si todo esto termina en nada más que una ganancia de prestigio, según mi opinión, todo se habrá emprendido en vano. Una mera ocupación de Belgrado no es suficiente para nosotros, incluso si Rusia la permitiera. Todo esto no son más que pamplinas. Rusia se presentaría como salvador de Serbia, muy especialmente de su ejército, que permanecería intacto y, en dos o tres años, nos encontraríamos con un ataque renovado de Serbia en unas condiciones mucho menos favorables que las presentes.

Hubo nuevamente un murmullo de general aprobación. Berchtold prosiguió:

–Mi intención, por lo tanto, es contestar cortésmente a la oferta inglesa poniendo al mismo tiempo las condiciones que expresé anteriormente: nada de interrumpir las operaciones militares; nada que negociar mientras Rusia no detenga su movilización; y nada de debatir el contenido de nuestras exigencias a Belgrado. Y, por supuesto, hay que evitar entrar a discutir los hechos con el resto de las potencias.

Berchtold se aprestó a ordenar sus papeles haciendo ostensible que había terminado su introducción y podrían por tanto intervenir los demás. El primero en pedir la palabra fue el ministro común de Finanzas, Bilinski:

–Después de haber nosotros movilizado nuestro ejército, se ha creado una situación completamente nueva. Propuestas que antes podían haberse considerado, ahora son de todo punto inaceptables.

La reflexión mereció la general aprobación de los presentes. El conde Tisza, de quien esperaban los demás ansiosos que expresara su opinión, tomó la palabra:

—Comparto plenamente la opinión del presidente del Consejo, conde Berchtold. Y creo como él que sería muy peligroso discutir los hechos sobre la base de la propuesta inglesa. Nuestras operaciones militares en Serbia deben por supuesto continuar. Me pregunto, no obstante, si no sería necesario informar a las potencias de nuestras nuevas exigencias sobre Serbia y contestar a la sugerencia inglesa declarando que estamos listos para aceptarla en principio, pero sólo bajo la condición de que nuestras operaciones en Serbia continúen y la movilización rusa se detenga.

El siguiente en hablar fue Stürgkh, el primer ministro austriaco:

—La idea de una conferencia me resulta tan odiosa que ni siquiera me agrada la posibilidad de aparentar que la aceptamos. Por eso, me parece que la propuesta del conde Tisza es la mejor. Debemos proseguir nuestra guerra con Serbia y declararnos dispuestos a continuar negociando con las potencias tan pronto como Rusia detenga la movilización.

Bilinski se mostró también de acuerdo:

—La sugerencia del conde Tisza es extremadamente inteligente y el plantear esas dos condiciones nos permitirá ganar tiempo. La verdad es que a mí también me disgusta la posibilidad de una conferencia. El sólo recuerdo de cómo discurrió la que tuvo lugar en Londres hace dos años basta para abominar de la idea. La opinión pública se rebelaría con una repetición de los mismos hechos. Ahora bien, eso no significa que debamos rechazar la oferta inglesa con ruda brusquedad.

Tras Bilinski, tomó la palabra el representante de Hungría en Viena, Burián, quien dijo:

—Yo estoy también de acuerdo con lo propuesto por el conde Tisza.

Tras esa adhesión sin matices, se acordó por unanimidad lo propuesto por el magiar, esto es, aceptar la propuesta inglesa a condición de que las hostilidades contra Serbia continuaran y Rusia detuviera su movilización.

—Bueno —dijo Berchtold—, ahora debemos ocuparnos del otro asunto.

Es esencial que Italia permanezca ligada a la Triple Alianza. Sin embargo, el país transalpino sostiene que somos nosotros quienes hemos provocado el conflicto y que nuestras acciones contra Serbia estaban en realidad dirigidas contra Rusia. De todo lo que ha dicho el marqués de San Giuliano, lo único que ha quedado claro es que la actitud italiana está inspirada por un deseo de compensación. Italia basa estos deseos en la letra del artículo VII del tratado de la Triple Alianza. Nuestra interpretación es que un derecho de compensación de acuerdo con ese artículo sólo existiría si ocupáramos territorios pertenecientes al imperio otomano.

El conde Hoyos se había ocupado de que hubiera un texto del tratado en cada puesto del Consejo. En el artículo, tras comprometerse Austria-Hungría e Italia a conservar el equilibrio de poder en el Levante, se pactó: "Si en el curso de los acontecimientos, el mantenimiento del *statu quo* en las regiones de los Balcanes o de las costas otomanas y en las islas del Adriático y del Egeo resultara imposible y si, a consecuencia de la acción de una tercera potencia o de cualquiera otra manera, Austria-Hungría o Italia se encontraran en la necesidad de modificarlo mediante una ocupación temporal o permanente por su parte, esta ocupación sólo tendrá lugar tras un previo acuerdo entre las dos potencias basado en el principio de recíproca compensación por cada ganancia, de naturaleza territorial o no, que cada uno de ellas pudiera experimentar más allá del actual *statu quo*, dando satisfacción a los intereses y bien fundadas reclamaciones de las dos partes."

Berchtold prosiguió hablando:

–Italia, sin embargo, insiste en que, como en una parte del texto se emplean las palabras "en los Balcanes", su mención implica que la norma engloba toda la península balcánica. Aunque la interpretación italiana puede ser refutada con buenas razones, el caso es que el Gobierno alemán ha hecho suyo el punto de vista italiano.

Hubo entonces algún amago de protesta por considerar desleal aquella actitud de Berlín. Luego, Berchtold retomó la palabra:

–Durante la última semana pues, ha habido *démarches* a diario con vistas a inducir al real e imperial Gobierno a que se uniera a los otros dos aliados en su aceptación de la cuestión de la compensación.

Planteada la cuestión, Berchtold prefirió provocar un relativamente prolongado silencio para ver si alguien quería apostillar algo. Al final, habló Krobatin, el ministro de la Guerra:

—Nuestro agregado militar en Berlín ha remitido algunos informes de sus conversaciones con el káiser Guillermo y con el jefe del estado Mayor alemán en los que ambos han resaltado lo importante que es que Italia tuviera una intervención en el inminente conflicto y que sería, por lo tanto, de lo más deseable que el Gobierno real e imperial aceptara cumplir los deseos de Italia.

Todos sabían que la intervención de Italia era interesante para Alemania porque un ataque italiano sobre el Sureste francés obligaría a París a distraer fuerzas del Norte en beneficio del ataque alemán. Y también sabían que tal intervención permitiría a Viena desguarnecer la frontera Sur y emplear esas tropas contra Serbia y Rusia.

Berchtold volvió a tomar la palabra:

—Los mensajes que me han llegado desde Roma vienen a decir que la guerra que está a punto de declararse es contraria a los intereses italianos.

Alguien comentó:

—No se trata de intereses, sino de fidelidad a la palabra dada. Para combatir sólo cuando están en juego los propios intereses, no hace falta suscribir alianzas.

—Silencio, por favor —ordenó Berchtold—. Digo que Roma considera esta guerra contraria a sus propios intereses y que, de vencerla nosotros, implicaría un reforzamiento de nuestra posición en los Balcanes. Según ellos, bajo estas circunstancias, Italia sólo podría intervenir activamente si sus reclamaciones son reconocidas.

El conde hizo una breve pausa para beber agua y continuó:

—Hasta este momento, he estado dando instrucciones al real e imperial embajador en Roma de que conteste a las exigencias italianas con evasivas y que continúe insistiendo en que toda idea de ganancia territorial está más allá de nuestras intenciones. También le he dicho que dijera que, si no obstante nos viéramos obligados a llevar a cabo una ocupación temporal en contra de nuestra voluntad, habría entonces tiempo de tratar la cuestión de la compensación.

Se desencadenó entonces un acalorado debate sin ningún orden en el que las voces se esforzaron en sobresalir unas por encima de las otras. Berchtold permitió que el desorden se prolongara durante unos minutos. Cuando vio que estaban todos más o menos de acuerdo, rogó:

–Por favor, caballeros, guardemos un poco el orden al hablar. Para facilitar la adopción de una decisión, les propongo que me autoricen a tratar con Italia sobre el principio de prometerle una compensación en la eventualidad de que haya por nuestra parte una ocupación duradera de algún territorio serbio. A este efecto, podría dejar caer la idea de entregar el puerto de Vlora a Italia, si es que las circunstancias lo exigen e Italia cumple sus obligaciones como aliado.

A todos les pareció muy justo que, llegado el caso, Italia fuera compensada a costa de Albania, así que la moción fue aprobada, tras lo que Berchtold levantó la sesión.[102]

✱✱✱

Mientras el Consejo conjunto de Ministros discutía qué hacer con la propuesta de mediación inglesa y con Italia, en Palacio, Francisco José tenía delante de sí, en su escritorio, la orden de movilización general que le había llegado desde el ministerio de la Guerra durante la mañana a fin de que, si lo creía pertinente, la firmara. Después de hacerlo, ordenó que se enviara al káiser un telegrama personal suyo:

Me apresuro a agradecerte cordial y calurosamente tu amable telegrama. Inmediatamente después de que tu embajador entregara a mi Gobierno la propuesta de mediación de Sir Edward Grey, llegó el anuncio oficial a través de mi embajador en San Petersburgo de que el zar de Rusia había ordenado la movilización de todos los distritos militares en mis fronteras. El conde Szögyény me informa de que le has dicho al zar Nicolás en inequívocos términos que detenga la movilización ya que, de otra manera, la entera responsabilidad de una guerra mundial caerá sobre sus hombros. Consciente de mi grave responsabilidad por el futuro de mi imperio, he ordenado la movilización de todas mis fuerzas armadas. La acción de mi ejército contra Serbia, ahora en curso, no puede sufrir ninguna interrupción y, por tanto, no puedo permitir la intervención rusa. Soy consciente de la importancia de mis decisiones y

---

[102] Geiss, p. 318, doc. 154.

las he tomado confiando en la divina justicia y en la confianza de que las fuerzas armadas se mantendrán del lado de mi imperio y de la Triple Alianza en una lealtad inalterable como aliado. [103]

No había pues en él la comunicación de ninguna decisión, tal y como le había pedido Guillermo II en el telegrama del día anterior, acerca de la iniciativa "Alto en Belgrado." De haber en él una respuesta a la oferta, más bien parecía ser de rechazo.

San Petersburgo

En el Peterhof, el zar Nicolás II pasó buena parte de la mañana pensando en cómo contestar al último telegrama de su primo Willy. Al final, lo que salió de San Petersburgo con destino a Berlín poco antes de las tres de la tarde decía:

Te agradezco de todo corazón tu mediación que comienza a dar a uno la esperanza de que todo pueda terminar pacíficamente. Es técnicamente imposible detener nuestros preparativos militares que son obligatorios, debido a la movilización austriaca. Estamos lejos de desear una guerra. Mientras las negociaciones con Austria a cuenta de Serbia tengan lugar, mis tropas no emprenderán ninguna acción provocadora. Te doy mi palabra más solemne acerca de esto. Pongo toda mi confianza en la misericordia de Dios y en la esperanza de que tengas éxito en tu mediación en Viena por el bienestar de nuestros países y de la paz de Europa. Nicky.[104]

Londres

Paul Cambon, hermano del Cambon que estaba al frente de la misión en Berlín, era el embajador francés en Londres. Paul era el mayor, pero Jules era más brillante y por eso había sido enviado a la capital más conflictiva. Cuando estalló la Guerra franco-prusiana en 1870, un joven Paul Cambon era secretario del alcalde de París, Jules Ferry. Luego, fue destinado como embajador a Constantinopla y llevaba en Londres

---

[103] Albertini, vol. II, p. 675.

[104] Williamson & Van Wick, p. 143.

desde 1898. Como muchos europeos de su edad (tenía 71 años), Paul Cambon odiaba los nuevos tiempos, la corrupción de las costumbres, la desaparición de los buenos modales. Quizá este pesimismo se debiera a que, después de tan sólo tres años de matrimonio, su mujer tuvo un accidente que la dejó casi inválida para el resto de su vida. Su enfermedad le obligaba a separarse de su marido durante el invierno en busca de climas cálidos. Fue precisamente su muerte en 1898 lo que permitió que Cambon fuera destinado al frío y húmedo Londres. Se hizo muy amigo del subsecretario permanente del Foreign Office, Arthur Nicolson a quien veía casi todos los días. Los dos compartían el temor y el odio hacia Alemania. Sin embargo, en esto se agotaba la buena relación de Cambon con Gran Bretaña. Solitario de carácter y entorpecido por el hecho de no hablar inglés (Nicolson tenía para él la ventaja de que dominaba el francés), apenas era visto en la vida social londinense donde en cambio brillaba el vivaracho príncipe Lichnowsky, siempre acompañado de su encantadora esposa. Durante la conferencia de Londres, la que puso fin a la Primera Guerra Balcánica, Cambon destacó por su intransigencia respecto a las reclamaciones austro-alemanas, incluso en aquellos casos en que los rusos hubieran estado dispuestos a ceder.

Aquella mañana, Paul Cambon y Sir Edward Grey tuvieron una de sus habituales reuniones que tan penosas resultaban para Cambon puesto que Grey, a diferencia de Nicolson, no hablaba francés. Tras los saludos de rigor y una vez acomodados alrededor de la mesa Chippendale, Sir Edward dijo:

–El príncipe Lichnowsky me ha preguntado esta mañana si Gran Bretaña será neutral en el conflicto que se avecina.

–¿Qué ha contestado?

–La verdad, que si el conflicto se hace general, Gran Bretaña no podría permanecer neutral. Y más concretamente le he dicho que si Francia se viera envuelta, Inglaterra se vería igualmente arrastrada.

A Cambon le gustó la idea. Lo que no le gustó tanto fue la forma de exponerla. Ese "no poder ser neutral", como si el dejar de serlo fuera contra su voluntad, o ese "verse arrastrada" no le satisficieron en absoluto. Preguntó:

–¿Qué ha ocurrido en el Consejo de Ministros de esta mañana? ¿Se ha discutido este asunto?

–Sí, hemos examinado la situación. Tras hacerlo, el gabinete ha considerado que, sin embargo, por el momento, el Gobierno británico no está en condiciones de garantizarles nuestra intervención.

"Como siempre", pensó el embajador.

–Ahora mismo –continuó Grey–, nuestra idea es lograr que Alemania y Francia alcancen un acuerdo con el fin de respetar la neutralidad belga, pero antes de tomar en consideración intervenir, es necesario esperar a ver cómo se desarrollan los acontecimientos.

El gesto de desdén que Cambon no pudo evitar obligó a Grey a dar ulteriores explicaciones:

–La opinión pública británica y el humor del Parlamento no permiten actualmente que el Gobierno se comprometa de un modo formal. Se cree que el conflicto que viene afectará negativamente a todas las finanzas europeas y que por lo tanto Gran Bretaña tiene frente a sí una crisis económica y financiera sin precedentes. Desde este punto de vista, la neutralidad británica podría ser la única forma de evitar el completo colapso del crédito europeo.

–Les preocupa el dinero –apostilló Cambon casi con desprecio.

–No es sólo eso –explicó Grey sin dar muestras de haberse ofendido–. Ocurre que el gabinete no puede comprometerse sin consultar antes al Parlamento. La cuestión de la neutralidad belga puede convertirse en un factor importante y es probable que ése sea el primer punto que el Parlamento plantee al gabinete.

–Comprendo –dijo Cambon sin convicción.

–Tiene que entenderlo, Excelencia. Uno desea esperar a ver cómo se desarrollan los acontecimientos. Dese cuenta de que todo esto surge de un desacuerdo entre Rusia, por un lado, y Austria y Alemania, por otro, sobre un asunto en el que Gran Bretaña no tiene el más mínimo interés.

–Ya, pero para Francia, esto es muy importante. El Gobierno británico ¿esperará para intervenir a que sea invadido el territorio francés? Se lo digo porque, si es así, le advierto que entonces sería demasiado tarde.

–Todo depende, señor Cambon. Si Alemania planteara a Francia un ultimátum o hiciera una *démarche* parecida, habría razones suficientes para que el Gobierno presentara una moción en la Cámara de los Comunes proponiendo intervenir.

–¡Por Dios bendito, señor secretario! –exclamó el embajador sin disimular su exasperación–. Las medidas que ya ha tomado Alemania al otro lado de la frontera indican la inequívoca intención de atacarnos de inmediato. Si Gran Bretaña permanece indiferente, repetirá su error de 1870, cuando fue incapaz de ver los peligros que entrañaba la formación de una poderosa Alemania en el centro de Europa.

El liberal Grey rehuyó la mirada del embajador. Recordó el famoso discurso que el entonces líder de la oposición, el conservador Disraeli pronunció poco después de iniciada la Guerra Franco-prusiana advirtiendo del peligro que suponía para la paz europea y el equilibrio de poder la unificación alemana y cómo acusó al liberal Gladstone por su inacción. Cambon prosiguió su discurso:

–El error puede hoy ser todavía más grave porque una Alemania vencedora reducirá a Gran Bretaña a un Estado dependiente.

Grey volvió a mirar a su interlocutor. Esa última conclusión le pareció una exageración aun reconociendo que había cierto grado de corrección en el argumento del francés. Cambon continuó impávido:

–Francia, desde luego, cuenta con la ayuda de Gran Bretaña. Y si ésta al final nos falla y nos deja caer, aquellos franceses que en su día se mostraron favorables a una alianza con Alemania previa exclusión de Inglaterra demostrarán que tenían razón y que nos equivocamos cuando buscamos la amistad de Londres.

Grey, de naturaleza tranquila y difícil de sacar de sus casillas, estaba empezando a enojarse con tanta presunción. Cambon, se diera o no cuenta del efecto que estaba provocando con sus palabras, cambió de tono:

–Señor secretario, me siento obligado a rogarle que a la mayor brevedad posible vuelva a someter el asunto a la consideración del gabinete e insista en recordar los compromisos que han asumido con nosotros.

Grey respiró hondo, procuró tranquilizarse y contestó:

–Monsieur Cambon, tenga bien presente que la opinión del gabinete se ha formado teniendo en cuenta exclusivamente la situación existente en el momento de reunirse. Si cambiara, sería inmediatamente convocado y se sometería a su consideración esa nueva situación y una igualmente nueva opinión resultaría de ella.

–Bien, Sir Edward. No obstante, creo que vemos la situación de forma algo diferente.

–Lamento mucho, Excelencia, no poder ofrecerle mayores garantías.

–Yo también lo lamento Sir Edward, yo también.

El embajador salió del despacho del secretario y, antes de volver a la embajada, se dirigió a saludar a su amigo, el subsecretario permanente del ministerio, Sir Arthur Nicolson. Éste le invitó a sentarse unos minutos y el embajador aceptó con agrado. El francés le hizo un resumen de la conversación que había tenido Grey. Una vez puesto al corriente, Nicolson dijo:

–No se preocupe, Paul, el gabinete se volverá a reunir mañana y ya me ha comentado Sir Edward que su intención es que la intervención en favor de Francia se vuelva a discutir.

Nicolson no logró, sin embargo, tranquilizar al desconfiado Cambon. Siguieron charlando durante unos minutos y luego, se despidieron.[105]

Berlín

Su Majestad Imperial, el káiser Guillermo II, había pasado buena parte de la mañana preparando el tercer telegrama que le enviaría a su primo Nicky y que, durante la tarde, se cruzó con el que le envió a su vez el zar. Al final, el texto que salió del Neues Palais fue éste:

A consecuencia de tu apelar a mi amistad y a tu petición de ayuda, comencé a mediar entre tu Gobierno y el austro-húngaro. Mientras lo estaba haciendo, tus tropas fueron movilizadas contra Austria-Hungría, mi aliado. Por lo tanto, como ya te dije, mi mediación ha devenido ilusoria.

No obstante, he continuado mi trabajo. Ahora recibo noticias de que se están llevando a cabo importantes preparativos de guerra en mi frontera oriental. La responsabilidad que tengo por la seguridad de mi imperio me obliga a adoptar medidas preventivas de defensa. En mis esfuerzos por mantener la paz del mundo, he ido todo lo lejos que me ha sido posible. La responsabilidad por el desastre que ahora amenaza al entero mundo civilizado, no puede ser puesta a mi puerta. En este momento, todavía está en tu mano, evitarlo. Nadie está amenazando

---

[105] Geiss, p. 327, doc. 162.

el honor o el poder de Rusia, que puede perfectamente esperar a ver cuál es el resultado de mi mediación. Mi amistad hacia ti y tu imperio, que me transmitió mi abuelo en su lecho de muerte, ha sido siempre sagrado para mí. y a menudo lo he honrado apoyando a Rusia cuando se ha encontrado frente a un gran problema, especialmente en su última guerra.

Todavía puedes mantener la paz de Europa si Rusia consiente detener las medidas militares que amenazan a Alemania y a Austria-Hungría. Willy.[106]

Tras ordenar el envío del telegrama a su primo, el zar, llegaron a Potsdam las noticias inequívocas de que Rusia estaba movilizando su entero ejército. Una acción, por tanto, que ya no estaba dirigida sólo contra Austria-Hungría, sino también contra Alemania. El káiser, entonces, decidió partir para la capital y ponerse a la cabeza de su Gobierno para hacer frente a la situación.

En Berlín, mientras tanto, la movilización general rusa había terminado de convencer al canciller Bethmann Hollweg de la necesidad de tomar medidas inmediatas, tal y como venía insistiendo el jefe del Estado Mayor, von Moltke, que había que hacer. De forma que el canciller imperial proclamó el estado de peligro inminente de guerra, *kriegsgefahrzustand*, que implicaba adoptar medidas para proteger las líneas ferroviarias del sabotaje; la prohibición de publicar noticias de naturaleza militar; la proclamación de la ley marcial; la suspensión de permisos; la censura postal, y la especial protección de las fronteras. El siguiente paso fue comunicar a las potencias la adopción de esas medidas.

Por otra parte, siendo como era la guerra inminente con Rusia, era necesario, exigir de Austria que actuara en consecuencia, esto es, que su ejército se olvidara de Serbia por el momento y se dirigiera contra Rusia mientras el ejército alemán se ocupaba de derrotar a Francia. En tal sentido, se envió un telegrama al embajador alemán en Viena.

Mientras estos telegramas salían para sus respectivos destinos, llegó a Berlín el del emperador Francisco José, dirigido al káiser, en el que el viejo emperador se decía empeñado en derrotar a Serbia no obstante

---

[106] Williamson & Van Wick, p. 143.

la amenazadora actitud rusa. Esa forma de hacer pondría en peligro todo el plan alemán. En consecuencia, en Berlín se acordó que el káiser contestara a Francisco José reclamándole que concentrara todas sus fuerzas contra Rusia.[107]

París

El Gobierno francés había tenido una reunión urgente a primera hora de la tarde. Antes de ella, el presidente de la república, Raymond Poincaré, había enviado un telegrama al rey Jorge V insistiéndole en lo importante que era para la preservación de la paz que Inglaterra adoptara una clara posición de alineamiento con Francia y con Rusia.

Por su parte, el jefe del Estado Mayor francés, Joseph Joffre, había entregado al ministro de la Guerra, Adolphe Messimy, una nota para que fuera tenida en cuenta en la reunión del Consejo de Ministros que inmediatamente tendría lugar. Tal nota decía:

Si los alemanes, bajo la cobertura de conversaciones diplomáticas, continúan dando varios de los pasos incluidos en su plan de moviliza-ción, aunque no hayan pronunciado esa palabra, es absolutamente necesario que el Gobierno comprenda que, a partir de esta tarde, cualquier retraso en llamar a los reservistas y en dar las órdenes prescribiendo operaciones encubiertas, obligará a retirar nuestros puntos de concentración de tropas diez o doce millas por cada día de tardanza. En otras palabras, nos exigiría abandonar inicialmente, parte de nuestro territorio. Como comandante en jefe de las fuerzas armadas, declino asumir tal responsabilidad.[108]

Joffre daba por hecho que los alemanes ya habían iniciado la moviliza-ción. De haber sido así, efectivamente los franceses no habrían podido hacerles frente en la frontera, sino que habrían estado obligados a desplegarse tan atrás cuanto más retrasada hubiera estado su moviliza-ción respecto de la alemana. El objetivo era evitar lugares de con-centración que estuvieran a tiro de los cañones enemigos.

---

[107] Albertini, vol. III, pp. 47 y ss.

[108] Albertini, vol. III, p. 69.

El Gobierno estuvo de acuerdo en autorizar a Joffre para que emprendiera todas las acciones de cobertura que considerara convenientes, pero no permitió que fueran llamados a filas los reservistas.

✶✶✶

Mientras se tomaba esa decisión, al Quai d'Orsay llegó el telegrama desde Berlín en el que el embajador francés, Jules Cambon, informaba que se había declarado el estado de peligro inminente de guerra. Poco después, en el mismo Quai d'Orsay, se recibió la llamada del embajador alemán, barón Schoen, pidiendo entrevistarse con el primer ministro y a la vez ministro de Asuntos Exteriores, René Viviani. El barón fue recibido inmediatamente, poco antes de las siete de la tarde. Viviani se hizo acompañar de su director general de Política Exterior, Bruno Joaquim de Margerie. La reunión tuvo un tono extremadamente formal:

–Excelencia –dijo Schoen–, tengo una importante cuestión que plantearle de parte de mi Gobierno.

–Dígame, barón Schoen.

–Rusia ha ordenado la movilización de todo su ejército. Por lo tanto, su acción ya no sólo se dirige contra Austria, sino también contra nosotros.

–Perdóneme, señor embajador –replicó Viviani–, pero no tengo noticia confirmada de que eso sea así. Nuestro embajador en San Petersburgo no ha informado de que haya sido ordenada la movilización general.

–Desconozco las razones de por qué Monsieur Paléologue no ha podido transmitir la información, pero le aseguro que está contrastada. Rusia ha ordenado la movilización general con toda seguridad.

–Bien –cedió Viviani–. No tiene sentido discutir un hecho. Si ustedes están seguros será porque es verdad.

–Desde luego –dijo tajante el embajador–. El caso es que, a la vista de ello, mi Gobierno ha comunicado al ruso que, si en el plazo de doce horas no revoca la orden de movilización, mi Gobierno ordenará la de su ejército.

–Comprendo –dijo preocupado el primer ministro–. ¿A partir de cuándo empiezan a contarse las doce horas de las que me habla?

–A partir del momento en que se comunique.

–Claro –dijo Viviani–, pero ¿cuándo se ha comunicado?

–No lo sé. Supongo que lo será durante la tarde de hoy o a primera hora de la mañana del sábado. En cualquier caso, el plazo expirará, a más tardar, a última hora de la tarde de mañana.

–Ya veo.

Schoen tosió para aclararse la garganta y luego dijo:

–Mi Gobierno me ha pedido que le pregunte al suyo si tiene intención de permanecer neutral en caso de que estalle la guerra entre Alemania y Rusia.

–En este momento, no puedo contestarle a eso.

–Por supuesto. No contaba con ello. Pero se me ha pedido que le conceda un plazo de dieciocho horas para responder.

–¡Eso es prácticamente un ultimátum, barón Schoen! –exclamó un Viviani muy alterado.

El alemán se mantuvo impasible y contestó:

–No lo veo yo así, Excelencia. Mi Gobierno está haciendo una pregunta y no quiere que la respuesta sea postergada deliberadamente con el fin de ganar tiempo.

–Diga Su Excelencia lo que diga, es un ultimátum –insistió Viviani sin tanta convicción.

–Bueno –dijo Schoen tranquilo–. Considérelo como mejor le parezca. En cualquier caso, mi Gobierno exige una respuesta antes de las…

Extrajo el reloj del bolsillo del chaleco, abrió su tapa de oro y lo consultó. Vio que todavía faltaban unos minutos para las siete de la tarde.

–Digamos –dijo finalmente tras hacer un cálculo– que antes de la una de la tarde de mañana.

–De acuerdo –cedió Viviani, que se dio cuenta de que no tenía sentido discutir con el embajador, al fin y al cabo un mero mensajero–. Antes de la una de mañana, tendrá una respuesta de mi Gobierno.

–Mañana a la una, volveré a por ella.

Estaba a punto de extender la mano y dar las buenas tardes al primer ministro cuando el embajador, perdido ya el tono solemne que había mantenido durante toda la entrevista, dijo:

–Si me veo obligado a abandonar París, cuento con su buena voluntad para facilitar mi partida, presentar mis respetos al presidente de la república y tener mis pasaportes.

–Pero, ¿cómo podéis decir eso? –protestó Viviani–. Pourtalès está todavía en su puesto en San Petersburgo y el embajador austriaco sigue aquí. ¿Por qué partir y asumir, sin tener ninguna orden al respecto, tal responsabilidad?

Margerie, que no había dicho palabra hasta el momento, se sintió empujado a intervenir y, dirigiéndose al alemán, dijo:

–Usted, Excelencia, que ha dado pruebas de moderación a lo largo de toda su carrera, no puede acabarla con una sangría.

Schoen inclinó la cabeza a modo de despedida y dijo:

–Mañana vendré a recoger la respuesta.

Dicho lo cual, se marchó.[109]

René Viviani, aterrado por lo que acababa de escuchar, partió para el Elíseo y allí discutió con Raymond Poincaré qué le diría al embajador alemán al día siguiente. De allí, se fue a su residencia. Cenó y luego acudió a la reunión del gabinete, que estaba convocada para las nueve.

✳✳✳

Jean Jaurès, líder de los socialistas franceses, adalid del pacifismo en Francia, hombre carismático de la izquierda, acababa de volver de Bruselas, donde había asistido a una reunión de la Internacional Socialista.

Jaurés combatió el militarismo y el chovinismo y con frecuencia se había mostrado partidario de un acercamiento franco-alemán y en contra de la alianza con Rusia. Por todo ello, siempre fue objeto de los más agrios ataques por parte de la prensa de derechas, que lo consideraba un traidor. El odio llegó a ser tan áspero que en varias ocasiones se deseó su muerte en los periódicos, cuando no se incitó abiertamente a su asesinato.

Tras oponerse en 1913 a la ley que estableció el servicio militar de tres años, formó con el radical Joseph Caillaux una coalición de izquierdas que tendría que presentarse a las elecciones de la primavera

---

[109] Geiss, pág. 325, doc. 159 y Albertini, vol. III, p. 73.

de 1914. Todo hizo pensar que ganarían. Para evitarlo, Gaston Calmette, director de *Le Figaro* inició una campaña de descrédito contra Caillaux empleando la correspondencia privada del político que había llegado a sus manos. En especial, recurrió a las cartas que, estando casado con otra mujer, escribió a la que ahora era su esposa, Henriette. Las mismas demostraron que la relación había sido en origen adúltera con el agravante de que Henriette estaba también por aquel entonces casada con otro hombre. La publicación pues dejó también su honorabilidad en entredicho.

El 16 de marzo de 1914, Henriette Caillaux fue a la redacción de *Le Figaro* y preguntó por el director. Como no estaba, consintió en esperarle. Cuando al fin llegó y pudo recibir a la enfadadísima mujer, ésta, después de recriminarle la publicidad dada a su correspondencia privada, le disparó varias veces con un revólver que acababa de comprar al efecto.

El asesinato de Calmette conmovió a toda la sociedad francesa que se dividió entre quienes se mostraban comprensivos con la ofendida Henriette y quienes querían que se hiciera por encima de todo justicia.

En cualquier caso, la coalición radical-socialista obtuvo magníficos resultados en las elecciones, a pesar de la campaña de *Le Figaro*, pero Poincaré no quiso nombrar primer ministro a ninguno de los dos triunfadores. Encontró a un ex socialista, René Viviani, que, aunque como Jaurés había votado contra la ampliación del servicio militar, prometió a Poincaré no derogar la ley.

El día antes de volver a París desde Bruselas, Jaurés escribió un artículo en el que alababa la política del Gobierno francés en la medida en que creía que estaba haciendo todos los esfuerzos posibles para preservar la paz. Cuando, al día siguiente, el viernes 31, se enteró a última hora de la tarde, por sus amigos periodistas, de que Alemania había decretado el estado de peligro inminente de guerra, se fue con algunos de sus correligionarios a visitar a Viviani al Quai d'Orsay con el fin de que les dieran garantías de que Francia no entraría en guerra. Encontraron al primer ministro reunido, así que tuvieron que ser recibidos por el subsecretario, Abel Ferry. Éste les dijo:

—Lo siento, caballeros. No tengo ninguna noticia que ofrecerles.

Sin embargo, Jaurés y sus compañeros socialistas no se conformaron y exigieron más información. Ferry, ante las presiones, terminó por derrumbarse:

—Todo está acabado, no hay nada que se pueda hacer.

Al oír estas resignadas palabras y entender que la guerra con Alemania era considerada en el ministerio poco menos que inevitable, Jaurés se sintió traicionado por su camarada Viviani y por todos los que tenían la responsabilidad de gobernar. Indignado, dijo:

—Son todos ustedes unas víctimas del embajador ruso, de ese Izvolsky y de toda la red de intrigas rusas que inunda París. Os denunciaré, ministros descerebrados, deberías todos vosotros ser fusilados.

En la sala no había ningún ministro, así que el desahogo pareció más un discurso que otra cosa. Los compañeros que le habían acompañado hasta el Quai d'Orsay le jalearon y pronunciaron toda clase de improperios. Ferry aguantó el chorreo como pudo. Cuando los socialistas decidieron marcharse, Jaurés, desde la puerta, se dirigió al subsecretario y le dijo:

—Lucharemos contra esta guerra hasta el final, no le quepa duda.

—No —dijo Ferry enojado—. Usted ya no está en condiciones de oponerse a esta guerra ni a ninguna otra cosa. Usted será asesinado a la vuelta de la esquina.

Jaurés dio un portazo y se marchó. De allí, se fue a cenar a un café de Montmartre y, mientras lo hacía, se le acercó un individuo y le descerrajó varios tiros hasta acabar con su vida. Luego, se supo que el asesino era un trastornado mental sin relación alguna con Ferry.[110]

La muerte de Jaurés evitó la posibilidad de que, estallada la guerra, alguien con carisma y predicamento entre la clase obrera, llamara a no acudir a filas y pusiera en peligro la defensa de la nación. Poincaré opinó más tarde que Jaurés era un patriota y jamás hubiera hecho tal cosa. Nunca se sabrá qué hubiera ocurrido.

✶✶✶

A las nueve de la noche, poco antes de que Jaurés fuera asesinado, comenzó el Consejo de Ministros en el Elíseo presidido por Poincaré. Se sabía que el jefe del Estado Mayor exigía la inmediata puesta en marcha del aparato de guerra francés, pero Poincaré insistió en oponerse:

---

[110] William Jannen, *The Lions of July*, Novato, 1997, p. 273.

—Hay que evitar a toda costa movilizar prematuramente para que no se nos culpe de la guerra que inevitablemente va a estallar. La cuestión de la responsabilidad no es sólo moral. Importa porque, si se nos contempla como los agresores, Gran Bretaña podría decidir mantenerse neutral y porque Italia podría verse obligada a honrar sus obligaciones con la Triple Alianza y a atacarnos por el Sur.

Llegó entonces un telegrama de la embajada de Francia en Roma según el cual, el Gobierno italiano consideraba que el ataque austriaco contra Serbia constituía un acto de agresión que relevaba a Italia de sus obligaciones para con la Triple Alianza. La noticia fue recibida con alborozo por todos los ministros. Eso permitiría al ejército francés concentrarse en defenderse de Alemania. Si Inglaterra entraba en guerra del lado de Francia, la victoria estaría al alcance de la mano.

Mientras se animaban unos a otros y se seguían discutiendo detalles de las medidas que había que adoptar inmediatamente, llegó el telegrama que Paléologue había enviado por la mañana y que tardó doce horas en llegar a París. La razón del retraso estribaba en que, para evitar que el cable pasara por Alemania, el embajador francés en San Petersburgo lo envió a través de Escandinavia. En él, se comunicaba el relevante hecho de que Rusia había ordenado la movilización general. Al fin, el gabinete no tenía más remedio que darse por enterado de lo que ya sabía desde hacía unas horas. Había que decidir si ordenar la movilización general o no. Tras una acalorada discusión, se decidió que no tenía sentido ordenar nada a esas horas de la noche cuando nada en la práctica podría hacerse y que lo mejor era esperar a ver cómo se desarrollaban los acontecimientos. Adoptada poco más o menos esta decisión y retomada de nuevo la discusión sobre los detalles de las medidas que en todos los órdenes debían ser adoptadas, llegó al gabinete la noticia del asesinato de Jaurès. El ministro del Interior abandonó inmediatamente la reunión para hacerse cargo de lo ocurrido. Al muy poco volvió y comunicó a los asistentes:

—He hablado con el prefecto de policía y me ha dicho que, según sus informes, en unas horas, habrá una violenta revuelta en París. Las hordas de los *faouburgs* bajan sobre nosotros.

—¡Será posible! —dijo un ministro—. ¿A qué vamos a tener que hacer frente? ¿A una agresión externa o a una guerra civil?

Se abrió nuevamente una acalorada discusión acerca de qué hacer. Al final, se decidió ordenar a Joffre que mantuviera dos regimientos de caballería en París para poder enfrentarse a cualquier contingencia. El ministro de la Guerra objetó:

—¡Eso no puedes ser! ¡Esas tropas son necesarias en el frente!

Poincaré zanjó la discusión. Fueran o no necesarias, la guerra contra Alemania estaría sin duda perdida si se permitía que París se anegara en un proceso revolucionario. Desde los tiempos de la revolución francesa, se sabía que de nada servía tener a un valiente ejército luchando en el Rin si luego se permitía que los *sans-culottes* se hicieran con el poder en la capital.[111]

Poco después de haber adoptado esta decisión, el Consejo de Ministros fue nuevamente interrumpido. Había llegado una nota del embajador británico solicitando con urgencia reunirse con el ministro de Exteriores. Se decidió que era mejor no esperar y se le contestó pidiéndole que acudiera al Elíseo, donde sería inmediatamente recibido por Viviani. Algunos minutos después, un ordenanza anunció que Sir Francis Bertie había llegado. Viviani abandonó la sala de consejos y recibió al embajador en otro lugar del palacio. Embajador y ministro se sentaron el uno frente al otro. Sir Francis extrajo un papel de su levita y dijo:

—Excelencia, he sido requerido por mi Gobierno para que le plantee al suyo una cuestión muy urgente. Con el fin de evitar malentendidos, le leeré el telegrama que he recibido de Sir Edward Grey.

—Muy bien. Le escucho.

—Dice Sir Edward: "Todavía considero que la situación no es irreversible. Sin embargo, a la vista de la perspectiva de la movilización de Alemania, es esencial para el Gobierno de Su Majestad, considerando el contenido de los tratados vigentes, preguntar si el Gobierno francés está dispuesto a respetar la neutralidad de Bélgica mientras ninguna otra potencia la viole. La misma pregunta ha sido formulada al Gobierno alemán. Es importante tener una respuesta inmediata."[112] Eso es todo.

---

[111] Jannen, p. 274.

[112] *Brit. Doc.*, p. 218, doc. 348.

Viviani tomó un pequeño bloc que llevaba siempre en el bolsillo interior de su chaqueta y tomó nota del contenido de la cuestión que Grey quería plantear. Cuando terminó de escribir, dijo:

–Tengo noticias de que al embajador de Su Majestad en Berlín se le ha comunicado la intención de decretar la movilización general en el caso de que Rusia no revoque la suya.

Bertie asintió levemente. Viviani prosiguió:

Es de extraordinaria importancia saber cuál será la actitud de Gran Bretaña en estas circunstancias. Le ruego que transmita al Gobierno de Su Majestad con cuánta urgencia estimamos que Inglaterra debería aclarar su posición.

–Así lo haré, Excelencia –contestó el embajador–. Mientras tanto, ¿qué contestación he de transmitir a la pregunta que hace el Gobierno de Su Majestad en cuanto a la neutralidad belga? ¿Será respetada por su Gobierno en el caso de que el conflicto finalmente estalle?

–Yo no puedo contestarle por mi cuenta. Permítame que aproveche que el Consejo de Ministros está reunido y lo someteré a su consideración. Cuando hayamos tomado una decisión, se la transmitiré a la embajada.

–¿Esta misma noche? –preguntó el embajador.

–Si la adoptamos ahora, esta noche mismo.

–Entonces, permaneceré despierto hasta recibirla. Como ve, es una cuestión muy urgente para el Gobierno de Su Majestad.

–Me hago cargo.

Los dos hombres se levantaron de sus butacas. Luego, Viviani, mientras estrechaba la mano del embajador inglés, dijo:

–¿Sabe? En la embajada alemana se están preparando para marcharse.

–¿Renuncian a toda posibilidad de negociación? –preguntó extrañado Bertie.

–Así parece. El barón Schoen me ha pedido los pasaportes.

–Entonces, la guerra es inevitable.

–Eso parece, Sir Francis. Su Gobierno tiene que tomar una decisión.

Bertie asintió. Viviani añadió:

–Encima, para complicar aun más las cosas, Jean Jaurés ha sido asesinado.

–¿Cuándo?

–Esta misma noche, acusado de ser un pacifista y un traidor.

–¡Eso es terrible!

Luego, cuando Bertie ya se marchaba, Viviani le despidió:

–Haré cuanto pueda para que tenga una respuesta a su pregunta esta noche.[113]

Sir Francis Bertie se volvió a la embajada inglesa a esperar la respuesta del Gobierno francés. El Consejo de Ministros se prolongó hasta las doce de la noche. Poco después, ya iniciada la madrugada del sábado, día 1, un motorista del Elíseo llevó a la embajada inglesa la respuesta del ministro. Bertie leyó la nota:

El Gobierno francés está resuelto a respetar la neutralidad de Bélgica y, sólo en el caso de que otra potencia violara esta neutralidad, podría verse Francia obligada, con vistas a defender su propia seguridad, a actuar de otra forma. Esta misma garantía ha sido dada en diversas ocasiones. El presidente de la república habló de ello con el rey de los belgas, y el embajador francés en Bruselas, hoy mismo, ha renovado espontáneamente la garantía al ministro de Asuntos Exteriores belga.[114]

Bertie, satisfecho, telegrafió la noticia inmediatamente a Londres.

San Petersburgo

Alrededor de la medianoche, el conde Pourtalès, embajador del imperio alemán, fue recibido por Serge Sazonov, ministro de Exteriores ruso.

–Excelencia –dijo el conde–, he recibido una importante comunicación de mi Gobierno que tengo que transmitirle.

Sazonov se dio cuenta enseguida, por el tono lúgubre de Pourtalès, de que no se trataba de buenas noticias.

–Le escucho, Excelencia –dijo serio Sazonov.

Pourtalès sacó el telegrama que acababa de recibir de Berlín:

–Es un telegrama del canciller Bethmann Hollweg.

El embajador hizo un ostensible ademán de comenzar a leer y eso fue lo que en efecto hizo:

---

[113] *Brit. Doc.*, p. 233, doc. 380.

[114] *Brit. Doc.*, p. 234, doc. 382.

–"A pesar de que están todavía pendientes las negociaciones para una mediación y que hasta este momento nosotros no hemos adoptado ninguna medida encaminada a la movilización, Rusia ha movilizado su entero ejército y flota contra nosotros. En consideración a la seguridad del imperio, nos hemos visto obligados por estas medidas rusas a declarar el estado de peligro inminente de guerra, que todavía no significa la movilización. Sin embargo, es la movilización lo que se ordenará a continuación en el caso de que Rusia no suspenda las medidas militares adoptadas contra Austria-Hungría y contra nosotros y nos dirija una declaración al respecto en el plazo de doce horas. Por favor, informe a Monsieur Sazonov inmediatamente y telegrafíe la hora en la que hace la comunicación."[115]

–¿Ahí termina?

–Herr Bethmann Hollweg me ruega además de que le comunique que, a pesar de que su embajada en Berlín le haya podido informar de que la movilización ya ha sido allí ordenada, la verdad es que, por el momento, no ha sido así. Al parecer se trata tan sólo de un rumor que algunos periódicos de Berlín difundieron por error.

Sazonov, lo estuviera o no, no se mostró impresionado:

–Excelencia, lo que me pide su Gobierno es técnicamente imposible. Tiene que comprenderlo. Se trata de complicadísimas órdenes militares que no pueden revocarse de la noche a la mañana.

Pourtalès le miró con indisimulada incredulidad. Sazonov insistió con otro argumento:

–Por otra parte, su Gobierno, permítame decírselo –prosiguió el ministro–, sobrestima el significado de la movilización rusa, que no tiene comparación con la que pudiera emprender Alemania.

Sazonov se levantó y comenzó a pasear nervioso por el despacho, con la mano izquierda en el bolsillo del pantalón, la derecha agitándose en el aire dispersando el humo de su larguísimo cigarrillo ruso y diciendo:

–Por favor, Excelencia, le ruego que con la mayor de las urgencias llame la atención de su Gobierno sobre las garantías que Su Majestad Imperial, el zar, acaba de dar por medio de un telegrama dirigido a Su Majestad Imperial, el káiser. Su Gobierno debe tener bien presente

---

[115] Geiss, p. 234, doc. 158.

que Su Majestad ha dado su palabra de honor –lo dijo subrayando las últimas palabras–, que es algo que yo creo que debiera ser suficiente garantía de cuáles son las auténticas intenciones rusas.

Sazonov se refería a la promesa que el zar había hecho en su último telegrama a su primo de que, aunque la movilización rusa se completara, sus ejércitos no cruzarían las fronteras mientras las negociaciones prosiguieran. Pourtalès tomó aire procurando que no se le notara su exasperación y con el tono más calmo que pudo, dijo:

–Excelencia, mi Gobierno es perfectamente consciente del significado de la palabra dada por Su Majestad Imperial. Pero también lo es de que esa palabra en absoluto obliga a Su Majestad, bajo ninguna circunstancia, a contenerse de adoptar ninguna medida bélica, sino sólo mientras exista una perspectiva de llegar a un arreglo en el desacuerdo austro-ruso a cuenta de Serbia.

Sazonov le miró perplejo, mitad fingiendo no entender y mitad sin entender de verdad. Pourtalès se esforzó por ser más claro:

–En definitiva, Excelencia, le planteo lo siguiente. Partiendo de la promesa de Su Majestad, ¿podría Su Excelencia garantizarme que Rusia mantendría la paz, incluso en el caso de que no fuera posible llegar a un acuerdo con Austria?

Con la pregunta, Pourtalès puso en evidencia la promesa rusa. A fin de cuentas, lo que pretendía San Petersburgo era negociar con todo su ejército desplegado en la frontera, listo para atacar en cualquier momento mientras que los ejércitos alemán y austriaco tenían que permanecer encerrados en los cuarteles y los reservistas en sus casas. En tales condiciones, era impensable que fueran a estar dispuestos a aceptar nada que no diera plena satisfacción a sus exigencias e intereses. Y los austriacos se verían obligados a pasar por cualquier fórmula que sugirieran los rusos sin poder movilizar sus tropas porque, de hacerlo, antes de haber llegado el primer reservista a su cuartel, las tropas del zar habrían cruzado la frontera. Naturalmente, Sazonov contestó:

–No. Lo siento. Eso no puedo garantizárselo.

–En tal caso, Excelencia –dijo Pourtalès seguro de sí mismo y con un punto de condescendencia–, nadie puede culparnos por no estar dispuestos a permitir que Rusia tome la delantera en la movilización. No puede exigirse a nuestro Mando Supremo que se quede sentado y espere tranquilamente a que Rusia reúna su poderoso ejército al otro lado de nuestra frontera y su Gobierno dicte las condiciones bajo las cuales el mismo se retirará.

Sazonov se sintió apurado. Contestó:

—Excelencia, su Gobierno en Berlín tiene que ver las cosas como las vemos nosotros. Movilización no tiene por qué significar guerra. No somos nosotros quienes exigimos que ustedes no movilicen, sino ustedes quienes amenazan con hacerlo. Háganlo como lo estamos haciendo nosotros, pero cuando hayan completado el trabajo permanezcan a la espera del resultado de la negociación. Insisto, movilizar no tiene por qué implicar la guerra entre nuestros dos países.

Pourtalès se sintió incómodo porque no quería explicar que el Alto Mando alemán precisamente no quería dar al ejército ruso la ventaja de estar completamente desplegado cuando las hostilidades comenzaran. La posición de ventaja alemana se fundaba en que el ejército alemán era capaz de movilizar mucho más rápidamente y atacar antes de que los rusos hubieran completado su despliegue. Esperar a que los dos ejércitos estuvieran completamente movilizados a uno y otro lado de la frontera significaba para los alemanes renunciar a esa ventaja. Además, el Plan Schlieffen consistía en ocupar el tiempo que los rusos necesitaban para movilizar en derrotar a Francia. Si se hubiera permitido que el zar completara su despliegue antes de iniciarse las hostilidades, Alemania ya no podría hacer lo que el Plan Schlieffen preveía y caería en lo que era su peor pesadilla, la guerra en dos frentes a la vez, sin fuerzas suficientes en ninguno de ellos para vencer. Pero, Pourtalès no iba a explicarlo. Sólo dijo:

—A eso, lo único que puedo responder es lo que le he dicho antes. Si Rusia no detiene su movilización y nos obliga a movilizar a nosotros, todos nos encontraremos al borde de la guerra.

Los dos hombres se despidieron con serenidad en los rostros y formalidad en los gestos.[116]

---

[116] Geiss, p. 326, doc. 160 y Albertini, vol. III, pág. 61.

Sábado, 1 de agosto

París

El Consejo de Ministros estaba convocado para las nueve de la mañana en el Elíseo, pero una hora antes, el general Joffre, jefe del Estado Mayor, se presentó en el ministerio de la Guerra, donde entregó una nota para el ministro, Adolphe Messimy. A la vista de ella, el ministro, tras consultar con Poincaré, pidió al general que asistiera al Consejo. Allí, una vez iniciada la reunión, Joffre fue el primero en hablar con el fin de poner al Gobierno al día sobre lo angustioso de la situación:

–Hemos recibido información relativa a que cinco clases de reservistas han sido llamados a filas en Alemania. Se les ha obligado a presentarse, a más tardar, el dos de agosto, o sea, mañana. Nos consta igualmente que, desde el día 30, el ejército alemán ha comenzado la requisa y compra de caballos. Puede decirse por tanto que, a partir del 4, el ejército alemán estará completamente movilizado, incluso sin haber emitido orden de movilización alguna.

Messimy sabía que eso era imposible, que en el mundo moderno ninguna potencia era capaz de movilizar su ejercito, de proporciones gigantescas, sin una orden expresa. Pero no interrumpió el discurso de su colega porque él también estaba convencido de que era muy peligroso retrasar la orden de movilización.

–De esta forma –continuó Joffre–, los alemanes se han asegurado una delantera de 48 horas, quizá tres días.

Se produjo un murmullo generalizado. Joffre continuó por indicación de Poincaré:

–Tengo que solicitar del Gobierno una vez más la urgente orden de movilización porque en Francia todas estas medidas no pueden tomarse poco a poco, con la ocultación que puede emplearse en Alemania.

Aquí ha de hacerse todo a la vez. A mi juicio, para conservar nuestras probabilidades de victoria, tendría que emitirse la orden, a más tardar, a las cuatro de la tarde de hoy. Todo ulterior retraso, sería letal.

Se produjo un nuevo murmullo, de un tono más elevado que el anterior.

Poincaré estaba tratando de poner orden cuando un ordenanza interrumpió la sesión alegando que había llegado un telegrama urgente de Roma. El presidente extendió el brazo izquierdo para indicar que se le entregara. Mientras los ministros seguían discutiendo entre ellos lo dramático de la situación que les había dibujado Joffre, Poincaré leyó el telegrama para sí. Cuando acabó, acalló los murmullos con un par de golpes a mano extendida sobre la mesa y dijo:

–Telegrama de nuestro embajador en Roma. El Gobierno italiano se declara neutral.

Todos saludaron con júbilo la noticia, pero Joffre no perdió la seriedad del semblante. Dirigiéndose a Poincaré, dijo:

–Es una excelente noticia, presidente, pero me obliga a enviar instrucciones inmediatas a fin de que, en caso de movilización, las fuerzas de la frontera Sureste permanezcan en sus centros de movilización hasta poder ser enviadas al Norte.

–Tiene usted permiso para salir y hacer lo que crea mejor.

Joffre salió y los ministros discutieron la conveniencia o no de ordenar la movilización. Los argumentos se movían entre la necesidad de hacer figurar a Alemania como agresora, a fin de hacer más probable la intervención inglesa, y la de adelantar cuanto se pudiera para evitar ser sorprendidos por los alemanes.

Eran las once de la mañana cuando el Consejo se vio nuevamente interrumpido por un motorista del Quai d'Orsay, que traía un recado para el ministro de Asuntos Exteriores, René Viviani.

–¿De qué se trata? –preguntó en mal tono.

El motorista dijo:

–Ha llegado al ministerio Su Excelencia, el embajador alemán, el barón Schoen, que espera ser recibido por Su Excelencia.

Viviani y algunos otros ministros y hasta el mismo Poincaré consultaron sus relojes. El presidente de la república exclamó:

–¡Pero si no son más que las once! ¿No había quedado usted a la una?

—Sí, estoy seguro —contestó algo vacilante el primer ministro que por un momento dudó si le había jugado una mala pasada la memoria.

—Pues tendrá que esperar a que sea la hora de la cita —sentenció Poincaré.

Viviani reflexionó un instante y dijo:

—No veo inconveniente en entrevistarme con él ahora. A fin de cuentas no voy a decirle nada que por saberlo dos horas antes vaya a reportarle ningún beneficio.

Poincaré dudó de que fuera así, pero luego, sin decir nada, con un gesto de la mano, dio permiso a Viviani para que abandonara el Consejo.

El primer ministro llegó al Quai d'Orsay en unos pocos minutos. En el antedespacho del ministro esperaba, sentado muy formal, sin dejar que la espalda descansara en el respaldo del sofá tapizado de rojo, el barón Schoen.

—Barón, tiene que perdonar mi ausencia. Estaba en el Elíseo. Además, estaba convencido de que nuestra cita era a la una.

—Bueno, no exactamente —puntualizó Schoen—. A la una vence el plazo otorgado por mi Gobierno y mi obligación es tener una respuesta y transmitirla antes de que haya vencido. Por eso he venido algo antes.

—Bien, da igual —dijo Viviani conformándose—, pase a mi despacho y por favor siéntese.

Una vez acomodados, el embajador preguntó:

—Y bien, Excelencia, ¿qué ha decidido su Gobierno contestar a la pregunta que le formulé ayer? La recuerda ¿verdad?

—Sí, la recuerdo, pero no está de más que la repita para evitar malentendidos.

—La cuestión era si Francia permanecería neutral en caso de conflicto entre Alemania y Rusia.

—Bueno, como Su Excelencia puede fácilmente comprender —se evadió Viviani—, mi Gobierno no puede contestar a esa pregunta, pues Francia hará en todo momento y según las circunstancias lo que a su interés convenga.

Schoen sonrió cínico y se permitió:

—La verdad es que es una pregunta bien tonta. ¿No tienen ustedes suscrito un tratado de alianza?

—Así es, barón, pero no es la existencia de ese tratado el motivo de no responder a su pregunta. La verdad es que las circunstancias han cambiado.

Schoen le miró incrédulo y preguntó:

—¿Qué es lo que ha cambiado? Apenas han pasado unas horas desde que nos entrevistamos ayer.

—Bueno, hemos recibido una propuesta de Sir Edward Grey dirigida a que cesen los preparativos militares por parte de todos. Ha sido aceptada por Rusia, en principio, y Austria-Hungría ha anunciado que no tiene intención de violar la integridad ni la soberanía de Serbia.

Schoen no alteró su gesto de sorpresa. Todo eso era antiguo. Hacía tiempo que Austria-Hungría se había comprometido en los términos expuestos por Viviani y no había sido capaz de evitar la movilización rusa. Y la iniciativa de Grey databa de hacía unos días y no había servido para convencer a los Gobiernos austriaco y ruso de que suspendieran sus operaciones militares para entablar las negociaciones propuestas por Grey. No obstante, Schoen no quiso entrar a discutir la cuestión, consciente de que Viviani en ningún caso le iba a responder a la pregunta. En consecuencia, se limitó a decir:

—No sé nada de estos acontecimientos que me dice. Quizá haya en ellas un rayo de esperanza y se pueda alcanzar alguna clase de arreglo. Trataré de recabar información.

Los dos hombres se despidieron y el primer ministro se sintió satisfecho de que Schoen no hubiera hecho mención alguna de la entrega de pasaportes.

Viviani volvió al Elíseo, donde el Gobierno continuaba reunido en Consejo de Ministros. Al llegar, hizo a sus colegas una breve narración de su entrevista con Schoen y luego dijo:

—Me he convencido de que los alemanes se están preparando para la guerra y que, por lo tanto, el general Joffre está completamente en lo cierto y lo procedente es decretar la movilización general.

La afirmación recibió la aprobación unánime. Luego, Viviani continuó:

—No obstante, es conveniente mantener abierta la puerta a la posibilidad de un arreglo hasta el último momento. Lo mejor es que Su Excelencia, el señor ministro de la Guerra, tenga en su poder la orden firmada, esperar hasta el último momento y que la movilización empiece el día 2 de agosto. Poincaré y los ministros estuvieron de acuerdo. Se preparó la orden y la firmaron Poincaré, Viviani, Messimy y el ministro de Marina.[117]

Londres

En la capital británica, el gabinete se reunió a las once de la mañana. Naturalmente, se planteó qué hacer si finalmente estallaba la guerra en el continente. Churchill, primer lord del Almirantazgo, y Grey fueron completamente partidarios de la intervención con el tibio respaldo de Herbert Henry Asquith, el primer ministro. Lloyd George contemporizó, pero el resto se mostró extraordinariamente reacio a verse arrastrado a una terrible guerra por defender a Francia esgrimiendo el incontrovertible argumento de que la opinión pública no lo entendería. Grey amenazó entonces con dimitir.[118]

Mientras estos acontecimientos se desarrollaban en el 10 de Downing Street, en la embajada alemana, el príncipe Lichnowsky recibió una llamada telefónica del secretario particular de Sir Edward Grey:

–¿Príncipe Lichnowsky?

–Al habla.

–Soy William Tyrrell.

–Dígame, Sir William.

–Me ha encargado Sir Edward que le llame y que, ante todo, le disculpe por no hacerlo él personalmente debido a que está en una reunión del gabinete.

–No se preocupe, no tiene importancia.

–Me ha dicho que espera que esta tarde, como resultado de lo que se acuerde en la reunión del Gobierno que está teniendo lugar en este momento, podrá hacerle una comunicación que quizá pueda evitar la catástrofe que se cierne sobre todos nosotros.

–¿Puede adelantarme algo?

–Sir Edward me ha autorizado a decirle que, en el caso de que

[117] Albertini, vol. III, pp. 99 y ss..

[118] Michael y Eleanor Brook (eds.), *H. H. Asquith, Letters to Venetia Stanley*, Oxford, 1982, p. 139, carta 112.

Alemania no atacase a Francia, Inglaterra podría permanecer neutral.

–Eso que me dice es extraordinariamente interesante.

–Y no sólo, sino que también garantizaría la neutralidad de Francia.

–Eso también es muy interesante.

–Sir Edward le dará los detalles esta tarde.

–Muy bien, Sir William, muchas gracias por avisarme.

Tras colgar, Lichnowsky sopesó la posibilidad de enviar enseguida un telegrama a Berlín para que allí no se apresuraran y frustraran esta última e inesperada iniciativa inglesa. Ésta abría para Alemania la posibilidad de tener que enfrentarse sólo a Rusia y combatir la guerra en un solo frente, lo que permitía albergar una más que razonable esperanza de vencer.

Mientras se decidía, recibió una segunda llamada telefónica.

–¿Príncipe Lichnowsky?

–Al habla.

–Soy Edward Grey.

–¡Sir Edward! Hace unos minutos he estado hablando con Tyrrell. ¿Es cierto lo que me ha contado?

–Estoy en plena sesión del gabinete. Necesito saber si puede comprometerse a que, en caso de que Francia permaneciera neutral, ustedes se abstendrían de atacar sus fronteras.

El príncipe se tomó unos instantes para contestar, pero enseguida estuvo seguro. Para su país, la neutralidad de Inglaterra era importante, pero la de Francia conllevaría casi con total seguridad la victoria. Ningún alemán, pensó, contestaría otra cosa diferente de lo que él dijo:

–Por supuesto que le puedo garantizar tal cosa. Puede estar seguro de que si Francia se compromete a ser neutral y su Gobierno garantiza el respeto a ese compromiso, Alemania nunca atacará a Francia.

–Muy bien. Tiene que perdonarme por haberle importunado, pero pretendo emplear esa garantía que acaba de darme en las discusiones que están teniendo lugar durante la reunión.

Los dos interlocutores colgaron el aparato y Lichnowsky estuvo seguro de que lo que tenía que hacer inmediatamente era telegrafiar a Berlín.[119]

---

[119] Geiss, p. 343, doc. 170.

San Petersburgo

En la capital rusa, el zar había tenido noticia de la conversación que a primera hora de la mañana habían mantenido su ministro de Exteriores, Serge Sazonov, y el embajador alemán, conde Pourtalès. Por su ministro supo que el embajador no se había mostrado convencido de que la orden de movilizar a todo el ejército ruso podía ser compatible con el mantenimiento de la paz. También le contó Sazonov lo escasamente receptivo que Pourtalès se había mostrado ante la posibilidad de que Alemania, aun movilizando, se abstuviera de atacar para permitir que la negociación continuara. Pero, lo cierto era que el embajador no había dicho que la movilización alemana significara la guerra, sino solamente que la hacía muy probable. Eso daba un margen a la posibilidad de que el zar convenciera al káiser de que, tras movilizar, no emprendiera ninguna acción hostil con el fin de permitir que la negociación diera una solución pacífica al conflicto. Al final, se decidió enviar un telegrama personal del zar que fuera además contestación al último enviado por el káiser. Quedó así redactado:

> *Recibí tu telegrama. Comprendo que te sientas obligado a movilizar, pero me angustia que no me dieras la misma garantía que te di yo a ti, es decir, que estas medidas no tienen por qué significar la guerra y que nosotros podríamos continuar negociando en beneficio de nuestros países y de la paz universal, tan querida a todos los corazones. Nuestra larga y demostrada amistad ha de tener éxito, con la ayuda de Dios, en evitar una sangría. Ansiosamente, pleno de confianza, quedo a la espera de tu respuesta. Nicky.*[120]

Berlín

Durante la mañana, el canciller imperial, Theobald Bethmann Hollweg, pronunció un vibrante discurso en el Reichstag tras el cual, los Estados que integran el imperio alemán autorizaron al káiser a declarar la guerra a Francia y a Rusia si estas dos potencias no contestaban satisfactoriamente a los requerimientos hechos por Berlín.

---

[120] Geiss, p. 344, doc. 171.

En la Wilhelmstrasse, por otra parte, nerviosos porque el plazo dado a Rusia para contestar expiraba a las doce del mediodía y ninguna noticia llegaba de Pourtalès acerca de cuál había sido la reacción al ultimátum, acabaron por enviar a San Petersburgo el texto de la declaración de guerra. La acompañaron con la orden de entregarla en el caso de que no hubiera habido respuesta o hubiera sido insatisfactoria. La idea fue la de ganar tiempo, habida cuenta de que con toda probabilidad habría que entregarla. Se preparó igualmente un documento similar para Francia, pero éste no se envió a Schoen, a la embajada en París.

Las horas pasaron y no hubo noticia de cuál había sido la respuesta rusa. A las cuatro de la tarde, el ministro de la Guerra, general Falkenhayn, nervioso, se acercó a la cancillería para pedirle a Bethmann que le acompañara a palacio a convencer al káiser de que firmara la orden de movilización. No había tiempo que perder. Al civil no le terminaron de convencer los argumentos del militar y se negó. Entonces, convocaron por teléfono al jefe del Estado Mayor, general Moltke, y al jefe de la Armada, almirante Tirpitz. Estando todos reunidos en la cancillería a la espera de noticias, llegó a las cinco de la tarde la llamada del emperador pidiendo que le llevaran la orden de movilización para firmarla porque ya no se podía esperar más.

Al llegar al palacio, se juntaron todos alrededor de la mesa hecha con la madera de los restos del Victoria de Nelson. Allí, firmó solemnemente el emperador la orden de movilizar su poderoso ejército.

–Dios bendiga a Su Majestad y a sus armas. Y Dios proteja a nuestra amada patria –dijo Falkenhayn con lágrimas resbalando por sus mejillas.

El káiser se levantó y le estrechó la mano con fuerza, sin querer soltarla, mientras sus ojos también se empañaban.

Tras los apretones de manos, los abrazos y las emociones, los presentes se enredaron hablando de la declaración de guerra a Rusia. Y es que la situación no podía ser más confusa. Guillermo II había firmado una orden de movilización que implicaba la inmediata invasión de Luxemburgo y la toma de la fortaleza de Lieja, en Bélgica, antes incluso de que la movilización se hubiera completado. Y esa orden se había firmado sin conocer cuál había sido la respuesta de rusos y franceses a sendas notas que el Gobierno alemán les había entregado. De forma que los alemanes podían estar a punto de empezar las hostilidades a pesar de haber dado sus dos enemigos respuestas satisfactorias a sus exigencias.

Por otra parte, Tirpitz se opuso con firmeza a declarar la guerra a Rusia:

—Esto es extraordinariamente desventajoso para Alemania. Teníamos que habernos puesto a la defensiva. Al ser nosotros quienes declaramos la guerra, devaluamos por ejemplo nuestro tratado con Rumanía. Y lo mismo pasa con Italia. Son tratados que Bismarck configuró como defensivos. Rumanos e italianos sólo están obligados a ayudarnos si somos atacados por Rusia o por Francia, pero, si somos nosotros los atacantes, son libres de hacer lo que quieran. Es absurdo quedar frente al mundo como los agresores cuando somos nosotros los agredidos. Esto ya se lo he dicho al canciller esta mañana, antes de que se enviara el telegrama a Pourtalès.

El canciller Bethmann se dio inmediatamente por aludido:

—Y le repito ahora lo que le dije entonces. La declaración de guerra es indispensable porque los planes militares exigen que nuestras tropas crucen inmediatamente la frontera.

Tirpitz, que ya había oído el argumento, se volvió hacia el jefe del Estado Mayor, general von Moltke:

—¿Pero es que se propone invadir el territorio ruso inmediatamente?

—Inmediatamente, no —contestó lacónico el rocoso militar.

—Entonces ¿por qué le hemos declarado la guerra al zar?[121]

Acababa Tirpitz de formular la pregunta cuando pidió permiso para entrar en la sala un ordenanza. Resultó que traía un telegrama recién llegado de Londres, firmado por el embajador alemán allí destacado, el príncipe Lichnowsky.

El anuncio de que llegaban noticias desde Londres inquietó a los militares. Tras intercambiar una mirada cómplice con Moltke, Falkenhayn dijo:

—Bueno, Majestad. El general Moltke y yo nos marchamos. Tenemos mucho que hacer y no deseamos perder un minuto.

El káiser, sin decir nada, miró al jefe del Estado Mayor. Éste respaldó lo que acababa de decir el ministro de la Guerra:

—Así es. Es mucha la tarea que nos espera.

Tras sendos taconazos e inclinaciones de cabeza, sin estrechar la

---

[121] Albertini, vol. III, pp. 191-193.

mano de nadie, los dos hombres se marcharon. Abandonada ya la sala, Falkenhayn le dijo a Moltke:

–Vámonos cuanto antes no vaya a ser que el dichoso telegrama ese contenga la enésima propuesta de paz de los ingleses y Su Majestad Imperial se arrepienta y revoque la orden de movilización.

Mientras, en la sala en la que habían quedado los demás se dio lectura al telegrama de Lichnowsky en el que se contaba las conversaciones con Tyrrell y Grey.

El júbilo se apoderó de todos los presentes. Así que Inglaterra no sólo ofrecía su neutralidad, sino que garantizaba la de Francia a cambio de que los alemanes no atacaran al país galo. Era más de lo que ninguno de ellos hubiera podido soñar, combatir en un solo frente, contra una Rusia aislada. El káiser ordenó que fueran inmediatamente avisados Falkenhayn y Moltke para que volvieran a palacio. Alguien sugirió descorchar una botella de champán, pero fue reprendido por la mirada del emperador.

Cuando el jefe del Estado Mayor y el ministro de la Guerra estuvieron nuevamente en la sala, Jagow les leyó el telegrama y luego les preguntó:

–¿No es extraordinario?

El emperador, sonriendo con los ojos brillantes por el júbilo contenido, dirigiéndose a Moltke, dijo:

–Es magnífico, general. Esto nos permitirá desplegar simplemente en el Este todo nuestro ejército. ¿No le parece?

Moltke no compartía la alegría. Al contrario, su rostro mostró una profunda preocupación. Dijo:

–Pero, Majestad, eso no es posible.

–¿Cómo que no es posible? –preguntó enojado Guillermo.

–Tiene que comprender, Majestad –dijo el general buscando en su voz el registro más humilde–. El despliegue de un millón de hombres no es asunto para la improvisación. Su planificación exige un año entero de trabajo. Y una vez que se han hecho todos los cálculos, ya no se puede cambiar.

El káiser, así como Bethmann y el propio Jagow, miraron a Moltke con recelo, sospechando una maniobra para obligar a Alemania a atacar a Francia en contra de la voluntad del emperador. Moltke prosiguió:

–Si Su Majestad insiste en trasladar todo su ejército al Este, le adelanto que entonces no tendrá un ejército listo para golpear, sino una confusa masa de hombres desordenadamente armados y sin apoyo logístico.

Guillermo II frunció el entrecejo y tremendamente irritado dijo:

–Pero ¿qué está diciendo general? ¿Que puedo decidir si hacer la guerra o no, pero que, si decido hacerla, tendrá que ser en el modo que usted diga?

Moltke no contestó y bajó algo los ojos. Luego, el emperador, con un gesto de desprecio añadió:

–Su tío me hubiera dado un tipo diferente de respuesta.

El emperador se estaba refiriendo a Helmut von Moltke el Viejo, artífice de la victoria en la Guerra Franco-prusiana que permitió el nacimiento del imperio alemán hacía poco más de cuarenta años. La comparación hirió a Helmut von Moltke, el Joven, que sentía gran admiración por su tío. No obstante, con humildad, trató de seguir exponiendo sus razones:

–Majestad, tiene que darse cuenta de que no podemos enviar todo nuestro ejército a invadir Rusia dejando a nuestras espaldas a una movilizada Francia. ¿Cómo podría Inglaterra, incluso con la mejor de sus voluntades, impedir entonces que París nos atacara por la espalda?

Nadie se mostró convencido. Moltke insistió:

–Francia se está movilizando. Alemania va a empezar a hacerlo. Una Francia y una Alemania movilizadas no pueden llegar a un acuerdo y dejarse la una a la otra al margen.

Seguía sin convencer al emperador.

–Majestad –continuó–: todo nuestro plan se basa en que la mayor parte del ejército se despliegue en la frontera occidental quedando una minoría en el Este. La idea, como sabe, es derrotar a Francia y luego volver todas nuestras fuerzas contra Rusia. Modificar este plan ahora nos conduciría a un seguro desastre. Si Su Majestad cree en la neutralidad de Francia, lo único que podemos hacer es continuar la movilización del único modo posible, de acuerdo con el plan, y luego, cuando esté completada, podrá dar Su Majestad la orden de que se traslade la mayor parte del ejército al Este. La concentración de fuerzas no puede hacerse de modo diferente al planeado, so pena de crear una gran confusión. Yo no puedo asumir la responsabilidad de una decisión así.

Esta idea sí que resultó del agrado del káiser. Tirpitz se dio cuenta y trató de mediar:

—Tenga o no razón el general Moltke en cuanto a las limitaciones para decidir que pesan sobre nuestros planes de despliegue, la verdad es que no podemos despachar la propuesta de Grey de plano porque, si lo hiciéramos, cuando se publique, se nos acusará de no haber evitado la guerra en Occidente pudiendo haberlo hecho fácilmente. Así que, creo que lo que propone le general es razonable. Movilicemos en la única forma que podemos hacerlo, que es conforme a lo planeado, y, cuando lo hayamos hecho, si la propuesta inglesa sigue en pie, volvámonos contra Rusia.

Moltke miró con incredulidad al almirante. Estaba convencido de que en una guerra germano-rusa, Francia no podría permanecer neutral y que por lo tanto tomar decisiones partiendo de una premisa a su parecer falsa le pareció de lo más peligroso. Sólo la idea de ver a todo el ejército alemán combatiendo en el frente oriental mientras una Francia armada y en pie de guerra permanecía al acecho sin tener enfrente más que a unas pocas divisiones alemanas le pareció sencillamente aterrador. Pero, se dio cuenta de que no podía ir más allá de lo que había propuesto. No obstante, por si acaso, creyó que había que poner unas condiciones mínimas:

—Si no hay más remedio que dar credibilidad a la propuesta de neutralidad francesa, habría que por lo menos exigir que nos entregaran en prenda las fortalezas de Toul y Verdum a fin de garantizar que el compromiso de neutralidad se cumplía mientras todo nuestro ejército combatía en el Este.

—Eso parece razonable —apostilló Falkenhayn.

Sin embargo, el canciller se opuso:

—No podemos con seriedad plantear esa exigencia. Sería interpretada como un pretexto para rechazar la propuesta inglesa. Grey dice que serán ellos quienes garanticen la neutralidad francesa. Exigir más que eso reflejaría desconfianza por nuestra parte.

—Bueno —dijo Jagow—. El caso es que habrá que contestar cuanto antes.

Se pusieron a redactar la respuesta. El telegrama que finalmente se envió a Lichnowsky dijo:

Alemania está dispuesta a acceder a la posición inglesa si Gran Bretaña garantiza con toda su fuerza armada la neutralidad incondicional de Francia en el conflicto ruso-alemán. Tal neutralidad debe mantenerse hasta que se alcance un arreglo al enfrentamiento. Ha de corresponder a Alemania decidir cuándo ese arreglo ha sido alcanzado.

La movilización alemana tendrá lugar hoy sobre la base del desafío ruso. Por consiguiente, es demasiado tarde para cambiar nuestro plan de concentración en la frontera francesa. Sin embargo, nos comprometemos a no cruzar dicha frontera hasta las diecinueve horas del día 3 para dar tiempo hasta ese momento a que la aceptación inglesa llegue.[122]

A la vez, por sugerencia del almirante Tirpitz, se decidió que el káiser enviara paralelamente un telegrama personal al rey Jorge V en el que se dijo:

Acabo de recibir la comunicación de tu Gobierno ofreciendo la neutralidad francesa con la garantía de Gran Bretaña. A esta oferta se añadía la pregunta de si, bajo estas condiciones, Alemania se contendría de atacar a Francia. Por razones técnicas, mi movilización, que ha sido ya ordenada esta tarde, ha de hacerse contra dos frentes, Este y Oeste, tal y como fue preparada. Esto no puede revocarse porque lamentablemente tu telegrama llegó demasiado tarde. Pero, si Francia me ofrece su neutralidad y ésta es garantizada por la flota y el ejército británicos, por supuesto que yo me contendré de atacar a Francia y emplearé mis tropas en cualquier otro lugar. Espero que Francia no se ponga nerviosa. Las tropas a este lado de la frontera están a punto de ser detenidas por telegrama y teléfono ordenándoles que no crucen a Francia.[123]

Los telegramas salieron para Londres a las siete y veinte de la tarde.

Mientras los telegramas partían para su destino, en la sala continuó la discusión acerca de qué hacer. Moltke planteó que, tal y como estaba previsto en el plan de movilización, Luxemburgo tendría que ser inmediatamente ocupado por la 16ª división. El canciller se opuso de forma tajante:

---

[122] Albertini, vol. III, p. 174.

[123] Albertini, vol. III, p. 174.

—La ocupación de Luxemburgo no puede en modo alguno llevarse a cabo porque constituye una amenaza directa contra Francia.

El káiser se mostró de acuerdo con un simple asentimiento de cabeza. Luego, dirigiéndose al ayuda de cámara que estaba presente en la reunión, le ordenó:

—Telefoneé inmediatamente al Estado Mayor para que transmitan a la decimosexta división en Trier la orden de no invadir Luxemburgo.

—Majestad, por favor —imploró Moltke—. No puede dar esa orden. La ocupación de Luxemburgo en las primeras horas es esencial porque necesitamos sus líneas ferroviarias para completar la movilización.

—Utilice otras vías —dijo tajante el emperador—. La orden se mantiene.

En ese tenso ambiente, la reunión se levantó.

✶✶✶

Una vez que el káiser se quedó solo, pensó que tenía que hacer frente a la obligación de contestar al último telegrama del zar, aquel en el que le propuso asumir el mismo compromiso que él, esto es, movilizar, pero mantener el ejército en la frontera a la defensiva mientras se negociaba un arreglo pacífico. Tras darle muchas vueltas, el texto que salió de Berlín a las diez y media de la noche fue el siguiente:

Gracias por tu telegrama. Ayer le hice ver a tu Gobierno el único camino por el que la guerra podría evitarse. Aunque he pedido una contestación para antes de este mediodía, todavía no ha llegado ningún telegrama de mi embajador diciendo cuál ha sido la respuesta de tu Gobierno. En consecuencia, me he visto obligado a movilizar mi ejército.

Una respuesta inmediata, afirmativa, clara e inequívoca por parte de tu Gobierno es la única manera de evitar una desgracia sin fin. Mientras no haya recibido esta respuesta, lamentablemente, no puedo discutir el objeto de tu telegrama. De hecho, tengo que pedirte que ordenes inmediatamente a tus tropas que de ninguna manera cometan el más insignificante acto de traspasar la frontera. Willy.[124]

---

[124] Geiss, p. 347, doc. 175.

Londres

Por la tarde, Sir Edward Grey recibió antes que a nadie al embajador francés. Para Monsieur Paul Cambon se acercaba el momento de comprobar si la Entente tejida por su Gobierno y el de Su Majestad era lo suficientemente estrecha como para que Gran Bretaña y su armada se pusieran del lado de Francia en esta hora en la que Alemania estaba a punto de entrar en guerra con la república. Sin embargo, las primeras palabras de Sir Edward no fueron precisamente en esa dirección:

–Excelencia, sabe que hemos tenido esta mañana reunión del gabinete.

–Estoy deseando, Sir Edward, que me dé noticias.

–Lo primero que tengo que decirle es que la actual situación es completamente diferente de la que vivimos a consecuencia de los incidentes de Marruecos.

Sir Edward Grey se refería a las dos crisis marroquíes anteriores que acabaron entregando el control del país africano a Francia gracias, entre otras cosas, al respaldo británico, y que supusieron una humillación para Alemania.

–En Marruecos –continuó Grey–, Alemania le hizo a Francia exigencias que ésta no podía cumplir y, en conexión con las cuales, Gran Bretaña no tenía ningún compromiso. Pero, la opinión pública entendió perfectamente que el Gobierno de Su Majestad apoyara a Francia cuanto pudo. Ahora, la situación es diferente.

A Cambon no le gustó nada el modo en que Grey estaba introduciendo lo que iba a decir y empezó a sentirse incómodo, sin terminar de encontrar la postura en la butaca donde estaba sentado. Grey continuó:

–Ahora la situación es que Alemania estaría dispuesta a no atacar a Francia si su país permaneciera neutral en el caso de que estallara la guerra entre Alemania y Rusia.

"¿Pero cómo podría Francia permanecer neutral y defraudar su compromiso con Rusia?" pensó Cambon. Grey pareció escuchar la pregunta porque contestó:

–Si Francia no pudiera beneficiarse de esta disposición de Alemania a no atacarla a cambio de su neutralidad, será porque se halla obligada por una alianza de la que nosotros no formamos parte, ni conocemos los exactos términos en los que ha sido concluida.

309

"O sea," pensó Cambon, "que nos van a dejar en la estacada si no aceptamos la oferta alemana de permanecer neutrales y dejar que alemanes y austriacos machaquen a los rusos." Nuevamente, Cambon tuvo la sensación de que Grey leía sus pensamientos porque el inglés dijo:

—Eso no significa que bajo ninguna circunstancia estemos nosotros dispuestos a no ayudar a Francia, sino que implica que su país tiene que tomar sus propias decisiones en este momento sin contar con una ayuda que nosotros por ahora no estamos en condiciones de prometer.

Cambon se quedó completamente deshecho. Era cierto que Grey nunca le prometió nada, pero siempre había pensado que el Gobierno británico, puesto al final en la tesitura de tener que elegir, se alinearía con sus amigos de la Triple Entente y no los dejaría a merced de los alemanes. A Cambon se le hizo evidente que el gabinete, reunido por la mañana, se había decidido por la neutralidad y Grey no había tenido el valor de decírselo a las claras. Así que solemnemente dijo:

—Sir Edward —dijo con la mayor de las solemnidades—, yo no puedo transmitir ese mensaje a mi Gobierno. Le ruego que por favor me autorice tan sólo a decirles que ustedes todavía no han tomado una decisión.

—Eso sería mentirles, Monsieur Cambon. La verdad es que hemos tomado una decisión. La de que no propondremos al Parlamento en este momento el envío de una fuerza expedicionaria al continente. Sabe muy bien que este paso siempre ha sido considerado aquí como muy peligroso y de eficacia dudosa. No podemos proponerlo y, aunque lo hiciéramos, el Parlamento no lo autorizaría. Eso sólo ocurriría si nuestros intereses y obligaciones se vieran profunda y desesperadamente envueltos.

—¡Por los clavos de Cristo, Sir Edward! —exclamó un desasosegado Cambon—. No pueden abandonarnos así. Las costas francesas se hallan indefensas. Con este lavarse las manos, dejan nuestros estrechos, vías y puertos a merced de la flota alemana, que nos bombardeará a placer. Ustedes no pueden hacer eso.

A Grey le enternecieron las súplicas del embajador, de forma que se sintió obligado a dejarle una ventana abierta a la esperanza:

—Sólo hay algo que podría alterar los sentimientos de la opinión pública aquí y eso sería la violación de la neutralidad de Bélgica.

Cambon empezó a comprender. Fuera el que fuera el punto de vista personal de Grey, quizá más inclinado a alinearse con Francia de lo que en ese momento parecía, el gabinete había decidido mantenerse neutral a menos que Gran Bretaña se sintiera directamente amenazada, tal y como en efecto ocurriría si Alemania invadía y ocupaba Bélgica violando su neutralidad y situando su poderoso ejército a unas pocas millas de Dover. Estaba claro que a Londres le preocupaba mucho más la independencia de Bélgica que la de Francia.

—Puede transmitir a su Gobierno —prosiguió Grey— que estamos todavía considerando la cuestión belga. También puede decirle que transmitiré al gabinete la indefensión que podrían padecer las costas francesas en el caso de conflicto con Alemania.

Cambon no se resignó a salir del Foreign Office llevándose tan magras promesas, de forma que insistió:

—Gran Bretaña, Sir Edward, no puede en este momento soslayar la obligación que tiene de ayudar a Francia. Por consideración a la opinión pública inglesa, nuestras fuerzas se han retirado varias millas de la frontera con Alemania de forma y manera que nuestro despliegue no es ofensivo, sino exclusivamente defensivo. Contando con su ayuda y de mutuo acuerdo, nuestra flota se ha concentrado en el Mediterráneo y ha dejado la costa atlántica desguarnecida.

—Encuentro algo exagerada su preocupación —dijo Sir Edward—. En la medida en que de ningún modo le hemos prometido a Alemania nuestra neutralidad, y en realidad hemos rechazado definitivamente el darla. Los franceses pueden estar seguros de que la flota alemana no se atreverá a cruzar el canal. Les frenará el temor a que pudiéramos aprovechar la oportunidad para intervenir cuando los barcos alemanes se expusieran a estar a nuestra merced.

A Cambon no le tranquilizó en absoluto la consideración estratégica de Grey. El secretario entonces añadió:

—No obstante, le prometo que haré cuanto pueda para que mi Gobierno le dé garantías de que intervendrá si llegaran a darse esas circunstancias y las costas francesas se vieran atacadas por los navíos alemanes.

—Permítame, Sir Edward —dijo un Cambon que estaba a punto de perder la compostura—, no se trata de si ustedes nos socorren o no a su conveniencia. La cuestión es que tienen la obligación de ayudarnos.

Grey negó con la cabeza:

—En absoluto, Excelencia. Nosotros no tenemos ninguna obligación. En esta guerra, Francia no va a entrar porque quiera, sino porque está obligada a hacerlo debido al compromiso que tiene suscrito con Rusia. Nosotros nos hemos mantenido conscientemente libres de toda alianza precisamente para no ser arrastrados por decisiones de otros. Yo mismo le he explicado al Parlamento en innumerables ocasiones que nuestras manos están libres. Me parece que es muy poco razonable decir que, porque Francia tiene una obligación bajo una alianza de la cual nosotros ni siquiera sabemos las condiciones, tenemos nosotros que estar igualmente obligados a implicarnos en esta guerra.

Sir Edward Grey estaba en lo cierto. La Entente Cordiale de 1904 no eran más que unos acuerdos de cooperación colonial. Sus aspectos militares estaban muy lejos de constituir una alianza. No obstante, es cierto que había en el espíritu de la Entente algo que parecía obligar a Gran Bretaña a proteger a Francia de Alemania, pero desde luego ese algo no estaba en la letra escrita. Cambon, que era una persona seria, lo admitió:

—Tiene razón, Sir Edward. Inglaterra no tiene con nosotros ninguna obligación de esta naturaleza, pero sí está interesada y mucho en proteger sus propios intereses. Si ustedes no ayudan a Francia en esta hora terrible, la Entente desaparecerá. No sólo, si Alemania vence en esta guerra, su situación será muy incómoda. Y si son Francia y Rusia las vencedoras, la situación de ustedes será tan desfavorable como si hubiera vencido Alemania. No tienen más remedio que implicarse.

A Sir Edward Grey, que estaba en esencia de acuerdo con lo que dijo Cambon, pero que tenía que defender lo acordado por su Gobierno, no le gustó que un extranjero le explicara cuáles eran los intereses de Gran Bretaña y cual el mejor modo de defenderlos. Era algo que, siendo especialmente irritante, se producía con cierta frecuencia en sus relaciones con representantes extranjeros, quizá debido a la imagen egoísta y fría que Gran Bretaña irradiaba. Eso hacía que muchos forasteros creyeran que la única forma de convencer a los ingleses de que hicieran algo era persuadirles de lo mucho que les convenía hacerlo. Justificado o no, Sir Edward se enojaba cada vez que alguien del continente lo hacía. Por eso, dijo:

—Acepto la fuerza de sus argumentos, pero admitirá Su Excelencia que nos corresponde a nosotros decidir cuál es el mejor modo de defender nuestros intereses y tratarlo en el Parlamento.

Cambon, sin decir nada, asintió con la cabeza. Grey se levantó y dio por terminada la reunión diciendo:

—No obstante, no se preocupe. Soy perfectamente consciente de las graves consideraciones que es necesario hacer en todo este asunto.

—Medite bien su decisión —terminó diciendo Cambon sin ninguna confianza en que fuera a hacerlo.[125]

Al salir del despacho de Grey, Cambon se dirigió, como casi siempre, al de su buen amigo, Sir Arthur Nicolson, subsecretario permanente del Foreign Office. Entró sin pedir permiso, pálido como la cera y con la mirada perdida. Nicolson se levantó de su escritorio y se dirigió hacia él, primero para saludarle, pero luego más bien para socorrerle, pues daba la impresión de que se desplomaría inconsciente en cualquier momento. Le sujetó las manos y, tirando de él, conduciéndole, le llevó hasta una butaca en la que lo acomodó. El embajador murmuró:

—*Ils vont nous lâcher, ils von nous lâcher.*

Nicolson, que era firme partidario de intervenir a favor de Francia y que había tenido algún que otro encontronazo con Grey, subió las escaleras y se dirigió hacia el despacho del secretario del Foreign Office. Llamó y, sin esperar a que le dieran permiso, entró. Se encontró al ministro paseando por la habitación, cabizbajo, golpeándose con un dedo el labio inferior. Sin mediar saludo, el subsecretario preguntó:

—¿Es verdad que nos vamos a negar a ayudar a Francia precisamente ahora, en el momento de mayor peligro para ella?

Grey no contestó. Se encogió de hombros mientras dirigió a Nicolson una sombría mirada que más que de enojo, fue de tristeza. Nicolson se la devolvió cargada de desprecio:

—Va a hacer de nosotros una nación proverbial, un ejemplo a seguir —le espetó con amarga ironía.

Sin esperar respuesta, salió cerrando con fuerza, pero sin llegar a dar un portazo. Bajó las escaleras y volvió a su despacho. Allí se encontró a Cambon donde lo había dejado, aparentemente recuperado.

---

[125] *Brit. Doc.*, pp. 253 y 260, docs. 426 y 447.

—Bueno, Sir Arthur —dijo el francés—, me parece que ha llegado el momento de redactar *mon petit papier*.

Como ya lo habían hablado con anterioridad, Nicolson sabía que el embajador francés estaba pensando en redactar una nota con la que recordar al Gobierno de Su Majestad que tenía unas obligaciones. Se suponía que eran fruto de unos acuerdos, concluidos por medio de un intercambio de cartas entre Grey y Cambon en noviembre de 1912. Sin embargo, en esas cartas no había ningún compromiso, ni en cuanto a la situación de las flotas, que no pasó de ser una cuestión de hecho, ni en cuanto a obligaciones que tuviera que asumir cada cual en caso de conflicto. Pero, como alguna clase de obligación tenía que implicar el intercambio, parte de los dirigentes ingleses creyeron que, una vez trasladada toda la flota francesa al Mediterráneo, correspondía a la armada británica la obligación moral de proteger las costas francesas en el Norte y en la vertiente atlántica. Aunque la verdad era que, obligación escrita de hacerlo, no había.

Cambon le explicó a Sir Arthur:

—Hemos privado a todas nuestras costas del Norte de todo tipo de defensas confiando en la palabra del Gobierno de Su Majestad. Ha llegado el momento de recordarlo por escrito.

Nicolson se mostró azorado. Creía que a los intereses de Inglaterra convenía intervenir en favor de Francia, pero no tenía tan claro que estuviera legalmente obligada a ello. Dijo:

—Es mejor, querido amigo, que no entregue ninguna nota oficial en ese sentido. La tensión es máxima y temo que pueda ser contraproducente. Déjeme que sea yo quien recuerde a Sir Edward nuestros compromisos.

Cambon se conformó después de confesar a Nicolson que el asunto ya había sido discutido con Grey y que éste había prometido plantearlo al gabinete.

Luego, los dos hombres se despidieron con el afecto de siempre.[126]

Tras haberse marchado el diplomático francés, Nicolson redactó una breve nota para Grey en la que recordó la promesa hecha a Cambon de someter el asunto de las desprotegidas costas del Norte de Francia al gabinete. Cuando la recibió, Grey anotó en ella:

---

[126] Albertini, vol. III, pp. 394 y ss.

He hablado con el primer ministro y le ha dado gran importancia al asunto, que será resuelto en el Consejo de Ministros de mañana.[127]

★★★

Poco después de marcharse el embajador francés del Foreign Office, Sir Edward Grey recibió al embajador alemán, príncipe Lichnowsky. Era poco más o menos la hora en la que en Berlín estaban celebrando la buena nueva llegada desde Londres según la cual Gran Bretaña se comprometía a garantizar la propia neutralidad y la de Francia a cambio de que los alemanes no atacaran al país galo. El príncipe alemán entró en el despacho del secretario inglés y con tono alegre dijo:

—Sir Edward, ¿hay alguna novedad acerca de su propuesta de neutralidad francesa?

El secretario del Foreign Office hizo como si no hubiera oído la pregunta del embajador:

—Le he hecho llamar porque tengo que leerle una declaración acordada por unanimidad por el gabinete que se ha reunido esta mañana.

—Muy bien, Sir Edward. Estoy listo para escuchar lo que tenga que decirme el Gobierno de Su Majestad.

Grey se aclaró la voz con unas tosecillas, cogió el papel que había en su escritorio con ademanes solemnes y leyó:

—"La contestación del Gobierno alemán con respecto al futuro de Bélgica produce una gran desazón porque la neutralidad de ese país es algo que afecta a los sentimientos del nuestro. Si Alemania pudiera encontrar la forma de dar la misma positiva respuesta que ha dado Francia, contribuiría a aliviar la ansiedad y tensión que padecemos aquí, mientras que, al contrario, si fuera a haber una violación de la neutralidad de Bélgica por uno de los contendientes mientras el otro la respeta, sería extraordinariamente difícil contener el sentimiento de nuestro país."[128]

---

[127] *Brit. Doc.*, p. 252, doc. 424 *in fine*.

[128] *Brit. Doc.*, p. 261, doc. 448.

–Ya veo –contestó Lichnowsky.

Y, tras reflexionar unos instantes, el embajador preguntó:

–¿Podría el Gobierno de Su Majestad darme una declaración definitiva de neutralidad de Gran Bretaña a condición de que Alemania respete la belga?

Sir Edward hizo un gesto de falso disgusto y contestó:

–En este instante es imposible para mí ofrecer ninguna garantía al respecto, aunque evidentemente ésta es una cuestión que ha de jugar un papel muy importante en cómo se vivan los sentimientos aquí.

El secretario volvió a carraspear. Luego, añadió:

–En el caso de que Alemania violara la neutralidad belga en una guerra con Francia, aquí se produciría un giro en los sentimientos de la opinión pública. Eso haría que el Gobierno de Su Majestad tuviera muy difícil adoptar una actitud de amistosa neutralidad.

–Comprendo Sir Edward.

El tono de Lichnowsky fue lúgubre, pues no lograba arrancar ningún compromiso al inglés. Sir Edward comprendió que tenía que ser algo más conciliador:

–Naturalmente, por el momento, no hay la más mínima intención aquí de iniciar ninguna hostilidad contra ustedes. Sin embargo, es difícil trazar una línea más allá de la cual nosotros no podamos ir sin provocar que el público se escore definitivamente hacia el otro lado.

De repente, Sir Edward se puso serio y su rostro adquirió un rictus de severidad. Finalmente, dijo:

–En cualquier caso, esta cuestión de la neutralidad de Bélgica es algo que aquí jugará un papel decisivo respecto de nuestra actitud en la guerra.

A esas alturas de la conversación, fue cuando Lichnowsky se convenció de que el gabinete se había revelado más aislacionista de lo que a Sir Edward le hubiera gustado. El Gobierno no veía pues con la claridad que su secretario de Estado que Gran Bretaña tuviera que salir en defensa de Francia. Y dedujo que, a pesar de que Grey no quisiera garantizarlo, con toda probabilidad, Gran Bretaña sería neutral si Alemania no invadía Bélgica.

Luego, más relajado, Sir Edward dijo:

–Me pregunto si no sería posible para Alemania y Francia permanecer ambas bajo las armas, la una enfrente de la otra sin atacarse recíprocamente en el caso de estallar la guerra contra Rusia.

Al fin surgió el tema que verdaderamente interesaba a Lichnowsky:

–No lo sé, Sir Edward. Todo depende de si está usted en posición de decirme que Francia aceptaría concluir un pacto de esta naturaleza. Desde el momento que nosotros no tenemos la intención de arruinar a Francia ni de conquistar ninguna parte de su territorio, creo que sería fácil para nosotros entrar a negociar un acuerdo de este tipo, siempre que usted nos garantizara la neutralidad de Gran Bretaña. En ese caso, creo que podríamos estar dispuestos incluso a comprometernos a respetar las colonias francesas.

Lichnowsky se mantuvo dentro de los términos de la oferta que por la mañana había recibido de Sir Edward esperando que sería confirmada por la tarde. Sin embargo, algo debió de ocurrir durante la reunión del gabinete porque Sir Edward se escabulló como una anguila:

–Me informaré de qué posibilidades tiene una solución de este género. Soy perfectamente consciente de las dificultades que entraña mantener a los soldados de ambos bandos unos frente a los otros en estado de total inactividad.

Estaba claro que la propuesta de Grey de permanecer al margen de la contienda y garantizar que lo hiciera también Francia a cambio de que Alemania se comprometiera a no atacar el país galo no había tenido éxito entre los miembros del Gobierno inglés.

Lichnowsky decidió que no tenía sentido seguir acorralando a Sir Edward porque no iba a conseguir de él ningún compromiso. Los dos hombres se despidieron con la amabilidad de siempre. Al llegar a la embajada, el alemán redactó el telegrama que tendría que enviar a Berlín narrando su conversación con el secretario del Foreign Office. Apenas dijo nada de la neutralidad de Francia y, en cambio, puso el acento en la cuestión de la neutralidad belga. Terminó el telegrama escribiendo:

Mi impresión de conjunto es que aquí, lo que quieren, en la medida de lo posible, es mantenerse fuera de la guerra. No obstante, creo que la contestación que ha dado Su Excelencia, el secretario de Estado [alemán] a Sir Edward Goschen en cuanto a la neutralidad de Bélgica, ha causado aquí una desfavorable impresión.

Se quedó pensando un rato si debía poner o no algo sobre las posibilidades de prosperar que tenía la propuesta de la neutralidad francesa. Decidió que era mejor no poner nada y que Berlín sacara sus propias conclusiones.[129]

San Petersburgo

Pasadas las cinco de la tarde, el embajador alemán, conde Pourtalès, no había intentado averiguar todavía cuál era la respuesta rusa al ultimátum emitido por su Gobierno cuyo plazo había expirado a las doce. Tampoco el ministro de Exteriores ruso, Serge Sazonov, había hecho nada por ponerse en contacto con él. Entonces, lo que llegó fue un telegrama procedente de Berlín. El texto había sido enviado poco antes de la una, es decir, apenas una hora escasa después de expirado el término del ultimátum y, por lo tanto, sin esperar a saber cuál había sido la respuesta rusa. Decía el telegrama:

> *En el caso de que el Gobierno ruso no ofrezca una respuesta satisfactoria a nuestra exigencia, Su Excelencia entregará amablemente esta declaración a las cinco de esta tarde, hora del centro de Europa:*
>
> *"El Gobierno imperial se ha esforzado desde el principio de la crisis en llegar a una solución pacífica. Accediendo a un deseo que le ha sido expresado por Su Majestad, el zar de Rusia, Su Majestad, el emperador de Alemania, de acuerdo con Inglaterra, ha intentado cumplir un papel mediador entre los gabinetes de Viena y San Petersburgo, cuando Rusia, sin esperar a su resultado, ha procedido a la movilización de la totalidad de sus fuerzas de mar y de tierra.*
>
> *"A consecuencia de esta amenazante medida, no motivada por ningún preparativo militar por parte de Alemania, el emperador se encontró a sí mismo ante un grave e inminente peligro. Si el Gobierno imperial no hubiera tomado medidas contra este peligro, habría estado poniendo en riesgo la seguridad y la misma existencia de Alemania. En consecuencia, el Gobierno alemán se encuentra obligado a dirigirse al de Su Majestad, el zar de todas las Rusias, para insistir en el cese de las citadas acciones militares. Habiendo Rusia rehusado acceder/ No habiendo Rusia dado la necesaria contestación a esta demanda, y*

---

[129] Geiss, p. 345, doc. 174.

habiendo mostrado por su rechazo/actitud que su acción está dirigida contra Alemania, tengo el honor, por orden de mi Gobierno, de informar a Su Excelencia como Su Majestad, el emperador, mi augusto soberano, en nombre del Imperio, acepta el desafío y se considera a sí mismo en estado de guerra con Rusia."[130]

Tras descifrar el telegrama, el conde Pourtalès llamó al ministerio y, puesto al habla con el barón Schilling, pidió una entrevista con el ministro. El subalterno le dijo que Monsieur Sazonov estaba en la isla Elagin asistiendo a un Consejo de Ministros y que, por tanto, no podía atenderle hasta que volviera. Algunos minutos después llamaron a la embajada desde el ministerio porque Sazonov había vuelto y recibiría encantado al embajador alemán. Pourtalès salió para allá enseguida.

En el despacho del ministro estaban Sazonov y Schilling departiendo. Cuando entró el secretario del ministro a anunciar que Pourtalès había llegado, Sazonov le dijo a Schilling en voz baja:

—Ya verá como lo que me trae es la declaración de guerra.

Luego, dirigiéndose al secretario, ordenó:

—Hágale pasar, por favor.

Tras entrar Pourtalès, Schilling le saludó fríamente y salió, dejando a los dos hombres solos. El conde saludó al ministro y, sin tomar asiento, a pesar de haber sido invitado a hacerlo, preguntó:

—¿Está el Gobierno ruso dispuesto a dar una respuesta satisfactoria al requerimiento hecho por mi Gobierno en el día de ayer?

—Lamento mucho tener que decirle que no —dijo Sazonov secamente—. Como ya le he explicado, Excelencia, en ocasiones anteriores, no es posible cancelar la movilización. Sin embargo, puede tener la seguridad de que, como antes, Rusia sigue dispuesta a proseguir las negociaciones con vistas a alcanzar un arreglo pacífico.

—Si no le importa —dijo Pourtalès muy serio—, le repetiré la pregunta. ¿Está el Gobierno ruso dispuesto a dar una respuesta satisfactoria al requerimiento hecho ayer por el mío? Por favor, le ruego que medite esta vez la respuesta, habida cuenta de las consecuencias que una negativa podría tener para todos.

---

[130] Albertini, vol. III, p. 168.

Sazonov no se detuvo, como le acababan de aconsejar, a reflexionar, sino que contestó a bote pronto:

—Mi respuesta no puede ser otra, Excelencia. La movilización no puede revocarse.

Pourtalès sacó el telegrama que había recibido desde Berlín hacía unos minutos y, sin desdoblarlo, dijo:

—Por tercera y última vez, Excelencia. ¿Está dispuesto el Gobierno ruso a aceptar el requerimiento hecho por el mío en el día de ayer?

Tampoco en esta tercera ocasión Sazonov se detuvo a pensar:

—Por tercera vez le repito que mi respuesta sólo puede ser una, no.

—En ese caso —dijo Pourtalès muy lentamente— mi Gobierno me encarga que le entregue esta nota.

Al dársela, el alemán cogió con la suya la mano del ruso y, con el papel pasando de una a otra, la estrechó.

Mientras Sazonov leía sabiendo de antemano de qué se trataba, Pourtalès le llamó la atención:

—Observe que el texto contempla que su respuesta sea no satisfactoria o que sea abiertamente negativa. Creo que los dos estaremos de acuerdo en que ha sido negativa.

Sazonov asintió con la cabeza y siguió leyendo:

Pourtalès, que en ningún momento había consentido sentarse, se dirigió hacia la ventana y fingió interesarse por lo que ocurría en la calle para ocultar al ministro sus ojos empapados en lágrimas. Cuando sintió que Sazonov dejaba caer el papel sobre su escritorio, el conde, sin apartar su mirada de la ventana, exclamó:

—¡Quién iba a pensar que tendría que dejar San Petersburgo bajo estas circunstancias!

Sazonov se acercó por la espalda al embajador conteniendo a duras penas sus propias emociones. Cuando estuvo junto a él, el embajador se volvió y los dos hombres se fundieron en un abrazo. El ruso, para consolar al alemán y a él mismo, dijo:

—Créame, conde, volveremos a vernos.

—La culpa —dijo Pourtalès casi sollozando— es del hombre responsable de haber convencido al zar de ordenar la movilización.

Sazonov, sin darse por aludido a pesar de tener motivos muy serios para hacerlo, dijo mientras se dirigían a la puerta sin dejar de abrazarse:

–¿Qué podía haber hecho yo como ministro de Asuntos Exteriores cuando el ministro de la Guerra le dijo al zar que la movilización era necesaria?

Pourtalès, ignorante de lo ocurrido realmente en San Petersburgo durante los últimos días, asintió:

–En mi opinión, es ese hombre quien, por su posición, era el único en condiciones de contener al zar y evitar que diera el fatal paso de la movilización.

En el umbral, ya separados, se despidieron y quedaron en que Pourtalès y todo su personal abandonarían la embajada a primera hora del día siguiente, a cuyo efecto le haría llegar los pasaportes necesarios.

Cuando Pourtalès llegó a la embajada, telegrafió a Berlín y se puso a recoger para tenerlo todo dispuesto al día siguiente por la mañana temprano. Bien pasadas las doce, se acostó.

A las cuatro de la madrugada, el oficial de servicio en la embajada le despertó. Tenía una llamada del señor ministro de Asuntos Exteriores, Monsieur Sazonov. Pourtalès, que apenas había logrado conciliar el sueño durante unos pocos minutos, saltó de la cama y se puso al teléfono:

–¿Aló? Al habla Pourtalès.

–Excelencia, perdone que lo haya hecho despertar, pero he de plantearle una cuestión urgente.

El tono era de enfado, de forma que, pensó el embajador alemán, no podía tratarse de buenas noticias.

–Dígame, Excelencia, le escucho.

Sazonov fue directo al grano:

–¿Cómo puede explicar que Su Majestad, el zar de Rusia haya recibido hace un momento un telegrama de su gracioso soberano fechado a las diez y cuarenta y cinco de la noche pasada que en su última frase conmina a Su Majestad a que bajo ninguna circunstancia traspasen sus tropas las fronteras? ¿Cómo puede explicar una exigencia como ésa después de haberme presentado ayer tarde la nota que me presentó?

A Pourtalès le cogió la pregunta completamente por sorpresa. Así que lo único que se le ocurrió contestar fue:

–La única explicación que se me ocurre es que en realidad el telegrama fue enviado, no esta noche, sino a las diez y cuarenta y cinco de la anterior y que se ha retrasado por cualquier motivo que ahora no se me alcanza.

–Eso es imposible, Excelencia, porque el telegrama de su soberano es contestación de otro del mío que salió de San Petersburgo la mañana de ayer sábado, de manera que éste que acaba de llegar ahora no pudo salir de Berlín la noche del viernes.

–En fin, Excelencia. Sintiéndolo mucho, no estoy en disposición de contestar a su pregunta.

Pourtalès se dio cuenta de que la discusión era gratuita. ¿Qué más daba la hora a la que salió el telegrama y lo que dijera? Sus dos países estaban en guerra. Eso era lo que importaba. De modo que añadió:

–Por lo tanto, Excelencia, le ruego que si tiene algo que añadir o alguna explicación que solicitar de mi Gobierno, le ruego lo haga dirigiéndose a él directamente o a través del embajador italiano, que es quien ha quedado encargado de representar los intereses de Alemania aquí. Yo abandonaré San Petersburgo en tres horas vía Estocolmo.

Tras una fría despedida, Sazonov colgó. Luego, lo hizo Pourtalès, que volvió a la cama con la esperanza de poder reparar su maltratado cuerpo con dos horas de sueño.[131]

Berlín

En el Estado Mayor, mientras tanto, a Moltke le pasaron a la firma la orden que acababa de dar el emperador relativa a que la 16ª división se abstuviera de invadir Luxemburgo. La primera reacción de Moltke cuando tuvo el papel encima de su mesa fue la de no firmar. Creyó que no podía de ningún modo ser que la primera orden tras haberse iniciado la movilización, fuera la revocación de una acción que formaba parte de un conjunto cuidadosamente planeado y cuya suspensión ponía en peligro todo el plan. Las tropas no lo entenderían, pensó. Sus subordinados insistieron en que debía firmar, pero Moltke siguió negándose a hacerlo. A las once de la noche, llegó la orden del káiser de que se presentara en palacio.

---

[131] Albertini, vol. III, pp. 181 y ss.

El emperador recibió a Moltke en bata, en su dormitorio, ya que había sido despertado por su ayuda de cámara cuando llegó la contestación de Jorge V al telegrama que le había enviado unas horas antes.

–Tenga general –dijo el emperador extendiendo el brazo con el papel–. Lea. Acaba de llegar.

Moltke leyó en voz alta:

–"En respuesta a tu telegrama que acabo de recibir, creo que ha debido de haber algún malentendido con una sugerencia hecha en una amistosa conversación entre el príncipe Lichnowsky y Sir Edward Grey cuando discutían cómo podía evitarse que los ejércitos alemán y francés se enfrentaran cuando todavía había alguna posibilidad de acuerdo entre Austria y Rusia. Sir Edward Grey se entrevistará mañana por la mañana con el príncipe Lichnowsky para aclarar cualquier malentendido que haya podido haber entre los dos."[132]

Mientras Moltke estuvo leyendo, el káiser paseó por la habitación cabizbajo, con las manos entrelazadas a su espalda.

–¿Ve usted cómo son los ingleses? –preguntó el emperador retóricamente–. No hay forma de saber a qué atenerse con ellos.

Dio un par de vueltas más y ordenó:

–Váyase y haga lo que quiera. En sus manos queda cómo ha de hacerse la movilización y la dirección de esta guerra.

Moltke volvió al Estado Mayor y telegrafió al cuartel general de la 16ª división la orden de que la invasión de Luxemburgo debía llevarse a cabo conforme a lo previsto.[133]

París

El telegrama del ministro de Asuntos Exteriores ruso comunicando que Alemania había declarado la guerra a Rusia llegó a la embajada del zar en París a las once de la noche. El embajador, Alexander Izvolsky, cuando lo leyó, pensó: "Ya está. Ahora estamos en manos de Francia." Inmediatamente, pidió su coche y salió para el Elíseo. Allí solicitó ser recibido a la mayor brevedad posible por el presidente de la república. A

---

[132] Albertini, vol. III, p. 177.

[133] Albertini, vol. III, pp. 168 y ss.

pesar de lo avanzado de la hora, Raymond Poincaré no dudó en atender al afable embajador ruso. Nada más entrar, Izvolsky se cuadró muy formal ante Poincaré, que se había levantado para saludarle, y le dijo de forma solemne:

–En esta hora trágica, creo que es mi deber, Monsieur le President, dirigirme directamente al jefe del Estado que es nuestro aliado. Alemania acaba de declarar la guerra a Rusia.

–¿Está seguro, Excelencia? no hemos recibido ninguna comunicación de nuestros embajadores en Berlín y en San Petersburgo.

–No cabe la más mínima duda. Esta tarde, el embajador alemán ha entregado el documento a Su Excelencia, Monsieur Sazonov. Es por tanto un hecho. Estamos en guerra con Alemania.

–Válgame el Cielo.

Poincaré se apoyó en el brazo del embajador ruso. Una vez repuesto, dijo:

–Perdóneme, Excelencia. Voy a decir que convoquen una reunión urgente del gabinete.

El presidente salió. Al muy poco, estuvo de vuelta. Izvolsky seguía de pie, en el mismo lugar donde lo había dejado el presidente. Cuando tuvo de nuevo a Poincaré a su lado, dijo:

–Dadas las trágicas circunstancias, Monsieur le President, es mi deber dirigirme directamente a Su Excelencia y preguntar: ¿qué va a hacer Francia?

Izvolsky siguió de pie, en posición de firmes, a la espera de una respuesta crucial para el futuro de su patria. Al fin, Poincaré habló:

–No se preocupe, Excelencia. Mi Gobierno y yo mismo estamos absolutamente resueltos a que Francia cumpla con las obligaciones fruto de su alianza con Rusia.

–Ya, Excelencia. Pero yo y mi Gobierno nos quedaríamos más tranquilos si hubiera un inmediato anuncio público.

–Eso, Excelencia, no es tan fácil.

Mientras hablaban, de una manera natural, ambos habían tomado asiento alrededor de una mesa baja que era de los tiempos de Luis XVI. Poincaré siguió explicando:

–Tiene que entender, querido amigo, que hay una serie de complicadas cuestiones, tanto de naturaleza constitucional como política, que hay que resolver. Según nuestra Constitución, una declaración de guerra necesita ser votada en el Parlamento y convocarlo puede llevar unos días.

Izvolsky se horrorizó visiblemente al saber que la actitud de Francia dependía del voto de unas cámaras representativas, cosa que en su país hubiera sido inconcebible. Poincaré trató de tranquilizarle:

—No se preocupe, Excelencia. No albergo la más mínima duda acerca de cuál será el sentido de ese voto. Sin embargo —dijo acariciándose la perilla— preferiría evitar un debate público sobre la aplicabilidad de nuestro tratado de alianza al caso. Lo digo sobre todo por Inglaterra. Si queremos tenerla de nuestro lado, será más fácil conseguirlo si la declaración de guerra la hace Alemania a Francia y no Francia a Alemania.

Izvolsky asintió. La participación de Gran Bretaña en la guerra del lado de la Entente no era tan importante para Rusia como para Francia, pero constituía en cualquier caso una ventaja nada desdeñable y era obvio que sería más fácil conseguirla si aparecían ambos aliados como países agredidos en vez de como agresores. Poincaré prosiguió:

—Uno tampoco puede perder de vista que hoy es el primer día de la movilización francesa y es más ventajoso que Francia no comience las operaciones militares hasta que la movilización se encuentre más avanzada.

A Izvolsky, este argumento, a diferencia del anterior, no le pareció tan convincente y negó con la cabeza.

—Tranquilícese, Excelencia —le repitió Poincaré con tono indulgente, como quien habla con un anciano que ya no es capaz de entender en toda su amplitud las cosas—. Ya verá como Alemania no espera a que Francia declare la guerra para atacarnos. Lo hará sin avisar y sin darnos tiempo a completar nuestra movilización.

Luego, Poincaré se levantó:

—Tiene que perdonarme, Excelencia. He de reunirme con el gabinete. Como puede fácilmente imaginarse, discutiremos las consecuencias que para Francia tiene el que Alemania haya declarado la guerra a Rusia.

—¿Me contará lo que acuerden?

—Por supuesto. Lo haré inmediatamente después de levantarse la sesión.

–¿Puedo esperar aquí a que terminen?

–No veo por qué no. Pero, sería preferible que lo hiciera en el antedespacho. Le servirán lo que desee mientras espera.

–Muchas gracias, Excelencia.

Poincaré se fue a la sala de consejos e Izvolsky esperó donde le indicó el presidente, fumando y tomando café.

No pasó mucho tiempo, cuando Poincaré estuvo otra vez de vuelta. Los dos hombres volvieron a encerrarse en el despacho del jefe del Estado francés:

–Todo ha ido bien, Excelencia–le dijo Poincaré en cuanto se sentaron el uno enfrente del otro–. Todos estamos de acuerdo en que Francia atenderá a los compromisos a los que está obligada por nuestro tratado de alianza con ustedes.

–Me alegra oírlo.

–Como ya le adelanté –dijo el presidente en un tono algo más serio–, el gabinete también ha acordado que los intereses de los dos aliados requieren que Francia complete la movilización antes de la apertura de las operaciones militares y esto, al parecer, llevará unos diez días. En ese momento, las cámaras serán convocadas. Sin embargo, me temo que Alemania no permitirá que llegue ese momento y nos atacará antes con el fin de cogernos por sorpresa a medio movilizar.

Izvolsky insistió:

–¿Está seguro de que no puede hacer ninguna declaración pública en este momento en que su aliado ha sido atacado sin mediar provocación alguna?

–¿Sabe, Izvolsky? Podría hacerlo y eso parece lo moralmente exigible. Pero estamos a punto de que nuestras dos naciones se vean envueltas en una terrible guerra. Y lo primordial es ganarla. Todo aconseja esperar.

Izvolsky se conformó y cabizbajo salió del Elíseo con destino a su misión.[134]

---

[134] Albertini, vol. III, pp. 184 y ss..

Domingo, 2 de agosto

Viena

A primera hora de la mañana, llegó a la embajada alemana un telegrama que había salido de Berlín la madrugada anterior. Heinrich Leopold von Tschirschky und Bögendorff, embajador alemán en la corte de Francisco José, lo leyó inmediatamente después de haber sido descifrado. Decía:

> *Nos hallamos en estado de guerra con Rusia. Tropas rusas han cruzado ayer nuestra frontera en varios puntos y han iniciado las hostilidades. Hemos dado asimismo instrucciones al embajador imperial en San Petersburgo para que, en caso de una respuesta insatisfactoria a nuestra demanda, declare la guerra ayer por la tarde. No hemos recibido noticias de nuestro embajador acerca de la contestación rusa a nuestra exigencia ni de la entrega de la declaración de guerra. Esperamos de Austria una inmediata y vigorosa intervención contra Rusia en cumplimiento de sus obligaciones como aliado.[135]*

Tschirschky pensó, tras leer la misiva, que no dejaba de ser chocante que su país estuviera en guerra con Rusia por defender a Austria-Hungría y que en cambio la Doble Monarquía, supuesta agredida, continuara estando en paz con el zar. En cualquier caso, pidió entrevistarse inmediatamente con el ministro de Exteriores austriaco, el conde Leopold von Berchtold.

El ministro lo recibió a mediodía. El embajador, tras los saludos pertinentes, le leyó el telegrama que acaba de recibir de Berlín.

–¿Le han declarado la guerra a Rusia? –preguntó incrédulo Berchtold.

---

[135] Albertini, vol. III, p. 529.

–No lo sé. Ya ve que no hemos tenido noticias de Pourtalès. Lo que sí sabemos es que tropas rusas han cruzado la frontera en diversos puntos.

–¡No es posible!

–¿Por qué no es posible, Excelencia?

–Pues porque esta mañana he recibido telegramas de mis embajadores en Berlín y en San Petersburgo, el conde Szögyény y Friedrich Graf Szápáry, y me han transmitido una impresión completamente distinta.

–No le entiendo –confesó Tschirschky.

–Szápáry me ha contado que, al parecer, Su Majestad, el zar, le ha dado garantías a Su Majestad, el káiser Guillermo II, de que no hay razón para inquietarse por la movilización general rusa, que sus tropas permanecerán en su lado de la frontera para dar una oportunidad a una posible negociación. Y el conde Szögyény, por su parte, me ha dicho que ha sido informado directamente por el káiser Guillermo de que su primo, el zar, le había telegrafiado diciéndole que la movilización del ejército ruso no significaba de ninguna manera la guerra.

–Pues ya ve que no es así. O la información de que dispone no es correcta o, lo que es más probable, ha sido superada por los acontecimientos. En cualquier caso, la exigencia que mi Gobierno me ha ordenado transmitirle es bien clara.

–Lamentablemente, me es imposible darle una contestación inmediata –dijo Berchtold–. Lo que su Gobierno me pide es una acción de naturaleza militar a la que no puedo comprometerme sin hablar con el jefe del Estado Mayor.

–Por supuesto, Excelencia, pero le ruego que me dé una respuesta lo antes posible.

–No se preocupe, en cuanto esté en condiciones de dársela, le mandaré llamar.

Embajador y ministro se despidieron e, inmediatamente después de haber abandonado el despacho Tschirschky y antes de recibir al embajador inglés, que esperaba en el antedespacho, Berchtold ordenó a su secretario que llamara al conde Conrad von Hötzendorf, jefe del Estado Mayor austro-húngaro.

Mientras Berchtold daba la orden, los dos embajadores, el alemán y el inglés, se cruzaron en el pasillo y se saludaron:

–Excelencia, ¿qué tal todo? –preguntó animoso el británico.

–Malas noticias, Excelencia. Acabo de recibir un telegrama de Berlín en que se me comunica que tropas rusas cruzaron ayer la frontera y atacaron posiciones alemanas en diversos puntos.

–Eso significa…

Tschirschky acabó la frase que Bunsen había empezado:

–Eso significa que Alemania y Rusia están en guerra.

–Terrible noticia –calificó Bunsen.

Luego, el inglés se dio cuenta de que el ministro le esperaba en el umbral de su despacho y, dirigiéndose a Tschirschky, dijo:

–Perdóneme, Excelencia, pero el conde Berchtold me espera.

El ministro recibió al embajador, pero la entrevista fue breve. Berchtold estaba deseando hablar con Conrad y Sir Maurice no tenía nada especial que transmitir de parte de su Gobierno, tan sólo preguntó:

–Me ha dicho Su Excelencia, Herr Tschirschky, que Alemania está en guerra con Rusia. ¿Qué van a hacer ustedes?

–Todavía no lo sé, Excelencia, pero me parece que será muy difícil obviar las obligaciones que tenemos con nuestro aliado.

–¡Que Dios nos asista!

–Y usted que lo diga.

Tras una breve charla sin consistencia, Sir Maurice se despidió. Conrad aún tardó unos minutos en llegar, pero, cuando lo hizo, fue recibido de inmediato.

–Mi general, acabo de hablar con Tschirschky.

–¿Y?

–Me dice que los rusos han cruzado la frontera en varios puntos y han atacado posiciones alemanas. No me ha quedado claro del todo si Berlín había previamente declarado la guerra a San Petersburgo, pero si no lo ha hecho antes de los incidentes, lo habrá hecho después, pues al parecer su embajador tenía instrucciones de hacerlo, aunque no han recibido confirmación.

–¿Y qué pretenden?

–Pues que ataquemos inmediatamente a Rusia con una vigorosa ofensiva. Esas han sido sus palabras.

–¡Eso es imposible, Excelencia!

Conrad no pudo aguantarse sentado en la butaca y se levantó visiblemente irritado.

—Esa inmediata y vigorosa ofensiva que Tschirschky exige es inoportuna, peligrosa e imposible. Aquí el problema está en lo mucho que ha tardado Alemania en decidirse y clarificar su actitud hacia Rusia. No entiendo a qué vienen ahora las prisas.

A Berchtold sí le parecieron comprensibles, si era cierto que Alemania estaba ya siendo atacada por Rusia, pero no dijo nada. Conrad siguió hablando con un elevado tono de voz y paseando por el despacho de Berchtold:

—Alemania tiene tanto interés como nosotros en no caer en el error de acometer una prematura gran ofensiva que no puede en ningún modo ser emprendida con las fuerzas de paz estacionadas en Galicia. ¡Por Dios! Si sólo hace un día que el emperador firmó la movilización general.

—Tranquilícese, Conrad. Es lógico que los alemanes quieran vernos atacar a los rusos cuanto antes.

—Pero, Excelencia, la movilización y concentración de tropas en Galicia llevará tiempo. Una acción apresurada podría ser contraproducente y poner en peligro el éxito de la movilización. Encima, desde el momento en que lo primero que se hizo fue una movilización parcial contra Serbia, ahora resulta que será necesario trasladar no menos de seis de las divisiones movilizadas contra el reino balcánico al frente ruso. Pero, para poder llevar a cabo ese traslado, es necesario esperar a que se reúnan en el Sur, en sus lugares de concentración, fijados cuando se ordenó la movilización parcial. Esa operación todavía no ha concluido.

Berchtold le miró con severidad, preguntándose si las cosas no podrían haberse hecho de un modo más eficaz. Sin embargo, su ignorancia en asuntos militares le impidió darse una respuesta. Conrad, por su parte, se había vuelto a acomodar en su butaca y ahora hablaba más pausadamente:

—Excelencia, es necesario ganar tiempo y, si Rusia no nos declara la guerra, mejor que mejor. Lo que sería un grave error es que la declaráramos nosotros. No estamos preparados para emprender una ofensiva y correríamos el riesgo de sembrar el caos y el desconcierto en nuestras filas en plena movilización.

Los dos hombres callaron. Berchtold no estaba en condiciones de oponerse, pero sabía que el retraso enfurecería a los alemanes.

–Dígale a Berlín –sugirió Conrad– que nosotros no tenemos ninguna objeción que hacer a la necesidad de entrar en guerra con Rusia ya que, pase lo que pase, Alemania siempre nos encontrará decididamente de su lado. Dígale que lo único que ocurre es que creemos que nuestra declaración de guerra ha de ser pospuesta tanto como sea posible con el fin de permitir a la Monarquía pasar los primeros días de la movilización general con las menos dificultades. Una vigorosa ofensiva, dígale, no podrá tener lugar hasta haber reunido suficientes tropas en Galicia.

Berchtold se levantó de improviso. No tenía sentido seguir escuchando los argumentos del jefe del Estado Mayor cuando en realidad él no estaba en condiciones ni de rebatirlos ni de confirmarlos. Por eso, dijo:

–Bien, conde Conrad, haré lo que pueda. Entretendré a los alemanes y les daré toda clase de garantías de que pueden contar con nosotros, pero sin declarar la guerra a Rusia, por el momento.

–De verdad, Excelencia, es esencial para el éxito de nuestro ejército.

–Descuide, ya me las apañaré con los alemanes.

Y Conrad abandonó la Ballhausplatz.[136]

Londres

En el Foreign Office se recibió la llamada telefónica del embajador francés, Paul Cambon, que solicitó ser recibido por Sir Edward Grey. Se le contestó que el secretario lo recibiría a las tres de la tarde, después de la reunión del gabinete, pero el embajador insistió en que lo recibiera antes. Grey cedió.

Cuando entró el francés en el despacho, Grey observó que traía una hoja de papel en la mano derecha. El embajador la agitó como si estuviera espantando moscas con él:

–Sir Edward, ya conocerá la noticia. Los alemanes han violado la neutralidad de Luxemburgo. ¡Es un ultraje!

–Conozco la noticia, sí, pero…

–¡Por los clavos de Cristo, Sir Edward! Su país se comprometió a salvaguardar la neutralidad de Luxemburgo. No fue hace tanto tiempo.

---

[136] Albertini, vol. III, p. 529 y ss.

Cambon le extendió el papel a Grey para que lo cogiera. Ninguno de los dos había tenido tiempo de sentarse.

–Tenga –dijo Cambon en tono airado–, aquí tiene. El tratado de Londres de 1867. Vea. Al final del todo aparece la firma de Lord Stanley.

Grey se negó a coger el papel y Cambon no insistió. Dijo el inglés:

–Conozco perfectamente el tratado de 1867. No obstante, he de recordarle que ese tratado es muy diferente del de 1839 que garantiza la neutralidad de Bélgica. Lord Derby, en su momento, lo explicó muy bien.

Se acercó a su mesa y cogió un papel. A Cambon se le hizo obvio que el ministro, cuando llegó a primera hora la noticia de la invasión de Luxemburgo, se estudió el tema:

–"En 1839 –dijo Sir Edward leyendo–, las potencias se obligaron, no colectivamente, sino separadamente, a sostener la integridad del tratado. En cambio, en el de 1867, explicó muy bien Lord Derby, lo que se pactó fue una garantía colectiva que obliga a todas las potencias firmantes a mantener un estricto respeto por el territorio del país cuya neutralidad se está garantizando, pero no está obligada cada una a salir individualmente, en nombre de todas las demás, en defensa del país cuya neutralidad está siendo violada.

–¡Es el colmo, Sir Edward! Jamás hubiera esperado esto de su país.

Se volvió y, dando un portazo, se marchó.

Al llegar a la embajada francesa, se encontró con el corresponsal diplomático del *Times*, Henry Wickham Steed, corresponsal diplomático del periódico, que le estaba esperando.

–¿Qué tal, Mister Steed?

–Muy bien. ¿Y usted, Monsieur Cambon?

–Muy bien también, gracias. ¿En qué puedo ayudarle?

–Quería recabar su opinión para la edición de mañana de nuestro periódico sobre la violación de la neutralidad de Luxemburgo por parte de los alemanes.

–¿Mi opinión? ¿Quiere saber mi opinión? –contestó muy enfadado el embajador.

Sacó de su portafolios el papel que había querido mostrar sin éxito a Grey y dijo:

–Esta es una copia del tratado de 1867 por el cual las partes firmantes garantizan la neutralidad del gran ducado ¡conjuntamente, no separadamente! –exclamó alzando la voz.

Luego, dando manotazos al papel mientras se lo mostraba al periodista, añadió:

–Aquí está la firma de Inglaterra. Acabo de hablar con Grey y le he preguntado si Gran Bretaña va a respetar el tratado y ¿qué es lo que me ha contestado? Nada. Absolutamente nada.

El embajador se volvió y pausó el tono. Sin mirar al periodista, casi como si estuviera solo, comentó:

–No sé si esta tarde la palabra "honor" tendrá que ser borrada del vocabulario inglés.

El periodista fue tomando nota de lo que decía Cambon, quien añadió alguna otra explicación y muchas muestras de enfado con el Gobierno británico. Luego, el corresponsal se volvió a la redacción de su periódico y elaboró el artículo.[137]

★★★

El Gobierno, por su parte, estuvo reunido desde las once de la mañana hasta las dos de la tarde. Hubo un agrio enfrentamiento entre los que estaban a favor de la guerra (Asquith, Grey, Churchill y el ministro de la Guerra, Haldane) y el resto. El primer ministro Asquith se dio cuenta de que algunos de los pacifistas eran partidarios de no intervenir incluso en el caso de que la neutralidad belga fuera violada. Se planteó la cuestión de garantizar la integridad de las costas del Norte de Francia por parte de la flota inglesa y el sector pacifista se opuso. Algunos incluso amenazaron con dimitir si algo así se acordaba. Asquith leyó entonces la carta que había recibido de la oposición conservadora, abiertamente intervencionista. De alguna manera, los que se oponían a la guerra se encontraron ante la disyuntiva de apoyar a Asquith en lo de defender las costas francesas o forzar la creación de un gabinete de coalición integrado por conservadores y liberales intervencionistas. Al final

---

[137] Albertini, vol. III, p. 401.

estuvieron de acuerdo en que Grey comunicaría al embajador francés que Inglaterra protegería con su flota las costas del Norte francés.[138]

Grey, tras acabar la reunión matutina del gabinete, citó a Paul Cambon en el Foreign Office.

El embajador francés entró en el despacho del secretario muy serio, pero tranquilo, superada la tensión provocada por su último encuentro con el ministro. Grey lo recibió con recíproca frialdad.

–Monsieur Cambon, el Gobierno de Su Majestad ha acordado esta mañana hacerle entrega de esta nota. Si me lo permite, se la leeré.

–Con mucho gusto. Le escucharé con la máxima atención.

–Le leo: "He sido autorizado para garantizar que, si la flota alemana atravesara el canal o lograra desde el Mar del Norte emprender operaciones hostiles contra las costas francesas, la flota británica otorgará toda la protección que esté en su poder."

Cambon sonrió con satisfacción. Grey levantó la mirada del papel y, a pesar de ser él partidario de que esa garantía fuera finalmente dada por su Gobierno, no pudo evitar que le disgustara esa sonrisa de quien se sabe que se ha salido con la suya. Volvió la mirada al papel y continuó leyendo:

–"Naturalmente, esta garantía está sujeta a que la política del Gobierno de Su Majestad sea aprobada por el Parlamento y no debe ser considerada como una obligación que el Gobierno de Su Majestad asume de emprender ninguna acción hasta que la arriba mencionada contingencia de acción por parte de la flota alemana haya sido emprendida."[139]

–Me alegra mucho oír eso, Sir Edward, a pesar de las reservas que la nota incluye.

–Tenga en cuenta, Excelencia, que hay amplias cuestiones y complicados asuntos que nosotros debemos considerar. El Gobierno cree que no pueden comprometerse a declarar la guerra si finalmente estallara entre Alemania y Francia. Ahora, nos hemos dado cuenta de que para el Gobierno francés, cuya flota lleva tiempo concentrada en el

---

[138] Albertini, vol. III, pp. 403 y ss.

[139] *Brit. Doc.*, p. 274. Doc. 487.

Mediterráneo, es esencial saber qué disposiciones tomar con respecto a su costa del Norte, que se encuentra totalmente desguarnecida. Por lo tanto, hemos decidido que es necesaria esta garantía.

Cambon asintió. Luego, Grey adoptó un tono aún más serio y solemne y aumentando ligeramente el volumen de la voz dijo:

—Esto no nos obliga a ir a la guerra contra Alemania a menos que la flota alemana emprenda las acciones indicadas. Lo cual permite al Gobierno francés disponer de su flota del Mediterráneo como mejor le parezca.

—Muy bien. De acuerdo —se conformó Cambon—. ¿Y de la violación de la neutralidad de Luxemburgo?

—Ya le he explicado esta mañana cuál es la doctrina que sobre esta cuestión fijaron Lord Derby y Lord Clarendon en 1867.

Cambon se dio cuenta por las palabras de Grey de que era un tema que no había sido tratado en la reunión del gabinete y que, por lo tanto, carecía de sentido insistir para que Grey le repitiera el discurso de la mañana. Así que, preguntó:

—¿Y qué ocurrirá si resulta violada la de Bélgica?

—Eso sería un asunto completamente distinto. Estamos considerando la clase de discurso que vamos a hacer en el Parlamento mañana y más concretamente estamos valorando si declarar la violación de la neutralidad belga *casus belli*. En este sentido, el embajador alemán ha sido en varias ocasiones advertido de las graves consecuencias que tal violación tendría.

Cambon hizo un gesto de incredulidad como si le pareciera imposible que los ingleses hubieran hecho esa advertencia con la suficiente convicción. Grey, que se dio cuenta, decidió dar alguna explicación:

—Al principio de una gran catástrofe, como lo es sin duda una guerra europea, quienes dirigimos este enorme imperio tenemos muy graves responsabilidades. Por ejemplo, en la India o ante países que mantenemos ocupados, como Egipto, es posible incluso que se dieran unas condiciones en las que no sabemos si nuestra flota será capaz, no ya de proteger estos países, sino de proteger nuestras propias costas…

Cambon le miró con creciente preocupación. ¿Se estaba Grey desentendiendo de la responsabilidad que acababa de asumir de proteger el litoral francés alegando que apenas podía proteger el suyo propio? Eso no tenía mucho sentido. A lo mejor, simplemente estaba diciendo que su flota se ocuparía primero de proteger los intereses británicos y, sólo después, si le sobraba capacidad, atendería a los franceses. Si era eso lo que quería decir, no hacía falta que lo aclarara porque nadie dudaba de que así sería. O quizá estuviera tratando de convencerle de lo conveniente que era para Francia que Gran Bretaña permaneciera neutral para que la flota británica pudiera dedicarse con mayor dedicación a proteger las costas francesas. El caso es que Cambon pidió una aclaración:

–No sé si le entiendo, Sir Edward.

–Lo que quiero decir, Excelencia, es que en estas condiciones nos es imposible enviar nuestra fuerza expedicionaria fuera del país.

–Entiendo –contestó Cambon agradeciendo la claridad en la contestación.

Gran Bretaña no tenía servicio militar obligatorio, pero conservaba una relativamente pequeña fuerza voluntaria bien entrenada que podía ser enviada a cualquier lugar del globo cuando hiciera falta. No obstante, tradicionalmente se prefería que tal fuerza permaneciera en las islas para poder emplearla contra una hipotética invasión que, por otra parte, mientras se conservara la superioridad en el mar, era muy improbable. Durante los contactos militares anglo-franceses, se había hablado de la posibilidad de que esta fuerza expedicionaria fuera enviada a Francia a combatir en caso de que estallara, como al parecer estaba a punto de suceder, un conflicto con Alemania.

El francés, sin embargo, preguntó:

–Su negativa a enviar su fuerza expedicionaria, ¿ha de entenderse extendida a todo momento, bajo cualquier circunstancia que pudiera darse en el futuro o sólo está hablando de las condiciones que se dan actualmente?

–No, por supuesto. Estoy hablando de ahora, de las actuales circunstancias. Si éstas cambian y aconsejan el envío de la fuerza como una opción preferible a mantenerla en casa, será enviada a donde sea aconsejable hacerlo.

–Lo digo, Sir Edward –dijo Cambon mirándole fijamente a los ojos– porque tendría un sobresaliente efecto moral en el pueblo francés el que el Gobierno de Su Majestad enviara siquiera un par de divisiones.

Grey negó con la cabeza y contestó:

–No dudo de su eficacia moral, Excelencia, pero el envío de una fuerza tan exigua, aunque la eleváramos a cuatro divisiones, al principio mismo del conflicto, entrañaría para ellas el máximo riesgo y su influencia real sería mínima.

–Bueno –se conformó el embajador–, es una decisión que tienen que tomar ustedes valorando todas las ventajas e inconvenientes. En cualquier caso, ¿puedo transmitir a mi Gobierno que el de Su Majestad se compromete a proteger el litoral del Norte de Francia de los eventuales ataques de la flota alemana?

–Siempre que el Parlamento ratifique nuestra política, no lo olvide.

–Naturalmente, siempre que el Parlamento lo apruebe.[140]

Cambon se despidió de Grey y salió del Foreign Office exultante, convencido de que nadie puede meterse en una guerra a medias, como pretendían hacer los ingleses. O se está dentro o se está fuera y parecía que Inglaterra, lo quisiera o no, estaría dentro. Cambon valoró no obstante la posibilidad de que la flota alemana renunciara al riesgo que entrañaba atravesar el canal y provocar a la armada inglesa. Tal renuncia evitaría a los barcos británicos intervenir y daría a Gran Bretaña la oportunidad de mantenerse neutral. No, pensó Cambon, eso no era probable. Los alemanes atacarían las costas francesas, la flota inglesa trataría de impedírselo y de facto Alemania y Reino Unido estarían en guerra en beneficio de los intereses franceses.[141]

Bruselas

El jueves, día 30, había llegado a la embajada alemana un sobre cerrado con instrucciones severísimas de no abrirlo hasta nueva orden. Aquel domingo, la orden llegó y Klaus von Below-Saleske, el embajador alemán, lo abrió y se encontró con el ultimátum que había sido redactado el día 26 de julio por el jefe del Estado Mayor, Helmut von Moltke, y luego retocado en el Auswärtiges Amt. Leyó Below-Saleske:

---

[140] *Brit. Doc.*, p. 275, doc. 487.

[141] Albertini, vol. III, pp. 406 y 407.

El Gobierno imperial está en posesión de información fidedigna según la cual las fuerzas armadas francesas se proponen avanzar por el Mosa, a través de la ruta Givet-Namur. Tales informaciones no dejan duda acerca de la intención de Francia de avanzar contra Alemania a través del territorio belga.

El Gobierno imperial no puede sino temer que Bélgica, a pesar de la mejor de sus intenciones, sea incapaz de repeler sin ayuda una invasión francesa con bastante perspectiva de éxito como para suponer para Alemania una suficiente garantía frente a la amenaza que contra ella se cierne. Es un dictado de la auto-preservación de Alemania hacer frente a una tal agresión. Por lo tanto, el Gobierno alemán lamentaría profundamente que Bélgica lo considerara como un acto de hostilidad contra ella si los pasos dados por el adversario obligan a Alemania, en aras de la autodefensa, a penetrar en el territorio belga.

A fin de impedir cualquier malentendido, el Gobierno imperial hace las siguientes declaraciones:

1. Alemania no se propone ningún acto de hostilidad contra Bélgica. Si Bélgica está dispuesta a adoptar una benevolente neutralidad hacia Alemania en el inminente conflicto, el Gobierno alemán se compromete a garantizar plenamente la integridad e independencia del reino en el momento de la conclusión de la paz.

2. Duda la anterior condición, Alemania se compromete a evacuar el territorio del reino tan pronto como se concluya la paz.

3. Si Bélgica mantiene una actitud amistosa, Alemania está dispuesta, en cooperación con las autoridades belgas, a comprar todo el material que exijan sus tropas en dinero metálico y a indemnizar cualquier daño que pudieran causar las tropas alemanas.

Si Bélgica se opusiera a las fuerzas alemanas, en especial obstruyendo su paso mediante la resistencia desde las fortalezas del Mosa o la destrucción de ferrocarriles, carreteras, túneles o cualesquiera otros puntos clave, Alemania lamentará verse obligada a considerar al reino como a un enemigo. En este supuesto, Alemania no podrá aceptar tener ninguna obligación con el reino y las relaciones entre los dos Estados quedarán a lo que resulte del arbitraje de las armas.

El Gobierno imperial alberga la esperanza de que esta eventualidad no se plantee y que el Gobierno real belga sepa cómo tomar las medidas apropiadas a fin de que incidentes como los mencionados más arriba no se produzcan. En este caso, los amistosos lazos que unen a los dos Estados vecinos se fortalecerán y se harán más duraderos.[142]

Tras rasgar el sobre y leer su contenido, el embajador volvió al telegrama que acababa de recibir y que contenía más instrucciones. Allí se le ordenaba entregar el ultimátum a las ocho de la tarde de ese domingo y añadía:

La contestación ha de darse en el plazo de 12 horas, o sea, a las 8 de la mañana del lunes, día 3. Por favor, garantice al Gobierno belga que, a pesar de las promesas de París, cualquier duda acerca de la exactitud de las informaciones que tenemos en relación a los planes franceses ha de ser descartada. La contestación belga tiene que estar aquí en Berlín mañana a las dos de la tarde, hora alemana. Su Excelencia nos telegrafiará inmediatamente la respuesta y la enviará con la misma urgencia, por medio de alguien del personal de la embajada, preferiblemente el agregado militar, que se trasladará hasta allí en coche, al general von Emmich, que se encuentra alojado en el hotel Union, en Aachen. El Gobierno belga ha de recibir la impresión de que, todas las instrucciones que usted tiene en relación con este asunto, las ha recibido hoy mismo. Además, puede sugerir al Gobierno belga que se retire con sus fuerzas a Amberes y ofrézcase para que, si el Gobierno belga lo desea, nos hagamos cargo nosotros del orden público en Bruselas.[143]

Below-Saleske no sabía quién era el general Otto von Emmich ni qué hacía en Aachen, ciudad alemana fronteriza con Bélgica, ni por qué tenía que comunicarle la respuesta del Gobierno belga. Se debía a que, según el plan Schlieffen, una de las primeras cosas que había que hacer, esencial para que la ofensiva a través de Bélgica tuviera éxito, era tomar la fortaleza de Lieja, muy cerca de Aachen. Von Emmich estaba allí, con parte del II Ejército, precisamente para eso.

✱✱✱

---

[142] Geiss, p. 231, doc. 91.

[143] Albertini, vol. III, p. 455.

A las seis y media de la tarde, Below-Saleske solicitó ser recibido por Julienne Davignon, ministro de Asuntos Exteriores del reino de Bélgica. El ministro le dijo que lo recibiría enseguida.

Cuando entró en el despacho, el embajador lo hizo sin resuello, resoplando y sin color en el rostro. El ministro por su parte acababa de leer el telegrama del primer ministro luxemburgués, Paul Eyschen, anunciándole que las tropas alemanas habían entrado en el territorio de su país. Davignon, sin embargo, estaba convencido de que a Bélgica no le pasaría lo mismo. De forma que, cuando vio tan agitado al embajador alemán, en vez de suponerlo portador de malas noticias, creyó simplemente que estaba sufriendo un síncope:

–¿Se encuentra usted bien? –le preguntó al embajador sinceramente preocupado.

–No es nada –contestó Below-Saleske con la voz entrecortada–. Es que he subido las escaleras demasiado de prisa. Le aseguro que no es nada. Enseguida estaré bien.

Davignon lo invitó a sentarse y el alemán aceptó. Una vez acomodados, el diplomático germano confesó:

–Tengo una comunicación de lo más confidencial que hacer de parte de mi Gobierno.

Rebuscó en uno de los bolsillos de la levita un papel doblado. Lo sacó y lo entregó al ministro. Davignon lo desdobló y comenzó a leerlo. Estaba escrito en alemán, pero eso para el ministro no era un inconveniente, aunque sí algo insultante.

"Al menos –pensó– podían haberse tomado la molestia de traducirlo al francés, la lengua que todos los diplomáticos europeos dominan." Enseguida olvidó la ofensa. Leyó y releyó y cuanto más avanzó, más pálido se fue poniendo. Cuando terminó, le extendió el papel al embajador para que lo viera y le preguntó:

–¿Es cierto? No es posible.

El papel se resbaló por entre los dedos y cayó al suelo, a los pies de los dos hombres.

Below-Saleske respiró profundamente, ya algo recuperado, y dijo:

–Las cosas no son como usted las está entendiendo. Alemania, como Su Excelencia sabe muy bien, desea la paz. Pero, debemos responder a la inminente ofensiva francesa en el valle del Mosa. Son los franceses quienes...

Davignon apretó los puños y se puso rojo de ira. Elevando el tono de voz y levantándose de su butaca, dijo:

–¿Los franceses? ¿Los franceses, dice usted? Jamás he asistido a un ejercicio de cinismo como éste. ¿Así es cómo agradecen ustedes la lealtad de Bélgica?

–Le digo que los franceses... –intentó decir el embajador, que continuó sentado.

Davignon no le dejó continuar:

–No hay un ataque francés contra Namur. No existe. Es una pura invención. Y es extraordinariamente improbable que se produzca en el futuro.

El embajador se encogió de hombros y dijo:

–No está en mi mano discutir la realidad del ataque. Debo atenerme a las instrucciones de mi Gobierno y pedirle una respuesta a la nota.

–Esta es la última cosa que hubiera esperado de usted y de Alemania, que desde siempre han venido diciéndose nuestros amigos.

–Siento mucho, Excelencia que lo valore así porque no es la intención de mi Gobierno...

–Mañana por la mañana –interrumpió Davignon con sequedad–, a primera hora, tendrá la respuesta para que pueda telegrafiarla a Berlín. Convocaré ahora mismo al Gobierno.

Below-Saleske se levantó. No se atrevió a extender la mano por miedo a que Davignon se negara a estrechársela. Inclinó la cabeza y se retiró.[144]

✦✦✦

Ido el embajador alemán, Davignon ordenó que fueran a buscar a Charles de Broqueville, que no sólo era el primer ministro, sino que también acumulaba la cartera de la Guerra. Y, mientras venía, mandó que tradujeran la nota que el embajador acababa de entregarle. Davignon, con la ayuda del secretario general del ministerio, el barón van der Elst, le explicó a Broqueville lo que ocurría. Cuando trajeron la

---

[144] Albertini, vol. III, p. 456.

nota traducida, el jefe del Gobierno le rogó al ministro de Exteriores que la leyera en voz alta. Cuando terminó, van der Elst preguntó dirigiéndose al primer ministro:

–Bien, Excelencia, ¿estamos preparados para esto?

–Preparados estamos –dijo con un aire escéptico Broqueville–. Sin embargo, hay un "pero."

–¿A qué se refiere? –inquirió el secretario general.

–No tenemos artillería pesada

Davignon y van der Elst se miraron sombríos. No hacía falta conocer en detalle las capacidades del ejército belga para saber que no tenía ninguna oportunidad de resistir la invasión del ejército alemán.

Tras unos minutos de silencio, el primer ministro se palmeó los muslos y se levantó resuelto. Consultó el reloj y dijo:

–Son las ocho y diez. Voy a informar al rey y a pedirle que convoque al Consejo de la Corona en Palacio.

Era éste un cuerpo bastante amplio, integrado por el Gobierno, ex ministros, parlamentarios, diplomáticos y todos los que hubieran sido ministros de Estado, un cargo de naturaleza honorífica que atribuía a quien lo ostentaba la condición de consejero del rey. La denominación de ministro de Estado por tanto no era muy adecuada porque quienes lo eran no pertenecían al Gobierno.

A las diez de la noche, el Consejo estuvo reunido. El rey Alberto abrió la sesión:

–Por favor, señor primer ministro, léanos la nota que el embajador alemán, en nombre de su Gobierno, ha entregado esta tarde al señor ministro de Asuntos Exteriores.

Broqueville carraspeó y leyó la nota. No hubo murmullos. No hubo gestos de furia o de enojo. No hubo ninguna maledicencia. Tan sólo silencio. Antes de reunirse, todos imaginaron por qué se les convocaba y, por tanto, el contenido de la nota no sorprendió a nadie. Si acaso, provocó algún estupor la crudeza del tono. El rey miró a sus consejeros deteniéndose en algunos de ellos, mientras el silencio se fue espesando. Finalmente, dijo:

–Tiene la palabra el señor ministro de Estado, Charles de Woeste.

Charles de Woeste era ministro de Estado desde 1891. Sin embargo, las razones del rey para darle a él primero la palabra sin haberla pedido no se basaban en que fuera ministro de Estado, sino en que era el líder indiscutido de la derecha, germanófilo y, desde siempre, partidario de estrechar lazos con Alemania.

De Woeste asintió con la cabeza cuando el rey sugirió que fuera él el primero en hablar porque comprendió que tenía que ser necesariamente así. No obstante, sostuvo un interminable silencio que nadie, ni siquiera el rey, osó quebrar. Al final, levantó la cabeza del cartapacio que tenía delante, miró al rey y lacónico dijo:

–La respuesta tiene que ser "no."

No dijo más. Y fue suficiente, A partir de ahí, todos fueron tomando la palabra y la postura fue siempre la misma, la de oponerse al ultimátum de Alemania.

Luego, se discutió en tono lúgubre y desesperanzado cuál sería la contestación concreta y qué medidas de defensa podrían oponer los militares. Sin embargo, nadie albergó ninguna duda de que Bélgica sería arrasada.[145]

---

[145] Albertini, vol. III, pp. 463 y ss.

Lunes, 3 de agosto

Bruselas

A las siete de la mañana, el barón Gaffier d' Hestroy, diplomático y director político del ministerio de Asuntos Exteriores belga, se presentó en la embajada de Alemania con la nota en respuesta al ultimátum que Below-Saleske había entregado la tarde anterior. El funcionario belga se marchó sin esperar respuesta. El embajador rasgó el sobre, extrajo el papel y leyó:

La nota ha causado una profunda y desagradable sorpresa al Gobierno del rey. Las intenciones que la misma adjudica a Francia están en contradicción con la declaración formal que el 1º de agosto nos transmitió el Gobierno de la república. Además, si, en contra de lo que esperamos, la neutralidad belga fuera violada por Francia, Bélgica cumpliría con todas sus obligaciones internacionales y plantearía al invasor una vigorosa resistencia. Los tratados de 1839, confirmados por los de 1870, aseguran la independencia y neutralidad de Bélgica bajo la garantía de las potencias, más concretamente, la del Gobierno de S.M., el rey de Prusia. Bélgica ha sido siempre fiel a sus obligaciones internacionales; ha atendido a sus deberes con un espíritu de sincera imparcialidad; no ha escatimado esfuerzos para mantener e imponer respeto a su neutralidad. La violación de su independencia, con la que el Gobierno alemán la amenaza, constituye una violación flagrante del Derecho Internacional. Ningún interés estratégico justifica un tal quebranto de la ley. Si el Gobierno belga aceptara las propuestas que se le han planteado, estaría sacrificando el honor de la nación a la vez que sus deberes para con Europa. Consciente del papel que Bélgica ha jugado en la civilización del mundo durante más de 80 años, el Gobierno se niega a creer que la independencia belga sólo pueda ser preservada al precio de la violación de su neutralidad. Si esta esperanza fuera defraudada, el Gobierno belga está firmemente resuelto a repeler cualquier infracción a sus derechos con todos los medios a su alcance.[146]

Tras leer la respuesta belga, Below-Saleske envió al agregado militar a que visitara al general Emmich en Aachen y le dijera que la respuesta había sido que no. Luego, telegrafió la respuesta a Berlín. Y finalmente, algo más tarde, una vez que estuvo preparado el telegrama, transmitió la respuesta completa. Al final, añadió un comentario de su cosecha: "Aquí, los sentimientos son malos respecto de Alemania."[147]

✶✶✶

Aquella misma mañana, poco después de entregada la contestación belga, el rey Alberto telegrafió al rey de Inglaterra, Jorge V, el siguiente texto:

Recordando las numerosas pruebas de amistad de Su Majestad y las de su predecesor, así como la amigable actitud de Inglaterra en 1870 y la prueba de amistad que acaba de darme, nuevamente le hago una suprema apelación a fin de que su Gobierno intervenga diplomáticamente para salvaguardar la integridad de Bélgica.[148]

Londres

El secretario del Foreign Office, Sir Edward Grey, preveía que aquel día sería extraordinariamente duro. Por un lado, estaba previsto que el gabinete se reuniría a media mañana y que luego él, como secretario de Exteriores, tendría que pronunciar un discurso en los Comunes defendiendo la posición que el Gobierno acordara. Pero, por otro, estaba decidido a dimitir si el gabinete se empeñaba en mantener a Inglaterra neutral bajo cualquier circunstancia. Eso provocaría igualmente la dimisión del primer ministro Asquith y se produciría una grave crisis

---

[146] *Livre gris belge. Correspondance diplomatique relative à la guerre de 1914.* Ministère des affaires étrangères, Berna, 1915, doc. 22.

[147] Albertini, vol. III, p. 465.

[148] Livre gris belge, doc. 25.

política. Antes, tenía que recibir a los embajadores francés y alemán. Cuando llegó Paul Cambon al Foreign Office, Grey le invitó a entrar en su despacho.

–Adelante, Monsieur Cambon, pase.

–Muchas gracias, Sir Edward, por recibirme. Sé que está muy ocupado y, por lo tanto, trataré de robarle el menor tiempo posible.

–No se preocupe, Excelencia. Hablaremos cuanto sea necesario.

–Mi Gobierno–dijo Cambon entrando en materia– me encarga que le exprese lo necesario que es para él que usted nos transmita, siquiera mínimamente, cuáles son sus intenciones. Sencillamente, no podemos esperar más. La situación es extraordinariamente delicada

–Desde luego, señor embajador. Lo sé. Pero, en el momento actual –contestó Grey algo azorado– no estoy en disposición de darle ninguna respuesta concreta. Es más, no sé cuál será el contenido de mi discurso esta tarde en el Parlamento. Todo depende de lo que se acuerde esta mañana en el gabinete. Incluso cabe la posibilidad de una modificación posterior, dependiendo del estado de ánimo que reine en Westmister.

–Sir Edward –suplicó Cambon–, apelo a su buena disposición hacia Francia. Yo…

–Excelencia –le interrumpió Grey por no tener que asistir a las agotadoras súplicas de Cambon–, por favor, compréndalo. No puedo decirle más.

Cambon seguía mirándole como un cordero camino del matadero. Los ojos acuosos del diplomático ablandaron a Grey, que se sintió impulsado a conceder algo al jefe de misión francés:

–Lo único que puedo hacer es expresarle cuál es la actual actitud del Gobierno británico. Le advierto que eso no quiere decir que esta tarde vaya a ser la misma.

–Le ruego que lo haga, Sir Edward.

Grey se levantó de su butaca, cogió una hoja de entre las muchas que había en su escritorio de estilo victoriano y dijo:

–Aquí tengo lo que espero sea una declaración incluida dentro de mi discurso de esta tarde.

–Le escucho, Sir Edward.

El secretario leyó:

–"En el caso de que la flota alemana se presente en el canal o entre en el Mar del Norte con el fin de rodear las islas británicas y atacar la costa o la armada francesas y diezmar la flota mercante gala, la armada británica intervendrá para dar a los barcos franceses su mayor protección. De darse tal caso, desde ese momento, Gran Bretaña y Alemania estarían en guerra."

Cambon no pudo disimular su entusiasmo. Un brusco movimiento de la cabeza le descolocó algo el peinado. Con los ojos brillantes, preguntó:

–¿Estoy autorizado a transmitir esa declaración?

–Lo está siempre que aclare que no es definitiva y que está pendiente de lo que se acuerde en el gabinete y del debate en la Cámara de los Comunes esta tarde.

Cambon, sin disimular su ansiedad, preguntó:

–¿Y el Atlántico?

Grey lo miró con condescendencia, pensando que no había nada que saciara el apetito del embajador francés. Luego, le contestó:

–La mera mención de una operación a través del Mar del Norte implica la protección contra cualquier demostración de fuerza en el océano Atlántico.

Cambon percibió cierta inseguridad en la contestación de Grey. Supuso que el caso ni siquiera había sido considerado y el secretario, antes que reconocer tal cosa, contestó como creía que lo haría el gabinete si la cuestión se planteaba. De todas formas, como la declaración no era en ningún caso oficial, no tenía sentido discutir qué entendía Grey por "demostración de fuerza" u "operación a través del Mar del Norte." Por otra parte, si de lo que se trataba era de conocer detalles, lo mejor sería dirigirse al primer lord del Almirantazgo, Sir Winston Churchill.

–Y ahora, por favor –le rogó Grey–, le suplico que me deje recibir al príncipe Lichnowsky antes de que se haga la hora de la reunión del gabinete.

Cambon dio un brinco de su butaca y se despidió:

–Por supuesto, Sir Edward. Le deseo la mejor de las suertes en la reunión de esta mañana y en la sesión de esta tarde en los Comunes.

–Muchas gracias, Excelencia. Todos la necesitamos.

Cambon salió del despacho. Se cruzó con Lichnowsky, lo saludó con un gesto de la cabeza y salió atropelladamente antes de dar ocasión a cruzar unas palabras con él o a tener que estrechar la mano del representante de un país que ya era enemigo de su patria.[149]

✶✶✶

El príncipe Lichnowsky, apesadumbrado y nervioso, marcado el rostro con los signos de una evidente falta de sueño, entró en el despacho y, sin saludar, directamente preguntó:

—¿Qué va a ocurrir, Sir Edward? ¿Qué va a acordar el gabinete? ¿Qué dirección tomará su discurso en la Cámara de los Comunes? ¿Habrá una declaración de guerra?

Grey se sintió agobiado ante la cascada de preguntas:

—Sosiéguese, Excelencia. En ningún caso se tratará de una declaración de guerra expresa, sino de una exposición de las condiciones bajo las cuales, Gran Bretaña...

—¿Gran Bretaña? —preguntó ansioso el embajador alemán— ¿Las condiciones bajo las cuales Gran Bretaña entrará en guerra contra mi país?

—¡Qué puedo decirle, estimado príncipe! No conozco ningún hombre en esta ciudad que se haya esforzado más de lo que Su Excelencia lo ha hecho por evitar esta terrible guerra que está a punto de estallar.

—No es momento de zalamerías, Sir Edward. ¿Qué condiciones son esas? ¿La neutralidad de Bélgica?

Lichnowsky, al ver que Grey agachaba la cabeza, se dio cuenta de que había tocado el punto más sensible de la disyuntiva británica. Entonces, imploró:

—Por favor, Sir Edward, haga lo posible para que esto no sea determinante. Estoy en condiciones de comprometerme a que tenga o no que haber conflicto con Bélgica, su integridad territorial será mantenida y...

Grey sospechó que Alemania ya había decidido que no iba a respetar esa neutralidad y preguntó:

—¿Pero qué van a hacer ustedes en Bélgica?

Lichnowsky se le quedó mirando en silencio. Aunque hubiese querido, no hubiera podido responder a esa pregunta porque no sabía

---

[149] Geiss, p. 356, doc. 183.

qué planes tenía el Alto Mando alemán. No tenía más de lo que ya poseía Sir Edward, sospechas. Le desagradaba reconocer una ignorancia a la que con toda probabilidad Sir Edward no daría crédito. No obstante, admitió:

—No conozco los planes del Estado Mayor alemán, créame. Pero es posible que consideren indispensable que el ejército tenga que atravesar una pequeña esquina del territorio belga.

Ninguno de los dos había tomado asiento. Lichnowsky se mantenía incluso cerca de la puerta, como si temiera tener que salir huyendo en cualquier momento. El embajador prosiguió defendiendo la posición de su país:

—No olvide, Sir Edward, que, en caso de que Inglaterra se mantenga neutral, la flota de mi país no se acercará a las costas francesas por el canal. Sobre esta base, y el respeto a la integridad territorial de Bélgica, podríamos alcanzar un acuerdo. Si lo piensa bien, el que ustedes entren en conflicto con nosotros no reportará ninguna ventaja para Francia o para Bélgica.

Grey entendió que, lo que quiso decir el embajador fue que, de entrar Gran Bretaña en guerra, Alemania asolaría las costas francesas y arrasaría el territorio belga sin que los ingleses pudieran hacer nada para evitarlo.

—No estoy tan seguro de eso —dijo Grey algo ofendido por el menosprecio a las capacidades militares británicas—. En cualquier caso, que ese conflicto se produzca o se evite depende más bien del estado de ánimo del gabinete y de la opinión pública, que podrían muy bien enojarse por la acción que se proponen emprender en Bélgica. Ahora, ya sabe usted que, hoy por hoy, la tendencia mayoritaria es la de permanecer neutrales.[150]

Sir Edward no tuvo la sensación de estar dando falsas esperanzas a Lichnowsky. Era cierto que él era favorable a la intervención, pero también lo era que el gabinete estaba muy dividido en esta cuestión, la City no quería ni oír hablar de una guerra, la opinión pública estaba igualmente dividida y ni siquiera todo el partido liberal quería intervenir, aunque sí su mayoría y sus líderes más importantes. Si hubiera tenido que apostar, no habría sabido por qué resultado hacerlo.

---

[150] Albertini, vol. III, pp. 478 y 479.

Los dos hombres se despidieron.

✶✶✶

A las once de la mañana, el gabinete se reunió en una tormentosa sesión que, adoptada finalmente una decisión, se levantó a las dos de la tarde. A las tres, Sir Edward Grey tomó la palabra en a Cámara de los Comunes:

–La última semana dije que estábamos trabajando por la paz, no sólo en beneficio de este país, sino también de Europa. Hoy, los acontecimientos se han desarrollado a una gran velocidad, de manera que es difícil decir con precisión cuál es el actual estado de la cuestión, si bien está claro que la paz europea no puede ser preservada. Rusia y Alemania, en cualquier caso, ya se han declarado la guerra el uno al otro.

Sir Edward subrayó en los minutos siguientes lo muchos esfuerzos realizados por el Gobierno para evitar el conflicto, no sólo durante las últimas semanas, sino también con anterioridad. Luego, dijo:

–En esta crisis, no ha sido posible mantener la paz porque ha habido poco tiempo y ha habido en ciertos lugares, en los que a mí no me encontrarán, una predisposición a forzar las cosas para que todo se desarrollara rápidamente.

Sir Edward no quería ser acusado de belicoso y se extendió cuanto hizo falta para explicar el porqué del fracaso de sus iniciativas. Dijo incluso que en pocas semanas publicaría los papeles que demostrarían lo mucho que había trabajado por la paz el Gobierno de su Majestad. Tras justificarse, dijo:

–Lo primero que quiero tratar es la cuestión de cuáles son nuestras obligaciones. Muchas veces he garantizado a esta Cámara, y al primer ministro también lo he hecho en un buen número de ocasiones, que, si una crisis como ésta se desencadenaba, la Cámara sería libre para decidir cuál sería la actitud británica y que no hay ningún compromiso secreto que la comprometa.

Insistió en esto y luego describió la situación:

–Ha habido en Europa dos grupos desde un punto de vista diplomático, la Triple Alianza y lo que ha venido llamándose Triple Entente. Ésta no es una alianza, es sólo un grupo diplomático.

Luego, para demostrar que la Entente no implicaba ninguna obligación para Inglaterra, Grey recordó la crisis provocada por la anexión de

Bosnia-Herzegovina y cómo Izvolsky, cuando era ministro de Asuntos Exteriores, fue a Londres a pedir ayuda y nada le dieron porque nada le habían prometido.

–En esta crisis –dijo Grey–, tampoco hemos prometido nada que no sea respaldo diplomático. Nunca se nos ha pedido más. Nunca hemos dado más. Nunca hemos prometido más.

Luego, recordó la ausencia de promesas en la crisis marroquí, a pesar de las simpatías que durante la misma se despertaron en la opinión pública a favor de Francia. Pero la Cámara siguió siendo libre de decidir lo que quisiera. Y en la crisis de Agadir, ocurrió lo mismo.

–Sin embargo –dijo–, en 1912, después de discutirlo y debatirlo en el gabinete, se decidió que debíamos tener un acuerdo por escrito en una carta informal sobre la base de lo hablado entre los Gobiernos y sin que eso implicara obligación alguna para nadie. El 22 de noviembre de 1912, le escribí al embajador francés la carta que enseguida leeré y recibí de él otra en términos similares en respuesta a la mía.

Leyó Grey:

– "Mi querido embajador: de vez en cuando, en los últimos años, los expertos navales y militares franceses y británicos, se han consultado los unos a los otros. Siempre se ha dado por hecho que tales consultas no restringen la libertad de ninguno de los Gobiernos para decidir en el futuro si asistir o no al otro con fuerza armada. Hemos acordado que la consulta entre expertos no es y no debe ser considerada como un trato que comprometa a cada Gobierno a emprender la acción en una contingencia que todavía no se ha dado y que puede que nunca lo haga. El despliegue, por ejemplo, de las flotas francesa y británica en este momento no está basado en un compromiso de cooperación para caso de guerra. Usted, sin embargo, ha apuntado que, si cualquiera de los dos Gobiernos tuviera una buena razón para esperar un ataque no provocado por parte de una tercera potencia, podría resultar esencial saber si podría en tal caso contar con la ayuda armada del otro. Estoy de acuerdo con que, si uno de los dos Gobiernos tuviera una buena razón para esperar un ataque no provocado por parte de una tercera potencia, o algo que amenace la paz general de Europa, se discuta inmediatamente con el otro si ambos Gobiernos deben actuar de consuno para impedir la agresión y preservar la paz y, en su caso, las medidas que tendrían que ser preparadas para ser tomadas en común."

Lord Charles Bereford, dándose cuenta de que ese era el final de la carta viendo que Grey levantaba los ojos del papel, antes de que el secretario pudiera continuar, le interrumpió y preguntó:

—¿Qué fecha tiene eso?

Grey, impasible ante la impertinencia, repitió:

—22 de noviembre de 1912.

Y luego prosiguió su discurso diciendo que ése era el punto de partida reafirmando lo libres que eran Gobierno y Cámara para decidir intervenir o dejar de hacerlo. Luego volvió a la crisis marroquí, en la que Gran Bretaña apoyó a Francia y finalmente se centró en la actual:

—Esta crisis ha nacido de forma diferente. No tiene nada que ver con Marruecos. Se ha originado sobre algo respecto de lo que no hay ningún acuerdo con Francia ni sobre algo que concierna primeramente a Francia. Ha surgido de una disputa entre Austria y Serbia. Puedo asegurarles que no hay país menos deseoso de verse envuelto en una disputa entre Austria y Serbia que Francia. Si se ve implicada en ella es por sus obligaciones de honor bajo una definida alianza con Rusia. No hace falta decir que estas obligaciones no se aplican a nosotros. No somos parte de la alianza franco-rusa. Ni siquiera conocemos los términos de la misma. De modo que creo que he aclarado de una forma completa la cuestión de las obligaciones que en este asunto tenemos.

Grey hizo una breve pausa y continuó:

—Ahora voy con lo que creo que la situación requiere de nosotros. Durante muchos años, hemos disfrutado de una larga amistad con Francia.

—¡Y con Alemania! —interrumpió un miembro del Parlamento.

Sin hacer caso, Grey siguió hablando de lo buenas que habían sido las relaciones con Francia últimamente. Luego, dijo:

—Pero ¿hasta dónde entraña la amistad obligación? Cada hombre tiene que mirar en su corazón y en sus sentimientos y decidir por sí mismo hasta dónde se siente obligado. Yo he decidido en lo que a mí respecta, conforme lo siento, pero no deseo empujar a nadie más allá de lo que su corazón le dicte y hasta dónde perciba que sus obligaciones le alcanzan. La Cámara, individual y colectivamente, puede juzgar por sí sola. Yo hablo por mí y ya he expuesto a la Cámara mi propio sentir.

Hizo una nueva pausa y luego continuó:

—La flota francesa se halla ahora en el Mediterráneo. En consecuencia, las costas del Norte y del Oeste de Francia se encuentran absolutamente indefensas. Se ha concentrado en el Mediterráneo porque la situación es muy diferente de lo que acostumbra a ser debido a la amistad que ha crecido entre nuestros dos países, lo que les ha proporcionado una sensación de seguridad que hace que no tengan nada que temer de nosotros. Supongamos que Francia estuviera en guerra, una que no hubiera buscado y en la que no hubiera sido el agresor. Supongamos que una flota enemiga se presenta en el Canal y bombardea y martillea la costa francesa. Mi ánimo me dice que no podríamos mantenernos al margen y contemplar esto, prácticamente al alcance de nuestra vista, con las manos en los bolsillos, mirando desapasionadamente, sin hacer nada. Y creo que este mismo ánimo es el del país.

Se detuvo nuevamente y luego, en tono más pausado:

—Pero también quiero examinar el asunto sin apasionamientos, desde el punto de vista de los intereses británicos. Si no hacemos nada en este momento, ¿qué podría hacer Francia con su flota en el Mediterráneo? Si la deja allí, sin ninguna declaración por nuestra parte acerca de qué vayamos a hacer, dejará las costas del Norte y del Oeste indefensas, a merced de la flota alemana. Si no decimos nada, puede que la flota sea retirada del Mediterráneo y llevada hacia el Norte. Estando como estamos en una conflagración europea, ¿puede alguien poner límites a las consecuencias que podrían derivarse de todo ello?

Tras insistir en las consecuencias que tal retirada tendría, pero sin especificarlas, dijo:

—Supongamos que nos mantenemos neutrales y decimos: "No podemos tomar partido por nadie en este conflicto." Supongamos que la flota francesa se retira del Mediterráneo. Supongamos que las consecuencias, que son hoy imprevisibles y en todo caso gravísimas para todos los países de Europa, incluso para los que permanezcan en paz, hagan necesario en un determinado momento que, en defensa de los intereses vitales británicos, entremos en esta guerra en la que en principio nos hemos declarado neutrales. Supongamos que Italia, que se ha declarado ahora neutral porque considera que esta es una guerra de agresión y la Triple Alianza es una alianza defensiva que no le obliga a intervenir, por circunstancias que ahora no pueden preverse y que sean conformes a sus legítimos intereses, abandona esa neutralidad. Y supongamos que lo hace precisamente cuando nosotros estemos obligados a luchar en defensa de los vitales intereses británicos. ¿En qué situación quedará entonces el Mediterráneo? No mantenemos en el mar una flota suficiente como para poder enfrentarse sola a una combinación de otras flotas ¡y nuestras rutas comerciales a través de ese mar son vitales!

Siguió insistiendo en estos argumentos estratégicos y luego leyó a la Cámara la nota que le había leído a Cambon por la que Inglaterra se comprometía a defender las costas francesas de los ataques de la flota alemana. Luego, dijo:

–Creo que el Gobierno alemán estaría dispuesto, si nos comprometemos a mantenernos neutrales, a aceptar que su flota no atacará las costas francesas. Pero esto está lejos de ser suficiente para nosotros. Hay otras consideraciones que hacer, unas que cada vez son más graves. Está la cuestión de la neutralidad de Bélgica. El factor determinante es el tratado de 1839. En 1870, cuando la Guerra franco-prusiana, también se planteó la cuestión. El príncipe Bismarck dio garantías de que la confederación alemana y sus aliados respetarían la neutralidad del reino en el entendimiento de que las otras potencias beligerantes también lo harían.

Siguió tratando la cuestión y luego recordó:

–El 8 de agosto de 1870, Lord Granville, en la Cámara de los Lores, dijo: "Podíamos haber explicado al país y a las potencias extranjeras que nosotros no pensamos que este país está obligado moralmente o internacionalmente o que sus intereses no incluyen el mantenimiento de la neutralidad de Bélgica. Este discurso podría haber tenido algunas ventajas y hubiera sido fácil adherirse a él y nos habría evitado algún inminente peligro y, sin embargo, es un discurso imposible de adoptar para un Gobierno de Su Majestad en nombre del país si se hace con alguna consideración a su honor o a sus intereses."

Luego, Sir Edward hizo una larga cita del viejo líder del partido liberal, Gladstone, quien el 10 de agosto de 1870 dijo en la Cámara de los Comunes algo parecido. Tras la cita, el secretario del Foreign Office continuó:

–El honor y los intereses son hoy al menos tan fuertes como lo fueron en 1870.

Entonces, Grey expuso los resultados de la pregunta formulada a Francia y a Alemania acerca de si tenían intención de respetar la neutralidad de Bélgica. Habló de la respuesta evasiva de Alemania y de la petición de auxilio que el rey Alberto de Bélgica había formulado al rey Jorge. Añadió una nueva cita de Gladstone sobre la importancia que para Gran Bretaña tenía la neutralidad del pequeño reino europeo. Tras su lectura, dijo:

–No señor. Si se ha presentado a Bélgica algo que sea de naturaleza parecida a un ultimátum pidiéndole un compromiso que, de ser rechazado, acarrearía la violación de su neutralidad, sea lo que sea lo que se le haya ofrecido a cambio, habrá perdido su independencia. Perdida ésta, seguirá la de Holanda. Solicito a la Cámara que, partiendo del punto de vista de los intereses británicos, considere lo que está en juego. Si Francia es derrotada en una lucha a vida o muerte, pierde su posición de gran potencia, ve sometida su voluntad a la de otra más grande y Bélgica cae bajo la misma influencia, luego serán Holanda y Dinamarca.

Hizo una pausa. En el reloj de la Cámara dieron las cuatro. Grey prosiguió:

–Puede afirmarse, supongo, que podríamos mantenernos al margen, reservando nuestra fuerza y luego, ocurra lo que ocurra en esta guerra, al final, intervenir para poner las cosas en su sitio, ajustándolas a nuestro punto de vista. Sin embargo, no creo que tuviéramos fuerza suficiente para deshacer lo que haya ocurrido en el curso de la guerra e impedir que todo el Occidente europeo se oponga a nosotros al caer bajo el dominio de una sola potencia. Y además, moralmente, habremos perdido todo el respeto.

Tras otras consideraciones, Grey continuó con su discurso:

–Creo que es obligado decir a la Cámara que no hemos asumido ningún compromiso en relación al envío de una fuerza expedicionaria fuera del país. La movilización de la flota ha tenido lugar. La del ejército se está llevando a cabo. Pero no hemos decidido nada porque, en caso de una conflagración europea, con nuestras enormes responsabilidades en la India y en otros lugares, tenemos que decidir cuidadosamente qué hacer con nuestra fuerza.

Hubo algunos murmullos de asentimiento. Luego, tras unos minutos hablando, el secretario dijo:

–He expuesto a la Cámara lo importante que es para nosotros la neutralidad de Bélgica y cómo su violación nos impide a nosotros ser neutrales. Si Bélgica no es respetada del modo más completo y satisfactorio, no tendremos otro remedio que recurrir a todas las fuerzas a nuestra disposición.

Grey se puso todavía más serio y solemne:

—Creo que tendremos un amplio apoyo de la Cámara para proceder de esta manera sean cuales sean las consecuencias. He expresado los hechos vitales y si, como parece probable, nos vemos obligados, y será muy pronto, a tomar partido, creo que, cuando el país se dé cuenta de lo que está en juego y de la magnitud de los peligros que asolan al Occidente europeo, nos encontraremos respaldados, no sólo por la Cámara de los Comunes, sino también por la determinación, resolución, coraje y fuerza del país entero.

Cuando hubo terminado, pidió la palabra el líder de la oposición, Andrew Bonar Law. Una vez concedida, el conservador dijo:

—Su Señoría ha pedido apoyo y es necesario que yo diga una o dos palabras al respecto. Serán muy pocas. Quiero decir, en primer lugar, que no creo que haya un solo miembro de esta Cámara que dude, no sólo respecto de Su Señoría, sino también del Gobierno al que representa, que se ha hecho todo lo que en su mano estaba para preservar la paz. Y creo que puedo asegurar que, si finalmente se toma otra dirección, será porque se vean obligados a ello y porque no habrá otra alternativa. Sólo una cosa más me gustaría decir: que, si las contingencias, de las que Su Señoría no ha hablado, pero todos tenemos en mente, finalmente se dan, tengamos la seguridad de que todos los dominios de ultramar de Su Majestad estarán detrás de nosotros sea cual sea la acción que haya que emprender. Sólo puedo añadir algo que el Gobierno ya conoce, pero que reiteraré ante la Cámara, y son las garantías de parte del partido del que soy jefe. Cualesquiera que sean los pasos que crea el Gobierno necesario dar para preservar el honor y seguridad de este país, pueden confiar en el inquebrantable apoyo de la oposición.

El debate continuó, pero la suerte estaba echada. El vibrante discurso de Grey y el inequívoco respaldo de la oposición conservadora dejaron poco margen a la duda. Gran Bretaña intervendría en la guerra del lado de Francia si Alemania insistía en atacarla, mucho más si lo hacía a través de Bélgica.[151]

---

[151] Diario de Sesiones de la Cámara de los Comunes, 3 de agosto de 1914

Terminado el debate, todavía en la Cámara, en los pasillos, Sir Winston Churchill se cruzó con el secretario del Foreign Office y le preguntó:

–¿Qué pasará ahora?

–Que le enviaremos un ultimátum a los alemanes para que detengan la invasión de Bélgica en veinticuatro horas.[152]

Berlín

En la capital alemana, habían surgido dudas acerca de si había que declarar la guerra a Francia o no. Hasta entonces, había prevalecido la idea de que, puesto que la república tenía que figurar como el agresor, era mejor no hacer ninguna declaración. Sin embargo, este planteamiento no consideró la contradicción que había con haberla ya declarado a Rusia antes de que ésta hubiera atacado a Austria. Tampoco tenía mucho sentido pretender que Francia pareciera la agresora cuando era Alemania la que en pocas horas invadiría Bélgica sin mediar provocación alguna por parte de belgas o franceses. Así que, al final, a la una y media de la tarde del día 3, el secretario de Estado alemán, Gottlieb von Jagow, telegrafió a su embajador en París, el barón Wilhelm Schoen este texto firmado, dada su importancia, por el canciller Bethmann Hollweg:

> *Las tropas alemanas han tenido hasta ahora órdenes estrictas de respetar la frontera francesa y las han obedecido en todos los lugares. Por otra parte, a pesar de la garantía de la zona de 10 km –*el ejército francés tenía orden de desplegarse a esa distancia de la frontera para evitar roces accidentales con las fuerzas alemanas que pudieran proporcionar a Berlín un pretexto para atacar; además, el Estado Mayor francés, consciente de que los alemanes eran capaces de movilizarse más rápidamente, temían que, de estar reuniéndose las tropas francesas en la frontera, fueran atacadas antes de haber completado la movilización; se suponía que esos diez kilómetros ofrecerían al ejército francés el margen de tiempo suficiente para haber completado su despliegue antes de entrar en contacto con el enemigo–, *tropas francesas cruzaron ayer tarde la frontera alemana cerca de Altmünsterol y en la carretera de montaña de los Vosgos y*

---

[152] Albertini, vol. III, p. 490.

están todavía en territorio alemán. Un piloto francés, que ha tenido forzosamente que sobrevolar territorio belga, fue abatido ayer mientras intentaba destruir la vía del ferrocarril cerca de Wesel. Algunos otros aviones franceses fueron identificados en la región de Eifel. También éstos han tenido que necesariamente violar el espacio aéreo belga. Ayer, aeroplanos galos bombardearon también otros ferrocarriles en las proximidades de Karlsruhe y Nüremberg.

Mediante estas acciones, Francia nos ha puesto en un estado de guerra. Su Excelencia hará el favor de comunicar todo lo anterior al Gobierno francés esta tarde a las seis en punto. Pida que le sean entregados los pasaportes, abandone la legación y encargue los asuntos alemanes a la embajada americana.[153]

Todas las agresiones francesas alegadas eran mentira.

París

El telegrama cifrado del canciller fue recibido en la embajada alemana a primera hora de la tarde. Por alguna razón, quizá por intervención del servicio telegráfico francés, el texto llegó lleno de mutilaciones, de manera que sólo algunos fragmentos pudieron ser descifrados. Del desastre se salvaron las frases que hacían alusión a los bombardeos franceses de Nüremberg, Karlsruhe y Wesel y las que ordenaban al embajador que pidiera pasaportes, encomendara los asuntos alemanes a la embajada norteamericana y luego partiera. Schoen sin embargo sabía, por lo que había hablado con el embajador austriaco, Szecsen, que no había otro remedio que declarar la guerra a consecuencia del bombardeo de Nüremberg, una noticia que tiempo después se sabría falsa. De forma que, el embajador, sin tiempo para averiguar el texto oficial, completó el que había recibido mutilado. Después, salió de la embajada, ya cerca de las seis y cuarto. En el coche, un hombre saltó al estribo y, asomándose al interior por la ventanilla, se dirigió al embajador en tono amenazante. Un segundo hombre se le unió. Un tercero incluso se acomodó juntó al chófer. Los policías franceses que hacían guardia en la puerta de la embajada libraron del acoso al diplomático y éste pudo finalmente partir hacia el Quai d'Orsay, donde Viviani esperaba su llegada, avisado por la embajada norteamericana.

---

[153] Albertini, vol. III, p. 212.

Viviani le saludó con relativa amabilidad:

–Adelante, señor embajador. Le esperaba.

El primer ministro estaba de pie y no invitó al embajador a sentarse. Schoen por su parte, contestó:

–Excelencia, he de presentar la más firme de mis protestas por haber sido asaltado a las puertas de mi embajada por tres individuos de nacionalidad francesa.

–No lo sabía. Lo siento. ¿Esta usted bien?

–Perfectamente, pero el incidente ha sido muy desagradable.

–Le pido mil disculpas. ¿La policía francesa…?

–Ha intervenido, pero quizá lo ha hecho con algo de retraso.

–Le pido igualmente disculpas por la falta de celo de los agentes. Haré que los castiguen debidamente.

–No será necesario –concedió el embajador.

–Acepte pues mis excusas –rogó Viviani.

Schoen inclinó la cabeza como toda respuesta. Luego, sacando un papel del bolsillo:

–Traigo en esta hoja una carta de mi Gobierno dirigida a Su Excelencia. ¿Me permite que se la lea?

–Se lo ruego.

Los dos hombres seguían de pie, el uno enfrente del otro. Schoen leyó:

–"Las autoridades administrativas y militares alemanas han establecido un cierto numero de flagrantes actos de hostilidad cometidos en territorio alemán por pilotos franceses. Algunos de ellos han violado abiertamente la neutralidad belga volando sobre el territorio de este país. Uno de ellos ha intentado destruir algunos edificios cerca de Wesel. Otros han sido vistos sobre la región de Eifel. Un tercero dejó caer algunas bombas en los ferrocarriles cerca de Karlsruhe y Nüremberg."

Schoen levantó los ojos del papel para indicar que ya no leía y continuó:

–Conforme a las instrucciones que he recibido, tengo el honor de informar a Su Excelencia de que –volvió a bajar los ojos y retomó la lectura–, "ante estos actos de agresión, el imperio alemán se considera a sí mismo en estado de guerra con Francia a consecuencia de sus actos."

Volvió a mirar a Viviani:

–Tengo asimismo el honor de poner en conocimiento de Su Excelencia que –retornando al papel–, "las autoridades alemanas detendrán a los buques mercantes franceses que se encuentren en los puertos alemanes, pero serán liberados en 48 horas si se garantiza una completa reciprocidad."

Schoen dejó caer la mano que sostenía la hoja y se puso en una especie de posición de firmes, con el mentón levantado y dijo:

–Habiendo llegado a su fin mi misión diplomática aquí, sólo me queda requerir a Su Excelencia que haga el favor de entregarme mis pasaportes y dé los pasos que considere necesarios para asegurar mi vuelta a Alemania con el personal de la embajada, acompañado del personal de la legación bávara y del consulado general en París. Asimismo, señor presidente, hágame la bondad de permitir que le presente mis más profundos respetos.

Viviani, que había escuchado guardando silencio, cuando vio que el embajador había terminado, protestó:

–La tesis que acaba de exponer en nombre de su Gobierno es de una total injusticia e insalubridad. Lejos de permitirnos ninguna incursión en territorio alemán, Francia ha mantenido sus tropas a diez kilómetros de la frontera y, al contrario, han sido patrullas alemanas las que han entrado en nuestro suelo a distancia suficiente para disparar contra nuestros soldados.

Schoen, muy serio, negó:

–No tengo ninguna noticia de eso que me cuenta.

Se hizo el silencio. Era inútil discutir sobre cuestiones de hecho. Fue Schoen quien lo rompió a la vista del espesor que estaba alcanzando:

–Francamente, no tengo nada más que añadir.

–Yo, tampoco –replicó Viviani.

Schoen entregó el papel al primer ministro, inclinó la cabeza y salió. El primer ministro decidió acompañarlo hasta su coche. Marcharon los dos en silencio. Una nueva reverencia con la cabeza y los dos hombres se despidieron definitivamente.[154]

---

154 Albertini, vol. III, pp. 213 y ss..

Martes, 4 de agosto

Bruselas

El embajador alemán en Bélgica, Klaus von Below-Saleske, había recibido algunas instrucciones del Auswärtiges Amt durante la madrugada, tras haber sabido Berlín que el Gobierno belga había rechazado el ultimátum. Dando cumplimiento a las mismas, el embajador escribió una carta dirigida al ministro de Asuntos Exteriores belga, Julienne Davignon. Según las órdenes, era importante que la misiva no contuviera una declaración de guerra, pues el Gobierno alemán esperaba todavía poder llegar a un arreglo. El gabinete germano estaba convencido de que la voluntad belga de resistir sería proporcional a su capacidad, realmente muy escasa. Así que, Below-Saleske escribió:

> *Señor ministro: De acuerdo con mis instrucciones, tengo el honor de informarle a S. E. de que, a consecuencia del rechazo del Gobierno de S. M., el rey, a las bien intencionadas proposiciones que se le han hecho por parte del Gobierno imperial, éste, lamentándolo muchísimo, se encuentra obligado a tomar, incluso por la fuerza de las armas si fuera necesario, las medidas de seguridad ya indicadas por ser indispensables a la vista de las amenazas francesas.*[155]

Esta carta fue enviada al ministerio a las seis de la mañana. A las ocho, las tropas alemanas cruzaron la frontera en Gemmenich. A las once, la noticia de que la agresión se había consumado, llegó a Bruselas. Mientras, en el Parlamento, el rey Alberto pronunció un dramático discurso llamando a la unión de los belgas para resistir la invasión.[156]

---

[155] *Livre gris belge*, doc. 27.

[156] Albertini, vol. III, p. 470.

Berlín

A la vez que el rey Alberto I pronunciaba su discurso en Bruselas, en Berlín preocupaba la reacción británica a la invasión. Por eso, el ministro de Asuntos Exteriores alemán, Gottlieb von Jagow, escribió a su embajador en Londres, el príncipe Lichnowsky:

Por favor, deshaga cualquier malentendido en el que haya podido caer el Gobierno británico respecto a nuestras intenciones, repitiendo de la manera más formal las garantías de que, incluso en el caso de conflicto armado con Bélgica, Alemania no tiene la más mínima pretensión de anexionarse territorio belga alguno. La sinceridad de esta declaración proviene de que hemos dado solemnemente a Holanda nuestra palabra de honor de que respetaremos estrictamente su neutralidad. Y es obvio que no podemos anexionarnos con un beneficio apreciable ningún territorio belga sin hacer al mismo tiempo anexiones del holandés. Por favor, llame la atención de Sir Edward Grey sobre el hecho de que el ejército alemán no podía esperar a que el francés atacara desde Bélgica, que es lo que estaba planeado de acuerdo con una información absolutamente impecable. Alemania, por consiguiente, no puede seguir respetando la neutralidad belga, sino que debe, como cuestión de vida o muerte, impedir el avance francés.[157]

Londres

Mientras el telegrama de Gottlieb von Jagow viajaba a Londres, desde la capital británica el embajador alemán, príncipe Lichnowsky, enviaba éste a Berlín:

Ayer no fui informado del texto del discurso de Sir Edward Grey, del que sólo un breve informe parlamentario estuvo disponible. Vista la publicación hoy del texto completo, sin embargo, debo corregir mis impresiones de ayer diciendo que no creo que podamos contar con la neutralidad de Gran Bretaña por mucho tiempo.

Tal y como he informado repetidamente a Su Excelencia, la cuestión de la violación de la neutralidad de Bélgica es uno de los más importantes factores para la autocontención inglesa. El primer ministro, señor Asquith, así como Sir Edward, han llamado mi atención sobre

---

[157] Geiss, p. 358, doc. 185.

esto y, tal y como se ha informado, me he podido convencer antes de que tuviera lugar la sesión, de que el secretario del Foreign Office estaba en un estado de elevada agitación como resultado de la violación de la neutralidad de Bélgica por parte de nuestro ejército.

Qué forma vaya a adoptar la intervención británica y si tendrá lugar inmediatamente es cosa a la que no puedo responder. Pero, no creo, a diferencia de lo que pensaba ayer a consecuencia de lo fragmentario de las noticias que tenía del discurso, que el Gobierno británico vaya a mantenerse fuera, a menos que estemos en disposición de evacuar el territorio belga en el más corto espacio de tiempo posible. Por eso, probablemente tengamos que vérnoslas con la hostilidad de Inglaterra desde el principio. La acogida que la Cámara dispensó al discurso de Sir Edward ayer puede ser interpretada en el sentido de que, aparte el ala izquierda de su propio partido, el Gobierno tiene tras de sí una amplia mayoría del Parlamento respaldando toda política activa cuyo propósito sea la protección de Francia y Bélgica.

Las noticias que llegaron ayer concernientes a la invasión del país por las tropas alemanas —no se sabe a qué noticias se refiere porque la invasión se produjo la mañana siguiente—han hecho que la opinión pública diera un vuelco completo en nuestra contra. La apelación del rey de los belgas [al rey Jorge], hecha en un lenguaje conmovedor, ha reforzado esta impresión.[158]

✳✳✳

En la reunión del gabinete de la tarde anterior, tras el discurso de Grey en la Cámara de los Comunes, se había decidido enviar un telegrama a Berlín para que el embajador inglés solicitara del Gobierno alemán que retirara su ultimátum a Bélgica bajo la amenaza de declararle la guerra. Sin embargo, el día 3 no se envió nada. A la mañana siguiente, lo que salió del Foreign Office fue un texto sin amenazas ni plazos para cumplir lo requerido:

El rey de los belgas ha apelado a S. M., el rey, a fin de que interceda en favor de Bélgica. El Gobierno de S. M. ha sido asimismo informado de que el Gobierno alemán ha entregado al Gobierno belga una nota proponiéndole una amistosa neutralidad que incluya el libre paso a

---

[158] Geiss, p. 359, doc. 186.

través del territorio belga y prometiendo mantener la independencia e integridad del reino y de sus posesiones en el momento de concluirse la paz, amenazando, en caso de rechazo, con tratar a Bélgica como a un enemigo. Se ha exigido una respuesta en el plazo de 12 horas. Comprendemos que Bélgica haya rechazado categóricamente esta propuesta por tratarse de una flagrante violación del Derecho Internacional. El Gobierno de S. M. desea protestar por esta violación de un tratado del que Alemania es parte en común con nosotros mismos y se ve obligado a exigir una garantía de que el requerimiento hecho a Bélgica no proseguirá y que Alemania respetará su neutralidad. Deberá solicitar una respuesta inmediata".[159]

A las doce del mediodía, el príncipe Lichnowsky envió al Foreign Office copia del telegrama en el que su Gobierno daba explicaciones de por qué invadían Bélgica. No tuvo el efecto deseado. Más bien, al contrario. A las dos de la tarde, Grey telegrafió nuevamente a Sir William Edward Goschen ordenándole plantear al Gobierno alemán un genuino ultimátum:

Tenemos entendido que Alemania ha dirigido una nota al ministerio de Asuntos Exteriores belga en la que declara que Alemania se ve obligada a llevar a cabo las medidas que considera indispensables por la fuerza de las armas, si fuera necesario.

También hemos sido informados de que el territorio belga ha sido violado en Gemmenich.

En estas circunstancias, y a la vista de que Alemania ha declinado dar respecto a Bélgica la garantía que dio Francia en respuesta a nuestro requerimiento, hecho simultáneamente en París y en Berlín, debemos repetirlo y pedir que una respuesta satisfactoria al mismo y a mi telegrama de esta mañana sea recibida aquí antes de las 12 de esta noche. Si no, se le dan instrucciones en el sentido de que pida sus pasaportes y diga que el Gobierno de S. M. se ve obligado a tomar todos los pasos que sean necesarios para mantener la neutralidad de Bélgica y la observancia del tratado del que Alemania, como nosotros, es parte.[160]

---

[159] *Brit. Doc.*, p. 306, doc. 573.

[160] *Brit. Doc.*, p. 314, doc. 594.

Berlín

Al recibir el primer telegrama de Grey, Sir William Edward Goschen en Berlín pidió ser recibido por el secretario de Estado. Lo fue inmediatamente. Los dos hombres se saludaron muy serios y, una vez sentados el uno frente al otro, Goschen dijo:

—En nombre del Gobierno de Su Majestad, he de solicitar al Gobierno imperial que se abstenga de violar la neutralidad belga.

—Lo siento mucho —contestó Jagow sin vacilar—, pero la respuesta ha de ser "no" porque, en realidad, las tropas alemanas ya han cruzado la frontera belga. Lo hicieron esta mañana y, en consecuencia, la neutralidad belga ya ha sido de hecho violada.

Goschen le miró impertérrito sin atisbar gesto alguno de sorpresa. Jagow, ya no tan seguro, añadió:

—No hemos tenido otro remedio que tomar esta medida. Tenemos que avanzar contra Francia de la forma más fácil y rápida posible para poder tomar la delantera respecto de sus operaciones y esforzarnos por dar un primer golpe decisivo tan pronto como sea posible.

Goschen seguía impasible. Jagow había abandonado la burda pretensión de estar respondiendo a una previa invasión francesa que todos sabían que no se había producido y daba ahora razones estratégicas para la invasión alemana. Siguió en el mismo tono:

—Es asunto de vida o muerte entre nosotros dos. Si hubiéramos atacado por una ruta más al Sur, dadas las posibilidades de las carreteras y lo reforzadas que han sido las fronteras, habríamos encontrado una formidable resistencia que nos habría hecho perder muchísimo tiempo.

Goschen sabía lo que vendría a continuación.

—Esta pérdida —explicó Jagow— habría dado a los rusos margen suficiente para desplegar sus fuerzas en la frontera alemana. La rapidez de acción es nuestro más importante valor, mientras que el de Rusia es el inagotable suministro de tropas.

—Comprendo, Excelencia —dijo el embajador— cuáles son sus problemas estratégicos derivados de tener que combatir en dos frentes, pero tiene que ser consciente de que el hecho consumado de la violación de la neutralidad belga hace que la situación sea sumamente grave. Por eso, tengo que preguntarle si no estaremos todavía a tiempo de una retirada y evitar unas consecuencias que estoy seguro de que Su Excelencia deplora tanto como yo.

–Lo siento mucho, Excelencia –se disculpó Jagow–. Me es completamente imposible atender a su requerimiento. Todas las razones que ya le he expuesto hacen que el ejército alemán no pueda en modo alguno retirarse.

–Bien –dijo Goschen levantándose–. Entonces, no hay nada más que hablar. Trasladaré su negativa al Gobierno de Su Majestad.

Jagow se levantó a la vez diciendo:

–Hágalo, por favor, exponiendo nuestras razones.

–Desde luego, Excelencia.

Goschen volvió a la embajada a primera hora de la tarde. Antes de que hubiera podido enviar la minuta de su conversación con el ministro, llegó el segundo telegrama de Grey dándole instrucciones para que transmitiera el ultimátum británico. El embajador abandonó la redacción y telefoneó a la Wilhelmstrasse pidiendo ser recibido de nuevo. También en esta ocasión, lo fue inmediatamente. Nada más acomodarse, dijo:

–A menos que el Gobierno imperial pueda antes de las doce de esta noche asegurar que detendrán su avance y no irán adelante con la violación de la frontera belga, se me han dado instrucciones para que pida mis pasaportes e informe al Gobierno imperial de que el Gobierno de Su Majestad tendrá que dar todos los pasos que en su mano estén para mantener la neutralidad de Bélgica y la observancia de un tratado del que Alemania es tan parte como Gran Bretaña misma.

–Lamento mucho, Excelencia –contestó Jagow arrastrando un poco sus palabras–, que mi respuesta no pueda ser otra que la que ya le di antes, esto es, que la seguridad del imperio hace absolutamente indispensable que las tropas imperiales avancen a través de Bélgica.

Goschen extrajo una copia del último telegrama de Grey y se la entregó a Jagow diciendo:

–Para evitar un malentendido, es mejor que lea con sus propios ojos las instrucciones que he recibido.

Jagow leyó. Cuando Goschen creyó que estaba llegando al final, puntualizó:

—Como puede ver, Excelencia, las doce de la noche es la hora antes de la cual el Gobierno de Su Majestad espera tener una respuesta. Por lo tanto, no hay por qué contestar inmediatamente.

Jagow había terminado de leer y ahora le miraba triste y sombrío, pero callado.

—En consecuencia —continuó Goschen—, me pregunto si, a la vista de las terribles consecuencias que tendría una respuesta negativa, no sería mejor que se tomara un tiempo para reconsiderarla.

—Da lo mismo, Excelencia —contestó Jagow con melancolía—. Aunque el plazo fuera de veinticuatro horas, la respuesta seguiría siendo la misma.

—En tal caso, Excelencia —dijo Goschen con cierta solemnidad—, no me queda más que pedirle que me entregue mis pasaportes.

—No se preocupe. Se le entregarán.

Luego, Jagow, algo más distendido, con la suerte echada y sin querer que Goschen se fuera de aquella manera, dijo:

—No puede hacerse idea de cuánto lamento que los muchos esfuerzos que hemos hecho el canciller y yo mismo persiguiendo una política de amistad con Gran Bretaña hayan terminado así. Es terrible ver cómo esta política, mantenida durante años, se viene ahora abajo de esta forma tan terrible y ver que se hacen ustedes amigos de los franceses.

—Yo también lamento, Excelencia —contestó Goschen perdiendo el tono formal— este repentino fin de mi misión en Berlín. Tenga por seguro que constituye para mí una gran decepción. Sin embargo, tiene que comprender que, bajo estas circunstancias y habida cuenta de los compromisos del Gobierno de Su Majestad, difícilmente podría haber hecho algo distinto.

Los dos hombres se levantaron y se despidieron con el máximo afecto que las circunstancias permitieron. Sin terminar de irse, Goschen preguntó:

—Antes de partir para Londres, me gustaría saludar a Su Excelencia, el canciller imperial porque probablemente no vuelva a tener la oportunidad de encontrarme con él. ¿Le parece bien que vaya a verle a la cancillería?

—Por supuesto —contestó Jagow—. Estoy seguro de que, a pesar de las circunstancias, Su Excelencia estará encantado de encontrarse son usted.

—¿Me haría la bondad de avisarle de que me dirijo hacia allí?

—Descuide. Cuando llegue, estará esperándole y estoy seguro de que, salvo imponderables, le recibirá inmediatamente.

Cuando Goschen llegó a la cancillería y entró en el despacho de Bethmann Hollweg, se le hizo enseguida evidente que el canciller había hablado con Jagow y estaba al corriente de todo. Su nerviosismo era tal que olvidó invitar a pasar al embajador e incluso saludarle, lo que a Goschen le dejó algo desconcertado.

—¡Goschen! —gritó Bethmann—. ¿Se da cuenta de lo que ha hecho su Gobierno? Este paso que han dado es terrible, inconcebible. Y sólo por una palabra.

Goschen le miró estupefacto. ¿A que venía aquella filípica? Bethmann tenia que saber que nada de lo que pudiera decir conmovería a Goschen, quien por otra parte, nada podía hacer sin contar con el Gobierno al que representaba. Aunque el embajador se convenciera de que el canciller estaba asistido por la razón, nada podría haber hecho en contra de las instrucciones recibidas. Sin embargo, Bethmann continuó desahogándose:

—Sólo por una palabra ha dado su Gobierno este terrible paso. "Neutralidad." Una palabra que en tiempo de guerra no ha sido a menudo digna de consideración. Sólo por un pedazo de papel, Gran Bretaña va a hacer la guerra a una nación hermana que no desea otra cosa que su amistad. Todos los esfuerzos emprendidos en esta dirección, han resultado inútiles en virtud de este terrible paso. Y la política a la que me he dedicado en cuerpo y alma, Su Excelencia lo sabe muy bien, desde que tuve el honor de hacerme cargo de la cancillería, se ha venido abajo de golpe como un castillo de naipes.

Goschen le escuchó en silencio y pensó que era mejor dejar que el canciller echara fuera todo lo que llevara dentro, fueran sus argumentos más o menos discutibles.

—Lo que acaban de hacer ustedes —continuó diciendo— es inimaginable, es como golpear a un hombre por la espalda cuando uno está viendo que está luchando por su vida contra dos agresores. ¡Gran Bretaña será la responsable de todo lo que ocurra en el futuro!

Las últimas palabras las pronunció señalando al embajador con el índice de la mano derecha. Ese gesto acabó con la paciencia de Goschen.

De forma que contestó:

—¡Eso no es así, Excelencia! De la misma forma que Su Excelencia y Herr von Jagow han querido que yo comprendiera que, por razones estratégicas, es cuestión de vida o muerte para Alemania avanzar a través de Bélgica y violar su neutralidad, a mí me gustaría que Su Excelencia comprendiera lo que, de alguna manera, es una cuestión de vida o muerte para el honor de Gran Bretaña, esto es, mantener su solemne compromiso de defender la neutralidad de Bélgica en caso de verse atacada. Este solemne pacto no tiene otra salida que no sea la de ser respetado porque, en otro caso, ¿qué confianza tendrá nadie en el futuro acerca de las obligaciones asumidas por Gran Bretaña?

Bethmann no se arredró:

—Pero, ¿a qué precio ha de ser respetado ese compromiso? ¿Ha pensado el Gobierno británico en eso?

—¡Naturalmente que sí, Excelencia! Sucede que el temor a las consecuencias no debe ser un pretexto para no respetar…

Bethmann estaba fuera de sí y en contra de toda norma de protocolo diplomático no dejó que Goschen terminara la frase:

—¡No diga barbaridades, Excelencia! Estamos hablando de una guerra entre dos de las naciones más poderosas de la Tierra por un insignificante trozo de papel.

—Será mejor que me marche —reconoció algo más calmado el embajador.

Diciendo esto, se dirigió hacia la puerta. Bethmann continuó gritando:

—La bofetada que Gran Bretaña nos da en el último momento uniéndose a nuestros enemigos es de la peor especie, dado que yo y mi Gobierno hemos estado trabajando con ustedes y apoyando sus esfuerzos para mantener la paz entre Austria y Rusia.

Goschen se volvió y, dejándose llevar por la natural inclinación de todo diplomático a ser conciliador y aunque ya no hubiera ninguna razón práctica para serlo, dijo:

—Tengo que admitir, Excelencia, que precisamente ése ha sido el caso, pero, ya ve, todo forma parte de la tragedia que ha visto a estas dos naciones enemistarse la una con la otra precisamente en el momento en que las relaciones entre ellas eran más cordiales de lo que lo habían sido nunca. Desgraciadamente, a pesar de nuestros esfuerzos por mantener la paz entre Rusia y Austria, la guerra ha estallado y nos ha puesto cara a cara frente a una situación en la que, si nos atenemos a nuestros compromisos, no podemos evitar. Por desgracia, todo ello entraña nuestra separación como antiguos compañeros.

–Ya veo que usted lamenta esto tanto como yo –reconoció abatido Bethmann.

–No le quepa duda, Excelencia.

Los dos hombres se despidieron habiendo superado ambos su ira, pero abrumados por lo que en poco tiempo ocurriría entre sus dos naciones.

Tras abandonar la cancillería, Goschen volvió a la embajada. Redactó el telegrama que había que enviar a Londres y que, aunque fue efectivamente enviado, nunca alcanzó su destino. Poco después, se presentó en la embajada el subsecretario del ministerio de Asuntos Exteriores, Arthur Zimmermann. Goschen lo recibió inmediatamente.

–Sir Edward –dijo el alemán nada más verle–, no sabe como lamento que estas relaciones que hasta ahora habíamos tenido tan amistosas y cordiales, tanto en lo personal como en lo profesional, estén a punto de terminar.

–Yo también lo lamento mucho, Herr Zimmermann –contestó Goschen, que enseguida se dio cuenta, a la vista del brillo de los ojos del alemán, que la visita era para algo más que para despedirse. De hecho, sin mediar más cruces de palabras triviales, el subsecretario preguntó:

–Oiga, Goschen, esto de pedir sus pasaportes ¿es equivalente a una declaración de guerra?

–Bueno –contestó el embajador con un cierto aire socarrón–, eso debe de saberlo usted mejor que yo, que es una reconocida autoridad en Derecho Internacional. Usted sabrá qué es lo habitual en estos casos.

Zimmermann le miró perplejo porque se había dirigido a Goschen por ser el embajador de Inglaterra y, por lo tanto, quien debería saber qué consecuencias tenía previstas su Gobierno y no por ser Goschen ningún experto en Derecho Internacional al que le estuviera planteando una duda teórica. Goschen continuó hablando:

–Hay muchos casos en que dos naciones rompen relaciones diplomáticas y sin embargo la guerra no ha de estallar necesariamente entre ellas. Ahora bien –aclaró–, en este caso, habrá podido usted comprobar en la copia con mis instrucciones que di a Su Excelencia, Herr von Jagow, que el Gobierno de Su Majestad espera una respuesta antes de las doce de la noche y que, en caso de no obtenerla, se vería obligado a dar todos los pasos que sus compromisos internacionales exigen.

–Esto –dijo lúgubre Zimmermann– es equivalente a una declaración de guerra, ya que el Gobierno imperial no puede ofrecer la garantía requerida, ni esta noche ni ninguna otra noche.

–Yo, en cualquier caso, como comprenderá, no puedo añadir nada a las instrucciones recibidas sin estar defraudando mi misión.

–Desde luego, Sir Edward –dijo el subsecretario levantándose y tendiéndole la mano.

Mientras se la estrechaba, el alemán añadió:

–Que tenga buen viaje.

Zimmermann se marchó y Goschen volvió a su trabajo de supervisar la destrucción de todos los papeles que había en la embajada.[161]

Londres

En la capital británica, se esperaba con ansiedad la respuesta de Sir Edward Goschen. El primer ministro, Asquith, y el secretario del Foreign Office, Grey, sabían que Alemania rechazaría el ultimátum y que en horas estarían en guerra con el imperio alemán. Sin embargo, había miembros del gabinete, como era el caso de David Lloyd George, que creían todavía en la posibilidad de que Alemania, aterrada ante la perspectiva de entrar en guerra con Gran Bretaña, decidiera a última hora retirarse de Bélgica y cambiar de estrategia o iniciar una negociación.

Sin embargo, la hora en la que expiraba el plazo para contestar se acercaba y ninguna noticia llegaba desde Berlín. Para el caso de que fuera necesario emplearla, se redactó una declaración de guerra destinada a ser entregada en la embajada alemana en la que, después de constatar que no se había recibido ninguna respuesta del Gobierno germano, se decía:

Tengo el honor de informar a Su Excelencia de que, de acuerdo con los términos de la notificación hecha en el día de hoy al Gobierno alemán,

---

[161] *Brit. Doc.*, p. 350, doc. 671.

el de S. M. considera que entre los dos países existe el estado de guerra a partir de las once en punto de la noche de hoy –en Gran Bretaña era una hora menos que en Alemania–. Tengo asimismo el honor de adjuntar los pasaportes para Su Excelencia y su familia así como para el personal de la embajada.[162]

Poco después de terminar de preparar la nota en el Foreign Office, corrió por Londres el rumor de que Alemania había declarado la guerra al Reino Unido. El inicio de la nota volvió a redactarse partiendo de esa declaración de guerra en vez de la falta de respuesta al ultimátum inglés. Un funcionario del Foreign Office, Mister Lancelot Oliphant, fue enviado a las diez y cuarto a la embajada alemana con la declaración de guerra y los pasaportes de Lichnowsky y el resto del personal.

Poco después de volver Oliphant de la embajada y de haber cumplido tan penosa obligación, se supo que el rumor de que Alemania había declarado la guerra era falso y estaba basado en la interceptación de un radiograma alemán dirigido a todos sus barcos en el que se les advertía de la inminencia del estado de guerra con Gran Bretaña, pero sin que se dijera que ésta había sido ya declarada.

En el Foreign Office dio inicio una acalorada discusión acerca de qué hacer, puesto que el documento que acababa de ser entregado partía de la premisa falsa de que Alemania había declarado la guerra. Se decidió que era indispensable sustituirlo por otro más correcto, de forma que se volvió a la vieja redacción y se decidió igualmente que la desagradable misión de sustituir los papeles fuera encomendada al más joven de los funcionarios del ministerio, Harold Nicolson, hijo del subsecretario permanente, Sir Arthur.

Cuando el joven Nicolson llegó a la embajada, solicitó ser recibido por el embajador. El diplomático inglés fue introducido en el despacho del embajador. Allí encontró al pequeño Lichnowsky mirando apesadumbrado por un ventanal, entreteniéndose con los tenues reflejos de las farolas. Eran las once y cinco de la noche.

–Excelencia.

–Dígame Nicolson –contestó Lichnowsky sin volverse.

---

[162] *rit. Doc.*, p. 330, doc. 643.

—Siento importunarle, pero ha habido un pequeño error al redactar la nota que le ha sido entregada esta noche.

—¿Ah sí? —preguntó el embajador volviéndose.

—No afecta al sentido general de la misma, pero Sir Edward Grey me ha ordenado que venga y que, si usted me lo permite, la sustituya por esta otra que traigo conmigo y que es la correcta.

Nicolson extendió el papel, pero Lichnowsky había perdido nuevamente el interés y había vuelto a concentrarse en la luz de las farolas.

—Desde luego, Nicolson —dijo el embajador con desgana—. Sustituya lo que desee. Encima de mi escritorio encontrará la nota que me han traído antes.

Nicolson vio el sobre entreabierto encima de la mesa del embajador. De él, asomaban los pasaportes. Dentro, todavía estaba la nota primitiva, aparentemente sin haber sido desdoblada y menos aún leída. Quizá Lichnowsky, al ver los pasaportes, consideró innecesario leer el contenido.

Nicolson extrajo la nota vieja e introdujo la nueva.

—Muy bien, Excelencia. Ya está. Si me lo permite…

Lichnowsky se volvió serio hacia el joven:

—Nicolson.

—¿Sí, Excelencia? —contestó el funcionario helado de terror.

—No olvide firmar un recibo.

—Por supuesto, Excelencia.

Harold se acercó al escritorio y preguntó:

—¿Puedo coger un papel con membrete de la embajada?

—No veo inconveniente.

Nicolson, sin atreverse a tomar asiento, redactó de pie un breve recibí, lo fechó, lo firmó y lo dejó sobre la mesa lo más a la vista que pudo.

—Encima de su escritorio lo dejo, Excelencia —dijo mientras caminando hacia atrás se fue retirando—. ¿Desea comprobar que está todo correcto antes de marcharme?

—No será necesario, Nicolson —dijo el embajador volviéndose para despedirse—. Dele recuerdos a su padre. Con toda probabilidad, no tendré ocasión de verle antes de mi marcha.

–Se los daré de su parte.

Lichnowsky se había vuelto a desentender de su huésped y Nicolson abandonó la habitación con el corazón latiendo como una locomotora. Luego, dejó la embajada despidiéndose apresuradamente de su personal. Alemania y Gran Bretaña ya estaban oficialmente en guerra.[163]

F I N

---

[163] Albertini, vol. III, pp. 500 y ss..